"十三五"国家重点图书出版规划项目

国家出版基金项目
NATIONAL PUBLICATION FOUNDATION

《中国经济地理》丛书

孙久文　总主编

中国经济地理概论

孙久文　闫昊生◎著

GAILUN

经济管理出版社
ECONOMY & MANAGEMENT PUBLISHING HOUSE

图书在版编目（CIP）数据

中国经济地理概论/孙久文，闫昊生著. —北京：经济管理出版社，2020.8
ISBN 978 – 7 – 5096 – 7432 – 1

Ⅰ.①中… Ⅱ.①孙… ②闫… Ⅲ.①经济地理—概论—中国 Ⅳ.①F129.9

中国版本图书馆 CIP 数据核字（2020）第 158466 号

审图号：GS（2020）6506 号

组稿编辑：申桂萍
责任编辑：申桂萍
责任印制：黄章平
责任校对：王淑卿

出版发行：经济管理出版社
　　　　　（北京市海淀区北蜂窝 8 号中雅大厦 A 座 11 层　100038）
网　　　址：www. E – mp. com. cn
电　　　话：（010）51915602
印　　　刷：唐山昊达印刷有限公司
经　　　销：新华书店
开　　　本：720mm×1000mm/16
印　　　张：32
字　　　数：523 千字
版　　　次：2021 年 1 月第 1 版　　 2021 年 1 月第 1 次印刷
书　　　号：ISBN 978 – 7 – 5096 – 7432 – 1
定　　　价：128.00 元

《中国经济地理》丛书

总　序

今天，我们正处在一个继往开来的伟大时代。受现代科技飞速发展的影响，人们的时空观念已经发生了巨大的变化：从深邃的远古到缥缈的未来，从极地的冰寒到赤道的骄阳，从地心游记到外太空的探索，人类正疾步从必然王国向自由王国迈进。

世界在变，人类在变，但我们脚下的土地没有变，土地是留在心里不变的根。我们是这块土地的子孙，我们祖祖辈辈生活在这里。我们的国土有960万平方千米之大，有种类繁多的地貌类型，地上和地下蕴藏了丰富多样的自然资源，14亿中国人民有五千年延绵不绝的文明历史，经过近40年的改革开放，中国经济实现了腾飞，中国社会发展日新月异。

早在抗日战争时期，毛泽东主席就明确指出："中国革命斗争的胜利，要靠中国同志了解中国的国情。"又说："认清中国的国情，乃是认清一切革命问题的基本根据。"习近平总书记在给地理测绘队员的信中指出："测绘队员不畏困苦、不怕牺牲，用汗水乃至生命默默丈量着祖国的壮美山河，为祖国发展、人民幸福作出了突出贡献。"李克强总理更具体地提出："地理国情是重要的基本国情，要围绕服务国计民生，推出更好的地理信息产品和服务。"

我们认识中国基本国情，离不开认识中国的经济地理。中国经济地理的基本条件，为国家发展开辟了广阔的前景，是经济腾飞的本底要素。当前，中国经济地理大势的变化呈现出区别于以往的新特点。第一，中国东部地区面向太平洋和西部地区深入欧亚大陆内陆深处的陆海分布的自然地理空间格局，迎合东亚区域发展和国际产业大尺度空间转移的趋势，使我们面向沿海、融入国际的改革开放战略得以顺利实施。第二，我国各区域自然资源丰裕程度和区域经济发达程度的相向分布，使经济地理主要标识的区内同一性和区际差异性异常突出，为发挥区域优势、实施开发战略、促进协调发展奠定了客观基础。第三，以经济地理格局为依据调整生产力布局，以改革开放促进区域经济发展，以经济发达程度和市场发育程度为导向制定区域经济政策和区域规划，使区域经济发展战略上升为国家重大战略。

因此，中国经济地理在我国人民的生产和生活中具有坚实的存在感，日益发挥出重要的基石性作用。正因为这样，编撰一套真实反映当前中国经济地理现实情况的丛书，就比以往任何时候都更加迫切。

在西方，自从亚历山大·洪堡和李特尔之后，编撰经济地理书籍的努力就一直没有停止过。在中国，《淮南子》可能是最早的经济地理书籍。近代以来，西方思潮激荡下的地理学，成为中国人"睁开眼睛看世界"所看到的最初的东西。然而对中国经济地理的研究却鲜有鸿篇巨制。中华人民共和国成立特别是改革开放之后，中国经济地理的书籍进入大爆发时期，各种力作如雨后春笋。1982 年，在中国现代经济地理学的奠基人孙敬之教授和著名区域经济学家刘再兴教授的带领和推动下，全国经济地理研究会启动编撰《中国经济地理》丛书。然而，人事有代谢，往来成古今。自两位教授谢世之后，编撰工作也就停了下来。

《中国经济地理》丛书再次启动编撰工作是在 2013 年。全国经济地理研究会经过常务理事会的讨论，决定成立《中国经济地理》丛书编委会，重新开始编撰新时期的《中国经济地理》丛书。在全体同人的努力和经济管理出版社的大力协助下，一套全新的《中国经济地理》丛书计划在 2018 年全部完成。

《中国经济地理》丛书是一套大型系列丛书。该丛书共计 40 册：概论 1 册，思想史 1 册，"四大板块"共 4 册，34 个省市自治区及特别行政区共 34 册。我们编撰这套丛书的目的，是为读者全面呈现中国分省区的经济地理和产业布局的状况。当前，中国经济发展伴随着人口资源环境的一系列重大问题，复杂而严峻。资源开发问题、国土整治问题、城镇化问题、产业转移问题等，无一不是与中国经济地理密切相连的；京津冀协同发展、长江经济带战略和"一带一路"倡议，都是以中国经济地理为基础依据而展开的。我们相信，《中国经济地理》丛书可以为一般读者了解中国各地区的情况提供手札，为从事经济工作和规划工作的读者提供参考资料。

我们深感丛书的编撰困难巨大，任重道远。正如宋朝张载所言"为往圣继绝学，为万世开太平"，我想这代表了全体编撰者的心声。

我们组织编撰这套丛书，提出一句口号：让读者认识中国，了解中国，从中国经济地理开始。

让我们共同努力奋斗。

孙久文

全国经济地理研究会会长

中国人民大学教授

2016 年 12 月 1 日于北京

目　录

绪　论 ·· 1

第一章　影响中国经济地理的条件 ······································· 8

    第一节　地理疆域与地形地貌 ··· 8

    第二节　气候、资源与生态环境 ····································· 16

    第三节　行政区划与人口分布 ··· 28

第二章　中国经济地理的空间格局 ······································· 35

    第一节　中国经济地理空间格局概述 ······························· 35

    第二节　中国经济地理空间格局的变化 ···························· 48

第三章　中国区域经济发展与总体布局 ································· 60

    第一节　区域经济发展概况 ·· 60

    第二节　第一产业的发展与布局 ····································· 67

    第三节　第二产业的发展与布局 ····································· 71

    第四节　第三产业的发展与布局 ····································· 77

    第五节　区域产业结构调整与优化 ··································· 81

第四章　原材料产业的发展与布局 ······································· 87

    第一节　矿产资源的优势与空间分布 ······························· 87

    第二节　石油化学产业发展与地理分布 ··························· 108

    第三节　钢铁、冶金和建材产业发展与地理分布 ·············· 122

第五章　现代制造业发展与布局 ························· 136

第一节　现代制造业的发展与地理分布 ·················· 136

第二节　轻工、食品工业地理分布 ···················· 146

第三节　纺织服装工业地理分布 ····················· 157

第四节　机械制造业地理分布 ······················ 162

第六章　高新技术产业发展与布局 ····················· 172

第一节　高新技术产业的发展与总体布局 ················· 172

第二节　高技术产业地理分布 ······················ 178

第三节　战略性新兴产业地理分布 ···················· 188

第四节　中国数字产业的发展与布局 ··················· 195

第七章　能源产业发展与布局 ······················· 201

第一节　我国能源产业发展总体情况 ··················· 201

第二节　能源资源的空间分布 ······················ 202

第三节　能源主要行业的发展与地理分布 ················· 212

第四节　新能源产业发展与地理分布 ··················· 225

第八章　农村发展与农业布局 ······················· 232

第一节　改革开放以来我国"三农"的发展 ················ 232

第二节　农业地理的演变 ························· 239

第三节　新时期我国农村发展与乡村振兴 ················· 262

第九章　服务业发展与布局 ························· 272

第一节　中国服务业分布的基本特征 ··················· 272

第二节　我国服务业的地理分布 ····················· 280

第三节　服务业重点行业的发展与布局 ·················· 290

第十章　交通运输业发展与布局 ················· 312

　　第一节　交通运输业概况 ················· 312

　　第二节　公路发展及布局 ················· 315

　　第三节　铁路发展及布局 ················· 321

　　第四节　机场、港口和管道发展及布局 ················· 325

第十一章　城市发展与城市群布局 ················· 338

　　第一节　我国城市发展与城市化 ················· 338

　　第二节　城市群空间布局 ················· 346

　　第三节　国家中心城市 ················· 354

第十二章　生态环境与海洋经济地理 ················· 362

　　第一节　生态情况 ················· 363

　　第二节　环境污染情况 ················· 371

　　第三节　海洋经济发展概述 ················· 394

　　第四节　我国各区域海洋经济发展 ················· 399

第十三章　经济区与经济区划 ················· 407

　　第一节　经济区及经济区划的概念 ················· 407

　　第二节　四大板块的划分 ················· 411

　　第三节　经济类型区与部门经济区 ················· 417

　　第四节　新型经济区 ················· 422

第十四章　新时代中国经济地理重塑 ················· 431

　　第一节　"十三五"以来我国的经济地理态势 ················· 431

　　第二节　我国经济地理的新模式与新格局 ················· 438

第十五章　未来展望：协调发展的经济地理新空间 ················· 463

　　第一节　新时代的区域协调发展 ······························· 463

　　第二节　协调发展的核心内容与实施重点 ····················· 467

　　第三节　协调发展的未来目标 ······························· 472

参考文献 ··· 485

绪　论

　　我国是世界上面积最大的国家之一，领土面积为 960 万平方千米，约占全世界陆地面积的 1/15。毛泽东同志在阐述我国国情时指出，"我们中国是世界上最大国家之一，她的领土和整个欧洲的面积差不多相等。在这个广大的领土之上，有广大的肥田沃地，给我们以衣食之源；有纵横全国的大小山脉，给我们生长了广大的森林，贮藏了丰富的矿产；有很多的江河湖泽，给我们以舟楫和灌溉之利；有很长的海岸线，给我们以交通海外各民族的方便。从很早的古代起，我们中华民族的祖先就劳动、生息、繁衍在这块广大的土地之上"。①

一、中国经济地理的研究脉络

（一）中国古代对于经济地理的论述

　　中国很早就对国家的地理情况进行了论述，经典的、最早的地理名著《禹贡》涵盖了中国各地的地形、土壤、属性，将中国分为九州。《禹贡》中记载："九州攸同，四奥既居，九山刊旅，九川涤原，九泽既陂，四海会同。六府甚修，众土交正，致慎财赋，咸则三壤成赋。""令天子之国以外五百里甸服：百里赋纳总，二百里纳銍，三百里纳秸服，四百里粟，五百里米。甸服外五百里侯服：百里采，二百里任国，三百里诸侯。侯服外五百里绥服：三百里揆文教，二百里奋武卫。绥服外五百里要服：三百里夷，二百里蔡。要服外五百里荒服：

---

　　①　毛泽东. 中国革命和中国共产党［M］//毛泽东选集. 第二卷. 人民出版社，1951：1.

三百里蛮，二百里流。东渐于海，西被于流沙，朔、南暨：声教讫于四海。于是帝锡禹玄圭，以告成功于天下。天下于是太平治。"《史记》中的"货殖列传""河渠书"，《汉书》中的"地理志""食货志"等，都记载了中国汉代丰富的经济地理资料。由于人类的活动离不开自然环境，先民为了更好地生存，在详细了解山川形胜的同时，对物产和人口等也进行详细的了解和记述。

到公元 9 世纪，中国的地方编年史也变得流行起来。在过去的 1000 年中，据估计全国各地有超过 10000 种地方编年史，内容包括行政区的历史、山川和河流、农业、水利设施、灾害、民俗等，有的也附有地理地图。在公元 14 世纪和 17 世纪，欧洲出现了新兴的资本主义，伴随着伟大的地理发现活动，西方国家开辟了新的水道，发现新世界，移民海外，掠夺殖民地资源，扩大世界市场。这促进了西方国家对世界的地理环境、资源分布、经济生产、交通运输等的调查，加深了人们对于世界经济活动分布的理解，这是经济地理的前身。

（二） 中国经济地理形成的历史背景

早在公元前 21 世纪之初，中国就已经进入文明时代的门槛，迄今已有 5000 年的文明史。几千年来，中国人民勤劳勇敢，积极奋发，用自己的聪明才智，"筚路蓝缕，以处草莽"，开发治理国土，推动生产力的发展，让我们生存的土地，财富不断涌流。从汉代，到唐代，再到宋代，中国经济和文化发展水平一直处于当时世界的前列，为人类的发展做出了重要的贡献。到了 16 ~ 18 世纪，即明朝的后期和清朝的前期，西欧各国相继由封建社会向资本主义社会过渡，一个新的历史时期在世界范围内开始了。然而，中国社会仍然是以封建土地所有制下的小农经济为支柱的封建社会，是一个近乎停滞的、闭塞的自给体。与新兴的资本主义国家相比，这个时期中国的经济与技术大大落后。

鸦片战争中，英国首先打破了清王朝的闭关锁国政策，冲击了自给性的经济结构，改变了中国社会的性质。一百多年来，半封建半殖民地的中国，在资本主义列强的奴役宰割下，社会经济和科学技术的发展更受到严重阻碍。起步已晚的近代工业和交通运输业，虽有发展但比较缓慢；作为立国之本的农业，停滞衰落；地区经济发展严重不平衡；城乡尖锐对立；山河破碎，民不聊生。灾难深重的中华民族受尽屈辱和欺凌。

五四运动以后，中国人民在中国共产党的领导下，前赴后继，英勇斗争，终于在 1949 年成立了中华人民共和国，开辟了中华民族伟大复兴的历史道路。1978 年以后的改革开放，使中国经济进入到一个快车道。经过 40 多年的发展，中国已经成为世界第二大经济体。再过 30 年，到中华人民共和国成立 100 周年之际，中国将全面实现现代化，实现中华民族的伟大复兴。

（三）中国经济地理学科的形成过程

1760 年，俄国科学家罗蒙诺索夫首先提出了"经济地理学"的名称，指出国民经济的研究必须与地理条件相结合。1882 年，德国地理学家格茨发表《经济地理学的任务》一文，讨论了经济地理学的性质和内涵。与以往的商业地理学相比，经济地理学具有更广泛的研究范围和更系统的内容，这表明经济地理学已经与地理学区别开来，成为一门独立的学科。德国经济学家杜能在 1826 年提出了农业区位理论，韦伯于 1909 年提出了工业区位理论，地理学家克里斯塔勒于 1933 年提出了中心地理论，经济学家廖什于 1940 年出版《区位经济学》，逐渐丰富了经济地理学的理论。

中国从 20 世纪 20 年代开始接受西方经济地理学，主要通过欧美学者讲学和向欧美派送留学生。到 40 年代末，在十多所大学地理系内系统地讲授经济地理学，其中以英国斯坦普为代表的统计记述学派影响较广泛。这一时期，中国的经济地理工作主要是关于人口分布、土地利用、农业分区、边疆勘察和地区性考察等。第二次世界大战对地理知识的普及起到了明显的促进作用。战后各国的经济恢复和建设，促进了经济地理学的发展。第二次世界大战前，经济地理学的中心理论是分布论，重点是研究地域差异，战后进入了区位论和景观类型论研究的现代阶段。

20 世纪 60 年代以来，工业化和城市化的急剧发展，电子计算机的应用日益推广，社会生产力的强大和新技术的应用，以及世界上大部分国家人民生活水平的提高，迅速改变原有的社会经济结构和生活环境，在经济活动所创造的地区布局方面和人类活动与地理环境的关系方面，都出现了一系列全球性或地区性的新问题。这种新形势向经济地理学提出了新课题，要求探讨社会经济活动的地域系统的形成过程和发展方向。与此同时，中国现代的地理学和经济地理学开始发轫，关于中国经济地理的研究逐渐丰富。同时，对于中国经济地理的研究对象和内容的争论，也逐渐开始出现。苏联时期的学者主张，经济地理研究地域生产综合体和经济区，探讨其形成过程、内部结构和对外联系，总结出地理配置规律。新中国成立后的一段时间，中国的经济地理研究受到这种观点的影响。其中，经济区理论对后来的经济地理研究有较大的影响。该理论认为，经济区是具有全国性专门化职能的经济区域，可以分为经济类型区、部门经济区和综合经济区。当年中国的学者开始主张经济地理学研究人类的经济活动在地球表面的分布特点和发展变化，胡焕庸线就是当时最有代表性的研究成果。

改革开放之后，中国经济百废待兴。因时因地的需要，使生产布局理论成为经济地理研究的主导。生产布局是指社会物质生产部门在一个国家或地区的空间分布与经济联系，这种部门主要是指工业、农业和交通运输业。进入到20世纪90年代，伴随区域经济学在中国的发展，人们对经济地理学的认识也出现了变化，认为经济地理学是研究人类活动的地域体系，探讨其形成过程、结构特征和发展方向（吴传钧，1985）。到21世纪初，经济地理学是研究人类的经济活动在地球表面的分布特点和发展变化的科学的观点，成为经济地理学的主流观点。

而关于经济地理学与中国经济地理研究的关系，学者认为，首先，经济地理学为中国经济地理研究提供了理论基础和方法论基础。人地关系理论、地域分工理论、宏观区位理论，以及产业组织理论、全球与地方关系理论、企业与区域经济发展关系理论等是经济地理学的基础理论，在中国经济地理的发展中也具有重要的指导意义。其次，中国经济地理的实践丰富、完善了经济地理学。理论上，中国经济地理在实践中不同程度地发展了人地关系理论、宏观区位理论等基础理论；内容上，中国经济地理是经济地理学在中国范围内的具体化和实践化。经济地理学中的经济活动都是在具体的地域内进行的，在中国的地域上表现为中国经济地理。中国经济地理研究的主要对象无疑是中国这个区域系统内经济活动的形成过程、现状特征和发展方向。所以，我们说中国经济地理是经济地理结合中国具体国情研究中国"区域发展与运行"的学科。

二、中国经济地理的研究对象和任务

（一）中国经济地理的研究对象

关于经济地理学的研究对象和任务，多年来一直是各国经济地理学者探讨的一个理论问题。国外学者认为，经济地理学主要研究包括生产、交换、消费的广义的经济活动，这种研究是在地区基础上或以一定的地区为单位而进行的；不仅研究经济活动的分布，而且联系到经济的空间结构；在联系有关因素时，把地理环境摆在重要地位，着重探讨经济活动和地理环境的关系。

中国经济地理学所研究的经济活动的地域系统，既包括各经济部门在地域上的布局，也包括各地区经济部门的结构、规模和发展，以及地域布局和部门结构的相互联系。经济地理学涉及自然、社会、经济、技术条件等多方面的综合性问题，具有综合性特征。经济活动必然发生在一定的地域内，与一定的地理环境相关，因此经济地理学又具有明显的地域性。与经济活动有关的条件是多方面的，包括自然条件和社会、经济、技术条件，所以经济地理学的研究工作具有自然—社会、经济—技术相结合的特点。中国经济地理学根据国民经济发展的要求，联系一定地区的各种有关条件来论证经济活动的地域布局系统，有助于国家和地区的发展与经济建设。由于经济地理学所研究的领域具有自然、社会、经济、技术相结合的特点，可以认为它是一门与自然科学和技术科学有着密切联系的社会科学范围内的边缘科学。

（二）中国经济地理的研究任务

经济地理学是人文地理学的重要分支学科，它与人文地理学的其他分支如人口地理学、城市地理学、社会地理学、文化地理学等有互相交流观点、方法和资料的密切联系，研究对象也有部分重叠。中国经济地理学和新兴的国土经济学、生态经济学、区域科学（区域经济学）也有许多共同的研究对象。此外，由于基本理论和分析方法的发展以及社会的需要，现代经济地理学研究内容不断丰富，与有关学科互相渗透，在地理科学体系内部产生了一系列新的边缘科学，如资源地理学、应用地理学、建设地理学、数量地理学、发展地理学、预测地理学等。

三、中国经济地理的研究内容

本书将中国经济地理的研究内容分为以下四个部分：

1. 条件与资源系统

区域条件与资源是影响区域形成、存在与发展的诸因素的总和。对区域条件与资源的分析是区域经济地理学体系的重要组成部分。区域条件与资源要素囊括丰富的内容，但其作用的方式不外乎三种：①直接作用，即直接转换为区域经济要素，参与区域经济活动并发挥其作用；②通过影响区域经济要素投入和经济地域功能进而影响地域经济的运行；③为区域经济的存在与运动提供整体性支持或限制。基于当前自然、社会、技术、经济条件的作用力的转换，又基于"地理条件"的地学特性，本书在内容编排时有意识压缩"自然条件"内容以适应时代发展，扩大"社会条件"内容以表达中国经济地理的社会政治经济联系属性。

2. 产业系统

产业发展代表着国民经济的发展，产业经济增长是国家经济增长的一个函数。产业发展空间的差异性为中国经济地理提出了许多新的议题。传统的产业经济地理描述都是按部门进行的，由于分类过细以致引起了读者的质疑。随后学者们尝试应用经济地理基本特征来描述产业，包括区域发展水平、区域发展速度、区域经济结构、区域内部空间差异，较以前有极大的进步，但是事实上产业如果被这种固定方式所描述将难以突出地理学的特点。为此，后文对产业部分的分析基本是针对其地理问题展开的。由于各产业的发展过程、产业特点、地理基础、空间表现都有很大的不同，因此它们之间的描述也不尽相同。例如，农业地理与自然条件关系极为密切，所以可分不同生产地域类型谈论农业自然条件与空间分布问题；工业地理在中国发展阶段性明显，所以从产业的空间演进及工业产业集聚两个方面描述；交通通信业地理主要表现为网络形态，所以侧重于网络的形成与网络系统问题；服务业地理比较庞杂，处理方式不尽相同。

3. 区域系统

经济地理学是以区域研究为基础和出发点的，为了发展经济地理学必须加强综合性的区域经济地理研究。中国作为一个经济迅速发展和快速转型的国家遇到了大量的区域问题，这使区域经济地理工作者遇到了非常有利的研究环境。区域系统的研究对于分析中国区域经济增长过程中的问题、制定适合中国区域经济发展的政策都有不可估量的作用。本书将从经济区划系统与行政区划系统、城市系统、四大板块与三大经济圈、区域联系四个方面揭示中国区域系统的基本特征。①区划系统（经济区划、行政区划）只要有区域差异存在就将不可缺少，由于经济发展的"惯性定律"或"马太效应"作用，中国区域发展在相当长一段时期内仍难以缩小其差异，甚至会扩大，所以区划研究力度应大幅度加强。②城市系统是经济地域的核心，城市经济地理特点往往是经济地域的缩影，城市对经济地域的形成发展产生重要影响。③四大板块与三大经济圈是我国当今区域发展与比较的基本单位，不可或缺。④区域间联系随着我国经济地理区域内涵的变化将更加频繁和多样化。第一，区域研究在很大程度上已不在于它自身如何，而更在于它在发展过程中的联系能力以及区际间交流合作的能力。第二，21 世纪经济地理所研究的区域是开放的，因而区域研究的着眼点不再局限于区域本身，而是追求区域间的统一和整体利益的最优化。第三，区域发展不能过分强调区域个体，而应加强优化区域系统的组合。

4. 战略系统

战略被看作是利用优势对外部环境中的威胁和机会做出反应的过程、策略、思路和措施，是经济地理完成使命和目标的手段之一。战略研究作为一种思想方法和思维方式能够帮助我们明确目标，组合资源，形成内力，规避风险。战略部分里包含的问题多是其他各部分中有关战略问题的综合。本书从整体上都能体现对战略的宏观把握，但在战略部分中体现最明显。其一，中国经济地理的基本特征部分，通过描述空间结构的演变提出了空间结构的调整；通过描述二元经济结构的演变分析了二元结构的区域差异，进而提出将二元经济结构转化为现代经济结构的一系列措施。其二，中国经济地理总体战略部分，从可持续发展战略、协同发展战略、知识创新战略等方面探讨了中国区域经济发展与运行的特点、方式和前景。

第一章　影响中国经济地理的条件

中国位于欧亚大陆东部，太平洋西岸，海陆兼备，疆域辽阔。领土最东端在东经135°05′，最西端在东经73°40′，东西跨越经度62°，长达5200千米；北起黑龙江漠河以北的黑龙江江心，南至南海南沙群岛南缘的曾母暗沙，从北纬53°30′到4°附近，南北跨越纬度约49°，相距5500千米。中国土地面积在世界各国中，仅次于俄罗斯和加拿大，居第三位。

第一节　地理疆域与地形地貌

中国陆地边界长达2.28万千米，东邻朝鲜，北邻蒙古，东北邻俄罗斯，西北邻俄罗斯、哈萨克斯坦、吉尔吉斯斯坦、塔吉克斯坦，西和西南与阿富汗、巴基斯坦、印度、尼泊尔、不丹等国家接壤，南与缅甸、老挝、越南相连。

中国大陆海岸线长达18000多千米，自北向南濒临的近海有渤海、黄海、东海和南海。中国的领海，是指从海岸基线向海上延伸到12海里的海域。渤海和琼州海峡为中国内海。沿海分布有台湾岛、海南岛、崇明岛、舟山群岛、南海诸岛等岛屿。众多的海港和边境口岸为我国的对外经贸联系提供了良好的条件。

一、三大阶梯

中国地势西高东低，山地、高原和丘陵约占陆地面积的67%，盆地和平原约占陆地面积的33%。山脉多呈东西和东北—西南走向，主要有阿尔泰山、天山、昆仑山、喀喇昆仑山、喜马拉雅山、阴山、秦岭、南岭、大兴安岭、长白山、太行山、武夷山、台湾山脉和横断山脉等。西部有世界上最高大的青藏高原，平均海拔 4000 米以上，为中国地势的第一级阶梯。在此以北以东的内蒙古高原、塔里木盆地、准噶尔盆地、黄土高原、四川盆地和云贵高原，是中国地势的第二级阶梯。大兴安岭—太行山—巫山—武陵山—雪峰山一线以东至海岸线多为平原和丘陵，是第三级阶梯。海岸线以东以南的大陆架，蕴藏着丰富的海底资源。

（一）第一阶梯

几百万年前，青藏高原隆起，地球历史上这一重大地壳运动形成了中国的地貌。从空中俯瞰中国大地，地势就像阶梯一样，自西向东，逐渐下降。受印度板块与欧亚板块的撞击，青藏高原不断隆起，平均海拔 4000 米以上，号称"世界屋脊"，构成了中国地形的第一阶梯。高原上的喜马拉雅山主峰珠穆朗玛峰高达 8844.43 米，是世界第一高峰。

（二）第二阶梯

由内蒙古高原、黄土高原、云贵高原和塔里木盆地、准噶尔盆地、四川盆地组成，平均海拔 1000～2000 米。

第一和第二阶梯的地形地貌，是我国西部地区经济发展的地理基础。西部地区地理分布的最大特点是高原、盆地和山区面积广大。

我国山脉众多。山脉分布东西走向有三列：由北而南为天山—阴山—燕山；昆仑山—秦岭；南岭。东北—西南走向的有三列：从西而东为大兴安岭—太行山—巫山—雪峰山；长白山—武夷山；台湾山脉。南北走向的有两条：贺兰山、横断山。西北—东南走向的有两条：阿尔泰山、祁连山。在中国和尼泊尔交界处的喜马拉雅山脉主峰——珠穆朗玛峰，是世界最高峰。我国山区面积占全国总面积的 2/3，这一显著特征给交通运输和工农业发展都带来一定困难。但是，山区可提供林产、矿产、水能和旅游资源，为改变山区面貌、发展山区经济提供了资源保证。地势西高东低呈阶梯状分布是地表高低起伏的总趋势。中国地势西高东低，大致呈阶梯状分布。

我国的四大高原，集中分布在地势第一、二级阶梯上。由于高度、位置、成因和受外力侵蚀作用的不同，高原的外貌特征各异（见表 1—1）。海拔高度和地表破碎程度，构成了高原上经济发展的障碍。地形的多样，特别是草原面积广大，成为我国发展草原牧业的基本条件。

表 1-1　四大高原的位置和特征

名称	位置	特征
青藏高原	位于中国西南部	①地势高，多雪山冰川 ②面积大 ③高原上多大山
内蒙古高原	位于中国北部	①山脉少 ②高原 ③多草原、戈壁、沙漠
黄土高原	位于中国中部	①地表覆盖深厚的黄土 ②地表破碎 ③植被少，水土流失
云贵高原	位于中国西南部	①地势崎岖不平 ②多峡谷，多盆地 ③石灰岩分布广

　　我国有四大盆地分布在地势的第二级阶梯上，由于所在位置不同，其特点也不相同（见表1-2）。此外，著名的吐鲁番盆地也分布在地势的第二级阶梯上，它是中国地势最低的盆地（-155米）。四大盆地中，塔里木盆地、准噶尔盆地和柴达木盆地沙漠广布，气候干燥，发展经济的条件比较恶劣。特别是缺少水资源，是三大盆地经济发展最大的障碍。然而，三大盆地地下资源十分丰富，石油、天然气、煤炭、有色金属等十分丰富，是我国经济发展的后备资源地区。

表 1-2　四大盆地的位置和特征

名称	位置	特征
塔里木盆地	位于新疆南部	①面积大 ②沙漠广 ③地势西高东低，边缘有绿洲
准噶尔盆地	位于新疆北部	①为中国第二大盆地 ②多风蚀地形 ③地势东高西低

续表

名称	位置	特征
柴达木盆地	位于青海省西北部	①地势高 ②东南多盐湖沼泽
四川盆地	位于四川东部	①北高南低，内有平原、丘陵、低山分布 ②河流众多

　　四川盆地是另外一种类型的区域。这里平原广布，河流众多，土地肥沃，堪称天府之国。自古以来，四川盆地就是我国重要经济区之一，也是人口分布十分密集的区域之一。经历了20多年的西部大开发之后，以四川盆地为基础形成的成渝经济区，已经成为我国西部地区的重要经济支点。

（三）第三阶梯

　　跨过第二阶梯边缘的大兴安岭、太行山、巫山和雪峰山，向东直达海岸是第三阶梯。中国有三大平原——东北平原、华北平原和长江中下游平原都分布在东部第三阶梯上（见表1-3）。由于位置、成因、气候条件等各不相同，在地形上也各具特色。以上三大平原南北相连，土壤肥沃，是中国最重要的农耕区。除此以外，汾渭平原、珠江三角洲、台湾西部平原等，它们也都是重要的农耕区。中国丘陵众多，分布广泛。在东部地区主要有辽东丘陵、山东丘陵、东南丘陵。有些丘陵地区林木茂密，矿产丰富；有些丘陵被辟为梯田，或蕴藏水能；还有的丘陵峰峦竞秀，为著名的旅游胜地。

表1-3　三大平原的位置、特征和组成

名称	位置	特征	主要组成部分
东北平原	位于中国东北部	①中国最大的平原 ②海拔多在200米以下	三江平原、松嫩平原、辽河平原
华北平原	位于中国东部偏北	①中国第二大平原 ②地表平坦	海河平原、黄淮平原
长江中下游平原	位于中国中、东部	①地势低平 ②河网纵横，湖荡密布	江汉平原、洞庭湖平原、鄱阳湖平原、江淮平原、长江三角洲

　　第三阶梯是我国主要的经济发展区域，东部沿海经济区、东北经济区和中部经济区都是在第三阶梯的地理基础上形成的。第三阶梯的人口大约占全国总

人口的 70%，国内生产总值（GDP）大约占全国的 80%。作为国家经济发展的重心，这里有京津冀、长三角、珠三角三大都市圈，长江中游、中原、东北中部三大城市群，北京、天津、上海三大直辖市，广州、深圳、武汉、郑州等国家中心城市，支撑起我国作为世界第二大经济体的发展基础。

二、海疆与海岛

（一）海洋领土

我国内海和边海的水域面积约 470 万平方千米。海域分布有大小岛屿 11000 余个，其中台湾岛最大，面积 35798 平方千米。渤海位于辽东半岛老铁山角到山东半岛北岸蓬莱角的渤海海峡，与黄海水域相通，有庙岛群岛绵亘峡口，面积 7.7 万平方千米，平均水深 18 米，最深处 70 米。黄海北起鸭绿江口，南以长江口北岸向济州岛方向一线同东海分界，西以渤海海峡与渤海相连，平均水深 44 米，最深处 140 米，面积 38 万平方千米，海床为半封闭型浅海大陆架。东海北起长江北岸至济州岛方向一线，南以广东省南澳到台湾省本岛南端一线，东至冲绳海槽（以冲绳海槽与日本领海分界），正东至台湾岛东岸外 12 海里一线，面积 77 万平方千米。南海的海底是一个巨大的海盆，海盆的山岭露出海面就是中国的东沙、西沙、中沙、南沙群岛，这些海底山岭是中国大陆架的自然延伸。南海总面积 350 万平方千米。我国的海疆是领土不可分割的组成部分，也是国民经济重要的发展基础。我国以海岸和海洋为基础的各类产业产值，占国民经济的 9% 左右，是我国国民经济的重要组成部分。其中，海洋运输、海洋渔业、海洋矿业、海洋旅游等产业的发展，具有广阔的前景。

（二）海岸与半岛

中国海岸线蜿蜒曲折，有众多的半岛，其中主要的半岛有三个，即辽宁省的辽东半岛、山东省的山东半岛以及广东省的雷州半岛。①辽东半岛位于辽宁省南部，由千山山脉向西南延伸到海洋中所构成。半岛南端老铁山隔渤海海峡，和山东半岛遥相接应，形成渤海和黄海的分界。北部可以鸭绿江口和大清河口连线为界，习惯上包括沈丹铁路以西到浑河、大辽河地区。面积为 3.7 万余平方千米。②山东半岛位于山东省东部，突出于黄海、渤海之间，隔渤海海峡与辽东半岛遥遥相对。地处胶莱河以东，又称胶东半岛。面积 2.7 万平方千米。③雷州半岛因多雷暴而得名。地处广东省西南部。介于南海和北部湾之间。南隔琼州海峡与海南岛相望。南北长约 140 千米，东西宽 60~70 千米，面积 7800 余平方千米。

（三）主要岛屿

发展海洋经济离不开海岛作为基地。我国共有大小岛屿 11000 余个，岛屿岸线总长 1.4 万多千米。按其成因可分为三类：基岩岛、冲积岛、珊瑚礁岛。东海约占岛屿总数的 60%，南海约占 30%，黄海、渤海约占 10%。

（1）基岩岛。由基岩构成的岛屿占中国岛屿总数的 90% 以上，它们受新华夏构造体系的控制，多呈北东方向，以群岛或列岛形式有规律地分布。台湾岛和海南岛是中国两个最大的基岩岛。其他基岩岛屿分布在下列五个地区：①辽东半岛沿海。长山列岛位于辽东半岛东南沿海，共 50 多座岛屿，可分为三个岛群：北为石城列岛，包括石城岛和大、小王家岛等；西南为长山列岛，包括大、小长山岛和广鹿岛等；南为外长山列岛，包括海洋岛、獐子岛等。其中，以大长山岛最大，海洋岛最高，海拔 388 米。此外，在辽东湾内也散布一些小岛。②山东半岛沿海。庙岛群岛居渤海海峡，共有 30 多座岛屿，可分为三个岛群：北岛群有南、北隍城岛和大、小钦岛；中岛群有砣矶岛、高山岛等；南岛群有南、北长山岛和大、小黑山岛以及庙岛等。其中，以南长山岛为最大，面积 20.4 平方千米。此外，山东半岛沿海还有刘公岛、田横岛及灵山岛等，并发育了一些陆连岛，如芝罘岛等。③浙闽沿海。舟山群岛为中国最大的群岛，由大、小共 1339 座岛屿组成，其中以舟山岛最大，面积 472 平方千米，为中国第四大岛。其次有六横岛、朱家尖岛、普陀岛、岱山岛及泗礁岛等。群岛为浙闽隆起带向海延伸部分，主要由中生代火山岩构成。浙江沿海除舟山群岛外，还有韭山、鱼山及南麂、北麂列岛等。福建沿海主要有台山、四礵、马祖及白犬等列岛。④华南沿海。万山群岛位于珠江口外，共有 150 多座岛屿，主要有香港岛、高栏岛和上、下川岛等及担杆、万山等列岛。这些岛屿主要由燕山期花岗岩组成。此外，华南沿海还有东海、硇洲、涠洲、斜阳等岛散布。⑤台湾附近海域。澎湖列岛位于台湾海峡南部，共 64 座岛屿，八罩水道分其为南、北两岛群。北岛群有澎湖、渔翁和白沙岛，组成澎湖港；南岛群有八罩岛、花屿和大屿等。澎湖列岛主要是由玄武岩组成的火山岛，周围发育裙礁。钓鱼岛列岛位于台湾东北约 100 海里处，由钓鱼岛、黄尾屿、赤尾屿等组成。此外，还有绿岛、兰屿等。基岩岛为我国沿海建设大型主要港口提供了良好的地理条件。例如，舟山港、洋山港、曹妃甸港等，都是在基岩岛的基础上建设的。

（2）冲积岛。河流入海，泥沙常在口门附近堆积形成沙岛，被称为冲积岛。崇明岛位于长江口，面积1060.5平方千米，为中国第三大岛，也是中国最大的冲积岛。在公元7世纪前，长江口就出现东沙和西沙，其后沙洲游移不定，崇明岛即是在16世纪长沙的基础上发展起来的。20世纪50年代以来，加固堤防，稳定坍势，同时围海造田，使崇明岛面积扩大了80%。珠江河口沙岛或由河口心滩发育而成，或受基岩岛屿阻拦，在其隐蔽处积沙而成。起初珠江口的汉道宽阔，沙洲散布，后经围垦和促淤，汉道束狭，逐步形成汉道纵横的珠江三角洲。现今沙岛仍在不断伸展，尤以万顷沙、灯笼沙淤涨最快。台湾西岸沙岛、浊水溪和南部曾文溪三角洲外的几列沙岛是典型的由河口沙嘴发育而成的沙岛。沙岛断续分布，其内侧与陆地之间为潟湖。此外，在滦河、黄河和韩江三角洲等地亦有沙岛分布。冲积岛是发展海岛养殖业、海岛旅游业和建设大型工业基地的重要地理基础。

（3）珊瑚礁岛。珊瑚礁岛主要分布在南海。中新世以后，海底火山喷发形成一系列露出海面的火山礁，造礁珊瑚便在其四周生长，形成裙礁。第四纪海盆下沉与海面升降，使裙礁演化成堡礁、环礁。由岛、沙、礁、滩组成的南海诸岛包括东沙、中沙、西沙和南沙四大群岛及黄岩岛。

南海珊瑚礁岛是我国巩固国家领海，发展远海产业的基本地理基础，也是开发南海丰富的海底资源，包括油气资源和可燃冰资源的落脚点。我国自设立三沙市之后，在南海的海洋事业发展上获得了长足的进步，也使我国对南海地区的实际管辖权得到了充分的实施。

三、水系与湿地

（一）水系、湖泊与湿地

中国是世界上河流最多的国家之一。中国有许多源远流长的大江大河。其中流域面积超过1000平方千米的河流就有1500多条。中国的河流，按照河流径流的循环形式，有注入海洋的外流河，也有与海洋不相通的内流河。这些河流、湖泊不仅是中国地理环境的重要组成部分，而且还蕴藏着丰富的自然资源。特别是它们为我们提供的水资源，是我国经济建设中最基础的资源。

中国的河湖地区分布不均，内外流区域兼备。中国外流区域与内流区域的界线大致是：北段大体沿着大兴安岭—阴山—贺兰山—祁连山（东部）一线，南段比较接近于 200 毫米的年等降水量线（巴颜喀拉山—冈底斯山），这条线的东南部是外流区域，约占中国总面积的 2/3，河流水量占中国河流总水量的 95% 以上，内流区域约占中国总面积的 1/3，但是河流总水量还不到中国河流总水量的 5%。

中国湖泊众多，共有湖泊 24800 多个，其中面积在 1 平方千米以上的天然湖泊就有 2800 多个。湖泊数量虽然很多，但在地区分布上很不均匀。总的来说，东部季风区，特别是长江中下游地区，分布着中国最大的淡水湖群；西部以青藏高原湖泊较为集中，多为内陆咸水湖。外流区域的湖泊都与外流河相通，湖水能流进也能排出，含盐分少，称为淡水湖，也称排水湖。中国著名的淡水湖有鄱阳湖、洞庭湖、太湖、洪泽湖、巢湖等。内流区域的湖泊大多为内流河的归宿，湖水只能流进，不能流出，又因蒸发旺盛，盐分较多形成咸水湖，也称非排水湖，如中国最大的湖泊青海湖以及海拔较高的纳木错湖等。中国的湖泊按成因分，有河迹湖（如湖北境内长江沿岸的湖泊）、海迹湖（如西湖）、溶蚀湖（如云贵高原区石灰岩溶蚀所形成的湖泊）、冰蚀湖（如青藏高原区的一些湖泊）、构造湖（如青海湖、鄱阳湖、洞庭湖、滇池等）、火口湖（如长白山天池）、堰塞湖（如镜泊湖）等。

按照《湿地公约》对湿地类型的划分，中国湿地分为 5 类 28 型。其中，近海及海岸湿地类包括浅海水域、潮下水生层、珊瑚礁、岩石性海岸、潮间沙石海滩、潮间淤泥海滩、潮间盐水沼泽、红树林沼泽、海岸性咸水湖、海岸性淡水湖、河口水域、三角洲湿地共 12 型；河流湿地类包括永久性河流、季节性或间歇性河流、洪泛平原共 3 型；湖泊湿地类包括永久性淡水湖、季节性淡水湖、永久性咸水湖、季节性咸水湖共 4 型；沼泽湿地类包括藓类沼泽、草本沼泽、沼泽化草甸、灌丛沼泽、森林沼泽、内陆盐沼、地热湿地、淡水泉或绿洲湿地共 8 型；人工湿地类有多种型，但从面积和湿地功能的重要性考虑，中国湿地调查只调查了库塘湿地 1 型。

现有 100 公顷以上的各类湿地总面积为 3848 万公顷（不包括香港、澳门和台湾的数据）。其中，自然湿地面积 3620 万公顷，占中国湿地面积的 94.07%；库塘湿地的面积 229 万公顷，占中国湿地面积的 5.95%。自然湿地中，近海与海岸湿地面积为 594 万公顷，占中国湿地面积的 15.44%；河流湿地的面积为

821 万公顷，占中国湿地面积的 21.33%；湖泊湿地的面积为 835 万公顷，占中国湿地面积的 21.70%；沼泽湿地的面积为 1370 万公顷，占中国湿地面积的 35.60%。

（二）荒漠化问题

中国是世界上受荒漠化危害最为严重的国家之一，截至 2014 年，全国荒漠化土地总面积 261.16 万平方千米，占国土总面积的 27.20%，分布于北京、天津、河北、山西、内蒙古、辽宁、吉林、山东、河南、海南、四川、云南、西藏、陕西、甘肃、青海、宁夏、新疆 18 个省（自治区、直辖市）的 528 个县（旗、市、区）。中国政府历来重视荒漠化防治，为防治荒漠化，改善了生态环境，先后启动天然林保护、退耕还林草、三北防护林建设等六大生态工程，取得了举世瞩目的成就。中国自 20 世纪 50 年代的治沙历程，堪称世界生态建设史上的奇迹。中国防治荒漠化成效体现为四个"双"：荒漠化和沙化面积"双缩减"、荒漠化和沙化程度"双减轻"、沙区植被状况和固碳能力"双提高"、区域风蚀状况和风沙天气"双下降"。中国土地退化零增长趋势持续向好，对全球土地退化零增长贡献最大，防治荒漠化为"一带一路"互联互通提供了生态保障。

第二节 气候、资源与生态环境

一、气候条件

中国幅员辽阔，跨纬度较广，距海远近差距较大，加上地势高低不同，地形类型及山脉走向多样，因而气温降水的组合多种多样，形成了多种多样的气候。从气候类型上看，东部属季风气候（又可分为亚热带季风气候、温带季风气候和热带季风气候），西北部属温带大陆性气候，青藏高原属高寒气候。从温度带划分看，有热带、亚热带、暖温带、中温带、寒温带和青藏高原区。从干湿地区划分看，有湿润地区、半湿润地区、半干旱地区、干旱地区之分。而且同一个温度带内可含有不同的干湿区，同一个干湿地区中又含有不同的温度带。因此，在相同的气候类型中，也会有热量与干湿程度的差异。地形的复杂多样，也使气候更具复杂多样性。

（一）高温多雨的季风气候特点

中国的气候具有夏季高温多雨、冬季寒冷少雨、高温期与多雨期一致的季风气候特征。由于中国位于世界最大的大陆——亚欧大陆的东部，又在世界最大的大洋——太平洋的西岸，西南距印度洋也较近，因而气候受大陆、大洋的影响非常显著。冬季盛行从大陆吹向海洋的偏北风，夏季盛行从海洋吹向陆地的偏南风。冬季风产生于亚洲内陆，性质寒冷、干燥，在其影响下，中国大部地区冬季普遍降水少、气温低，北方更为突出。夏季风来自东南面的太平洋和西南面的印度洋，性质温暖、湿润，在其影响下，降水普遍增多，雨热同季。中国受冬、夏季风交替影响的地区广，是世界上季风最典型、季风气候最显著的地区。和世界同纬度的其他地区相比，中国冬季气温偏低，而夏季气温又偏高，气温年较差大，降水集中于夏季，这些又是大陆性气候的特征。因此，中国的季风气候大陆性较强，也称作大陆性季风气候。复杂多样的气候，使世界上大多数农作物和动植物都能在中国找到适宜生长的地方，使中国农作物与动植物资源都非常丰富。

中国季风气候显著的特征，也为中国农业生产提供了有利条件，因夏季气温高，热量条件优越，使许多对热量条件需求较高的农作物在中国种植范围的纬度远比世界上其他同纬度国家的偏高，水稻可在北纬52°的黑龙江省呼玛县种植。夏季多雨，高温期与多雨期一致，有利于农作物生长发育，中国长江中下游地区气候温暖湿润，物产富饶，是亚热带季风气候，而与之同纬度的非洲北部、阿拉伯半岛等地却多呈干旱、半干旱的荒漠景观。

中国气候虽然有许多方面有利于发展农业生产，但也有不利的方面，中国灾害性天气频繁多发，对中国生产建设和人民生活常常造成不利的影响，其中旱灾、洪灾、寒潮、台风等是对中国影响较大的主要灾害性天气。中国的旱涝灾害平均每年发生一次，北方以旱灾居多，南方则旱涝灾害均有发生。在夏秋季节，中国东南沿海常常受到热带风暴——台风的侵袭。台风（热带风暴发展到特别强烈时称为台风）以6～9月最为频繁。在中国的秋冬季节，来自蒙古、西伯利亚的冷空气不断南下，冷空气特别强烈时，气温骤降，出现寒潮。寒潮可造成低温、大风、沙暴、霜冻等灾害。

中国冬季0℃等温线穿过了淮河—秦岭—青藏高原东南边缘，此线以北（包括北方、西北内陆及青藏高原）的气温在0℃以下，其中黑龙江漠河的气温在-30℃以下；此线以南的气温则在0℃以上，其中海南三亚的气温为20℃以上。因此，南方温暖，北方寒冷，南北气温差别大是中国冬季气温的分布特征。这一特征形成的原因主要有：①纬度位置的影响。冬季阳光直射在南半球，中国大部处于北温带，由太阳辐射获得的热量少，同时中国南北纬度相差达50°，北方与南方太阳高度差别显著，故造成北方大部分地区气温低，且南北气温差别大。②冬季风的影响。冬季，从蒙古、西伯利亚一带常有寒冷干燥的冬季风吹来，北方地区首当其冲，因此更加剧了北方严寒并使南北气温的差别增大。

中国夏季7月除了地势高的青藏高原和天山等以外，大部分地区在20℃以上，南方许多地方在28℃以上；新疆吐鲁番盆地7月平均气温高达32℃，是中国夏季的炎热中心。所以除青藏高原等地势高的地区外，中国普遍高温，南北气温差别不大，是中国夏季气温分布的特征。其形成原因有：①夏季阳光直射点在北半球，中国各地获得的太阳光热普遍增多；②北方因纬度较高，白昼又比较长，获得的光热相对增多，缩短了与南方的气温差距，因而我国普遍高温。

（二）气候与农业

中国采用积温来划分温度带，当日平均气温稳定升到10℃以上时，大多数农作物才能活跃生长，所以通常把日平均气温连续≥10℃的天数叫生长期。把生长期内每天平均气温累加起来的温度总和叫积温。一个地区的积温，反映了该地区的热量状况。根据积温的分布，中国划分了五个温度带和一个特殊的青藏高原区。不同的温度带内热量不同、生长期长短不一，耕作制度和作物种类也有明显差别（见表1-4）。

表1-4　温度带的划分及耕作制度

温度带	≥10℃积温	生长期（天）	分布范围	耕作制度	主要农作物
热带	>8000℃	365	海南全省和滇、粤、台三省南部	水稻一年三熟	水稻、甘蔗、天然橡胶等
亚热带	4500℃~8000℃	218~365	秦岭—淮河以南，青藏高原以东	一年二至三熟	水稻、冬麦、棉花、油菜等
暖温带	3400℃~4500℃	171~218	黄河中下游大部分地区及南疆	一年一熟至两年三熟	冬麦、玉米、棉花、花生等

续表

温度带	≥10℃积温	生长期（天）	分布范围	耕作制度	主要农作物
中温带	1600℃~3400℃	100~171	东北、内蒙古大部分及北疆	一年一熟	春麦、玉米、亚麻、大豆、甜菜等
寒温带	<1600℃	<100	黑龙江省北部及内蒙古东北部	一年一熟	春麦、马铃薯等
青藏高原区	<2000℃（大部分地区）	0~100	青藏高原	部分地区一年一熟	青稞等

（三）降水及其对农业分布的影响

中国 800 毫米等降水量线在淮河—秦岭—青藏高原东南边缘一线；400 毫米等降水量线在大兴安岭—张家口—兰州—拉萨—喜马拉雅山东南端一线。塔里木盆地年降水量少于 50 毫米，其南部边缘的一些地区降水量不足 20 毫米；吐鲁番盆地的托克逊平均年降水量仅 5.9 毫米，是中国的"旱极"。中国东南部有些地区降水量在 1600 毫米以上，台湾东部山地可达 3000 毫米以上，其东北部的火烧寮年平均降水量达 6000 毫米以上，最多的年份为 8408 毫米，是中国的"雨极"。中国年降水量空间分布的规律是：从东南沿海向西北内陆递减，各地区差别很大，大致是沿海多于内陆，南方多于北方，山区多于平原，山地中暖湿空气的迎风坡多于背风坡。

中国降水量的时间变化表现在两个方面：季节变化和年际变化。①季节变化反映的是一年内降水量的分配状况。中国降水的季节分配特征是：南方雨季开始早，结束晚，雨季长，集中在 5~10 月；北方雨季开始晚，结束早，雨季短，集中在 7 月、8 月。中国大部分地区夏秋多雨，冬春少雨。②年际变化反映的是年与年之间的降水分配情况。中国大多数地区降水量年际变化较大，一般是多雨区年际变化较小，少雨区年际变化较大；沿海地区年际变化较小，内陆地区年际变化较大，内陆盆地年际变化最大。

中国降水在空间分布与时间变化上的特征，主要是由于季风活动影响形成的。发源于西太平洋热带海面的东南季风和赤道附近印度洋上的西南季风把温暖湿润的空气吹送到中国大陆上，成为中国夏季降水的主要水汽来源。在夏季风正常活动的年份，每年 4 月、5 月暖湿的夏季风推进到南岭及其以南的地区。广东、广西、海南等省区进入雨季，降水量增多。6 月夏季风推进到长江中下游，秦岭—淮河以南的广大地区进入雨季。这时，江淮地区阴雨连绵，由于正是梅子黄熟时节，故称这种天气为梅雨天气。7月、8月夏季风推进到秦岭—淮河以北地区，华东、东北等地进入雨季，降水明显增多。9月，北方冷空气的势力增强，暖湿的夏季风在它的推动下向南后退，北方雨季结束。10月，夏季风从中国大陆上退出，南方的雨季也随之结束。在中国大兴安岭—阴山—贺兰山—巴颜喀拉山—冈底斯山连线以西、以北的地区，夏季风很难到达，降水量很少，故唐诗中有"羌笛何须怨杨柳，春风不度玉门关"的名句。习惯上我们把夏季风可以到达的地区称为季风区，夏季风势力难以到达的地区称为非季风区。

干湿状况是反映气候特征的标志之一，一个地方的干湿程度由降水量和蒸发量的对比关系决定，降水量大于蒸发量，该地区就湿润，降水量小于蒸发量，该地区就干燥。干湿状况与天然植被类型及农业等关系密切。中国共划分为四个干湿地区——湿润区、半湿润区、半干旱区和干旱区，各地干湿状况差异很大（见表1-5）。

表1-5 干湿地区的划分

区域	年降水量（mm）	干湿状况	分布地区	植被	土地利用
湿润区	>800	降水量 > 蒸发量	秦岭—淮河以南、青藏高原南部、内蒙古东北部、东北三省东部	森林	以水田为主的农业
半湿润区	>400	降水量 > 蒸发量	东北平原、华北平原、黄土高原大部、青藏高原东南部	森林、草原	旱地为主的农业
半干旱区	<400	降水量 < 蒸发量	内蒙古高原、黄土高原的一部分、青藏高原大部	草原	草原牧业、灌溉农业
干旱区	<200	降水量 < 蒸发量	新疆、内蒙古高原西部、青藏高原西北部	荒漠	高山牧业、绿洲灌溉农业

二、自然资源

（一）土地资源

中国土地资源有四个基本特点：①绝对数量大，人均占有少；②类型复杂多样，耕地比重小；③利用情况复杂，生产力地区差异明显；④地区分布不均，保护和开发问题突出。中国国土面积居世界第 3 位，但按人均占土地资源，在面积位居世界前 12 位的国家中，中国居第 11 位。按利用类型区分的中国各类土地资源也都具有绝对数量大、人均占有量少的特点。

中国地形、气候十分复杂，土地类型复杂多样，为农、林、牧、副、渔多种经营和全面发展提供了有利条件。但也要看到，有些土地类型难以开发利用。例如，中国沙质荒漠、戈壁合占中国国土总面积的 12% 以上，改造、利用的难度很大。而对中国农业生产至关重要的耕地，所占的比重仅 10% 多些。

土地资源的开发利用是一个长期的历史过程。由于中国自然条件的复杂性和各地历史发展过程的特殊性，中国土地资源利用的情况极为复杂。在广阔的东北平原上，汉民族多利用耕地种植高粱、玉米等杂粮，而朝鲜族则多种植水稻。山东的农民种植花生经验丰富，产量较高，河南、湖北的农民则种植芝麻且收益较好。在相近的自然条件下，太湖流域、珠江三角洲、四川盆地的部分地区就形成了中国的桑蚕饲养中心等。不同的利用方式，土地资源开发的程度也会有所不同，土地的生产力水平会有明显差别。例如，在同样的亚热带山区，经营茶园、果园、经济林木会有较高的经济效益和社会效益，而任凭林木自然生长，无计划地加以砍伐，不仅经济效益较低，而且还会使土地资源遭受破坏。

我国土地资源也具有分布不均的特点。分布不均主要指两个方面：其一，具体土地资源类型分布不均。如有限的耕地主要集中在中国东部季风区的平原地区，草原资源多分布在内蒙古高原的东部等。其二，人均占有土地资源分布不均。不同地区的土地资源面临着不同的问题。中国林地少，森林资源不足。可是，在东北林区力争采育平衡的同时，西南林区却面临过熟林比重大、林木资源浪费的问题。中国广阔的草原资源利用不充分，畜牧业生产水平不高，然而，在局部草原又面临过度放牧、草场退化的问题。

（二）水资源

河流和湖泊是中国主要的淡水资源，因此，河湖的分布、水量的大小，直接影响着各地人民的生活和生产。中国人均径流量为 2200 立方米，是世界人均径流量的 24.7%。各大河流域中，以珠江流域人均水资源最多，人均径流量约 4000 立方米。长江流域稍高于中国平均数，为 2300～2500 立方米。海滦河流域是中国水资源最紧张的地区，人均径流量不足 250 立方米。

中国水资源的分布情况是南多北少，而耕地的分布却是南少北多。中国小麦、棉花的集中产区——华北平原，耕地面积约占中国的 40%，而水资源只占中国的 6% 左右。水、土资源配合欠佳的状况，进一步加剧了中国北方地区缺水的程度。

中国水能资源蕴藏量达 6.8 亿千瓦，居世界第一位。70% 分布在中国西南四省、市和西藏自治区，其中以长江水系为最多，其次为雅鲁藏布江水系。黄河水系和珠江水系也有较大的水能蕴藏量。已开发利用的地区集中在长江、黄河和珠江的上游。

（三）动植物资源

中国是世界上动物资源最为丰富的国家之一。据统计，中国陆栖脊椎动物约有 2070 种，占世界陆栖脊椎动物的 9.8%。其中，鸟类 1170 多种、兽类 400 多种、两栖类 184 种，分别占世界同类动物的 13.5%、11.3% 和 7.3%。在西起喜马拉雅山—横断山北部—秦岭山脉—伏牛山—淮河与长江间一线以北地区，以温带、寒温带动物群为主，属古北界，线南地区以热带动物为主，属东洋界。其实，由于东部地区地势平坦，西部横断山南北走向，两界动物相互渗透混杂的现象比较明显。

中国幅员广阔，地形复杂，气候多样，植被种类丰富，分布错综复杂。在东部季风区，有热带雨林，热带季雨林，中、南亚热带常绿阔叶林，北亚热带落叶阔叶常绿阔叶混交林，温带落叶阔叶林，寒温带针叶林，以及亚高山针叶林、温带森林草原等植被类型。在西北部和青藏高原地区，有干草原、半荒漠草原灌丛、干荒漠草原灌丛、高原寒漠、高山草原草甸灌丛等植被类型。植物种类繁多，据统计，有种子植物 300 个科、2980 个属、24600 个种。其中，被子植物 2946 属（占世界被子植物总属的 23.6%）。比较古老的植物，约占世界总属的 62%。有些植物如水杉、银杏等，世界上其他地区现代已经灭绝，都是残存于中国的“活化石”。种子植物兼有寒、温、热三带的植物，种类比全欧洲多得多。此外，还有丰富多彩的栽培植物。从用途来说，有用材林木 1000 多种，药用植物 4000 多种，果品植物 300 多种，纤维植物 500 多种，淀粉植物 300 多种，油脂植物 600 多种，蔬菜植物也不下 80 余种，成为世界上植物资源最丰富的国家之一。

（四）矿产资源

中国地质条件多样，矿产资源丰富，矿产 171 种。已探明储量的有 157 种。其中，钨、锑、稀土、钼、钒和钛等的探明储量居世界首位，煤、铁、铅锌、铜、银、汞、锡、镍、磷灰石、石棉等的储量均居世界前列。中国矿产资源分布的主要特点是地区分布不均匀。如铁主要分布于辽宁、冀东和川西，西北很少；煤主要分布在华北、西北、东北和西南区，其中山西、内蒙古、新疆等省区最集中，而东南沿海各省则很少。这种分布不均匀的状况，使一些矿产相当集中，如钨矿，在19个省区均有分布，储量主要集中在湘东南、赣南、粤北、闽西和桂东—桂中，虽然有利于大规模开采，但也给运输带来了很大压力。为使分布不均的资源在中国范围内有效地调配使用，就需要加强交通运输建设。

中国是海洋资源极为丰富的国家，共拥有18000千米的大陆海岸线，200多万平方千米的大陆架和11000多个岛屿，管辖海域面积近300万平方千米，人均海洋国土面积0.0027平方千米，相当于世界人均海洋国土面积的1/10，海陆面积比值为0.31:1，在世界沿海国家中列第108位。中国海洋生物资源丰富，品种繁多，共有海洋生物20278种，占世界海洋生物总数的25%以上。其中，具有捕捞价值的海洋动物鱼类有2500余种，包括头足类84种、对虾类90种、蟹类685种，渔场70余个，可入药的海洋生物700种。

（五）海洋资源

中国近海渔场很多。东海素有天然鱼仓之称。舟山渔场是中国最大的渔场，北方的渤海海湾渔场以盛产对虾著称。中国的海盐产量居世界首位，主要盐场有长芦盐场、莺歌海盐场、布袋盐场。中国海洋中矿产资源很丰富，石油、天然气是重要的海洋矿产。蕴藏量以东海大陆架最佳，南海和渤海次之。中国近海大陆架比较广阔，渤海和黄海的海底全部、东海海底的大部分和南海海底的一部分，都属浅海大陆架。开发海洋资源，尤其是石油资源主要是在大陆架上进行的。

截至2011年，在中国海域共发现具有商业开采价值的海上油气田38个，获得石油储量约9亿吨，天然气储量2500多亿立方米。海滨砂矿13种，累计探明储量15.27亿吨。中国沿岸潮汐能可开发资源约为2179.31万千瓦，年发电量约为624.36亿千瓦时；温差能总装机容量13.28亿万千瓦；波浪能资源理论平均功率为6285.22万千瓦；潮流能1394.85万千瓦；盐差能1.25亿千瓦。中国海盐产量约占世界海盐产量的30%，居世界首位。经过多年的努力，中国已在太平洋国际海底成功地圈定了7.5万平方千米的多金属结核资源勘探矿区。

（六）旅游资源

中国地理旅游资源十分丰富。中国的自然旅游资源，以名山秀水、山水风光最为重要。如五岳名山（东岳泰山、西岳华山、北岳恒山、南岳衡山、中岳嵩山）、四大佛教名山（五台山、九华山、普陀山、峨眉山）和景色奇绝的黄山、庐山、石林等；桂林山水、长江三峡等；杭州西湖美景，无锡太湖风光，海南三亚的天涯海角，云南的大理、丽江、西双版纳和台湾日月潭湖光山色等，都是闻名的旅游胜地。

中国地理人文旅游景观也十分丰富。①古代文化艺术宝藏方面：有八大古都（西安、洛阳、安阳、南京、开封、杭州、北京、郑州）、几十个历史文化名城；万里长城，京杭大运河，北京的故宫和皇家陵园，西安的秦始皇兵马俑，南京明孝陵、中山陵，苏州的园林建筑，承德的避暑山庄，洛阳的龙门石窟，敦煌石窟的壁画等，都举世闻名。②革命纪念地方面：著名革命纪念地有延安、遵义、井冈山等。③民族风情和地方风俗方面：中国不同民族、不同地区，形成了风采各异、各有特色的风情习俗和民间节日。如汉族的春节、元宵节和端午节，傣族的泼水节，蒙古族的那达慕大会、彝族的火把节等。中国著名的现代工程建筑，丰富多彩的地方土特产、工业品，神奇的中医和养生之道，名扬世界的中国菜等，对中外游客都具有巨大的吸引力。

截至 2018 年 7 月 2 日，中国世界遗产已达 53 项，其中世界文化遗产 36 项、世界文化与自然双重遗产 4 项、世界自然遗产 13 项，在世界遗产名录国家排名位居第二位（见表 1－6）。这些遗产一方面反映了我国壮美的山河，另一方面记录了五千年的中华文化。

表 1－6　中国《世界遗产名录》

类型	名称	所在省份	收录时间
世界文化遗产	长城	黑龙江、吉林、辽宁、河北、天津、北京、山东、河南、山西、陕西、甘肃、宁夏、青海、内蒙古、新疆	1987 年 12 月
	莫高窟	甘肃	1987 年 12 月
	明清故宫	北京、辽宁	北京故宫，1987 年 12 月；沈阳故宫，2004 年 7 月 1 日
	秦始皇陵及兵马俑坑	陕西	1987 年 12 月
	周口店北京人遗址	北京	1987 年 12 月
	拉萨布达拉宫历史建筑群大昭寺、罗布林卡	西藏	1994 年 12 月

续表

类型	名称	所在省份	收录时间
世界文化遗产	承德避暑山庄及其周围寺庙	河北	1994 年 12 月
	曲阜孔庙、孔林和孔府	山东	1994 年 12 月
	武当山古建筑群	湖北	1994 年 12 月
	庐山国家地质公园	江西	1996 年 12 月 6 日
	丽江古城	云南	1997 年 12 月
	平遥古城	山西	1997 年 12 月
	苏州古典园林	江苏	1997 年 12 月
	北京皇家祭坛——天坛	北京	1998 年 11 月
	北京皇家园林——颐和园	北京	1998 年 11 月
	大足石刻	重庆	1999 年 12 月
	龙门石窟	河南	2000 年 11 月
	明清皇家陵寝	湖北、河北、江苏、北京、辽宁	明显陵、清东陵、清西陵，2000 年 11 月；明孝陵、明十三陵，2003 年 7 月；盛京三陵，2004 年 7 月
	青城山——都江堰	四川	2000 年 11 月
	皖南古村落——西递、宏村	安徽	2000 年 11 月
	云冈石窟	山西	2001 年 12 月
	高句丽王城、王陵及贵族墓葬	吉林、辽宁	2004 年 7 月 1 日
	澳门历史城区	澳门	2005 年 7 月 15 日
	安阳殷墟	河南	2006 年 7 月 13 日
	开平碉楼与村落	广东	2007 年 6 月 28 日
	福建土楼	福建	2008 年 7 月 7 日
	五台山	山西	2009 年 6 月 26 日
	登封"天地之中"历史古迹	河南	2010 年 8 月 1 日
	杭州西湖文化景观	浙江	2011 年 6 月 24 日
	元上都遗址	内蒙古	2012 年 6 月 29 日
	红河哈尼梯田文化景观	云南	2013 年 6 月 22 日
	大运河	北京、天津、河北、山东、河南、安徽、江苏、浙江	2014 年 6 月 22 日
	丝绸之路：长安——天山廊道的路网	河南、陕西、甘肃、新疆	2014 年 6 月 22 日
	土司遗址	湖南、湖北、贵州	2015 年 7 月 4 日

类型	名称	所在省份	收录时间
世界文化遗产	左江花山岩画文化景观	广西	2016 年 7 月 15 日
	历史国际社区——鼓浪屿	福建	2017 年 7 月 8 日
	良渚古城遗址	浙江	2019 年 7 月 6 日
世界自然遗产	黄龙风景名胜区	四川	1992 年 12 月 7 日
	九寨沟风景名胜区	四川	1992 年 12 月 7 日
	武陵源风景名胜区	湖南	1992 年 12 月 7 日
	云南三江并流保护区	云南	2003 年 7 月 2 日
	四川大熊猫栖息地	四川	2006 年 7 月 12 日
	中国南方喀斯特	云南、贵州、重庆、广西	一期, 2007 年 6 月 27 日; 二期, 2014 年 6 月 23 日
	三清山世界地质公园	江西	2008 年 7 月 8 日
	中国丹霞	贵州、福建、湖南、广东、江西、浙江	2010 年 8 月 1 日
	澄江化石遗址	云南	2012 年 7 月 1 日
	新疆天山	新疆	2013 年 6 月 21 日
	湖北神农架	湖北	2016 年 7 月 17 日
	青海可可西里	青海	2017 年 7 月 7 日
	梵净山	贵州	2018 年 7 月 2 日
	中国黄（渤）海候鸟栖息地（第一期）	江苏	2019 年 7 月 5 日
	泰山	山东	1987 年 12 月
	黄山	安徽	1990 年 12 月
	峨眉山—乐山大佛	四川	1996 年 12 月
	武夷山	福建、江西	福建, 1999 年 12 月; 江西, 2017 年 7 月

三、生态环境

生态环境是中国经济地理的重要方面, 根据《2017 中国生态环境状况公报》, 全国 338 个地级及以上城市中, 有 99 个城市环境空气质量达标, 占全部城市数的 29.3%; 239 个城市环境空气质量超标, 占 70.7%。338 个城市平均优良天数比例为 78.0%，比 2016 年下降 0.8 个百分点；平均超标天数比例为 22.0%。

按照环境空气质量综合指数评价，74 个重点监测城市环境空气质量相对较差的 10 个城市依次是石家庄、邯郸、邢台、保定、唐山、太原、西安、衡水、郑州和济南，均位于我国的北部地区。空气质量相对较好的 10 个城市依次是海口、拉萨、舟山、厦门、福州、惠州、深圳、丽水、贵阳和珠海。这表明我国北方空气污染明显比南方严重。

全国地表水 1940 个评价、考核、排名断面中，Ⅰ～Ⅲ类水质断面 1317 个，占 67.9%；Ⅳ、Ⅴ类 462 个，占 23.8%；劣Ⅴ类 161 个，占 8.3%。5100 个地下水水质监测点中，水质为优良级、良好级、较好级、较差级和极差级的监测点分别占 8.8%、23.1%、1.5%、51.8% 和 14.8%。地级及以上城市 898 个在用集中式生活饮用水水源监测断面中，有 813 个全年均达标，占 90.5%。夏季，符合第一类海水水质标准的海域面积占中国管辖海域面积的 96%。近岸海域 417 个监测点位中，一类、二类、三类、四类和劣四类分别占 34.5%、33.3%、10.1%、6.5% 和 15.6%。323 个进行昼间区域声环境监测的地级及以上城市，区域声环境等效声级平均值为 53.9 分贝；324 个进行昼间道路交通声环境监测的地级及以上城市，道路交通等效声级平均值为 67.1 分贝；311 个开展城市功能区声环境监测的地级及以上城市，昼间监测点次达标率为 92.0%，夜间监测点次达标率为 74.0%。全国环境电离辐射水平处于本底涨落范围内，直辖市和省会城市环境电磁辐射水平远低于国家规定的相应限值。全国现有森林面积 2.08 亿公顷，森林覆盖率 21.63%；草原面积近 4 亿公顷，约占国土面积的 41.7%。全国共建立各种类型、不同级别的自然保护区 2750 个，其中自然保护区陆域面积占陆域国土面积的 14.86%。国家级自然保护区 463 个，面积 97.45 万平方千米。

我国酸雨区面积约 62 万平方千米，占国土面积的 6.4%，比 2016 年下降 0.8 个百分点，其中，较重酸雨区面积占国土面积的比例为 0.9%。在 463 个开展了降水监测的城市中，酸雨城市比例为 36.1%，酸雨频率平均为 10.8%，酸雨类型总体仍为硫酸型。酸雨污染主要分布在长江以南—云贵高原以东地区，主要包括浙江、上海的大部分地区，江西中北部、福建中北部、湖南中东部、广东中部、重庆南部、江苏南部、安徽南部的少部分地区。

2016 年，2591 个县域中，生态环境质量为"优""良""一般""较差"和"差"的县域分别有 534 个、924 个、766 个、341 个和 26 个。"优"和"良"

的县域面积占国土面积的 42.0%，主要分布在秦岭—淮河以南及东北的大小兴安岭和长白山地区；"一般"的县域占 24.5%，主要分布在华北平原、黄淮海平原、东北平原中西部和内蒙古中部；"较差"和"差"的县域占 33.5%，主要分布在内蒙古西部、甘肃中西部、西藏西部和新疆大部。

2017 年，长江、黄河、珠江、松花江、淮河、海河、辽河七大流域和浙闽片河流、西北诸河、西南诸河的 1617 个水质断面中，Ⅰ类水质断面 35 个，占 2.2%；Ⅱ类 594 个，占 36.7%；Ⅲ类 532 个，占 32.9%；Ⅳ类 236 个，占 14.6%；Ⅴ类 84 个，占 5.2%；劣Ⅴ类 136 个，占 8.4%。西北诸河和西南诸河水质为优，浙闽片河流、长江和珠江流域水质为良好，黄河、松花江、淮河和辽河流域为轻度污染，海河流域为中度污染。

第三节　行政区划与人口分布

一、行政区划

中国现行行政区划分为省（自治区、直辖市）、县（县级市、自治县）和乡（镇）三级，中国有 34 个省级行政区，包括 23 个省、5 个自治区、4 个直辖市、2 个特别行政区。省级人民政府驻地称省会（首府），中央人民政府所在地是首都。北京是中国的首都。乡镇是中国最基层的行政单位。自治区、自治州、自治县是少数民族聚居地区的民族自治地方，国家根据需要，还可以设立特别行政区。此外，为了便于行政管理和经济建设，为了加强民族团结，国家可根据需要对行政区划做必要的调整和变更。香港和澳门是中国领土的一部分。中国政府已于 1997 年 7 月 1 日对香港恢复行使主权，成立了香港特别行政区。于 1999 年 12 月 20 日对澳门恢复行使主权，成立了澳门特别行政区。

中国行政区的形成历史悠久，每一个省区市都有本身的特点和历史文化遗存，因此在省份的名称之外，还有简称。省会城市一般都是当地的政治、经济和文化中心（见表 1 - 7）。

表 1-7　我国省份简称和省会

省、自治区、直辖市	别称或简称	省会（或首府）	省、自治区、直辖市	别称或简称	省会（或首府）
安徽省	皖	合肥	吉林省	吉	长春
北京市	京	北京	江苏省	苏	南京
重庆市	渝	重庆	江西省	赣	南昌
福建省	闽	福州	辽宁省	辽	沈阳
甘肃省	甘或陇	兰州	内蒙古自治区	内蒙古	呼和浩特
广东省	粤	广州	宁夏回族自治区	宁	银川
广西壮族自治区	桂	南宁	青海省	青	西宁
贵州省	贵或黔	贵阳	山东省	鲁	济南
海南省	琼	海口	山西省	晋	太原
河北省	冀	石家庄	陕西省	陕或秦	西安
河南省	豫	郑州	上海市	沪	上海
黑龙江省	黑	哈尔滨	四川省	川或蜀	成都
湖北省	鄂	武汉	台湾省	台	台北
湖南省	湘	长沙	天津市	津	天津
西藏自治区	藏	拉萨	新疆维吾尔自治区	新	乌鲁木齐
云南省	云或滇	昆明	浙江省	浙	杭州
香港特别行政区	港	香港	澳门特别行政区	澳	澳门

二、人口空间分布

中国的人口分布差异较大，呈现出"东密西疏"的格局（见图 1-1）。广东作为人口第一大省，2017 年的总人口达到 1.12 亿人，占到了全国人口的 8.03%；第二和第三位为山东、河南，人口分别超过 1 亿人和 9000 万人，占到全国总人口的 7.20% 和 6.88%。与此形成鲜明对比，西藏、青海和宁夏三省区的人口规模位居后三位，只占到全国总人口的 0.24%、0.43% 和 0.49%，三省区合计为 1.16%，甚至不足北京市（1.56%）的人口规模。

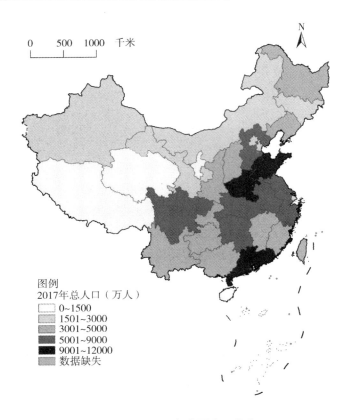

图 1 - 1　2017 年全国人口分布

资料来源：根据 EPS 数据库数据计算整理。

　　各省份人口绝对数量对衡量一个地区人口多少具有局限性，应考虑到该地区的面积因素，引入人口密度指标，计算该省份每平方千米的人口数量，这样有利于观察该地区人口集中程度和全国的人口分布。中国省级区域人口密度的分布状况如图 1 - 2 所示。

　　中华人民共和国成立初期，全国每平方千米的平均人口数量仅为几百人，青海和新疆分别只有 2.05 人和 2.6 人，而最高数值为上海的 793 人，分别为青海和新疆的 387 倍和 305 倍。到了 2017 年，各地的人口密度都比中华人民共和国成立初期大幅增长，上海的人口密度仍然最高，为 2934 人/平方千米，其次是北京、天津和江苏，分别为每平方千米 1323 人、1307 人、752 人。西部地区仍然是人口分布的洼地，西藏、青海和新疆的人口密度都在 15 人以下，西藏仅

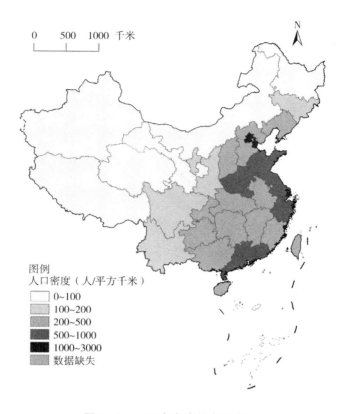

图 1 - 2　2017 年各省份人口密度

资料来源：根据 EPS 数据库数据计算整理。

为 2.80 人/平方千米。上海市人口密度是西藏的 1048 倍，对比悬殊。因此，从人口密度角度看，中国的人口分布表现出较大的区域差异。

为了更好地分析中国人口的分布格局，这里以东、中、西、东北四大板块作为划分标准。东北地区的面积最小，由东向西逐渐扩大，西部地区的面积是东部地区的 7 倍多；而人口分布比例则呈现明显的反向变化，人口密度以西部地区最低，由西向东迅速升高。总体来看，2017 年，东部地区的人口占比约为 38%，中部和西部大体相当，保持在 27% 左右的水平，东北地区由于地域面积有限，人口规模占比只有 8% 左右（见图 1 - 3）。

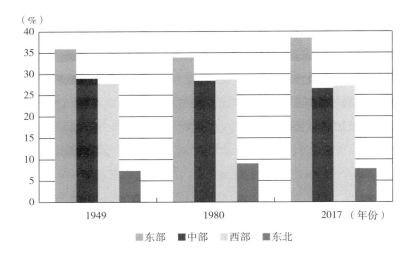

图1-3　四大板块人口分布比重

资料来源：根据中国经济社会发展统计数据库、EPS数据库数据计算整理。

1949年，东部人口规模最大，为1.88亿人，中部和西部人口规模差距不大，而东北地区仅为3851万人。四大板块人口密度相差较大（见图1-4），东、中、西和东北地区的人口密度分别为每平方千米201人、147人、21人和49人，四大板块的人口密度比为10:7:1:2。

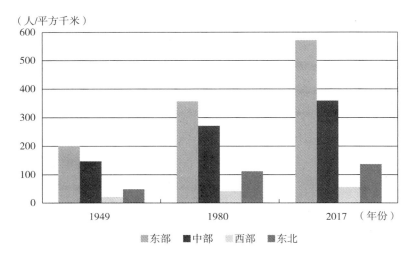

图1-4　中国四大板块人口密度

资料来源：根据中国经济社会发展统计数据库、EPS数据库数据计算整理。

随着经济的发展，人口的流动更有方向性，劳动力从中西部地区集中流向东南沿海，这使得各个地区的人口规模和人口密度差距进一步扩大。截止到2017年，东、中、西和东北地区的人口密度分别为每平方千米572人、359人、56人和137人，四大板块的人口密度比为10∶6∶1∶2，通过对比1949年的数据可以发现，西部与其他地区的差距进一步扩大。

　　根据近十年的数据显示，我国的人口增长发生着深刻变化，呈现出"两边高中间低"的特点，东部地区和西部偏远地区人口增长较快，而中部省份则出现"人口空心化"现象，如图1-5所示。

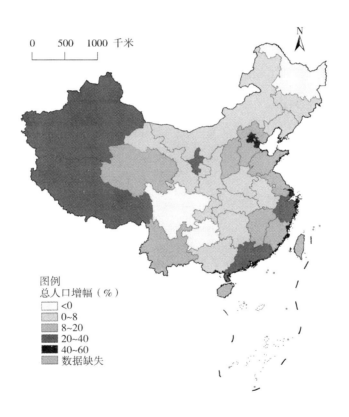

图1-5　2000~2017年各省份总人口增幅

资料来源：根据EPS数据库数据计算整理。

　　2000~2017年，全国各省份的总人口增长差异巨大，东部发达省份人口增长迅速，少数民族聚集人口也实现较快增长。其中，北京、天津和上海的人口增幅超过50%，分别达到了59.19%、55.54%和50.28%。新疆、西藏、广东、宁夏、浙江的人口增幅都超过20%。但与此同时，中部地区部分省份的总人口则增长缓慢，贵州、黑龙江、四川三省区出现了负增长，其中贵州的人口增长率为 –4.69%。

东部地区为经济发达地区，劳动力需求旺盛，中部地区的劳务输出大省填补了东部劳动力的空缺，形成了中部和东部的劳动力转移，造成了两地区常住人口增长率的巨大差异。而西部地区的常住人口增长则与中国西部大开发战略有关，该战略实施十年来，大批资金和劳动要素投向西部，带动了人口的迁入和增长。

中部地区常住人口的"空心化"现象并不利于中国区域经济的协调发展，作为我国承东启西的桥梁，中部地区对我国未来的产业转移和升级有重要作用。人口的大规模迁移使劳动力和技术人才的流失，会对该地区的经济发展造成负面影响，并带来诸多社会问题。

到2019年底，中国的人口总数已经突破14亿，为140005万人。

第二章 中国经济地理的空间格局

自古以来，中国的区域发展都采用海陆共治战略。中华民族从黄土地走出来，中国经济从中原拓展到长江、珠江流域，再到长城内外、西南、东北、西北。近代以来，沿海地区经济发展迅速，宏观上的"核心—边缘"结构开始形成。中华人民共和国成立以来，国家在50年代提出正确处理"沿海与内地"的关系；改革开放之后以"三大地带"为基础形成沿海率先发展的战略；进入21世纪演进到以"四大板块"为基础的区域发展总体战略；进入新时代，"京津冀协同发展""长江经济带建设""粤港澳大湾区建设"等构成了新的国家战略。

因此，中国经济地理的空间格局是中国经济发展在空间上长期演化的结果，回顾中国经济地理空间格局的演变，分析中国区域发展的总体情况，展望中国未来的经济地理空间格局，对于我们认识中国的国情具有重要意义。

第一节 中国经济地理空间格局概述

一、中国经济地理的基本空间格局及其演化

（一）胡焕庸线

"胡焕庸线"在中国人口地理上起着画龙点睛的作用，即"瑷珲—腾冲线"，在地理学特别是人口地理学与人文地理学上，具有重大意义。

这条线从黑龙江省黑河市到云南省腾冲，大致为倾斜45度基本直线。根据2000年第五次全国人口普查资料的精确计算表明，线东南半壁占全国国土面积的43.8%、占总人口的94.1%，这里是以平原、丘陵、中低山地为主要地貌结

构的区域，是我国主要的农业和工业经济区；线西北方人口密度低，是草原、沙漠和高原为主的地貌结构，是我国牧业和林业为主的区域。

"胡焕庸线"是我国交通基础设施的疏密分界线。中国的高速公路90%以上在"胡焕庸线"东南地区，与人口分布和经济分布大体相同。"胡焕庸线"西北的高速公路，主要承担连接内地与新疆（丝绸高速）、西藏（文成高速）的重任。高铁的分布更能说明问题：2018年底中国高铁运营里程超过2.9万千米，占全球高铁运营里程的2/3以上，超过其他国家总和。2019年，计划确保投产高铁新线3200千米。在所有的高铁线路中，目前只有兰新高铁在"胡焕庸线"西北地区，这条高铁全长786千米，时速250千米/小时，占全部高铁线路的6%。

"胡焕庸线"也是中国城镇化水平的分割线。中国的主要城市和城镇大多分布在这条线的东南。在东南各省区市，绝大多数城镇化水平高于全国平均水平；而这条线的西北各省区，绝大多数低于全国平均水平。因此，"胡焕庸线"描绘了中国经济地理的最基础的空间分布格局。

（二）从"沿海与内地"到"四大板块"

1949年，中国经济地理的基本特征是现代工业偏集于沿海，内地广大地区的现代工业都是空白。在改革开放之前的近30年时间，中国区域经济发展的重要任务是改变这种经济地理分布，形成内地与沿海大体均衡的现代产业布局，我们称之为中国区域空间结构的"二元时代"。毛泽东同志的《论十大关系》中关于"沿海与内地"关系的阐述，是这一时期区域发展战略的集中表述。

自20世纪80年代中国实施改革开放的发展战略之后，中国与世界的经济联系日益紧密，当时实施的向沿海倾斜的空间战略是东部沿海地区利用国际产业转移的机遇，促使经济迅速发展，沿海地区迅速崛起；同时，中部地区则在能源、原材料和粮食等生产上有较大的发展，成为东部的原料基地；西部地区由于远离沿海港口的自然地理的劣势，对外开放程度较低，经济发展相对滞后，中国区域空间结构进入到东部、中部、西部的"三元时代"。

从1999年西部大开发开始，中间经历了"东北振兴""中部崛起"和"东部率先发展"，到"十一五"时期正式形成了中国区域发展总体战略。同时，为了实现更加协调的国土开发，国家提出了主体功能区战略，希冀通过确定主体功能定位来明确区域开发方向，控制开发强度、规范开发秩序、完善开发政策，逐步形成人口、经济、资源环境相协调的空间开发格局。中国进入到"四大板块"的"四元时代"。

中国区域空间格局为什么会有这样的变化？应该说这是中国改革开放的结果，空间结构变化的过程与改革开放的过程紧密相连。具体的原因有三点：首先是中国东部地区面向太平洋和西部地区深入欧亚大陆内陆深处的陆海分布的自然地理空间格局；其次是国际经济发展的趋势和国际产业大尺度空间转移的影响；最后是面向沿海、融入国际、加快发展的改革开放战略的正确取向。

（三）"4＋3"空间结构

三个经济带发展战略——京津冀协同发展战略、长江经济带发展战略和"一带一路"倡议的推出，形成了"四大板块＋三大战略"的新的区域发展战略。新的区域发展战略旨在完善四大板块战略和推进经济带发展战略，其核心是在国土全覆盖的情况下解决如何实现协调发展的问题。针对不同地区实施全覆盖的"四大板块"战略，是以地理单元为基础形成的区域发展战略。由西部开发、东北振兴、中部崛起、东部率先组成的区域发展总体战略，多年来在解决空间关系、缩小发展差距和优化配置资源等方面，发挥了重大的效用。推进经济带发展战略，目的是解决如何加强区域协同、创新和经济联系的问题。目前形成国家战略的三大经济带：环渤海经济带（京津冀为核心）、长江经济带和丝绸之路经济带，均是在一个开放的区域空间中，由相对发达的区域与相对不发达的区域结合构成的。经济带的形成在一定程度上可以优化相对落后区域的生产力布局，促使区域要素配置发生积极变化，进而推动相邻地区经济的协同发展。与局域性发展战略相比，"三大战略"涉及地域空间范围更广、合作内容更全。从地域上看，"三大战略"均是跨省级行政区乃至连接国内外的空间安排；从内容上看，每个战略均强调基础设施互联互通、重点领域率先突破和体制机制改革创新，通过改革创新打破地区封锁和利益樊篱。"三大战略"的深入实施，促使我国区域经济版图从主要依靠长三角、珠三角和京津冀三大引擎带动的传统格局，向区域联动、轴带引领、多极支撑的新格局转变，这必将对促进区域协调发展注入新的动力。

中华人民共和国成立以来的中国区域空间格局变化，本书用图2－1来表示：

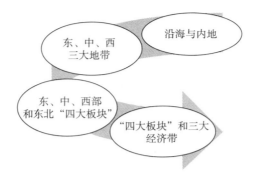

图 2 - 1　中国区域空间格局演化示意图

二、改革开放前经济地理格局的演变

从中华人民共和国成立到改革开放前的 28 年时间，这一时期均衡发展战略贯穿始终，根据时序可分为三个阶段。

1. 1949～1957 年："156 项"布局阶段

在遭受全球绝大多数资本主义国家的封锁、禁运的环境下，中国通过等价交换的外贸方式，接受了苏联、东欧国家的资金、技术和设备援助，建设了以"156 项"为中心的近千个工业项目，使中国的重工业在现代化道路上迈进了一大步。1949 年前工业设施的 70% 都集中在沿海一带，有限的内地工业也主要集中在少数几个城市，占全国国土面积 1/3 的大西北，1949 年工业总产值仅占全国的不足 2%，这不仅不利于资源的合理配置，而且对国家的安全也极为不利。为改变这一状况，新中国把"156 项"的大部分项目都布局于内地，这种布局初步改变了旧中国工业布局不合理的状况，促进了区域经济的平衡发展。这一时期的地区布局重点已从沿海转向内地，156 项重点工程中，实际施工的有 150 项，其中内地为 118 项、沿海仅 32 项，在基本建设投资总额中，沿海和内地分别占 46.7% 和 53.3%。

2. 1958～1971 年："大跃进"与"三线"建设

此时期中国在经济发展布局上提出各大协作区建立起各自独立、完整的工业体系，1958 年将全国划分为七大经济协作区，要求各个协作区建立起自己的工业骨干和经济中心，形成若干农、轻、重协调发展的工业体系，伴随这种强调自成体系、各自为战的自给自足的地方经济体系,中国经济发展布局"大而全"的封闭式区域发展模式逐渐形成。

该时期依然是区域经济平衡发展战略时期,即把生产力落后的内地作为经济建设的重点,通过生产力的平衡布局,缩小沿海与内地的差距。1964 年,毛泽东在讨论"三五"计划的中央工作会议上提出,在原子弹时期,没有后方不行,他提出了把全国划分为一、二、三线的战略布局,要下决心搞"三线"建设。"三线"建设是这一时期我国的区域经济政策,向"大三线"进行战略转移。这一时期重点投资方向是作为大后方的"大三线"地区,这一时期内地的投资额和沿海差距悬殊,"三五"时期内地投资额 611.5 亿元,而沿海地区的投资额为 282.9 亿元,内地是沿海的 2.16 倍,此时期在西部建立了一些具有深远影响的项目,例如攀枝花的钢铁,第二汽车制造厂,川黔、成昆、贵昆等几条重要的交通线等。

3. 1972~1978 年:大型项目东移阶段

这一时期的区域政策特征是进一步加快了"三线"建设,但是与上一阶段不同的是,在继续进行西南、西北建设的同时,"三线"建设的重点转向"三西",即在豫西、鄂西、湘西地区布置了一批重点建设项目,同时此时期把全国分为十个经济协作区。后期由于国际形势发生变化,中国对外关系开始改善,1972 年国家提出加快沿海地区发展的原则,沿海地区建设与"三线"建设处于并重的地位,1973 年大规模引进成套设备,大部分项目布局在沿海和长江地带,到 1975 年沿海地区在全国基本建设投资中所占比重上升到 41.5%,投资重点开始逐步向沿海转移。

区域均衡发展战略的实施取得的主要成就有:该时期建设成了几条铁路干线、几座新型工业化城市,改变了中国经济布局极不平衡的状况,促进了中国经济网络的形成,同时也改善了落后地区的面貌,加强了民族团结,增强了中国的国防实力。但是,均衡发展战略没有考虑现实状况,西部地区基础设施和自然环境较差,投资回报率明显低于沿海地区,不顾东西部的客观差异而人为地推动区域均衡发展战略,虽然在一定程度上缩小了区域之间的差距,但是影响了当时我国整体的发展速度。

三、改革开放后中国经济地理格局的演变

从 1978 年改革开放到 2012 年这段时间，是中国经济飞速发展的时期，也是中国经济地理格局迅速变化的时期。

（一）东部沿海地区优先发展

1. 向沿海倾斜

1979～1990 年，中国国土开发的重点向东部沿海地区倾斜，以实现全国经济整体的发展。1979 年，中央确定在广东、福建两省实行"特殊政策、灵活措施"，利用其临近港澳和台湾的区位优势，加速经济发展，陆续设立了深圳、珠海、汕头、厦门四个经济特区[①]。根据国务院特区办公室材料，1990 年，深圳、珠海、汕头、厦门四个经济特区的工农业总产值达 282.5 亿元[②]，约为建区前 1979 年的 26 倍，特区的快速发展为中国的改革开放探索了一条成功的发展之路。

"六五"计划期间（1981～1985 年），中国国土开发重心继续向东部沿海地区倾斜。一方面，东部地区固定资产累计投资占全国比重为 54.7%，超过了中西部之和；另一方面，国家继续在沿海地区设立开放经济区，进一步支持沿海地区经济发展。1984 年，中央进一步开放天津、上海、大连、秦皇岛、烟台、青岛、连云港、南通、宁波、温州、福州、广州、湛江和北海 14 个沿海开放港口城市，扩大地方权限，给予这些地区在外资项目审批权、财税、信贷等优惠政策和措施。1985 年，国务院决定将长江三角洲、珠江三角洲和闽南三角洲三个地区 59 个县开放为沿海经济开放区，以发展外向型经济为主。截至"六五"期末，东部地区 GDP 占全国比重也由 1981 年的 52%，上升到 1985 年的 53%，经济活动进一步向东部地区聚集。

2. 三大地带

"七五"（1986～1990 年）计划首次提出了全国经济区域三大地带划分，并进一步突出东部沿海地区优先发展的地位。1987 年，党中央提出加快沿海地区发展战略，强调沿海地区要按照"两头在外"，即原材料在外和市场在外、发展

---

① 张可云. 区域经济政策［M］. 北京：商务印书馆，2005：442.
② 陈东琪，邹德文. 共和国经济 60 年［M］. 北京：人民出版社，2009：445.

外向型经济的原则，统筹考虑和调整沿海地区进出口商品结构，以及引进技术和利用外资的方向与重点，使沿海地区更多地利用国外资源、资金和技术，开展多元化的经济技术合作与交流；同时，加强沿海与中西部地区的横向经济联系，带动整个国民经济的发展。1988 年 3 月，国务院进一步扩大沿海经济开放区的范围，将天津、河北、辽宁、江苏、浙江、福建、山东和广西的 153 个市县实施对外开放，同年 5 月，国务院设立了海南岛经济特区，同时开放了辽东半岛和山东半岛等 140 个市县。至此，我国东部沿海地区形成了包括经济特区、沿海开放港口城市和沿海经济开放区在内的沿海开放地带。1988 年 9 月，邓小平提出了"两个大局"的思想："沿海地区要加快对外开放，使这个拥有两亿人口的广大地带较快地发展起来，从而带动内地更好地发展，这是一个事关大局的问题。内地要顾全这个大局。反过来，发展到一定的时候，又要求沿海拿出更多力量来帮助内地发展，这也是个大局。那时沿海也要服从这个大局。"[1] 这一时期，东部地区累计全社会固定资产投资占全国投资比重由"六五"时期的 54.7%，上升到了 58.5%。由于这一时期国家对中西部的援助相对减弱，中西部地区投资比重进一步下降，使中西部地区的经济发展受到严重的影响，经济占比也逐渐下降。

3. 区域协调发展战略启动

随着改革开放的深入，东部地区与中西部地区的发展差距不断扩大，我国政府从"八五"（1991 ~ 1995 年）计划时期开始重视区域间的协调发展。1991年，在《关于国民经济和社会发展十年规划和第八个五年计划纲要的报告》中首次提出"促进地区经济的合理分工和协调发展"，并且认为"生产力的合理布局和地区经济的协调发展，是我国经济建设和社会发展中的一个极为重要的问题"。此后，为促进区域协调发展，1992 年 8 月，国务院决定将沿江、沿边、内陆省会城市实施开放，先后开放了重庆、岳阳、武汉、九江、芜湖五个长江沿岸城市，哈尔滨、长春、呼和浩特、石家庄四个边境沿海地区省会城市，太原、合肥、南昌、郑州、长沙、成都、贵阳、西安、兰州、西宁、银川 11 个内陆地区省会城市。同年 10 月，中共十四大报告中针对我国地区经济发展不平衡的状况，提出"充分发挥各地优势，加快地区经济发展，促进全国经济布局合理

---

① 邓小平文选［M］. 第二卷. 北京：人民出版社，1994：152.

化"，并指出："应当在国家统一规划指导下，按照因地制宜、合理分工、各展所长、优势互补、共同发展的原则，促进地区经济合理布局和健康发展。"但是，这种区域协调发展战略思想的提出并未缩小区域间的经济差距："八五"时期东部沿海地区社会固定资产累计投资占比高达64.9%，远远高于中西部地区，也高于"七五"时期东部投资占比；同时，随着这一时期社会主义市场经济体制的确立，市场机制开始发挥作用，东部与中西部之间的经济差距逐渐扩大，东部地区GDP占全国比重由1991年的54%上升到1995年的59%，全国整体经济活动水平在国土空间上也呈现出加速集聚的趋势（见图2-2）。

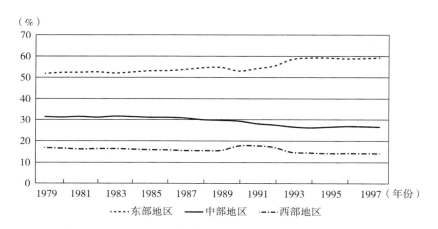

图2-2 1979~1998年中国三地区GDP占全国比重的变化

注：横轴按照单数年标注。

资料来源：根据中经网、国研网数据库和中华人民共和国五十年统计资料汇编（不含港澳台地区数据）计算整理。

1996年通过的《中华人民共和国国民经济和社会发展"九五"计划和2010年远景目标纲要》提出，从"九五"时期开始"要更加重视支持内地的发展，实施有利于缓解差距扩大趋势的政策，并逐步加大工作力度，积极朝着缩小差距的方向努力"。1997年9月，中共十五大报告又进一步阐述了促进地区经济合理布局和协调发展的战略思想。"九五"前期（1996~1998年），国家对中西部援助力度明显加大，中西部地区累计全社会固定资产投资占全国比重也由"七五"时期的35%上升到37%，从而使东部与中西部地区的经济差距没有继续扩大。

综合以上分析，1979～1991年，在向东部沿海地区倾斜的国土开发战略下，中国的经济活动呈现向东部集中的趋势，同时东部地区GDP占全国的比重也不断地增加。随着东部地区经济的集聚作用不断增强，这期间我国人均实际GDP省际绝对差距呈现逐渐扩大趋势（见图2-3），但是省际人均实际GDP加权变异系数呈现出下降的趋势，说明中国省际人均实际GDP相对差距呈现出逐步缩小的趋势。这主要是因为，在改革开放初期，东北、华北、上海等一些高收入地区和老工业基地经济增长不景气，而此时广东、浙江、福建等中低收入地区经济的迅速增长，导致中国省际人均实际GDP差距呈现缩小的趋势。

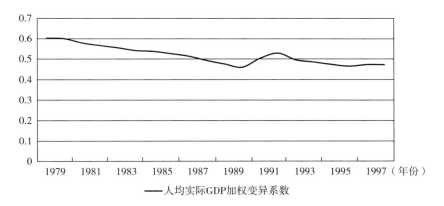

图2-3　1979～1998年中国省际人均实际GDP相对差距变化

注：横轴按照单数年标注。

资料来源：根据中经网、国研网数据库和中华人民共和国五十年统计资料汇编（不含港澳台地区数据）计算整理。

1991～1998年，是我国区域协调发展战略的启动阶段。尽管这个时期中央政府也意识到了区域差距的不断扩大会对我国整体经济的健康发展产生不利的影响，但是由于中央政府对中西部地区经济政策支援的力度不够，在市场经济的作用下，各种经济要素进一步向东部地区聚集，经济活动在空间上也呈现出加速集聚的趋势。经济活动整体向东部进行集聚的过程并未导致东部与中西部地区以实际GDP衡量的区域经济相对差距扩大，这主要是因为东部在发展的过程中也集聚了大量的中西部人口，这种人口的迁移在一定程度上缩小了区域间的差距。1991～1998年，GDP年均增速排名前五位的全部集中在东部地区，即福建、浙江、广东、江苏和山东，且年均增速均超过 10%；而 GDP 增速后五位的全部是中西部地区，分别是陕西、宁夏、贵州、黑龙江和青海，且增速全部低于 10%。然而，GDP 增速绝对差距的扩大并不意味着东部与中西部地区以人均实际 GDP 为衡量的区域经济相对差距扩大，如图 2 - 3 所示，1991~1998 年人均实际 GDP 加权变异系数有所降低。这主要是因为东部在发展的过程中也集聚了大量的中西部人口，这种人口的迁移在一定程度上缩小了区域间的差距。

该时期的生产力总体布局演变的重要特征是，国家纠正了过去均衡发展战略、忽视东部地区的比较优势的错误，在战略上转为一方面发挥东部沿海地区的经济、自然地理优势，另一方面有步骤地开发中西部资源。

（二）西部大开发战略实施以来我国经济地理格局演变

1. 西部大开发、振兴东北老工业基地和中部崛起战略

为促进中国区域协调发展、缩小区域经济差距和构建高效、协调、可持续的国土空间开发格局，从"九五"计划期末，中国先后出台了一系列的财政、投资等政策支持中西部地区的发展，加快了中西部地区对外开放的步伐，进一步加强了东部地区对中西部地区发展的支持，先后实施了西部大开发、振兴东北老工业基地和中部崛起战略。

"九五"期末，1999 年党的十五届四中全会和中央经济工作会议正式提出实施西部大开发战略，中央政府决定要集中援助中西部地区。在 2000 年政府工作报告中，我国正式提出实施西部大开发战略，并且成立了西部地区开发领导办公室。2001 年，《国民经济和社会发展第十个五年计划纲要》又进一步强调了"十五"期间（2001~2005 年）要"实施西部大开发战略，促进区域协调发展"。在西部大开发战略提出之后，2002 年 11 月，党的十六大报告正式提出了"支持东北地区等老工业基地加快调整和改造"。2003 年 10 月，在国务院出台的《中共中央、国务院关于实施东北地区等老工业基地振兴战略的若干意见》文件中，提出了振兴东北地区的指导思想、原则、任务和政策措施；同年 11 月，国务院成立了以温家宝总理为组长的振兴东北地区等老工业基地领导小组。2004 年 4 月，国务院成立了振兴东北地区等老工业基地办公室，开始全面启动振兴东北老工业基地战略。为统筹区域整体协调发展，2004 年 3 月，温家宝总理在政府工作报告中，首次提出促进中部地区崛起；同年 12 月，中央经济工作会议上，温家宝总理提出要抓紧研究制定支持中部地区崛起的政策措施。2005 年，

中央经济工作会议再次提出"促进区域经济协调发展是结构调整的重大任务",并且促进中部崛起成为当年经济工作六项任务之一。至此,我国全面协调的区域发展战略初步形成。

2. 区域发展总体战略

2006 年 3 月,中共十届全国人大四次会议通过的《中华人民共和国国民经济和社会发展第十一个五年规划纲要》(以下简称《"十一五"规划》)第十九章"实施区域发展总体战略"中强调:"坚持实施推进西部大开发,振兴东北地区等老工业基地,促进中部地区崛起,鼓励东部地区率先发展的区域发展总体战略,健全区域协调互动机制,形成合理的区域发展格局。"同时,为深化实施我国区域发展总体战略,《"十一五"规划》从国土空间角度将我国大陆区域划分为四大板块,即东部、东北、中部和西部①。2006 年 4 月 15 日,中共中央、国务院在《关于促进中部地区崛起的若干意见》中要求"把中部地区建设成全国重要的粮食生产基地、能源原材料基地、现代装备制造及高技术产业基地和综合交通运输枢纽,使中部地区在发挥承东启西和产业发展优势中崛起",标志着中部崛起战略进入实施阶段。

2011 年 3 月,《中华人民共和国国民经济和社会发展第十二个五年规划纲要》第十九章又提出要实施主体功能区战略,要求"按照全国经济合理布局的要求,规范开发秩序,控制开发强度,形成高效、协调、可持续的国土空间开发格局"。在此指导思想下,进一步优化国土空间开发格局,实施分类管理的区域政策,实行各有侧重的绩效评价以及建立健全衔接协调机制。

3. 区域规划

为深入推进区域发展总体战略、主体功能区战略和优化我国国土空间开发结构,探索建设和谐社会、创新区域发展模式、提升区域乃至国家竞争力的新思维、新思想、新路径、新模式和新道路,培育新的区域增长极,从 2005 年到 2016 年,国务院先后批准设立了 11 个综合配套改革试验区,并批复 15 个区域规划,如表 2-1 所示。

---

① 根据《"十一五"规划》的划分:东部板块由北京、天津、河北、山东、江苏、上海、浙江、福建、广东、海南及港澳台地区构成;中部板块由山西、河南、安徽、江西、湖北和湖南构成;西部板块由重庆、四川、贵州、云南、西藏、广西、陕西、甘肃、青海、宁夏、新疆和内蒙古构成;东北板块由辽宁、吉林和黑龙江构成。

表 2-1 2005~2016 年国务院批准或批复的综合配套改革试验区和区域规划

地区	综合配套改革试验区	区域规划
东部	上海浦东新区综合配套改革试点、天津滨海新区综合配套改革试验区、深圳成为综合配套改革试点、义乌市国际贸易综合改革试点、厦门市深化两岸交流合作综合配套改革试验区	《珠江三角洲地区改革发展规划纲要（2008-2020）、关于支持福建省加快建设海峡西岸经济区的若干意见、江苏沿海地区发展规划、横琴总体发展规划、黄河三角洲高效生态经济区发展规划、海南国际旅游岛建设意见》
东北	沈阳经济区国家新型工业化综合配套改革试验区	《辽宁沿海经济带发展规划、中国图们江区域合作开发规划纲要、东北地区振兴规划》
中部	武汉城市圈、全国资源节约型和环境友好型社会建设综合配套改革试验区、长株潭城市群全国资源节约型和环境友好型社会建设综合配套改革试验区、山西省国家资源型经济综合配套改革试验区	《皖江城市带承接产业转移示范区规划、长株潭城市群区域规划、鄱阳湖生态经济区规划》
西部	重庆市全国统筹城乡综合配套改革试验区、成都市全国统筹城乡综合配套改革试验区	《关中—天水经济区发展规划、甘肃省循环经济总体规划、广西北部湾经济区发展规划》

资料来源：根据国务院网站整理。

（三）新时代我国的区域协调发展战略

2012 年召开的党的十八大，以及 2015 年通过的《"十三五"规划》，对新常态下我国的区域经济发展战略提出了的新思路。2014 年 12 月，中央经济工作会议明确提出"要重点实施'一带一路'建设、京津冀协同发展和长江经济带三大战略"。此后，作为中国经济发展在空间格局上的重大创新，"三大战略"的顶层设计逐渐落实为具体行动。目前，"三大战略"已基本成型，覆盖中国大部分地区。"三大战略"范围内容纳的人口、经济体量从全国来看都有举足轻重的地位，彼此间存在紧密联系，共同构成当代中国区域经济空间格局的骨架。从跨区域合作发展角度，以经济带建设构建中国区域发展新格局。

党的十八大、2013 年的中央经济工作会议等一系列重要会议的报告中，习近平总书记多次强调要继续实施区域发展总体战略，促进区域协调发展，是今后相当长一段时间内区域发展的基本战略思想。

习近平总书记所强调的"区域发展总体战略"，不是简单地重复已有的西部大开发、东北振兴、中部崛起和东部率先发展的战略，而是要通过深入实施区域发展总体战略，打造中国区域经济的"升级版"。他提出，区域政策和区域规划要完善、创新，缩小政策单元，重视跨区域、次区域规划，提高区域政策的精准性，按照市场经济一般规律制定政策。缩小政策单元、提高区域政策的精准性是习近平总书记狠抓落实的工作作风的一贯延续，也是新一代领导人务实作风的重要体现。缩小政策单元是提高区域政策精准性的前提条件，可以更加有效地依据当时当地的资源条件和发展环境提出有效的发展路径，把已有的区域政策和区域规划落到实处。这样就使得区域发展总体战略在实施层面更加深入一步。

在区域协调发展方面，在2013年的中央经济工作会议上，中央把区域协调发展作为加快转变经济发展方式的主攻方向之一。改善需求结构、优化产业结构、促进区域协调发展、推进城镇化，构成了中国区域经济发展的四个主攻方向。对于实现区域协调发展的途径，中央提出要充分发挥各地区比较优势，加大对革命老区、民族地区、边疆地区、贫困地区扶持力度，加快"走出去"步伐，统筹双边、多边、区域次区域开放合作等具体措施。其中，发挥比较优势，就是要落实主体功能区制度，实现一方水土、一方经济与一方人口的协调，让各个地区都以自己的优势资源为后盾参与国家的经济活动，让中国经济发展逐渐均衡；加大扶持力度，就是要对国家发展的特殊区域给予特殊的政策支持，对于本身发展能力弱的区域，增加人力、物力的支援；统筹区域开放与对外合作，就是要在加快区域发展过程中有国际视野，从国际发展的大环境看中国的区域发展，把中国的区域发展与国际上的多方资源配置结合起来。

党的十八大之后，在四大板块的基础上，相继推出三个经济带发展战略，分别为京津冀协同发展战略、长江经济带发展战略和"一带一路"倡议，从而形成"四大板块＋三个战略支撑带"的全方位开放型空间经济发展格局。

党的十九大报告将区域协调发展战略首次提升为统领性的区域发展战略，正是为了解决新时代社会主要矛盾中的"不平衡不充分"的发展问题。习近平总书记在党的十九大报告中对区域协调发展战略的阐述是："加大力度支持革命老区、民族地区、边疆地区、贫困地区加快发展，强化举措推进西部大开发形成新格局，深化改革加快东北等老工业基地振兴，发挥优势推动中部地区崛起，创新引领率先实现东部地区优化发展，建立更加有效的区域协调发展新机制。

以城市群为主体构建大中小城市和小城镇协调发展的城镇格局，加快农业转移人口市民化。以疏解北京非首都功能为'牛鼻子'推动京津冀协同发展，高起点规划、高标准建设雄安新区。以共抓大保护、不搞大开发为导向推动长江经济带发展。支持资源型地区经济转型发展。加快边疆发展，确保边疆巩固、边境安全。坚持陆海统筹，加快建设海洋强国。"习近平总书记的报告概括了区域发展的全部内容，区域协调发展战略与乡村振兴战略等一起已经成为新时代建设现代化经济体系的重要组成部分。

第二节　中国经济地理空间格局的变化

一、中国区域发展总体情况分析

区域发展的总体情况包含了经济发展、投资和消费、产业发展、城镇化和土地利用以及人口聚集等多个方面。

（一）经济发展状况

自改革开放以来中国区域经济结构处于不断的发展变化中。2006～2016年期间，我国经济总体呈现出较大的波动。2008年全球出现金融危机，自此全球经济陷入长期低迷的状态，在国际经济联系日益紧密的环境下，任何一个国家都不可能免受经济危机的侵蚀，我国宏观经济在2008年出现拐点，GDP增速深度下滑。2009年，我国采取4万亿元投资对经济增长进行强刺激的措施，虽然避免了中国经济与世界经济同步下行，但刺激政策也带来了产能过剩、巨额地方财政赤字等隐患。随着人口红利衰减、"中等收入陷阱"、风险累积、国际经济格局深刻调整等一系列内因与外因的作用，2011年以后，中国经济增速持续放缓，拉动经济的"三驾马车"动力下降，经济发展由年均增长10%左右的高速增长转变为7%左右的中高速增长，经济发展步入新常态。与此同时，中国正不断优化经济结构，经济增长从要素驱动、投资驱动向创新驱动转变。

从我国区域间的发展来看，在经济总体呈现下行的情况下，不同区域的发展态势呈现不同特点。首先，从东部、中部、西部、东北部四大板块经济增长来看，四大板块地区的名义GDP增速在2008年均出现拐点，2009年名义GDP

增速降到最低点，2010 年、2011 年这一指标迅速反弹，这与 4 万亿元的刺激政策是分不开的。2011 年以后，四大板块经济增速呈现不同的下滑态势，其中东部地区、中部地区下滑速度相对缓慢，名义 GDP 增速保持在 6.5% 左右，西部地区名义 GDP 增速与东部、中部地区相比略显放缓，而东北地区名义 GDP 增速下降明显，2016 年东北地区这一指标为 −9.4%，与其他三大板块相比有较大的下降幅度（见图 2 −4）。

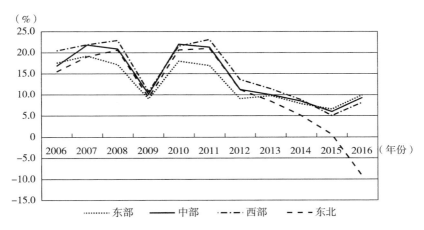

图 2 −4 2006 ~ 2016 年中国四大板块名义 GDP 增长率变化

资料来源：根据中经网统计数据库绘制。

其次，从省级层面来看，2006 ~ 2016 年十年间省份间的经济增速分化明显。第一，以重庆、贵州、西藏为代表的省份名义 GDP 始终保持在 10% 以上的速度增长，仍能领跑中国经济。第二，以江苏、福建、广东为代表的部分沿海省份，以湖北、湖南为代表的部分中部省份，以及以广西、云南为代表的部分西部省份，名义 GDP 的增速还能保持在 7% 以上（见图 2 −4）。第三，以山西、陕西、内蒙古、河北为代表的资源大省，经济增长乏力，其中内蒙古和山西名义 GDP增速低于 3%，由图 2 −5 可以看出，山西省名义 GDP 增速的波动幅度最大，2011 年后经济增速深度下滑，不断探底。第四，东北地区经济下滑明显，老工业基地产业结构亟待转型，2016 年辽宁实际 GDP 增速为 −20.5%，成为我国首个出现经济增速为负的省份。

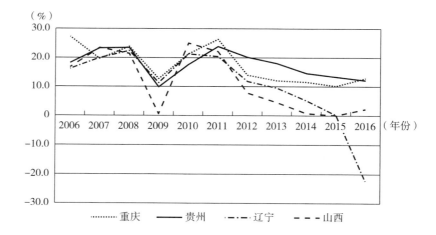

图 2 - 5　2006~2016 年中国部分省（市）名义 GDP 增长率变化

资料来源：根据中经网统计数据库绘制。

　　最后，在中华人民共和国成立之初，中国空间结构的基本特征是现代工业集中于沿海地区，内地广大地区的现代工业则基本空白，这是中国空间结构的第一个时代，即"二元时代"。20 世纪 80 年代后，在改革开放战略的推动下，沿海地区利用国际产业转移的机遇迅速崛起；中部地区在能源、原材料等资源性产业上的优势，成为东部地区的原料供给地，取得了一定的发展；西部地区由于处于偏远内陆，加之自然环境恶劣、开放程度低，经济发展相对滞后，形成了东部、中部、西部三大地带，中国空间结构进入第二个时代，即"三元时代"。1999 年以西部大开发的启动为标志，"东北振兴""中部崛起"和"东部率先发展"的区域战略先后实施，"十一五"时期正式形成中国区域发展总体战略，中国空间结构进入到第三个时代，即"四元时代"。党的十八大以来，中国区域经济从集聚到扩散，逐步实现空间均衡，长三角地区、珠三角地区和环渤海地区成长为全国的战略支点，中部崛起促成了长江中游地区和中原经济区两大新的战略支点，西部大开发促成了成渝经济区和关中—天水经济区，北部湾经济区、天山北坡经济带、东北中部地区、海峡西岸地区逐步形成了次一级的战略支点，较为成熟的长三角、珠三角和京津冀地区已经实现了单一中心向多中心网络化布局模式转变，中国空间格局进入"多极点、网络化时代"。

（二）城市发展状况

1. 我国城市群的发展

为了全面了解我国城市群的城市分布、人口与土地压力情况，本书对我国城市群的土地面积、人口、城市密度、人口密度和经济密度等指标进行了计算（见表2－2）。

表2－2 2017年中国城市群基本概况

城市群	城市个数 （个）	土地面积 （万平方千米）	人口 （万人）	城市密度 （个/万平方千米）	人口密度 （人/平方千米）	经济密度 （亿元/平方千米）
京津冀	13	21.49	11223	0.60	522.24	0.36
长三角	27	22.52	13278	1.20	589.61	0.68
珠三角	15	12.87	7791	1.17	605.36	0.58
长江中游	31	32.61	13274	0.95	407.05	0.22
成渝	16	18.50	9899	0.86	535.08	0.26
哈长	11	27.94	4693	0.39	167.97	0.09
海峡西岸	20	27.30	9687	0.73	354.84	0.18
中原	30	28.70	10638	1.05	370.66	0.21
山东半岛	17	15.90	9947	1.07	625.60	0.43
东陇海	8	6.71	4892	1.19	729.06	0.31
辽中南	9	8.15	3103	1.10	380.74	0.23
关中	10	10.71	3863	0.93	360.69	0.15
北部湾	10	11.66	4141	0.86	355.15	0.14
山西中部	5	7.64	1534	0.65	200.79	0.08
呼包鄂榆	4	17.50	1138	0.23	65.03	0.08
黔中	6	5.38	2666	1.12	495.54	0.16
滇中	5	6.50	1793	0.77	257.85	0.15
兰西	9	9.75	1193	0.92	122.36	0.05

注：城市群中相关数据的计算，均以地级市为单元计算得来。

资料来源：根据EPS数据库相关数据计算整理。

2. 城市群分布密度

从各城市群包含的城市数量来看，长江中游城市群以4省31个城市排第一位，中原城市群和长三角城市群分别以 30 个和 27 个城市列第二、第三位，呼包鄂榆城市群只有 4 个城市成为包含城市最少的城市群。从所覆盖土地面积看，长江中游城市群以 32.61 万平方千米排第一位，中原城市群、哈长城市群和海峡西岸城市群分别高达 28.7 万平方千米、27.94 万平方千米和 27.3 万平方千米，黔中城市群以 5.38 万平方千米居于末位，约相当于长江中游城市群的 16.5%，不仅反映出城市数量与所覆盖土地面积的高度相关性，而且反映出我国城市群范围的巨大差异。从人口数量来看，长江中游城市群和长三角城市群排在前两位，都超过 1.3 亿人，而位于西北部呼包鄂榆城市群和兰西城市群仅为 1138 万人和 1193 万人，甚至不如中东部单个城市的人口规模，约为长江中游城市群的 9%。从城市密度看，长三角城市群城市密度最高，每平方千米为 1.2 个，长三角城市群、珠三角城市群、山东半岛城市群、辽中南城市群、中原城市群、黔中城市群和东陇海城市群的城市密度超过 1，即 1 万平方千米超过 1 个城市，京津冀城市群、海峡西岸城市群、哈长城市群、长江中游城市群、成渝城市群、关中平原城市群、山西中部城市群、呼包鄂榆城市群和滇中城市群的城市密度均小于 1。从城市群分布来看，城市密度小于 1 的城市群大部分位于西部地区。

城市群的人口密度和经济密度是反映区域发展水平的重要指标，两者各有侧重，但在空间分布上具有相对一致性，也就是说，经济密度高的区域一般也是人口密度高的区域。从人口密度看，山东半岛城市群、东陇海城市群和珠三角城市群排在前三位，人口较稠密，达到 600 人/平方千米以上，而位于西部的呼包鄂榆城市群的人口密度每平方千米不足百人，东陇海城市群的人口密度约为呼包鄂榆城市群的 11 倍。就目前我国城市群发展现状看，人口密度大的城市群反映了其所在区域的繁荣和正在崛起，而人口稀疏的区域则大多处于后发地区。经济密度反映了单位土地面积所产生的经济产值情况，长三角和珠三角以 6800 万/平方千米和 5800 万/平方千米排前两位，很多中西部城市群经济密度不到 1000 万/平方千米，山西中部城市群的经济密度仅为 800 万/平方千米，长三角城市群的经济密度约为山西中部城市群的 9 倍，我国城市群的发展差距大和人口在国土面积上的分布悬殊由此可见一斑。

3. 城市发展水平的对比

我国东部地区经济发展水平最高，中部地区和西部部分地区发展迅速，少数民族地区和边疆省份发展程度最低。在省级层面，首先，我国区域经济发展程度最高的依次为上海、北京、天津和重庆四个直辖市；其次，东部沿海的省份除了海南和河北外，综合指数均较高，其中位于长三角的江苏和浙江两省的发展水平较高；再次，中部大省河南和位于东北的沿海省份辽宁，两省综合指数接近，排名仅次于东部沿海诸省；最后，剩余各省份的综合指数的整体排名中，中部地区高于东北地区，西部地区排名在后，其中少数民族地区和边疆省份的发展程度最低。在城市层面，中部和西部的中心城市如武汉和重庆的发展程度明显提升，这一定程度上反映出我国区域经济空间上向中部和西部的转移，也反映出中部和西部对我国的经济格局起到了更大的支撑作用。

我国区域经济和国土开发的空间结构总体上呈现出以城市群和经济带为支撑的格局。东部沿海地区在京津冀、长三角和珠三角等成熟城市群的支撑下已经形成了一条明显的发展轴带。另外，从京津冀城市群，经中原城市群、长江中游城市群并连接珠三角城市群这一纵向轴带，和长江经济带这一横向轴带已见雏形。值得注意的是，武汉作为两条经济带的节点表现出了特别强大的发展实力，并且具有广大的发展机遇。

从区域结构变化趋势来看，我国的区域经济格局呈现出一个从增长极引领逐步转变为城市群和经济带支撑的过程。2005 年，北上广深四个增长极与其余城市差距较大，除了东南沿海地区外，其他城市群特别是经济带只是初见雏形，而当前城市群和经济带逐渐形成，并向网络化的空间形态演变。另外，这十年间也是区域经济从聚集向扩散转变的过程，不仅在东部内部由中心城市向其腹地扩散，同时也由东部向中西部扩散，重庆、西安等西部城市发展程度不断提高，发展速度明显加快，与兰州—成都一线以西的城市形成明显的分异。

（三）产业发展情况

产业发展是区域发展的动力，我们从产业的聚集程度和专业化程度两个角度刻画区域产业发展情况。其中，聚集程度越高表明产业发展水平越高、竞争力越强，专业化程度越高则代表产业结构越单一、专业化程度越强。

我国区域产业聚集程度呈现出东部高、西部低的特征。具体而言，首先，聚集程度最高的城市大多集中在东部沿海地区以及中部和重庆、成都、西安等西部中心城市；其次，中部和东北部分地区工业产业的聚集程度稍低；最后，聚集程度最低的城市分布在西部和东北偏北的区域。专业化程度的空间分布与产业聚集程度相反，中西部较高，东部较低，呈现出阶梯分布的特征。如图2-6所示。

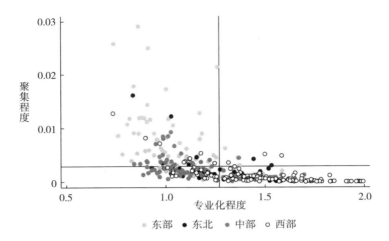

图2-6 我国区域产业聚集和专业化情况

　　我国区域产业发展表现出了明显的分化。根据产业的聚集程度和专业化程度可以对我国城市进行分类。聚集程度高，且专业化程度强的城市产业结构单一，急需转型升级，此类城市主要包括东北的长春、大庆，东部沿海北方省份的唐山、东营和部分中西部城市；城市的产业聚集程度高、专业化水平低，说明其已经形成了城市化经济，发展态势较好，具有较强的带动作用，此类城市一般分布于东部地区和中部地区，值得注意的是重庆、成都和西安等西部城市也在此类城市的行列之中。产业聚集程度较低的城市发展水平较低，一般为区域的腹地城市。

　　综上所述，我国产业发展在总体上呈现由东至西阶梯形演变的整体状况下，各板块内部也出现了分化。一方面，东部沿海地区南方省份和北方省份出现了产业结构上的分异，北方省份产业单一化程度高于南方省份；另一方面，西部地区出现了分化，成渝、陕西等地区的产业特征更接近中部省份，与成都—兰州以西的省份出现了明显差别。

二、我国区域经济增长分析

　　2016年，从各地经济实际增速看，西部8.6%，中部7.7%、东部7.6%、东北 3.5% 左右。分省区看,排在前三位的是重庆 10.7% 、贵州 10.5% 、西藏 10%。增速最慢的几个地区为吉林、河北、上海、北京、黑龙江、山西、辽宁,分别为 6.9% 、6.8% 、6.8% 、6.7% 、6.1% 、4.5% 、 −2.5% ,除上海外均为北方省份。这说明,原来集中于沿海特别是"三大都市圈"的增长中心已经开始分化,这种分化以南北向的分异为主(见图 2 −7)。

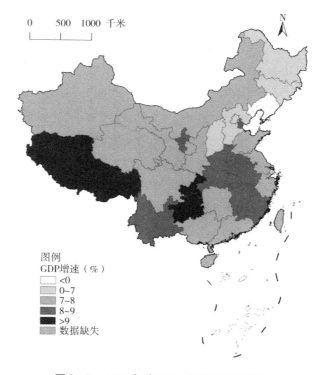

图 2 −7 2016 年我国 31 省份 GDP 增速

注:不包含港澳台地区。

资料来源:根据 31 省份统计年鉴绘制。

从增长动力看,西部和中部目前的经济增长主要靠投资拉动,比如,山西、安徽、江西、贵州、云南、西藏、陕西、甘肃、青海、宁夏、新疆等省区,2016 年投资额超过 GDP 的规模(见图 2 −8)。消费对区域经济的作用也十分明显,社会消费品零售总额增速达到或超过 10% 的有广东、江苏、山东、浙江、福建、江西、安徽、湖北、湖南、河南、广西、重庆、四川、贵州、云南、河北、黑龙江、西藏、青海。创新成为东部地区的增长动力之一,2016 年规模以上工业企业 R&D 经费投入最多的省份为广东、江苏、山东、浙江和上海，授予专利最多的省份有广东、江苏、浙江、北京和山东，说明东部沿海地区创新能力活跃，技术进步逐步成为经济增长的动力，值得注意的是，四川省专利授予量仅略低于北京，与其他西部省份存在明显的差异（见图 2－9）。

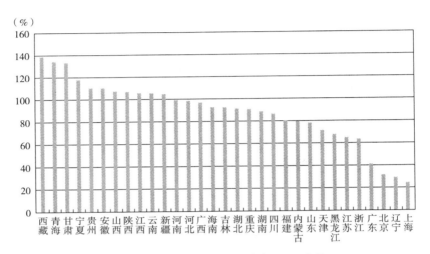

图 2－8　2016 年 31 省份投资与 GDP 之比

资料来源：根据 31 省份统计年鉴绘制。

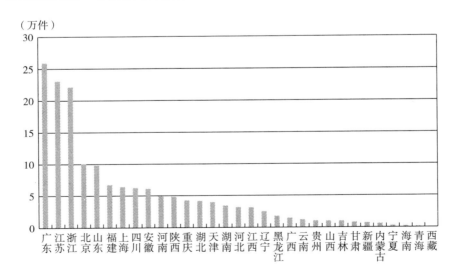

图 2－9　2016 年 31 省份专利授予量

资料来源：根据各省份统计年鉴绘制。

三、我国经济地理格局的基本特征

我国经济在保持中高速经济增长的同时，当前的经济地理格局下的地区分化态势和特点都日趋明显。

（一）多支点的空间架构逐渐形成

我国区域经济从聚集到扩散，在区域空间上逐步实现均衡。相对均衡的区域空间结构需要多个战略支点的支撑。改革开放以来形成的战略支点主要有：长三角地区、珠三角地区和环渤海地区；中部崛起促成了新的战略支点的形成，包括长江中游地区和中原经济区；西部大开发也促成了若干新的战略支点，主要有成渝经济区和关中—天水经济区。随着我国区域经济的进一步均衡和城镇化进程加快而形成大面积的城市地区，更多的战略支点可能会出现，包括北部湾经济区、天山北坡地区、东北中部地区、海峡西岸地区，都形成了次一级的新战略支点。

这些支点地区出现的原因在于：首先，改革开放以来，经过西部大开发、东北振兴、中部崛起和东部率先发展，全国统一大市场形成，经济的"全国化"、各地区的普遍发展，使国家的经济发展不仅需要北京和上海等少数的增长极，而且需要更能支撑本地发展的更多的增长极，比如雄安新区的建立。多支点的出现，使新发展的区域有机会进入国家发展的核心区域，获得更好的发展条件和环境，拥有更多的发展资源，同时也在国家的经济发展中起到更重要的作用。其次，城市群实力的增强，使得城市群所在地区发展成为区域经济的支点。这些区域创新产业形式，延伸了产业链条，促进产业转移，通过融入到更大区域，在更大区域内整合自身实力而加快发展。最后，在资源优势突出却又没有得到充分发展的远西部地区，通过积极发展优势产业，承接东部地区的产业转移，促进现有模式的升级以更好地适应经济发展，也已形成具有较强经济实力的增长中心，成为具有发展潜力的支点区域，如兰州、乌鲁木齐、西宁、银川、喀什、库尔勒、张掖、酒泉、石嘴山等。

在现有经济较发达的长三角、珠三角、京津冀地区，支点区域已经完成从单一中心向多中心转变，开始向网络布局模式转变。例如长三角地区，一级中心是上海，二级中心是苏州、南京、杭州、宁波，三级中心北翼是无锡、常州、镇江、扬州、南通，南翼是嘉兴、绍兴、台州。区域空间的多中心模式是未来的主要发展方向。

(二) 产业转移成为区域空间变化的主导力量

我国区域发展总体战略与"三大战略"的"4+3"战略组合,在"十三五"规划中得到了进一步的体现和明确。实施"4+3"战略组合的目的,是通过各区域的发展缩小区域差距,进一步实现区域的协调发展。结合主体功能区规划与制度建设,我们发现,根据各地区的资源环境承载力、发展密度以及发展潜力,统筹考虑经济、人口等的布局,"4+3"战略组合对我国生产力布局优化提出了新的要求:一是各区域根据本身的资源、区位等布局优势产业的同时,要按照经济带的要求来发展区域合作,最终实现区域的均衡协调发展。二是加快产业转移的方向得到进一步的明确,中西部地区通过承接东部地区的产业转移加快发展,缩小与东部地区的差距是客观的要求,但转移的方向一直不是很明确。沿着经济带的方向从发达地区向不发达地区进行转移,是产业转移的新的、质的规定性。三是各区域的工业布局要与资源环境相协调,对资源环境承载力弱的生态脆弱区应该减少工业的分布,通过产业转移进行空间布局的调整已经得到广泛的认同。

目前,我国的产业转移主要集中在制造业的空间转移上。制造业由东部地区向东北和中西部转移,受到了国家相关政策的支持。我们需要看到,我国的工业化进程还远未结束,我国经济的空间分布正呈现出与工业特别是制造业走向一致的方向性变化。即我国的整体经济布局正在由过去各种经济要素和工业活动在东部地区高度集聚的趋势,逐步转变为由东部沿海地区向中西部和东北地区转移扩散的趋势。承接产业转移的地区多种多样,但主要集中在中西部主要城市群和非城市群的广域城市。

发展现代产业,是打造新的战略支点的核心和关键。产业转移的加速使新的战略支点产业体系加快形成。未来的新战略支点主要在中西部。而在东部地区,随着国家层面各类规划的作用开始逐步显现,东部地区经济增长方式将由过去过多依赖外部环境的支撑,向内生性、集约型的增长方式转变。虽然近几年东部地区全社会固定资产投资增速低于其他地区,而且其投资占全国比重也呈现出下降的趋势,但是依然获得了大量的政策资源、劳动力资源和强劲的消费支撑。在东部地区逐步转为现代服务业为主体的经济区域的情况下,中国制造业的中心转到中部地区,是可以期待的空间结构的大变化。对于这种变化趋势，我们称之为"区域经济发展的均衡协调"。

均衡协调的新趋势对我国区域空间结构优化提出了新要求：一是东部地区要尽快把自己的传统产业向中西部地区转移，为承接国际产业链的高端环节腾出空间。二是向中西部产业转移不再局限于单个企业的转移，集群式整体转移将逐渐增加。三是把一些资源、劳动力参与度高的生产环节转移到中西部地区，减少劳动力的跨区域流动，改变人口分布的空间格局。

（三）宏观经济因素对空间均衡的影响逐步加大

宏观经济新常态的特点落实在区域层面，其结果就是经济地理扩散逐渐呈现，区域发展分化严重，区域经济之间的发展差距呈现缩小态势。但是，我们也必须看到另一面，由于种种原因，西部地区的对外开放程度还是弱于东部地区，进出口总额只占全国的7.4%，而东部进出口额占全国的82.8%，我国的对外开放还是呈现出"东强西弱，海强边弱"的状况。在全国经济增速整体回落的过程中，部分省市依然保持了较好的增长态势，表现出改革红利带来的繁荣。例如，重庆、贵州和西藏2016年GDP增速仍达到两位数，其名义GDP增速分别为10.7%、10.5%和11.5%。天津、广东和上海的财政增速也保持两位数增长，分别为10.0%、10.5%和16.1%，为这些区域的平稳运转打下了基础。东北和部分省市则出现了大幅度的下滑，呈现出转型停滞的低迷。例如，2016年吉林的GDP增速为6.9%，黑龙江的GDP增速为6.1%，河北和山西GDP增速分别为6.8%和4.5%。区域正在分化，中国区域空间格局正面临重大变化。

第三章　中国区域经济发展与总体布局

中国经济地理空间格局的形成，是区域经济发展的必然结果。新中国成立70年来，中国经济发展取得了可喜的成绩，特别是改革开放以来，中国经济取得了迅速的发展，2011年成为世界第二大经济体，2013年成为世界第一贸易国，2015年人均GDP接近8000美元，到2019年人均GDP超过10000美元。

第一节　区域经济发展概况

我国当前社会主要矛盾是人民日益增长的美好生活需要和不平衡不充分的发展之间的矛盾，这一判断建立在改革开放40年来经济的快速增长基础之上，具有充分的科学依据。

一、改革开放40年来经济的高速增长

改革开放40年来我国的经济实力和综合国力极大增强。2016年，我国GDP达到74.4万亿元人民币，2017年增长到82.71万亿元，2018年达到91.9万亿元，2019年达到99.1万亿元稳居世界第二位，对外贸易总额和出口总额均居世界第一位，对世界经济增长贡献率超过30%。从1978年到现在，我国经济发展年均增长达到10%，同期世界经济年均增速只有2.8%。1978年，我国占世界经济总量的比重为1.8%，2009年增加到7%，2016年达到15%。

分地区来看，1978~2017年各区域经济增长的趋势大体相同（见图3-1）。对比四大板块生产总值发现，东部地区增长了65.84倍，年均增长率为11.33%，在各大区域中增长最快，这主要是因为改革开放初期到1999年实施的

向沿海地区倾斜的发展政策，在东部地区形成了制造业中心，自我发展能力强。进入21世纪之后，虽然国家开发的重心转移到了中西部，但东部沿海地区并没有放慢发展的步伐。中部地区增长了47.44倍，年均增长率为10.40%，自中部崛起战略实施以来，承接产业转移是中部地区发展的重要动力。近年来，中部地区的制造业发展迅速，成为我国重要的制造业基地。西部地区增长了46.21倍，年均增长率为10.33%。西部大开发是国家最先启动的大区域开发战略，20年来成就斐然。东北地区增长了29.94倍，年均增长率为9.11%。与其他区域相比，东北地区的发展较慢，主要是因为近年来东北地区的"萧条病"日渐显现，对东北地区在全国区域经济发展中的地位产生了不良影响。

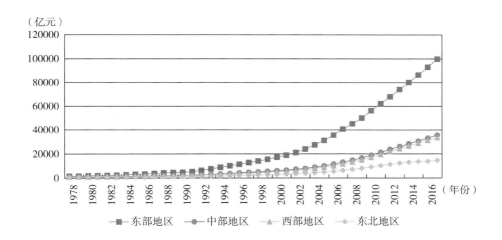

图 3 - 1　1978 ~ 2017 年四大板块 GDP

注：横轴标注双数年。

资料来源：根据《中国统计年鉴》相关数据计算整理。

对比四大板块人均生产总值发现，东部地区2017年人均生产总值是1978年的40.12倍，年均增长率为9.93%；中部地区2017年人均生产总值是1978年的34.88倍，年均增长率为9.53%；西部地区2017年人均生产总值是1978年的32.58倍，年均增长率为9.34%；东北地区2017年人均生产总值是1978年的26.41倍，年均增长率为8.76%（见图3 - 2）。

在经济快速增长的同时，我国经济发展水平也获得极大提升：第一，我国城镇居民年人均可支配收入从 1978 年的 343 元增加到 2009 年的 17175 元，2016 年达到 33616 元；第二，农民人均纯收入从 1978 年的 133.6 元增加到 2009 年的 5153 元，2016 年达到 12363 元，实现了初步小康，正向全面小康迈进。

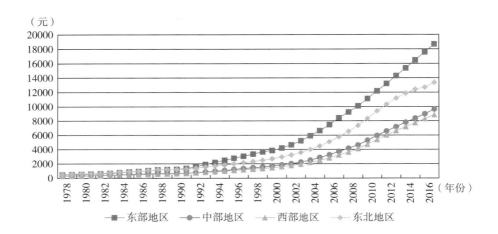

图 3 – 2   1978 ~ 2017 年四大板块人均 GDP

注：横轴标注双数年。

资料来源：根据《中国统计年鉴》相关数据计算整理。

二、区域经济发展的主要问题

我国当前经济社会发展的主要问题是发展不平衡与不充分的问题。从区域经济的角度看，主要表现在三个方面：

1. 城乡发展差距

我国城乡发展差距较大。从相对比例来看，1983 年城乡居民人均收入比为 1.82∶1，到 2009 年为 3.33∶1，到 2014 年保持在 2.92∶1 的水平；从绝对数值来看，1978 年农民人均纯收入与城镇居民人均可支配收入的差距是 209.8 元，2009 年为 12022 元，2016 年达到 21253 元，2016 年比 2009 年差不多又翻了一番。

到 2018 年，我国的城市化率已经接近 70%。城市快速发展与农村发展停滞形成了鲜明的对照。为解决城乡发展差距过大的问题，国家启动了乡村振兴战略。党的十九大报告指出，农业农村农民问题是关系国计民生的根本性问题，必须始终把解决好"三农"问题作为全党工作的重中之重，实施乡村振兴战略。

按照《中共中央国务院关于实施乡村振兴战略的意见》，要坚持乡村全面振兴，坚持城乡融合发展。乡村是具有自然、社会、经济特征的地域综合体，兼具生产、生活、生态、文化等多重功能，与城镇互促互进、共生共存，共同构成人类活动的主要空间。实施乡村振兴战略是建设现代化经济体系的重要基础，是建设美丽中国的关键举措，是传承中华优秀传统文化的有效途径，是健全现代社会治理格局的固本之策，是实现全体人民共同富裕的必然选择。

实施乡村振兴战略的目标任务是：到 2020 年，乡村振兴取得重要进展，制度框架和政策体系基本形成；到 2035 年，乡村振兴取得决定性进展，农业农村现代化基本实现；到 2050 年，乡村全面振兴，农业强、农村美、农民富全面实现。

2. 东西部区域发展差距

如表 3 - 1 所示，2017 年，东部、中部、西部、东北地区的地区生产总值分别为 447835.47 亿元、176486.61 亿元、168561.57 亿元、54256.45 亿元，东部地区遥遥领先。2017 年，东部、中部、西部、东北地区的人均地区生产总值分别为 83921.92 元、47828.16 元、44717.22 元、49892.37 元，东部地区依然处于领先地位。在产业结构方面，相比于第三产业比重早已超过第二产业的东部地区，第二产业依然是中西部地区经济发展的主要动力。因此，中西部地区面临着承接产业转移的契机：我国新一轮产业区际转移，主要是第二产业的区际转移，中西部地区现有的第二产业发展状况和趋势对中西部地区承接产业转移具有重要影响。中西部地区也面临着自身产业向高端制造业的升级和向第三产业的转型。

表 3 - 1　2017 年四大板块 GDP 及其构成

	东部地区	中部地区	西部地区	东北地区
地区生产总值（亿元）	447835.47	176486.61	168561.57	54256.45
第一产业（亿元）	21131.34	15803.34	19201.94	5962.89
第二产业（亿元）	186285.72	79937.91	69428.57	20258.91
第三产业（亿元）	240418.41	80745.36	79931.06	28034.65
人均地区生产总值（元）	83921.92	47828.16	44717.22	49892.37

资料来源：根据《中国统计年鉴》和 EPS 相关数据计算整理。

如表 3 - 2 所示，从相对比例来看，2000 年我国东部、东北、中部、西部地区人均 GDP 比为 1：0.8：0.49：0.41；到 2010 年，该比值变化为 1：0.75：0.53：0.49；到 2017 年，该比值进一步变为 1：0.59：0.57：0.53。从绝对数值来看，2000 年东部地区与西部地区的绝对差距是 6791.58 元，到 2017 年已经扩大到 39204.7 元。解决东部与西部、东北地区的区域发展差距扩大的问题，已经到了关键的窗口时期。

表 3 - 2   2000 ~ 2017 年四大板块人均 GDP   单位：元

年份	东部地区	中部地区	西部地区	东北地区
2000	11465.37	5624.91	4673.79	9128.88
2001	13058.13	5847.57	5258.28	9857.48
2002	14519.11	6379.54	5792.51	10680.32
2003	16834.70	7237.42	6582.86	11857.60
2004	20071.08	8792.09	7929.55	13538.69
2005	23653.53	10627.57	9490.14	15972.14
2006	27235.04	12334.56	11201.86	18296.61
2007	31982.92	15008.95	13628.49	21703.82
2008	36929.75	18056.89	16679.85	26125.67
2009	39693.71	19823.49	18406.89	28493.85
2010	45797.03	24122.98	22570.21	34224.97
2011	53141.17	29189.98	27672.40	41380.20
2012	57498.31	32365.00	31268.47	46001.32
2013	62674.17	35446.75	34652.45	49849.24
2014	67108.99	38243.80	37487.39	52358.87
2015	71018.72	40273.77	39055.55	52812.28
2016	77465.29	43761.90	41916.97	48038.30
2017	83921.92	47828.16	44717.22	49892.37

资料来源：根据 EPS 相关数据计算整理。

3. 南北方区域发展差距①

最近五年来，另外一个区域空间发展的问题开始困扰经济地理的总体空间格局：南方与北方发展速度不同，南北发展不协调的弊病日益暴露。

分别对南方和北方的面积、人口、人均产值进行统计，结果如下：

面积：南方占 39.96%，北方占 60.04%；

人口：南方占 55.58%，北方占 44.42%；

产值：南方占 61.35%，北方占 38.65%；

人均产值：南方为 7.45 万元/人，北方为 6.94 万元/人。

GDP 超过万亿元的城市共 14 座，南方为 11 座，北方为 3 座（见表 3-3）。

表 3-3　2017 年部分城市 GDP 及增速

城市	2017 年 GDP（亿元）	增速（%）
上海	30133.86	6.9
北京	28000.4	6.7
深圳	22438.39	8.8
广州	21503.15	7.0
重庆	19500.27	9.3
天津	18595.38	3.6
苏州	17319.51	7.1
成都	13889.39	8.1
武汉	13410.34	8.0
杭州	12556	8.0
南京	11715.1	8.1
青岛	11037.28	7.5
长沙	10535.51	9.0
无锡	10511.8	7.4
宁波	9846.9	7.8
佛山	9549.6	8.5

---

① 不包括港澳台地区，南方与北方的具体范围是：南方包括上海、江苏、浙江、安徽、江西、湖南、湖北、福建、广东、广西、海南、云南、贵州、重庆、四川、西藏，共 16 个省区市。北方包括北京、天津、河北、山西、内蒙古、辽宁、吉林、黑龙江、山东、河南、陕西、甘肃、宁夏、青海、新疆，共 15 个省区市。

续表

城市	2017 年 GDP（亿元）	增速（%）
郑州	9130	8.2
南通	7734.64	7.8
东莞	7582.12	8.1
烟台	7550	6.5
泉州	7548.01	8.4
西安	7469.85	7.7
大连	7363	7.1
唐山	7106.1	6.5
福州	7104.02	8.7
济南	超 7000	8.0
合肥	超 7000	8.8

资料来源：根据公开资料整理。

根据国家统计局的数据，2014～2017 年，北方居民人均可支配收入年均增长率为 8.6%，南方年均增长率为 9.3%，北方比南方低 0.7 个百分点。分区域看，西北地区人均可支配收入增速与南方差距并不大，造成南北增速差距扩大的原因主要是东北和华北地区增速相对较低。2013～2017 年，东北地区生产总值年均增长 5.2%，增速比南方低 3.3 个百分点，造成北方生产总值年均增速比南方低 0.91 个百分点，对南北增速差距的贡献率达 59.3%；华北地区生产总值年均增长 7.2%，增速比南方低 1.3 个百分点，造成北方生产总值年均增速比南方低 0.66 个百分点，对南北增速差距的贡献率达 42.5%。从产业结构看，第二、第三产业显著拉低了北方经济增速：2013～2017 年，北方第二产业增加值年均增长 5.6%，增速比南方低 2.1 个百分点，造成北方生产总值增速比南方低 1 个百分点，对南北增速差距的贡献率达 64.7%；北方第三产业增加值年均增长 9%，增速比南方低 1.4 个百分点，造成北方生产总值增速比南方低 0.58 个百分点，对南北增速差距的贡献率达 37.9%。①

① 盛来运，郑鑫，周平，等. 我国经济发展南北差距扩大的原因分析［J］. 管理世界，2018，34（9）：16－24.

第二节　第一产业的发展与布局

第一产业是国民经济的基础，其发展不仅关系到人民温饱和生活质量，而且还与工业化和现代化进程息息相关。改革开放以来，我国第一产业生产力得到了大幅提高，全国人民温饱问题得到解决，正在向全面小康迈进。

一、第一产业的空间分布

在第一产业生产力得到大幅提高的同时，其产业空间布局也发生了很大变化。

一般来讲，第一产业包含四个部门：种植业（狭义的农业）、林业、牧业和渔业。如表 3 - 4 所示，1979 年第一产业的集中指数为 51.38、集中度为 0.24，且此后时间里第一产业集中指数与集中度变化不大，由于第一产业对土地的依赖较强，空间分布较为分散。

表 3 - 4　1979 年、1999 ~ 2017 年第一产业集中指数及集中度的绝对值

年份	集中指数	集中度	年份	集中指数	集中度
1979	51.38	0.24	1999	51.15	0.24
2000	50.69	0.25	2001	50.82	0.25
2002	50.86	0.25	2003	50.87	0.25
2004	51.31	0.24	2005	51.39	0.24
2006	51.44	0.25	2007	51.51	0.25
2008	51.52	0.24	2009	51.49	0.24
2010	51.39	0.24	2011	51.45	0.23
2012	51.49	0.23	2013	51.55	0.23
2014	48.76	0.23	2015	48.77	0.23
2016	51.50	0.22	2017	48.76	0.22

注：集中指数 =（1 - H/T）×100，式中，T 表示全国或全区总人口，H 表示占全国或全区经济总量半数的地区人口。一般而言，集中指数在 50 ~ 100。指数小于或者等于 50 的，说明国家经济分布高度分散；指数在 50 到 60 之间的，说明较为均衡；指数在 70 到 80 之间的，表明相当集中；指数大于 90，则为高度集中。集中度 = X1 + X2 + X3，式中 X1、X2、X3 分别表示占全国（或全区）经济总量的比重居前 1、2、3 地区经济比重。指标值越大，说明集中度越高。

资料来源：根据中经网相关数据计算整理。

如表 3 – 5 所示，1999～2010 年我国各省份第一产业总产值排名有所变化，其中排名前八位的省份，东部地区占了一半。与 1979 年相比，一些省份的排名有了很大的变化，排名上升幅度较大的省份有河北、新疆、广西和辽宁，下降幅度较大的省份有浙江、北京、陕西、云南、江西和上海。总体来看，西部和东北地区大部分省份排名有不同程度的上升，东部地区大部分省份排名则有所下降。2010～2017 年第一产业总产值排名再次发生变化，相对于 2010 年，排名上升幅度较大的省份有贵州、云南和黑龙江，下降幅度较大的地区有河北、辽宁、吉林，西部地区省份排名出现不同程度的上升，东部和东北大部分省份的排名保持不变或者有所下降。

表 3 – 5　1979 年、1999 年、2009 年、2010 年、2017 年 31 省区市第一产业产值排名及变化

排名	1979 年	1999 年	2009 年	2010 年	2010 年较 1979 年排名变化	2017 年	2017 年较 2010 年排名变化
1	江苏	山东	山东	山东	1	山东	0
2	山东	河南	河南	河南	2	河南	0
3	四川	江苏	江苏	河北	9	江苏	1
4	河南	广东	四川	江苏	– 3	四川	1
5	湖北	河北	河北	四川	– 2	湖北	3
6	浙江	四川	广东	湖南	2	广东	1
7	广东	安徽	湖南	广东	0	黑龙江	5
8	湖南	湖南	湖北	湖北	– 3	河北	– 5
9	安徽	湖北	辽宁	辽宁	5	湖南	– 3
10	黑龙江	福建	安徽	安徽	– 1	广西	1
11	江西	浙江	广西	广西	7	安徽	– 1
12	河北	辽宁	黑龙江	黑龙江	– 2	福建	1
13	辽宁	广西	福建	福建	3	云南	6
14	陕西	江西	浙江	浙江	– 8	辽宁	– 5
15	云南	吉林	吉林	江西	– 4	贵州	9
16	福建	黑龙江	江西	吉林	1	新疆	1
17	吉林	云南	云南	新疆	9	浙江	– 3
18	广西	内蒙古	内蒙古	内蒙古	4	陕西	2
19	山西	新疆	陕西	云南	– 4	江西	– 4

续表

排名	1979 年	1999 年	2009 年	2010 年	2010 年较 1979 年排名变化	2017 年	2017 年较 2010 年排名变化
20	北京	陕西	新疆	陕西	-6	内蒙古	-2
21	贵州	重庆	重庆	甘肃	3	吉林	-5
22	内蒙古	贵州	山西	山西	-3	重庆	1
23	重庆	甘肃	甘肃	重庆	0	甘肃	-2
24	甘肃	山西	贵州	贵州	-2	海南	1
25	上海	海南	海南	海南	2	山西	-3
26	新疆	上海	北京	北京	-6	宁夏	2
27	海南	北京	上海	天津	1	天津	0
28	天津	天津	天津	宁夏	2	青海	2
29	青海	宁夏	宁夏	上海	-4	北京	-3
30	宁夏	青海	青海	青海	-1	上海	-1
31	西藏	西藏	西藏	西藏	0	西藏	0

资料来源：根据中经网相关数据计算（不包含港澳台地区数据）。

二、第一产业向中西部地区集中的趋势

如图 3 - 3 所示，从四大板块来看，1979～2010 年，东、中部地区第一产业增加值占比都呈下降趋势，比重分别由 1979 年的 38.07% 和 28.82% 下降到 2010

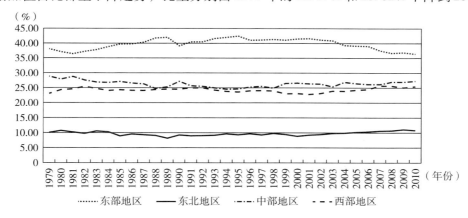

图 3 - 3 1979～2010 年四大板块第一产业增加值占比

资料来源：根据中经网相关数据计算整理。

年的 36.42% 和 27.30%；而西部和东北地区的第一产业增加值占比则都有所上升，分别从 1979 年的 23.05% 和 10.06% 上升到 2010 年的 25.47% 和 10.81%，但从增长速度看，西部地区要快于东北地区。

从图 3-3 中我们还可以明显看出 1979~1999 年东部地区第一产业增加值占比呈上升趋势，而其他三个板块则呈下降趋势，这主要是因为东部地区拥有丰厚的土地、气候等资源，适合第一产业生产，1979~1999 年，在土地成本上升幅度不大的情况下，自然条件更加优越的东部地区凭借更加雄厚的经济实力，机械化进程更快，第一产业生产效率大大提高，第一产业增加值占比呈现上升趋势。1999 年以后，东部地区第一产业增加值占比明显下降，同期其他板块则呈现上升趋势，其中西部地区上升趋势较为明显。在这一时期，随着东部地区工业化、城市化进程加快，土地资源变得越来越稀缺，工业用地和商业用地需求越来越旺盛，第一产业的利润已不足以支付地租等生产成本，因此 1999 年之后东部地区第一产业增加值占比呈下降趋势，第一产业整体空间分布格局开始向中西部地区转移。

如图 3-4 所示，2010~2017 年，这种趋势基本保持不变，东部和中部的第一产业增加值占比进一步下降。东部地区由 2010 年的 36.42% 下降为 2017 年的

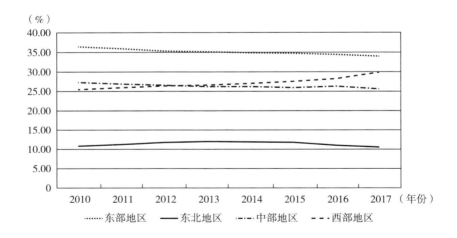

图 3-4 2010~2017 年四大板块第一产业增加值占比

资料来源：根据中经网相关数据计算整理。

33.99%，中部地区由 27.30% 下降到 25.60%。而西部地区第一产业增加值占比则保持上升趋势，由 2010 年的 25.47% 上升至 2017 年的 29.89%，东北地区第一产业增加值占比由 2010 年的 10.81% 上升至 2013 年的 12.01%，随后下降至 2017 年的 10.52%。从增速来看，仍然是西部地区的增速最快。

第三节 第二产业的发展与布局

一、第二产业的空间分布

在 1979～1999 年，我国第二产业的集中指数和集中度都呈现上升趋势，说明在我国向沿海地区倾斜的国土空间战略下，第二产业逐渐向东部沿海地区集聚。1999～2010 年，尤其是在"十一五"期间（2006～2010 年），随着区域发展总体战略的深入实施，中西部地区第二产业获得了极大的发展，这期间第二产业地理集中度都呈下降的趋势，第二产业的空间分布呈现扩散的趋势。

从各地区第二产业增加值占比来看，2010 年排名前三位的省份为广东、江苏和山东，这三个省份第二产业增加值之和占到了全国的 1/3，而排名在全国后十位的省份第二产业增加值占比仅为 8.9%。1979～2010 年，我国第二产业整体布局逐渐从集中走向均衡分布。从产业转移方向上来看，我国第二产业逐步由东北地区向东部沿海地区转移，黑龙江、辽宁等省份的第二产业产值所占比重在逐渐降低，而广东、江苏和山东上升幅度明显。除个别省份外，广大中西部地区没有明显的变化。

如图 3-5 所示，1979～1999 年，东部、中部地区第二产业增加值占比上升，东北、西部地区则在下降。其中，东部地区上升了 6.93 个百分点，中部地区上升了 1.16 个百分点，东北地区下降了 6.29 个百分点，西部地区下降了 1.80 个百分点。但是，自 1999 年开始实施西部大开发战略以来，东部地区第二产业增加值占比呈明显下降趋势，占比从 1999 年的 54.33% 下降到 2010 年的 52.05%；东北地区第二产业增加值占比下降趋势有所减缓，从 1999 年的 10.45% 下降至 2010 年的 8.95%；而中西部地区第二产业增加值占比则呈上升趋势，其中，中部地区上升了 0.75 个百分点，西部地区上升了 3.04 个百分点。

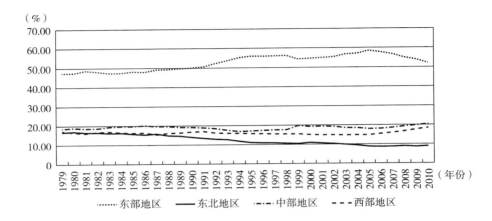

图 3 - 5   1979 ~ 2010 年四大板块第二产业增加值占比

资料来源：根据中经网相关数据计算整理。

由上述分析可以得出，1979 ~ 1999 年，我国第二产业向东部沿海地区集聚的趋势非常明显：1979 年，我国第二产业增加值占比前十位的省份分别是上海、辽宁、江苏、山东、黑龙江、河北、广东、北京、河南和湖北，东部地区占了五席；1999 年，我国第二产业增加值占比前十位的省份分别是广东、江苏、山东、浙江、河北、河南、辽宁、上海、湖北、黑龙江和四川，其中东部地区占了六席，前五名全部属于东部地区。这主要是因为改革开放以来，我国实施了向东部沿海地区倾斜的国土开发战略，中央政府对东部地区的政策支持力度远远大于中西部和东北地区，东部地区的第二产业尤其是工业获得了极大的发展。从 1999 年之后，中央政府为了协调区域发展、缩小区域差距和实现可持续发展，先后实施了西部大开发、东北振兴和中部崛起的区域发展战略，使得东部地区第二产业增加值占比开始下降，中部和西部第二产业获得了极大的发展，东北地区第二产业衰落的势头得到了抑制。2010 年，第二产业增加值占比前十位的省份分别是广东、江苏、山东、浙江、河南、河北、辽宁、四川、湖北和福建，河南、辽宁、四川、湖北等省份稳居十强，区域协调发展战略的积极作用初步显现。

如图 3 - 6 所示，2010 ~ 2017 年四大板块第二产业的发展更加协调。东部地区第二产业增加值占比呈下降趋势，从 2010 年的 52.05% 下降至 2013 年的 49.22%，2014 ~ 2017 年有所回升，与 2010 年占比基本持平。东北地区第二产业增加值占比自 2011 年以来有所下降，从 2011 年的 9.13% 下降到 2017 年的 5.69%，衰落态势仍未得到根本性解决。中部和西部的第二产业增加值占比呈上升态势，西部地区在 2017 年有所回落。

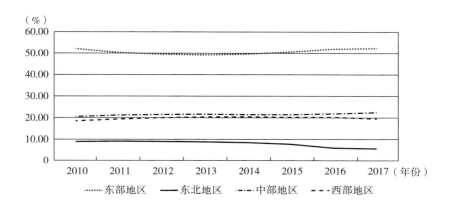

图 3 - 6　2010 ~ 2017 年四大板块第二产业增加值占比

资料来源：根据中经网相关数据计算整理。

二、第二产业的集聚和专业化

工业是国民经济的主导部门，它担负着为其他部门提供设备、能源、原材料及为人民生活提供各种必需品的任务。实现工业的合理空间分布，不仅关系到工业的效益，而且还关系到农业与服务业的发展和生态环境保护。

1. 工业总体空间分布的新趋势：从集聚到扩散

与第二产业总体空间分布格局类似，1979 ~ 1999 年我国工业空间分布呈现集聚特征。1999 年之后，随着区域发展总体战略的实施，工业地理集中度开始呈现下降趋势。"十一五"期间，中国工业的空间分布呈现出扩散的趋势，地理集中度也由 2006 年的 0.476 下降到 2010 年的 0.442，降幅达 7.2%。在工业活动扩散化的背景下，自 2006 年起，我国整体经济活动集聚的态势减缓，开始呈现出空间扩散的特征。

我们不难发现，中国工业发展的空间格局呈现出明显的"北上西进"的新趋势，即工业开始由东部地区向东北和中西部转移。由于工业化进程还远未结束，中国整体经济活动与工业空间分布类似，呈现出由东部地区向北部环渤海地区、东北地区以及中西部地区转移扩散的新趋势。各种经济要素和工业活动不再向东部地区快速集聚，逐步由东部沿海地区向中西部和东北地区转移扩散，中国区域发展总体战略的实施效果逐步显现，中国区域经济发展已经进入一个重要的转折期。

如图3-7所示，与"十五"期末（2005年）相比，截至"十一五"期末（2010年），东部地区工业增加值占比由59.84%下降到52.92%，下降了6.92个百分点；东北地区只上升了0.12个百分点；中部、西部地区分别提升了2.89个、3.91个百分点。对于这种产业转移现象，可以从以下两个方面来进行考察：一方面，随着中国区域发展总体战略的深入实施，在国家一系列优惠政策的支撑下，东北和中西部地区的投资增长明显加快。另一方面，近年来，随着产业向东部沿海地区尤其是向珠三角和长三角地区不断聚集，导致各种生产要素成本大幅度提升，土地、能源等供应趋于紧张，资源和环境承载力不断下降。同时，由于东部地区大部分工业企业属于外向型，在欧美国家陷入次贷危机，全球经济萎靡不振的宏观背景下，这些外向型企业面临外部需求大幅度减少并且短期无法恢复的局面。由于外部需求萎缩、内部要素成本上升，加之一些东部沿海省市为了加大产业升级和环境保护力度，纷纷提高市场准入门槛，一部分劳动和资源密集型企业向中西部地区转移。此外，由于中国政府对中西部和东北地

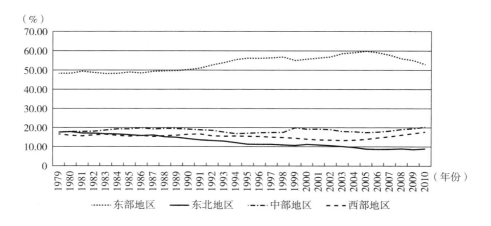

图3-7 1979~2010年四大板块工业增加值占比

资料来源：根据中经网相关数据计算整理。

区政策、资金的全方位支持，中西部地区和东北地区的投资环境得到了较大改善，也吸引了东部地区一些企业向上述地区转移。

如图 3-8 所示，2010 年以来，东部地区工业增加值占比先下降至 2014 年的 50.72%，后又回升至 2017 年的 54.36%；东北地区近年陷入发展困局，工业增加值占比下降了 3.43 个百分点；中部、西部地区工业发展稳步前进，工业增加值占比分别提升了 2.15 个和 0.16 个百分点，占比持续增加，表明近年来工业转移的成效初现。

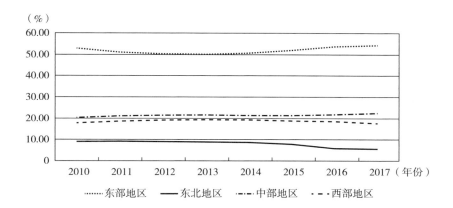

图 3-8 2010～2017 年四大板块工业增加值占比

资料来源：根据国家统计局相关数据计算整理。

2. 各地区工业专业化程度存在显著差异

如表 3-6 所示，1979～1999 年，东部地区除北京、天津、上海和海南之外，其他省市的区位商都呈上升趋势，这主要是因为：一方面，我国工业布局的重心逐渐由环渤海地区向江苏、浙江和广东等省市转移；另一方面，北京和上海的产业结构趋于高级化，工业已经不适合作为其主导产业，海南则是以旅游业为主导产业的省区。从总体上看，东部地区工业专业化的程度要高于其他地区，并且呈上升趋势；同期东北地区的工业区位商呈下降趋势，衰退较为明显；中西部地区大部分省市工业区位商呈上升趋势，但是专业化程度较低，大部分省市工业区位商都低于 1。

表 3－6 1979 年、1999 年、2010～2017 年各省份工业区位熵

	1979	1999	2010	2011	2012	2013	2014	2015	2016	2017
北京	1.44	0.75	0.44	0.42	0.43	0.42	0.43	0.42	0.43	0.43
天津	1.46	1.10	1.08	1.08	1.10	1.10	1.11	1.11	1.04	1.04
河北	0.98	1.07	1.06	1.08	1.09	1.10	1.12	1.11	1.14	1.14
山西	1.19	1.08	1.14	1.19	1.15	1.13	1.06	0.90	0.87	1.04
内蒙古	0.82	0.84	1.09	1.11	1.12	1.11	1.10	1.14	1.09	0.89
辽宁	1.44	1.07	1.08	1.08	1.08	1.09	1.09	1.03	0.84	0.88
吉林	1.09	0.83	1.02	1.05	1.08	1.10	1.15	1.14	1.12	1.14
黑龙江	1.28	1.21	1.00	1.00	0.88	0.84	0.78	0.71	0.65	0.59
上海	1.69	1.09	0.86	0.84	0.81	0.79	0.77	0.75	0.73	0.77
江苏	0.94	1.10	1.05	1.02	1.02	1.02	1.02	1.05	1.08	1.11
浙江	0.79	1.22	1.03	1.02	1.02	1.03	1.03	1.05	1.08	1.06
安徽	0.70	0.97	0.99	1.04	1.08	1.10	1.12	1.11	1.13	1.13
福建	0.79	0.89	0.98	0.98	1.00	1.03	1.07	1.09	1.11	1.11
江西	0.57	0.83	1.03	1.04	1.04	1.06	1.08	1.09	1.07	1.09
山东	1.02	1.06	1.09	1.05	1.05	1.04	1.05	1.08	1.11	1.11
河南	0.80	0.98	1.17	1.16	1.17	1.18	1.12	1.12	1.15	1.16
湖北	0.70	1.09	0.95	0.98	1.01	1.01	0.99	1.03	1.05	1.03
湖南	0.74	0.82	0.89	0.93	0.95	0.96	0.98	0.99	0.98	0.98
广东	0.88	1.09	1.05	1.04	1.04	1.04	1.06	1.09	1.10	1.10
广西	0.66	0.74	0.91	0.93	0.93	0.94	0.95	0.99	1.02	0.88
海南	0.38	0.34	0.42	0.42	0.42	0.41	0.36	0.34	0.33	0.33
重庆	0.91	0.83	1.05	1.05	1.01	0.97	0.90	0.93	0.95	0.95
四川	0.71	0.87	0.98	1.02	1.02	1.04	1.02	0.96	0.92	0.88
贵州	0.74	0.78	0.75	0.72	0.75	0.79	0.84	0.83	0.86	0.88
云南	0.68	0.91	0.81	0.76	0.77	0.76	0.75	0.74	0.72	0.70
西藏	0.20	0.24	0.18	0.18	0.18	0.18	0.18	0.18	0.21	0.22
陕西	0.93	0.82	1.02	1.05	1.09	1.10	1.11	1.07	1.07	1.11
甘肃	1.22	0.88	0.88	0.86	0.85	0.83	0.82	0.69	0.67	0.66
青海	0.79	0.73	1.03	1.09	1.09	1.08	1.02	0.97	0.96	0.83
宁夏	0.99	0.83	0.86	0.87	0.87	0.87	0.87	0.88	0.91	0.89
新疆	0.84	0.68	0.90	0.92	0.88	0.85	0.85	0.77	0.76	0.84

资料来源：根据中经网、国家统计局相关数据计算。

1999~2017 年，除北京、天津、上海和海南之外，东部其他省市的工业区位商都呈上升趋势。中西部大部分省市的工业区位商呈上升趋势，东北地区的黑龙江、辽宁工业区位商呈下降趋势。这主要是因为 1999 年以来，我国深入实施西部大开发、东北振兴、中部崛起等区域协调发展战略，中西部地区工业化进程加快，工业区位商提升。然而，虽然东北振兴战略早已实施，但除吉林外，东北地区工业区位商出现了一定幅度的下滑，东北振兴的效果仍值得继续关注。

第四节　第三产业的发展与布局

我国第三产业在国民经济中的地位，是随着经济发展水平的提高而逐渐提升的。当前，我国的第三产业已经逐渐成为国民经济的支柱产业，具有重要的战略意义。

一、第三产业的集中化趋势及其影响

在"十一五"期间，随着工业由东部向其他地区的扩散转移，东部地区 GDP 占比由 2005 年的 55.5% 下降到 2010 年的 53%，降幅为 2.5 个百分点。在同一时期，东部地区工业增加值占比降幅为 6.8 个百分点。可见，以工业为代表的第二产业转移并未改变东部地区作为中国经济活动中心的地位，这主要得益于第三产业向东部地区的集聚。

从 1992 年开始，随着中国社会主义市场经济体制的确立，第三产业向东部沿海地区的集聚加速，虽然 2008 年由美国次贷危机引发的全球金融危机对东部地区新兴第三产业的发展产生了一定冲击，但也没有改变第三产业活动向东部地区集聚的趋势。如图 3 - 9 所示，2010 年东部地区第三产业增加值占比为 58.29%，较 1992 年增长了 8.42 个百分点；中部和西部地区第三产业增加值占比分别为 16.87% 和 17.01%，较 1992 年分别下降了 2.19 个和 2.47 个百分点；东北地区则下降了 3.75 个百分点，为 7.83%。

可见，第三产业已成为东部沿海地区经济发展的新增长极，这也是东部地区产业结构趋于高级化的重要阶段。由于东部地区已经进入了工业化后期，大力发展新兴第三产业是东部地区经济转型和产业结构调整升级的重要内容，也是

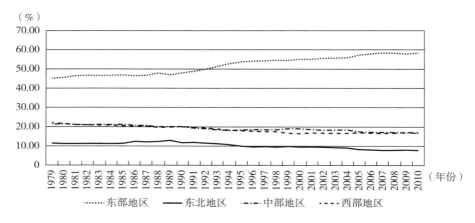

图 3 – 9　1979 ～ 2010 年四大板块第三产业增加值占比

资料来源：根据中经网相关数据计算整理。

东部地区经济可持续发展的新增长点。在此背景下，第三产业向东部地区集聚为实施"东部率先发展"的国家战略提供了现实基础。如图 3 – 10 所示，东部地区第三产业增加值占比由 2010 年的 58.29% 小幅下降至 2017 年的 56.02%，中部和西部第三产业增加值占比分别上升了 1.95 个和 1.62 个百分点。然而，东部地区第三产业增加值占比仍然远高于中西部地区和东北地区，随着区域发展总体战略的不断推进，东部地区第三产业开始逐步向中西部地区转移，中西部地区第三产业发展前景广阔。

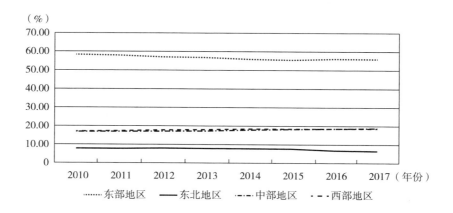

图 3 – 10　2010 ～ 2017 年四大板块第三产业增加值占比

资料来源：根据国家统计局相关数据计算整理。

二、金融业空间分布格局

金融业是国民经济中的关键性产业，一国或一个地区所具有的金融资源是现代经济增长与发展的重要因素，关系到整个国家的经济安全。金融业不仅对地区的经济发展贡献率高，而且是各种社会资源以货币形式进行优化配置的重要抓手。自改革开放以来，尤其是近十年来，随着我国经济的快速发展，我国金融业获得了长足进步，金融资产总量快速增长，金融业成为增长最快的产业之一。在社会主义市场经济体系下，我国已基本形成了以信托、银行、保险、证券为四大支柱，以其他非银行金融业为补充的金融业体系。本节将重点分析1999 年我国实施西部大开发战略以来，各地区金融业的发展情况。

1. 金融业高度集中在东部沿海地区

1999～2017 年，我国金融业呈现向东部沿海地区集聚的趋势。这主要是因为：一方面，金融业作为新兴第三产业的重要组成部分，其发展水平与当地经济发展水平密切相关。一般来说，一个地区经济社会发展水平越高，居民可支配收入越高，金融业也就越发达，因此东部地区金融业较中西部地区发达的原因与其经济发展水平较高密切相关。另一方面，大力发展金融业是东部沿海地区产业结构升级、培育新经济增长点的重要内容，东部各省市非常重视金融业在当地的发展。

2. 东部地区内部金融业集聚程度存在明显区际差异

1999 年，我国金融业生产总值排名前十位的省份是上海、山东、江苏、北京、广东、河北、湖北、浙江、福建和四川，大部分都属于东部地区。其中，排名前三位的上海、山东和江苏金融业增加值总和占全国的32.6%。2009 年，我国金融业生产总值排名前十位的省份分别是广东、浙江、上海、北京、江苏、山东、福建、辽宁、河北和四川，排名前七位的全部属于东部地区，其中广东和浙江两省金融业发展迅速，取代上海和山东成为前两名，排名前三位的广东、浙江和上海金融业增加值总和占到了全国的33.28%。近年来，这种趋势没有大改变，2017 年我国金融业生产总值排名前五位的省份分别是广东、江苏、上海、北京和山东。

由以上分析不难发现，我国金融业不仅向东部沿海地区集聚，并且在东部沿海地区内部，金融业呈现向珠三角、长三角集聚的趋势，环渤海地区的金融地位逐渐变弱。

3. 金融业空间分布呈现分散化趋势

如图 3 – 11 所示，从四大板块来看，1999～2008 年，东部地区金融业增加值占比上升近 9 个百分点，达到 71.88%。在西部大开发战略的支撑下，金融资本也大量涌进西部地区，金融业也获得了一定的发展，2008 年西部地区金融业增加值占比为 13.35%，较 1999 年小幅增加了 0.79 个百分点。由于正处于工业化进程的中期阶段，东北和中部地区金融业发展较为滞后，与 1999 年相比，2008 年东北地区金融业增加值占比下降了 2.6 个百分点，达到 5.38%；中部地区降幅最大，下降了 7.18 个百分点。

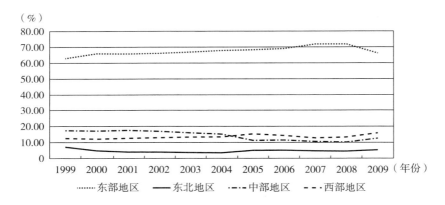

图 3 – 11　1999～2009 年四大板块金融业增加值占比

资料来源：根据中经网、国研网相关数据计算整理。

2009 年，东部地区金融业增加值占比较 2008 年骤降 5.75 个百分点，达到 66.13%，这主要是受到 2008 年美国次贷危机的冲击，加之东部沿海地区与美国等发达地区的贸易等经济联系较为密切，也更容易受到海外金融市场动荡的影响。与此同时，其他地区的金融业在东部地区受到金融危机影响的情况下，抓住了机遇，金融业增加值占比较 2008 年都有不同程度的上升：其中，西部地区上升了 2.53 个百分点，达到 15.88%；中部地区上升了 2.39 个百分点，达到 12.61%；东北地区上升了 0.83 个百分点，达到 5.38%。

如图 3 – 12 所示，2012～2017 年，四大板块金融业增加值占比与第三产业整体情况高度相似，东部地区金融业增加值占比由 2012 年的 62.54% 下降到 2017 年的 57.92%，东北地区金融业增加值占比由 2012 年的 5.58% 上升至 2017

年的 5.62%；占比上升幅度比较明显的仍然是中部和西部，5 年内分别上升了 3.34 个百分点和 1.23 个百分点。金融业整体分布呈扩散态势，中部和西部抓住产业转移和升级的机遇，发展态势向好。

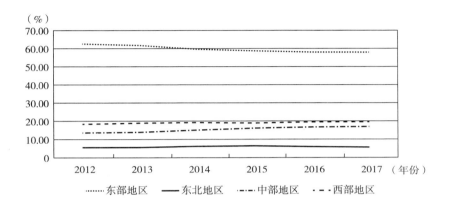

图 3 - 12　2012～2017 年四大板块金融业增加值占比

资料来源：根据国家统计局相关数据计算整理。

由以上分析可以得出，金融业作为新兴第三产业的重要组成部分，与一个地区经济社会发展水平密切相关。东部地区虽然受到国际金融危机的影响，金融业发展受到了一定的冲击，但是由于东部地区经济发展水平较高，并具有人才、资金、技术以及同国际接轨等区位优势，金融业总体发展水平依然较高。在短期内，甚至未来十年内，中西部和东北地区依然无法与其相提并论。

第五节　区域产业结构调整与优化

改革开放以来，经过 40 多年持续、快速增长，我国经济增长速度开始放缓，进入到一个以质量提升为核心的新发展阶段。2012 年，我国经济增速下降至 7.8%，自 1980 年以来首次跌破 8%，预示着我国经济增长进入了新常态。在经济新常态下，我国经济增速将由过去保持 10% 以上的持续高速增长转变为 6%～8% 的中高速增长，我国的比较优势正在发生深刻变化，经济增长的动力将由过去主要依靠投资、要素驱动向主要依靠创新驱动转变，经济结构不断优化升级。加快产业结构调整，提升产业价值链，推动产业向中高端升级，是"十三五"时期我国转变经济发展方式的主攻方向，是确保中高速增长的客观要求。

一、三次产业结构演变

如图 3-13 所示，"十一五""十二五"时期我国产业结构不断优化升级，趋于合理，主要趋势是第一、第二产业比重逐年降低，第三产业比重逐年提升，说明我国已整体进入工业化后期阶段。从第一产业来看，2006 年第一产业增加值占比为 10.63%，2015 年下降至 8.42%，下降了 2.21 个百分点；从第二产业来看，2006 年第二产业增加值占比为 47.56%，2015 年下降至 41.11%，下降了 6.45 个百分点；从第三产业来看，2006 年第三产业增加值占比为 41.82%，2015 年上升至 50.46%，提升了 8.64 个百分点。到"十二五"末期，我国产业结构呈现"三、二、一"的发展格局。进入"十三五"时期，我国三次产业结构进一步优化，第一、第二产业增加值占比分别下降了 1.23 个百分点、0.46 个百分点，第三产业增加值占比上升了 1.69 个百分点。

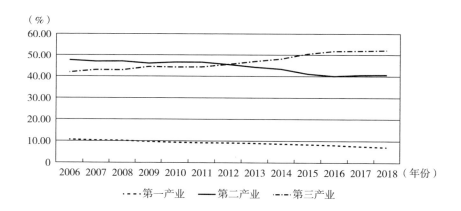

图 3-13 2006～2018 年三次产业增加值占比

资料来源：根据中经网相关数据计算整理。

如图 3-14 所示，"十一五""十二五"时期我国三次产业变动的速度也大为不同，三次产业增速均呈放缓趋势，但第三产业一直保持了两位数的快速增长。2006 年第一产业增速为 6.93%，2015 年增速下降为 3.86%，下降了 3.07 个百分点；2006 年第二产业增速为 18.48%，2015 年增速下降为 1.61%，下降了 16.87 个百分点；2006 年第三产业增速为 18.51%，2015 年增速为 12.37%，下降了 6.14 个百分点，虽然增长速度放缓，但依然维持在两位数的高位，成为经济发展新引擎。第三产业快速发展一般发生在国家由中低收入水平向中高收入水平迈进的时期，反映了一个国家工业化和城市化的发达程度。"十二五"期间，我国第三产业增加值占比持续攀升，首次超过第二产业，成为拉动经济发展的新引擎，这说明我国经济结构和增长动力正在发生深刻变化，转型升级已到了关键阶段，经济正由工业主导向第三产业主导转变，服务化进程已不可逆转，并且越来越快。

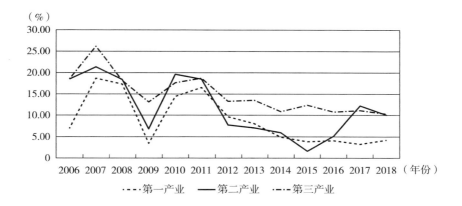

图 3-14　2006~2018 年三次产业增加值增长率

资料来源：根据中经网相关数据计算整理。

二、产业结构调整趋势

"十二五"期间，第三产业成为拉动经济发展的新动力。在这种新趋势下，国内产业结构也将发生重大变化。多项研究表明，消费对第三产业的拉动作用要强于投资，这表明国内市场对产业结构的影响将大大增加。随着人均 GDP 的不断提升，城乡居民收入大幅增长，国内市场需求不断扩张，居民消费结构升级，对第三产业的拉动作用更加明显。与此同时，国家高度重视第三产业的发展，在"十三五"规划纲要中阐明了生产性服务业和生活性服务业的发展蓝图。受此影响，"十三五"期间，我国第三产业增加值占比将持续上升，第一、第二产业增加值占比持续降低，进入后工业化时期。

三、四大板块产业结构现状与趋势

如表 3 – 7 所示，从第一产业来看，中部、西部、东北地区第一产业增加值占比均较高。与全国平均水平进行比较后发现，东部地区第一产业增加值占比均值远低于全国平均水平，中部地区第一产业增加值占比均值略低于全国平均水平，西部、东北地区第一产业增加值占比均值高于全国平均水平。根据产业结构演变规律，第一产业增加值占比是不断下降的，中部、西部、东北地区也遵循同样规律发展，但与东部地区相比仍存在差距。

表 3 – 7   2017 年四大板块三次产业增加值占比   单位：%

板块	省份	第一产业增加值占比	第二产业增加值占比	第三产业增加值占比
东部地区	北京	1.09	18.89	80.02
	天津	2.04	40.47	57.49
	河北	14.82	43.70	41.48
	上海	0.95	30.28	68.77
	江苏	8.05	43.44	48.51
	浙江	5.84	42.00	52.15
	福建	11.64	45.27	43.09
	山东	11.88	42.82	45.31
	广东	6.48	41.28	52.23
	海南	9.49	42.81	47.70
	东部地区平均	7.23	39.10	53.68
中部地区	山西	8.74	41.77	49.48
	安徽	15.84	44.22	39.94
	江西	14.45	45.33	40.22
	河南	15.76	43.99	40.25
	湖北	16.10	40.55	43.35
	湖南	14.43	39.16	46.40
	中部地区平均	14.22	42.50	43.27

续表

板块	省份	第一产业增加值占比	第二产业增加值占比	第三产业增加值占比
西部地区	内蒙古	16.30	37.08	46.62
	广西	23.10	36.62	40.28
	重庆	9.49	42.81	47.70
	四川	17.53	36.12	46.35
	贵州	22.88	36.38	40.75
	云南	21.62	34.64	43.73
	西藏	13.04	37.59	49.37
	陕西	13.25	46.84	39.92
	甘肃	19.11	31.40	49.49
	青海	13.24	42.26	44.50
	宁夏	13.95	42.60	43.46
	新疆	26.28	34.22	39.50
	西部地区平均	17.48	38.21	44.31
东北地区	辽宁	15.19	36.28	48.53
	吉林	12.97	43.98	43.05
	黑龙江	30.16	21.92	47.92
	东北地区平均	19.44	34.06	46.50
全国	全国平均	14.39	38.19	47.42

资料来源：根据中经网相关数据计算整理。

从第二产业来看，中部地区第二产业增加值占比最高。目前，我国产业结构正由第二产业主导向第三产业主导转变。在此过程中，四大板块内部呈现了不同的特征。整体上看，东部地区第二产业增加值占比低于中部地区。说明在"大众创业、万众创新"的驱动下，东部地区产业结构正发生深刻调整，第三产业得到快速发展，成为最先步入经济新常态的地区。相对而言，中西部地区因为重工业比重较高、产业结构单一，产业结构转型面临障碍。

从第三产业来看，东部地区第三产业增加值占比最高。东部地区第三产业增加值占比高于全国平均水平，说明东部地区第三产业发展很快，已经成为引领我国产业结构转变的地区。相对而言，中部地区第三产业增加值占比最低，说明中部地区产业结构不合理问题比较突出。事实上，西部和东北地区第三产业增加值占比与全国相比也存在较大差距，分别相差了 3.11 个、0.92 个百分点，说明这两个地区在产业结构调整和升级过程中也存在困难，结构性调整是两个地区的重点任务。

如表 3−8 所示，通过对比发现，四大板块第一产业增加值占比均呈现降低态势，第三产业增加值占比提高，四大板块内部差距正在缩小。

表 3−8 2005 年、2017 年四大板块三次产业增加值占比　　　　单位：%

	2005 年			2017 年		
	第一产业	第二产业	第三产业	第一产业	第二产业	第三产业
东部地区	13.22	48.58	38.20	8.01	40.16	51.83
中部地区	25.17	42.00	32.83	14.84	42.37	42.80
西部地区	25.77	38.59	35.64	17.95	38.14	43.91
东北地区	21.18	44.85	33.97	19.24	33.88	46.88

资料来源：根据中经网相关数据计算整理。

20 世纪 80 年代以来，东部地区承接了大量的国际产业转移，这些产业大都属于资源密集和劳动力密集型产业，这些产业的发展大大促进了东部地区的人口城市化和产业集聚。随着东部地区土地资源趋紧、劳动力成本上升，一部分资源密集型和劳动力密集型产业逐步向中西部地区转移，对中西部地区经济发展起到了促进作用。这个时期向中西部转移的产业大都是高污染、高耗能产业，虽然中西部地区在产业转移中获利较多，但其自然环境也受到了极大的破坏。"十二五"期间，随着经济发展进入新常态，国家对中西部、东北地区投入极大的关注，出台了相关政策促进中西部、东北地区的发展。在这一过程中，中西部地区对于东部地区的产业转移有了更大的自主性，更加关注本地产业链的发展，往往会优先选择环境污染小、能延长或拓展本地产业链的相关产业和企业，这种转变提升了中西部地区产业的发展层次。"十三五"期间，随着东部地区生产要素成本和环境成本的进一步上升以及新兴产业的发展，东部地区向中西部地区产业转移的速度加快。随着"一带一路"倡议和长江经济带等一系列国家重要战略的落实，产业向中西部地区乃至东南亚、中亚地区转移的速度加快，四大板块的区际互动更加频繁，区际之间的差距将进一步缩小。

第四章　原材料产业的发展与布局

制造业是我国经济的重要引擎，原材料产业是为制造业提供原材料的工业部门，原材料产业在《中国国民经济行业分类与代码》（GB/T 4754—1994）产业统计分类划分中属于采矿业和制造业，即重工业部门。其中，煤炭、铁矿、有色金属矿、稀土的采选洗属于采矿业，石油加工、炼焦、化学品制造、非金属矿物品制造、金属冶炼（含有色金属）、金属制品制造等属于制造业。原材料产业作为工业的基础性先导产业，是制造业的基础和保障。它具有产业规模大、关联度高、带动作用强、资源能源密集等特点。原材料产业的发展规模和质量直接影响和决定了国家工业化发展水平，进而影响城镇化进程。

第一节　矿产资源的优势与空间分布

原材料产业的发展离不开矿产资源的投入，因此在分析原材料之前有必要对矿产资源的分布进行介绍。矿产资源包括能源矿产、金属矿产、非金属矿产和水气矿产等。中国是世界上矿产资源种类齐全、储量丰富的少数国家之一。一些矿产如钨、锡、锑、稀土、钛、石膏、膨润土、芒硝、萤石、菱镁矿、石墨等储量非常丰富，居世界首位；钼、铅、锌、锶、萤石、磷、芒硝、石棉、滑石等矿产储量位居世界前列。

矿产资源是国民经济可持续发展的重要基础，其供需形势直接影响国家经济安全。我国矿产资源存在以下三个特点：其一，总量丰富，矿种齐全，人均不足；其二，贫矿多，富矿少，大宗、战略性矿产严重不足；其三，单一矿种矿少，共生伴生矿多；其四，区域分布不均衡，相对集中。

一、我国矿产资源总量优势明显

截至 2017 年底，中国已发现矿产 173 种，其中天然气水合物为新发现矿种。按矿种大类分，目前有能源矿产 13 种，金属矿产 59 种，非金属矿产 95 种，水气矿产 6 种。全国已发现并具有查明资源储量的矿产 162 种，亚矿种 230 个。

（一）矿产资源储量

"十一五"期间，44 种主要矿产查明资源储量增长的有 37 种，减少的有 7 种。其中，能源矿产查明资源储量普遍增长，尤其是天然气剩余技术可采储量增长较大；黑色金属矿产查明资源储量均有增加；有色金属矿产查明资源储量除锡矿下降以外均有增长；贵金属矿产中金矿和银矿查明资源储量增幅较大，铂族金属查明资源储量下降；多数非金属矿产查明资源储量有所增长。

"十二五"期间，48 种主要矿产中 41 种查明资源储量增长，5 种减少，新设立矿种页岩气探明地质储量快速增长。与"十一五"末相比，"十二五"末石油剩余技术可采储量增长 10.4%，天然气增长 37.4%，煤层气增长 132.3%。煤炭查明资源储量增长 16.8%，铁矿增长 17.0%，锰矿增长 55.8%，铜矿增长 23.3%，铝土矿增长 25.6%，钨矿增长 62.2%，钼矿增长 108.1%，金矿增长 68.4%，磷矿增长 24.0%，钾盐增长 16.1%，晶质石墨增长 40.5%。

进入"十三五"以来，2016～2017 年，48 种主要矿产中有 42 种查明资源储量增长，6 种减少（见表 4-1）。其中，石油剩余技术可采储量增长 1.2%，天然气增长 1.6%，页岩气增长 62.0%，煤层气下降 9.5%；煤炭查明资源储量增长 4.3%，锰矿增长 19.1%，铜矿增长 4.9%，铝土矿增长 4.9%，钼矿增长 4.3%，锑矿增长 4.1%，金矿增长 8.5%，磷矿增长 3.6%，萤石增长 8.9%，晶质石墨增长 22.6%，钾盐下降 2.8%。

储量连续下跌的矿产主要是金刚石、菱镁矿、煤层气、锡矿、重晶石、锂矿和石棉，其中金刚石下跌幅度为 1.39%，菱镁矿下跌幅度为 1.28%，其余都在 1% 以内。这些矿产主要用于轻工业制品（食品包装）、建筑材料、造纸工业、医药制造业、吸附剂、切割材料、保温材料等。其中，我国的重晶石产量位居世界第一，是世界上最大的重晶石出口国，其供需情况基本稳定，主要依靠国内产量。

储量涨幅排在前十的矿产是页岩气（23.41%）、芒硝（17.03%）、钼矿

（9.62%）、金矿（9.23%）、锰矿（8.31%）、饰面花岗岩（8.09%）、晶质石墨（7.6%）、银矿（7.41%）、铅矿（7.28%）和锌矿（6.03%），年均涨幅均在5%以上。这些矿产主要用于医药制造、化工、纺织、建材、保温材料、导体材料等领域，矿产的富集推动着我国工业化发展的脚步。

表4-1　"十一五""十二五""十三五"时期主要矿产查明资源储量

矿产名称	单位	2006年	2010年	2015年	2017年	平均变动速度（%）
煤炭	亿吨	11597.8	13408.3	15663.1	16666.73	3.35
石油	亿吨	27.6	31.7	35	35.42	2.29
天然气	亿立方米	30009	37793.2	51939.5	55220.96	5.70
煤层气	亿立方米	—	—	3062.5	3025.36	-0.61
页岩气	亿立方米	—	—	1301.8	1982.88	23.42
铁矿	矿石亿吨	607.3	727	850.8	848.88	3.09
锰矿	矿石亿吨	7.67	8.86	13.8	18.46	8.31
铬铁矿	矿石万吨	1007.8	1490.5	1245.8	1220.24	1.75
钒矿	V_2O_5万吨	—	4381.9	6125.7	6428.16	5.63
钛矿	TiO_2亿吨	7	7.2	7.64	8.19	1.44
铜矿	金属万吨	7047.8	8040.7	9910.2	10607.75	3.79
铅矿	金属万吨	4141.4	5509.1	7766.9	8967	7.28
锌矿	金属万吨	9710.9	11596.2	14985.2	18493.85	6.03
铝土矿	矿石亿吨	27.8	37.5	47.1	50.89	5.65
镍矿	金属万吨	801.4	938	1116.6	1118.07	3.07
钴矿	金属万吨	66.1	68.2	68	68.78	0.36
钨矿	WO_3万吨	558.4	591	958.8	1030.42	5.73
锡矿	金属万吨	476.9	431.9	418	450.04	-0.53
钼矿	金属万吨	1094.2	1401.8	2917.6	3006.78	9.62
锑矿	金属万吨	225.1	255	292.6	319.76	3.24
金矿	金属吨	4996.9	6864.8	11563.5	13195.56	9.23
银矿	金属万吨	14.4	17.2	25.4	31.6	7.41
铂族金属	金属吨	339.6	334.6	369.2	365.3	0.67
锶矿	天青石万吨	4652.3	4375.4	5583.3	5644.05	1.77
锂矿	氧化物万吨	—	—	970.84	967.38	-0.18
菱镁矿	矿石亿吨	35.9	36.4	29.7	31.15	-1.28

续表

矿产名称	单位	2006 年	2010 年	2015 年	2017 年	平均变动速度（%）
萤石	矿物亿吨	1.72	1.8	2.21	2.42	3.15
耐火黏土	矿石亿吨	23.4	24.6	25.6	25.92	0.93
硫铁矿	矿石亿吨	54.1	56.9	58.8	60.6	1.04
磷矿	矿石亿吨	169.82	186.3	231.1	252.84	3.68
钾盐	KCl 亿吨	8.81	9.3	10.8	10.27	1.40
硼矿	B_2O_3 万吨	7275.7	7309.2	7575.7	7817.26	0.65
钠盐	NaCl 亿吨	13126.1	13337.7	13680	14224.92	0.73
芒硝	Na_2SO_4 亿吨	207.7	934.2	1170.7	1171.2	17.03
重晶石	矿石亿吨	3.83	3.8	3.3	3.62	− 0.51
水泥用灰岩	矿石亿吨	789.5	1021	1282.3	1370.08	5.14
玻璃硅质原料	矿石亿吨	53.4	64.7	79	88.75	4.73
石膏	矿石亿吨	682.5	769.1	1004.2	984.72	3.39
高岭土	矿石亿吨	18.3	21	27.1	34.74	6.00
膨润土	矿石亿吨	29.4	28	28.9	30.62	0.37
硅藻土	矿石亿吨	4.7	4.3	4.8	5.13	0.80
饰面花岗石	亿立方米	21.5	23.2	34.3	50.57	8.09
饰面大理石	亿立方米	14.1	15.3	16.1	16.75	1.58
金刚石	矿物千克	3644.8	3702.1	3396.5	3124.62	− 1.39
晶质石墨	矿物亿吨	1.64	1.85	2.6	3.67	7.60
石棉	矿物万吨	9552.4	8975.3	9157.4	9545.85	− 0.01
滑石	矿石亿吨	2.58	2.67	2.75	2.89	1.04
硅灰石	矿石亿吨	1.65	1.55	1.7	1.7	0.27

注：①油气矿产（石油、天然气、煤层气、页岩气）为剩余技术可采储量，分类标准参见 GB/T 19492—2004；②非油气矿产为查明资源储量，分类标准参见 GB/T 13908—2002。

资料来源：中国矿产资源报告（2011～2018）.

接下来进一步分析中国主要能源矿产、黑色金属矿产、有色金属矿产、贵金属矿产、优势矿产和非金属矿产的储量变化情况。

1. 能源矿产

2006～2017 年，中国煤炭查明资源储量由 1.16 万亿吨增至 1.67 万亿吨，增长 43.71%；石油剩余技术可采储量从 27.6 亿吨增至 35.42 亿吨，增长 28.33%；天然气剩余技术可采储量由 3 万亿吨增至 5.52 万亿吨，增长 84.1%（见图 4 - 1）。

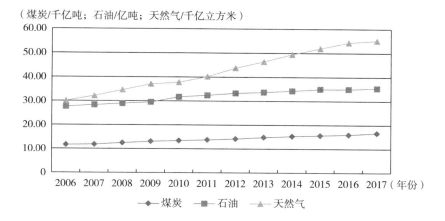

（煤炭/千亿吨；石油/亿吨；天然气/千亿立方米）

图 4-1　2006～2017 年煤炭、石油、天然气查明资源储量变动情况

注：石油、天然气为剩余技术可采储量。

资料来源：中国矿产资源报告（2011～2018）.

2. 金属矿产

黑色金属矿产方面，2006～2017 年，主要黑色金属矿产——铁矿查明资源储量从 607.3 亿吨增至 848.88 亿吨，增长 39.78%（见图 4-2）。

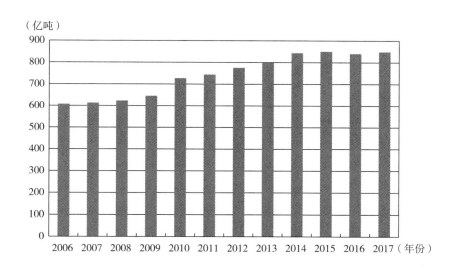

（亿吨）

图 4-2　2006～2017 年铁矿石查明资源储量变动情况

资料来源：中国矿产资源报告（2011～2018）.

有色金属矿产方面，主要有色金属查明资源储量均有增加。2006～2017 年，铜矿查明资源储量由 7047.8 增至 1.06 亿吨，增长 50.51%；铅矿由 4141.4 万吨增至 8967 万吨，增长 116.52%；锌矿由 9710.9 万吨增至 1.85 亿吨，增长90.44%；铝土矿由 27.8 亿吨增至 50.89 亿吨，增长 83.06%；镍矿由 801.4 万吨增至 1118.07 万吨，增长 39.51%（见图 4 - 3）。

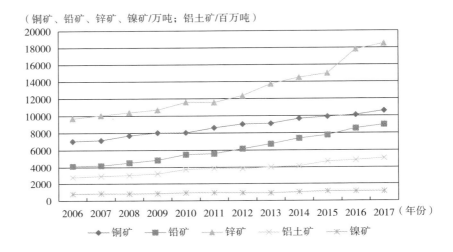

图 4 - 3 2006～2017 年主要有色金属查明资源储量变动情况

资料来源：中国矿产资源报告（2011～2018）.

贵金属矿产方面，2006～2017 年，金矿从 4996.9 吨增至 1.32 万吨，增长164.07%；银矿从 14.4 万吨增至 31.6 万吨，增长 119.44%（见图 4 - 4）。

优势矿产方面，2006～2017 年，钨矿从 558.4 万吨增至 1030.42 万吨，增长 84.53%；锡矿从 476.9 万吨减少至 450.04 万吨，减少 5.63%；钼矿从1094.2 万吨增至 3006.78 万吨，增长 174.79%；锑矿从 225.1 万吨增至 319.76万吨，增长 42.05%（见图 4 - 5）。

3. 非金属矿产

2006～2017 年，硫铁矿从 54.1 亿吨增至 60.6 亿吨，增长 12.01%；磷矿从169.82 亿吨增至 252.84 亿吨，增长 48.89%；钾盐从 8.81 亿吨增至 10.27 亿吨，增长 16.57%（见图 4 - 6）。

（金矿/吨；银矿/万吨）

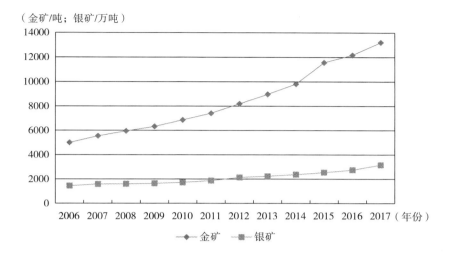

图 4 – 4　2006～2017 年贵金属查明资源储量变动情况

资料来源：中国矿产资源报告（2011～2018）．

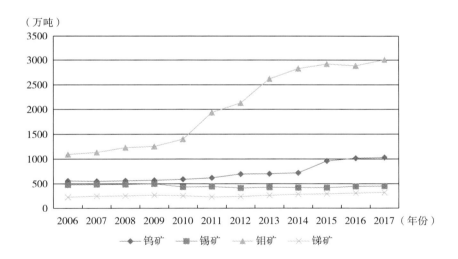

图 4 – 5　2006～2017 年钨、锡、钼、锑矿查明资源储量变动情况

资料来源：中国矿产资源报告（2011～2018）．

综上所述，我国的矿产资源丰富。能源矿产增长稳定，其中天然气增长较快。主要黑色金属和有色金属增长稳定，贵金属中银矿储量大且增长快；优势金属中钼矿储量大且增长快，锡矿出现负增长。非金属矿产增长较稳定，其中硫铁矿增长较快。总体而言，我国矿产在总量上具有较大优势。

图 4-6 2006~2017 年硫铁矿、磷矿和钾盐查明资源储量变动情况

资料来源：中国矿产资源报告（2011~2018）.

2017 年，煤炭新增查明资源储量 815.56 亿吨，石油新增探明地质储量 8.77 亿吨，天然气 5553.79 亿立方米，页岩气 3767.60 亿立方米，锰矿 2.82 亿吨，铜矿 418.11 万吨，铝土矿 2.92 亿吨，钼矿 107.00 万吨，金矿 1104.35 吨，磷矿 9.92 亿吨，萤石 1439.17 万吨，晶质石墨 6148.30 万吨（见表 4-2）。这表明我国矿产资源仍存在探测空间。

表 4-2 2017 年重要矿产勘查新增查明资源储量

矿种	单位	储量	矿种	单位	储量
煤炭	亿吨	815.56	钨矿	万吨 WO_3	16.01
石油	亿吨	8.77	锡矿	万吨金属	8.60
天然气	亿立方米	5553.79	钼矿	万吨金属	107.00
煤层气	亿立方米	104.80	锑矿	万吨金属	14.04
页岩气	亿立方米	3767.60	金矿	吨金属	1104.35
铁矿	亿吨矿石	14.51	银矿	万吨金属	5.16
锰矿	亿吨矿石	2.82	硫铁矿	万吨矿石	10595

续表

矿种	单位	储量	矿种	单位	储量
铜矿	万吨金属	418.11	磷矿	亿吨矿石	9.92
铅矿	万吨金属	612.43	钾盐	万吨KCl	1074.60
锌矿	万吨金属	1087.40	石墨	万吨晶质石墨矿物	6148.30
铝土矿	亿吨矿石	2.92	萤石	万吨矿物	1439.17
镍矿	万吨镍	3.88			

资料来源：中国矿产资源报告（2018）。

（二）矿产资源潜力

1. 油气资源潜力

2017 年，国土资源部组织开展了"十三五"全国油气资源评价工作。全国石油预测的潜在资源量 1257 亿吨，可采资源量 301 亿吨。天然气地质资源量 90 万亿立方米，可采资源量 50 万亿立方米。全国埋深 4500 米以浅页岩气地质资源量 122 万亿立方米，可采资源量 22 万亿立方米。埋深 2000 米以浅煤层气地质资源量 30 万亿立方米，可采资源量 12.5 万亿立方米。根据天然气水合物资源类型及赋存状态，结合地质条件，初步预测我国海域天然气水合物资源量约 800 亿吨油当量。

2. 非油气资源潜力

我国非油气矿产资源潜力巨大，2000 米以浅平均资源查明率仅 1/3。根据2017 年全国重要矿产潜力动态评价结果，预测铅锌潜在资源量 8.49 亿吨，其中铅 2.56 亿吨、锌 5.93 亿吨，主要分布在新疆、云南、西藏、甘肃、青海、陕西等省份；锰矿资源量 48 亿吨，主要分布在湖南、广西、贵州、四川、重庆等省份；卤水锂资源量（LiCl）9248 万吨，硬岩锂资源量（Li2O）801 万吨，折合金属锂 1886 万吨，卤水锂主要分布在青海、西藏，硬岩锂主要分布在四川、新疆、江西、湖南等省份；500 米以浅石墨资源量 20.14 亿吨，主要分布在黑龙江、内蒙古、新疆、四川、山东等省份；全国铝土矿伴生镓资源量 131.8 万吨，主要分布在广西、河南、贵州、陕西等省份；铅锌锡矿伴生铟资源量 2.16 万吨，主要分布在广西、云南、内蒙古、广东等省份。

二、我国矿产资源空间分布不均衡

我国矿产资源呈现出如下特点：总量分布不均衡，跨区域流动需求量大。矿产资源的分布主要在胡焕庸线西北侧，而石油化工、钢铁、建材等矿产产业则主要分布在东中部地区，从而形成了矿产资源的跨区域流动。

（一）能源矿产

从储量上看，我国能源矿产主要分布在新疆、内蒙古、山西、陕西、四川、黑龙江等省份，主要集中在西部地区。若计算人均储量，差距会更大，因为胡焕庸线西北侧的人口不到全国的 10%。具体来看，三大主要能源矿产分布情况如图 4-7 至图 4-9 所示。

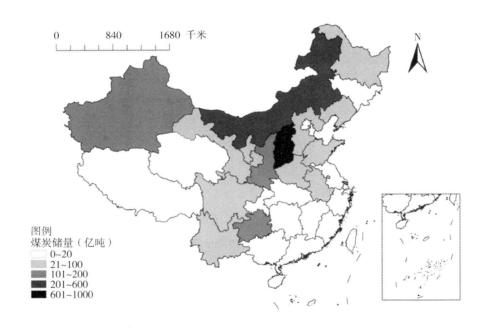

图 4-7　2016 年煤炭查明资源储量分布情况

资料来源：中国统计年鉴（2017）。

我国煤炭大省——山西、内蒙古，其 2016 年煤炭查明储量占全国的比重分别约为 36.8%、20.4%，两者总和超过全国煤炭总量一半。其次是陕西、新疆和贵州，其 2016 年煤炭查明储量占全国的比重分别为 6.5%、6.5% 和 4.5%。这

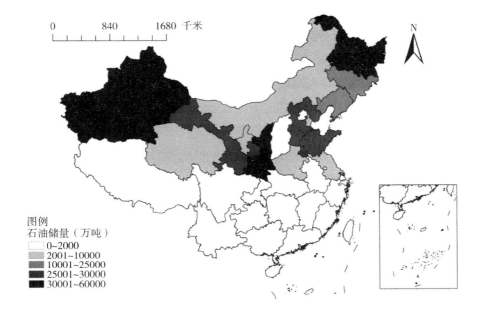

图 4 – 8　2016 年石油查明资源储量分布情况

资料来源：中国统计年鉴（2017）。

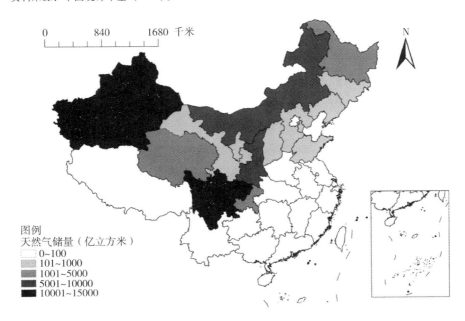

图 4 – 9　2016 年天然气查明资源储量分布情况

资料来源：中国统计年鉴（2017）。

五个省份占全国煤炭查明储量的比重约为 75%。山西省拥有大同、宁武、西山、河东、霍西、沁水六大煤田，煤炭种类齐全，并形成了北部动力煤—中部炼焦煤—东南部无烟煤的三大煤炭生产基地。三个煤炭种类中，炼焦煤占比最大，其次是动力煤（27%）、无烟煤（18%）。其中，炼焦煤是山西煤炭产业的优势之一，储量占全国的 33%，拥有离柳、乡宁、西山、河东、霍州五个炼焦煤矿区。

综上所述，我国煤炭分布以山西和内蒙古为主，其中山西具有储量大、品种全、煤炭产业体系完备等特点，是我国煤炭产业的主要基地。

我国石油储量分布与煤炭差异较大，以新疆、黑龙江、陕西、山东、甘肃、河北等省为主，主要油田有克拉玛依油田、大庆油田、胜利油田、辽河油田、华北油田等。其中，大庆油田、胜利油田、辽河油田和克拉玛依油田依次位居全国油田的前 4 位。大庆油田是我国最大的油田，由萨尔图、杏树岗、喇嘛甸等 52 个油气田组成，含油面积 6000 多平方千米。它是继克拉玛依油田之后，我国发现的又一大油田，产量连续 27 年位居 5000 万吨以上，是我国最大的石油生产基地。

天然气作为煤炭、石油的替代物，主要分布在四川、新疆、内蒙古和陕西，塔里木盆地、鄂尔多斯盆地、四川盆地和南海海域是我国四大天然气产区。西气东输工程西至塔里木盆地的轮南，东至上海，连接新疆、甘肃、宁夏、陕西、山西、河南、安徽、江苏、浙江、上海 10 个省份，供气范围包括中原、长三角等多个城市群地区。新疆的塔里木盆地的天然气储量 8 万多亿立方米，占全国天然气资源总量的 22%。因此，新疆是我国天然气的主要生产基地。

从煤炭、石油和天然气三大能源储量的总体情况可知，新疆、东北、四川等地区的能源矿产储量巨大，尤其是新疆的煤炭和天然气、黑龙江的石油、四川的天然气优势明显。能源矿产主要分布在胡焕庸线西北侧，东南沿海储量较少。

（二）黑色金属矿产

黑色金属主要是指铁及其合金，如钢、生铁、铁合金、铸铁等。这里主要统计铁矿、铬矿、锰矿的储量情况。从储量上看，辽宁、四川、河北、内蒙古、山西是铁矿石的主要存储地，分别占了全国储量的 25.33%、13.43%、13.22%、9.03%、8.19%，其总和占比超过我国铁矿石储量的六成（见图 4 - 10）。我国的十大钢铁企业就有半数位于其中：辽宁鞍山钢铁集团公司、河北钢铁集团公司（邯郸钢铁集团公司与唐山钢铁集团公司）和北京首都钢铁集团公司（已迁至河北曹妃甸）。2016年，河北的钢铁制品（包括生铁、粗钢、钢材）产量居全国首位，是我国最大的钢铁制造基地。

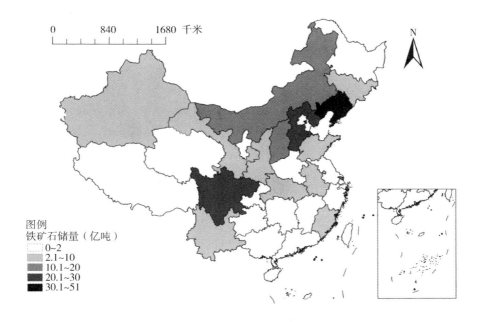

图4-10　2016年铁矿石查明资源储量分布情况

资料来源：中国统计年鉴（2017）。

铬、锰与铁统称为黑色金属，铬矿、锰矿是非常著名的合金钢。铬钢和锰钢都具有坚硬耐磨的特点，铬钢还具有耐腐蚀、不生锈等优势，含锰13%以上的锰钢则富有韧性、没有磁性。我国铬矿、锰矿分布特点不同：铬矿主要分布在西藏、甘肃、内蒙古和新疆等西北省份，锰矿主要分布在广西、贵州、湖南、云南、重庆等西南省份（见图4-11、图4-12）。我国主要的锰矿矿山都布局在西南地区，包括广西的大新下雷锰矿、天等东平锰矿、桂平木圭锰矿、靖西湖润锰矿、龙邦锰矿、宜山龙头锰矿，云南的砚山斗南锰矿、鹤庆锰矿、建水白显锰矿、蒙自岩子脚锰矿，贵州的遵义锰矿、松桃锰矿，重庆的秀山锰矿、城口高燕锰矿，湖南的花垣民乐锰矿、道县后江桥铁锰矿、湘潭锰矿、洞口江口锰矿、桃江响涛源锰矿等。

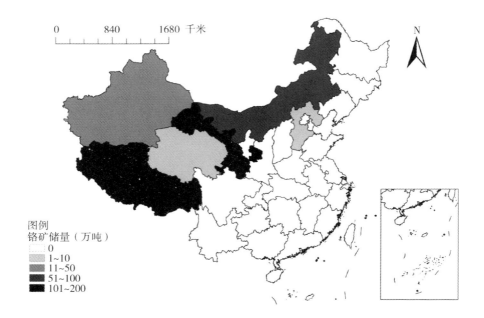

图 4 – 11   2016 年铬矿查明资源储量分布情况

资料来源：中国统计年鉴（2017）。

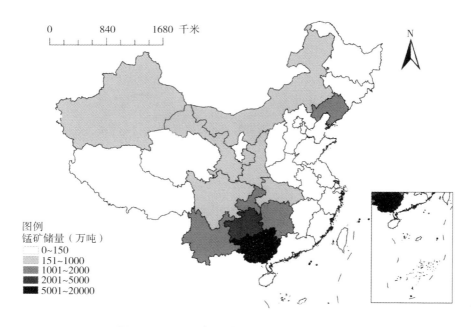

图 4 – 12   2016 年锰矿查明资源储量分布情况

资料来源：中国统计年鉴（2017）。

（三）其他有色金属矿产

有色金属主要是非铁金属，是指除去铁、铬、锰以外的所有金属及其合金。其用途主要是在航空材料、电子工业、核能开发、建筑业等行业，通常将有色金属分为五类：轻金属（铝、镁、钾、钠、钙、锶、钡等）、重金属（铜、镍、钴、铅、锌、锡、锑、铋、镉、汞等）、贵金属（金、银及铂族金属）、半金属（硅、硒、碲、砷、硼等）和稀有金属（锂、铷、铯、钛、锆、钼、钨、镓、铟、锗、铊、钇、镧系金属、如镭、钫、钋及阿系元素中的铀、钍等）。本书将半金属归于非金属，又囿于数据可得性，仅对钒、铅、铜、锌、原生钛铁进行分析。

钒具有高熔点、坚硬、有延展性、耐腐蚀、无磁性等特征，一般需要以复合矿、共生矿的形式存在。它常与铁制成合金，用于航空、机械、汽车、电子等工业材料。如图4-13所示，钒矿主要分布在四川、广西、甘肃等西部省份。我国最大的钒矿生产基地在四川攀枝花，攀枝花钢铁公司是我国最大的钒生产企业。钒矿是从攀枝花铁矿中分离体解出来的，另外广西上林县等地还有石煤提钒厂等企业。

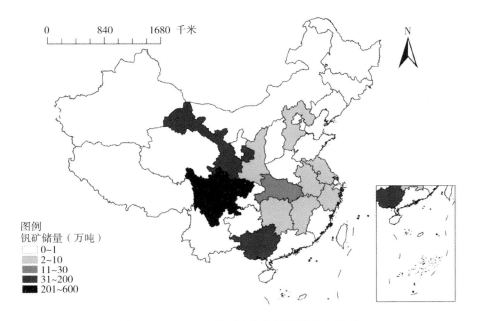

图4-13 2016年钒矿查明资源储量分布情况

资料来源：中国统计年鉴（2017）。

铅具有耐硫酸腐蚀、防电离辐射、柔软等特性，主要消费领域是铅酸蓄电池，用于汽车工业、弹药、电缆包皮、化工制品等。我国铅矿主要分布在内蒙古、云南、广东、新疆等省份，从图4-14来看，东部沿海地区也分布有铅矿，打破了西多东少的矿产资源分布格局。通常，铅、锌在原生矿床中共生情况普遍，因此在研究矿产分布时，将二者统称为铅锌矿。锌化学性质活泼，经常与铜、锡、铅等组成黄铜，与铝、镁、铜组成压铸合金。从图4-15来看，锌矿与铅矿分布基本一致。我国五大铅锌生产基地分布在：东北的辽宁（七矿二厂）、中部的湖南、华南的两广、西南的川滇以及西北的甘陕青三省。此外，内蒙古、江西、贵州也建设有一批小型矿山。

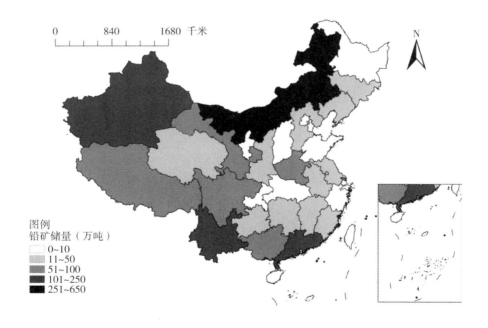

图4-14　2016年铅矿查明资源储量分布情况

资料来源：中国统计年鉴（2017）。

铜具有良好的导电、导热性、延展性，电阻率也极低，通常被用于制造导线、机械配件、交通设备以及工艺品等方面。铜矿在全国各省均有分布，内蒙古、江西等省份是铜矿的富集区（见图4-16）。铜矿矿床存在如下特点：中小型矿床多、大型矿床少，贫矿多、富矿少，共生伴生矿多、单一矿少。我国几大

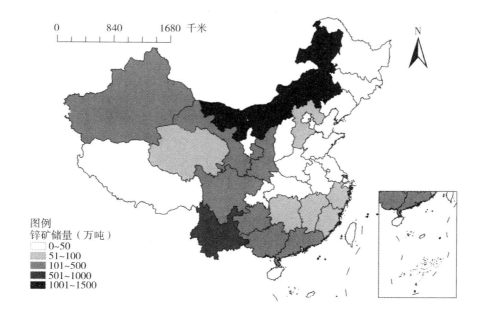

图 4 – 15　2016 年锌矿查明资源储量分布情况

资料来源：中国统计年鉴（2017）。

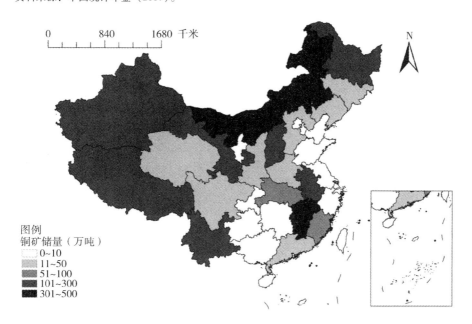

图 4 – 16　2016 年铜矿查明资源储量分布情况

资料来源：中国统计年鉴（2017）。

著名的铜矿生产基地分别位于江西德兴、安徽铜陵、山西中条山、甘肃白银、云南东川、湖北大冶等地。

钛具有熔点高、机械强度高、耐低温、耐磨蚀、不易氧化、还原性强、线钛塑性良好等特性，主要用于制造新型结构材料、防腐材料，是国家战略金属。根据图4－17，原生钛铁矿主要分布在四川攀西、湖北、山东、河北承德，其中以四川储量最大。全国原生钛铁矿共有45处，主要分布在四川攀西和河北承德。

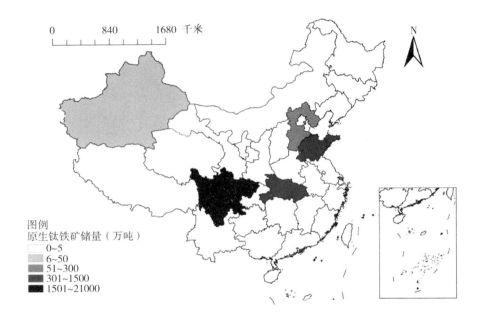

图4－17　2016年原生钛铁矿查明资源储量分布情况

资料来源：中国统计年鉴（2017）。

（四）非金属矿产

我国非金属矿产资源丰富、品种众多、分布广泛，成因可分为岩浆作用、变质作用、沉积作用和风化作用。囿于资料可得性，本书主要分析高岭土、磷矿、菱镁矿、硫铁矿和铝土矿。

高岭土是一种以高岭石族黏土矿物为主的黏土和黏土岩，其矿物成分主要由高岭石、埃洛石、水云母、伊利石、蒙脱石以及石英、长石等矿物组成，其主要用途是造纸、陶瓷、耐火材料、涂料、橡胶填料、搪瓷釉料和白水泥原料等。中国有五大高岭土矿产地：广西合浦、湖南衡阳、广东茂名、福建龙岩、江苏苏州。此外，在内蒙古和山西等产煤省份，还储存有煤系高岭土（见图4－18）。

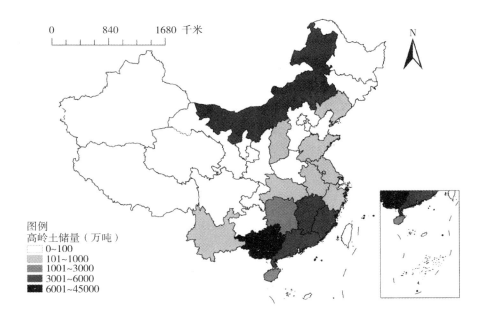

图4－18　2016年高岭土查明资源储量分布情况

资料来源：中国统计年鉴（2017）。

　　磷矿是指在经济上能被利用的磷酸盐类矿物的总称，其用途是制取磷肥、磷酸盐类，用于医药、食品、火柴、染料、制糖、陶瓷等工业部门。从图4－19来看，我国的磷矿主要分布在湖北、云南、贵州、河北、四川等省份。我国几大磷矿生产基地包括：云南滇池地区、贵州开阳地区、瓮福地区、四川金河—清平地区、马边地区和湖北宜昌地区、湖集地区、保康地区。其中，西南地区储量最大、质量最优，其次是中南地区和华北地区。因此，磷矿主要分布在南方地区，部分北方地区还需要长期依赖南方的磷矿资源，其磷矿有待开发。

　　菱镁矿是一种碳酸镁矿物，是镁的主要来源。它具有耐高温、有玻璃光泽等特性，主要用作耐火材料、建材原料、化工原料和提炼金属镁及镁化合物等。我国是世界上菱镁矿最富集的国家，主要分布在辽宁、山东、河北和四川（见图4－20）。

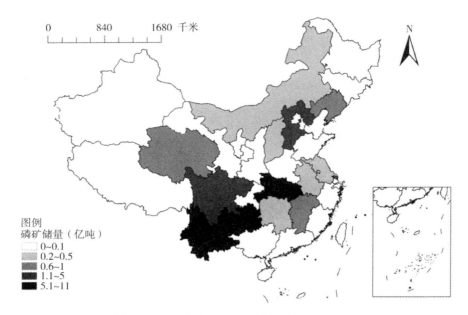

图 4 – 19　2016 年磷矿查明资源储量分布情况

资料来源：中国统计年鉴（2017）。

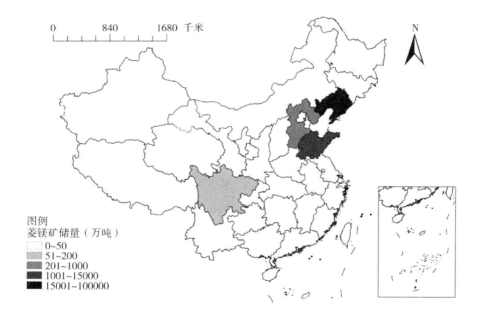

图 4 – 20　2016 年菱镁矿查明资源储量分布情况

资料来源：中国统计年鉴（2017）。

辽宁省是镁质原材料生产、加工、销售、出口的集中地区，共有 12 个矿区，产量约占全国的 85%；其后是山东（4 个矿区）、四川（3 个矿区）、河北（2 个矿区）等。

　　硫铁矿就是指二硫化亚铁，一般以两种矿物存在——黄铁矿和白铁矿。硫铁矿具有坚硬、耐高温、不溶于水、反磁性等特性，它在橡胶、造纸、纺织、食品、火柴、炸药、炼钢等工业和农业用途广泛。从图 4 - 21 可以看出，我国硫铁矿分布于 28 个省份，相对均匀。四川、广东、安徽、内蒙古、江西是我国硫铁矿的五大产区，其中广东云浮硫铁矿是我国最大的硫铁矿山。

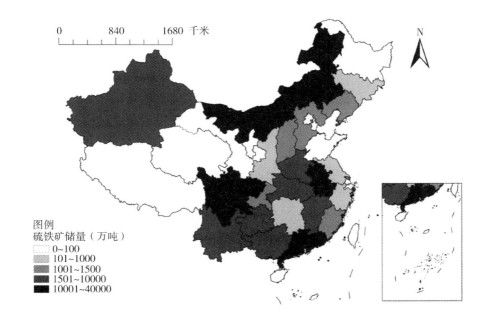

图 4 - 21　2016 年硫铁矿查明资源储量分布情况

资料来源：中国统计年鉴（2017）。

　　铝土矿是指以三水铝石、一水铝石为主要矿物所组成的矿石的统称。它具有硬度高、耐高温、耐腐蚀等特性，主要是用于耐火材料、研磨材料、化学制品及高铝水泥的原料。根据图 4 - 22，我国铝土矿主要分布在以云贵川滇为主的西南地区和以晋豫鲁为主的华北地区。2017 年，我国又新发布了六个铝土矿资源基地，分别是晋中、晋南、晋西、豫西北、黔中北和桂西南。

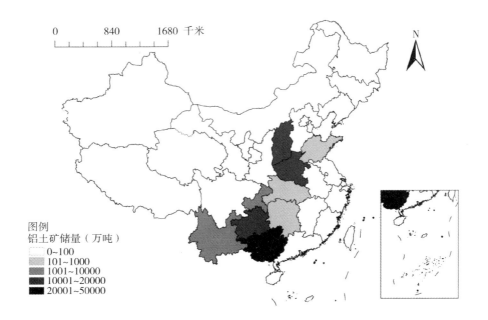

图 4 – 22 2016 年铝土矿查明资源储量分布情况

资料来源：中国统计年鉴（2017）。

通过对四种矿产资源的空间布局分析，可以得出这样的结论：能源矿产主要分布在西北地区，重要战略金属和非金属矿集中于西南地区、中北地区和环渤海地区，常规金属矿产分布较为均匀。因此，我国资源分布依旧存在西多东少、北重南轻的格局，跨区域的资源流动需求较大。

第二节 石油化学产业发展与地理分布

一、石化工业

石化工业包括石油加工、炼焦及核燃料加工业，它是我国原材料工业的重要组成部分。石化工业是我国国民经济的支柱产业之一。自中华人民共和国成立以来，我国石化工业从无到有、由弱变强，逐步成为国民经济的主导产业。

(一) 发展历程

新中国成立之后，我国仅有玉门、延长、锦州、锦西等一些小炼油厂，石化产品尤其是成品油供应紧张，主要依靠进口。这一时期，我国石化工业处于萌芽时期，主要集中于东北和西北地区。伴随着大庆油田的建成投产，原油产量迅速增长，形成以大庆、胜利、大港等一批大型炼化企业为代表的石化产业空间布局。此时，石化产业仍以靠近原材料为主要布局原则，主要分布于东北、华北和西北地区。

改革开放之后，国内的石化产品需求迅速增加，尤其是乙烯和三大合成材料。石化产业布局由东北开始逐步南移，齐鲁、金山（上海）、扬子（南京）、茂名都建成 30 万吨/年乙烯工程，沿海开放成为影响我国原材料产业布局的政策影响因素，市场导向性很明显。

1998 年，国家对石化企业进行重组，形成了中石化和中石油两大石化产销一体化集团。"十五"期间还对石化产业布局做了规划方案，石化产业进入快速发展时期。2008 年，金融危机之后，全球油价下跌，国内外石化产品需求萎缩。我国石化工业进入衰退期，面临转型升级。其表现特征是：生产规模的缩小、贸易量和额度的下降、存货积压严重。

2016 年，国务院办公厅印发《关于石化产业调结构促转型增效益的指导意见》，强调了石化产业的基础性、战略性地位，并对产能结构、产业布局、绿色发展、科技创新做了下一阶段任务的部署。未来，石化产业应该走园区化、科技化、低污染、高效能的新发展路径。

2018 年，国务院常务会议通过了石化产业规划布局方案，要求安全环保优先，并支持民营和外资企业独资或控股投资，促进产业升级。

(二) 地理分布

进入 21 世纪以来，经过四个五年规划的发展，到 2017 年的石化工业的地理空间分布和地理集中度出现了很大的变化。首先看我国石化产业中原油工业的发展情况（见表 4-3）。我国原油工业主要聚集在新疆、陕西、黑龙江、天津、山东和广东，基本覆盖了我国的西北、东北和华北地区。其中，黑龙江的原油产量最大，我国最大的大庆油田坐落于此，增速最快的是天津。从 CR_n 指数来看，黑、陕、津三省市占全国一半以上，前五名占全国 3/4 以上，具有很强的地理集中性。

中国经济地理概论

表4-3 2005年、2010年、2015年、2017年原油产量　单位：万吨

省份	2005年	2010年	2015年	2017年
天津	1792.99	3332.70	3496.77	3102.42
河北	562.45	599.00	580.10	539.11
内蒙古	—	—	45.82	12.21
辽宁	1260.96	950.00	1037.07	1044.20
吉林	550.57	702.30	665.48	420.94
黑龙江	4516.01	4004.90	3838.60	3420.26
上海	25.27	8.30	6.83	6.83
江苏	164.70	186.00	190.51	156.11
山东	2694.54	2786.00	2608.03	2234.91
河南	507.16	497.90	412.05	282.92
湖北	78.11	86.50	71.00	55.50
广东	1470.03	1287.10	1572.61	1435.21
广西	3.43	2.70	50.51	44.07
海南	10.07	20.00	29.98	29.96
四川	13.92	15.10	15.43	8.67
云南	0.09	—	—	—
陕西	1778.16	3017.30	3736.73	3489.82
甘肃	78.91	58.20	66.61	46.95
青海	221.49	186.10	223.00	228.00
宁夏	—	3.10	13.35	0.70
新疆	2406.43	2558.20	2795.09	2591.82

资料来源：中国统计年鉴（2006、2011、2016、2018）。

其次是乙烯工业发展情况（见表4-4）。我国乙烯产业主要分布在沿海地区——从珠三角到环渤海地区，以及内陆的河南、甘肃和陕西等省份。其中，广东、上海、辽宁的最为集中，三者产量占全国1/3（见表4-5）。

表4-4 2005年、2010年、2015年、2017年主要省份乙烯产量　单位：万吨

省份	2005年	2010年	2015年	2017年
北京	99.05	96.15	78.60	79.33
天津	20.71	109.26	129.90	134.71

续表

省份	2005 年	2010 年	2015 年	2017 年
内蒙古	—	—	—	3.82
辽宁	47.13	91.74	160.50	157.25
吉林	51.13	83.33	66.70	85.43
黑龙江	55.56	54.36	84.00	115.83
上海	160.44	226.72	210.80	201.20
江苏	111.71	121.47	154.30	145.30
浙江	—	52.59	135.10	144.24
安徽	—	1.70	—	—
福建	—	84.48	117.20	120.07
江西	—	—	1.40	—
山东	83.77	85.57	102.40	102.55
河南	19.16	21.20	—	1.10
湖北	—	—	85.30	86.70
广东	56.17	203.96	215.10	248.18
甘肃	24.57	69.48	64.20	64.00
新疆	26.14	119.33	109.10	132.15

资料来源：中国统计年鉴（2006、2011、2016、2018）。

表 4 - 5 2017 年石化产业下原油工业和乙烯工业集中度

行业	CR$_1$（%）	CR$_3$（%）	CR$_5$（%）	CR$_5$ 省份（由高到低顺序）
原油	18.22	52.28	77.49	江苏、浙江、山东、广东、新疆
乙烯	13.62	33.30	49.19	江苏、山东、青海、河南、河北

资料来源：根据 2018 年各省、自治区、直辖市统计年鉴计算整理。

因此，我国石化工业的地理分布，基本上延续以原材料指向和市场指向为主的布局原则，空间上表现为以西北、东北油气资源主产区和沿海开放地区为主的布局模式。

（三）石油加工等工业

我国石油加工等工业主要分布在东部沿海、黑龙江、陕西和新疆地区，这些地区有的是本地出产提供石油加工业的原料，有的邻近港口，有利于做来料加工。2016 年，全国石油加工等工业规模以上企业主营业务收入达 3.45 万亿元。山东省最突出，其规模以上企业主营业务收入为 8495.41 亿元，占全国的 24.6%，是第二名辽宁省的 2.8 倍。第三名和第四名分别为广东和江苏，规模以上企业主营业务收入均超过 2000 亿元。超过 1000 亿元的省份规模以上企业主营业务收入从高到低依次为河北、陕西、天津、浙江、新疆、河南和上海（见表 4-6）。

表 4-6　2016 年石油加工等工业规模以上企业主营业务收入　单位：亿元

地区	主营业务收入	地区	主营业务收入
山东	8495.41	甘肃	677.19
辽宁	2985.38	湖南	617.79
广东	2175.94	广西	613.91
江苏	2113.41	内蒙古	606.81
河北	1742.31	江西	557.05
陕西	1541.78	北京	526.88
天津	1232.70	宁夏	515.96
浙江	1212.18	海南	391.72
新疆	1174.80	安徽	371.21
河南	1111.43	吉林	150.56
上海	1041.23	云南	140.48
黑龙江	955.15	贵州	73.63
山西	912.15	重庆	68.59
湖北	870.16	青海	14.96
福建	845.92	西藏	—
四川	795.68		

资料来源：根据 2017 年各省、自治区、直辖市统计年鉴计算整理。

二、化学工业

我国化工产业从中华人民共和国成立时的零基础，发展到如今三分天下的局面。期间，经历了苏联援建、自我强化扩建、技术升级、精细化与专业化四个阶段。2014 年，我国化学工业产量即占到全球的 1/3。这表明，我国化学工业由外生扶持转向内生发展，发展的动力从要素投入转向科技创新和集约化经营。

（一）化学原料和化学制品业地理分布

化学原料和化学制品制造业主要分布在东部、中部地区，东部的山东、江苏、广东、浙江和中部的河南、湖北、湖南。2016 年，全国化学原料和化学制品制造业规模以上工业企业主营业务收入共计 8.73 万亿元。山东和江苏省规模以上企业主营业务收入分别过万亿元，共占全国的 41.23%。其次是广东和浙江，超过 5000 亿元。这四个省份规模占全国比重达到 54.42%（见表 4 - 7）。该行业与新材料、环保等新兴产业关系密切，因此这四个地区有可能也是未来新材料和环保等新兴产业的重点发展地区。

表 4 - 7　2016 年化学原料和化学制品制造业规模以上企业主营业务收入

单位：亿元

地区	主营业务收入	地区	主营业务收入
山东	18036.73	辽宁	1372.87
江苏	17957.37	陕西	1200.70
广东	6059.96	广西	1135.98
浙江	5450.05	贵州	1039.81
河南	4355.69	重庆	909.34
湖北	4085.00	云南	755.32
湖南	2949.43	新疆	734.24
上海	2680.77	黑龙江	529.57
四川	2664.29	山西	504.49
河北	2548.15	宁夏	443.46
江西	2545.94	北京	328.21
安徽	2255.00	青海	307.70
福建	1619.60	甘肃	225.60
吉林	1526.78	海南	188.15
内蒙古	1460.88	西藏	3.66
天津	1419.26	—	—

资料来源：根据 2017 年各省、自治区、直辖市统计年鉴计算整理。

（二）塑料、化纤工业地理分布

塑料工业主要布局在东部沿海地区和新疆，其中产量最大的是江苏，其 2017 年产量占了全国总产量的 13.9%。前五位分别是江苏、浙江、山东、广东、新疆，产量比重接近全国的一半（见表 4 - 8）。

表 4 - 8　2005 年、2010 年、2015 年、2017 年各省份塑料产量　单位：万吨

省份	2005 年	2010 年	2015 年	2017 年
北京	138.43	128.17	126.12	127.75
天津	116.64	274.67	381.50	332.42
河北	67.35	72.46	136.50	165.27
山西	29.28	20.24	65.50	79.47
内蒙古	20.23	137.40	464.20	532.34
辽宁	121.56	150.73	321.63	319.76
吉林	52.19	101.81	105.00	131.47
黑龙江	108.60	109.41	161.10	214.94
上海	237.89	361.23	388.27	364.03
江苏	374.52	562.43	1274.63	1175.39
浙江	120.08	460.17	830.74	896.29
安徽	28.53	57.69	121.00	137.35
福建	53.37	152.50	228.01	235.74
江西	15.60	11.13	29.11	25.46
山东	202.99	369.72	554.42	710.42
河南	74.98	186.28	219.95	232.07
湖北	47.01	80.30	219.42	191.86
湖南	37.87	49.74	69.26	48.40
广东	220.22	472.62	584.43	695.31
广西	7.80	18.77	19.53	28.45
海南	—	20.78	22.10	19.67
重庆	0.54	1.89	17.54	38.89
四川	71.02	105.62	209.06	232.58
贵州	—	6.24	6.63	8.82
云南	3.06	17.73	19.60	23.43
陕西	11.37	40.86	344.20	478.63
甘肃	45.92	112.59	118.00	121.57
青海	3.05	3.67	27.50	42.25
宁夏	20.15	47.76	207.70	226.34
新疆	78.61	297.98	535.01	621.72

资料来源：中国统计年鉴（2006、2011、2016、2018）。

　　化学纤维工业主要布局在长三角地区，其中产量最大的是浙江，其 2017 年产量占了全国总产量的 42.14%。前五位分别是浙江、江苏、福建、四川、山东，产量比重接近全国的九成（见表 4 - 9）。

表 4 - 9　2005 年、2010 年、2015 年、2017 年各省份化学纤维产量

单位:万吨

省份	2005 年	2010 年	2015 年	2017 年
北京	0.93	0.26	0.20	0.21
天津	20.54	12.80	11.10	8.99
河北	22.67	23.42	60.70	67.40
山西	2.71	1.00	—	—
内蒙古	0.23	—	2.50	1.53
辽宁	23.70	19.45	28.45	26.46
吉林	24.36	27.23	30.20	36.02
黑龙江	17.83	8.19	8.00	7.48
上海	49.78	49.00	45.65	43.45
江苏	501.95	1027.16	1429.29	1425.33
浙江	660.33	1366.43	2158.30	2055.37
安徽	11.36	22.04	27.00	38.98
福建	70.12	206.15	576.20	675.63
江西	18.07	17.92	46.90	46.33
山东	95.38	93.30	81.91	82.08
河南	39.73	52.25	48.60	55.67
湖北	11.74	11.66	31.11	27.64
湖南	8.29	4.55	6.50	8.20
广东	39.91	44.54	58.30	53.58
广西	0.32	—	0.30	0.51
海南	4.61	4.00	—	—
重庆	2.97	6.71	5.80	8.29
四川	26.56	51.22	118.10	126.47
贵州	0.69	—	—	2.41
云南	3.04	3.56	5.00	6.15
陕西	0.65	2.31	2.30	1.39
甘肃	0.60	0.36	—	—
宁夏	0.30	—	0.60	0.15
新疆	5.42	34.49	48.70	71.33

资料来源:中国统计年鉴 (2006、2011、2016、2018)。

（三）酸碱工业地理分布

纯碱工业主要布局在长江流域、华北地区以及青海和河南两省，其中产量最大的是江苏，其 2017 年产量占了全国总产量的 16.49%。前五位分别是江苏、山东、青海、河南、河北，产量比重超过全国的七成（见表 4-10）。

表 4-10　2005 年、2010 年、2015 年、2017 年各省份纯碱产量　　单位：万吨

省份	2005 年	2010 年	2015 年	2017 年
天津	86.87	46.82	59.50	60.97
河北	177.37	230.40	347.80	344.75
山西	15.59	17.55	—	—
内蒙古	75.97	110.51	51.70	55.08
辽宁	74.86	13.23	55.00	44.59
黑龙江	0.04	—	—	—
江苏	221.42	267.28	279.90	456.23
浙江	13.28	12.66	29.30	32.28
安徽	24.09	35.36	76.90	86.55
福建	19.23	17.79	1.00	25.57
山东	260.16	442.13	446.70	412.03
河南	118.65	188.14	350.10	359.65
湖北	71.13	143.04	159.50	155.64
湖南	27.53	47.09	47.20	30.25
广东	31.91	40.01	63.00	41.95
广西	0.27	3.71	6.10	4.84
重庆	9.18	106.52	120.00	97.25
四川	106.51	170.78	106.90	124.15
云南	16.20	14.33	9.00	10.20
陕西	21.91	25.99	23.70	28.03
甘肃	18.01	13.66	9.80	7.96
青海	17.38	74.74	348.70	375.50
宁夏	0.94	—	—	13.67
新疆	12.58	13.08	—	—

资料来源：中国统计年鉴（2006、2011、2016、2018）。

烧碱工业主要集中在东部沿海地区和部分烧碱原料（芒硝）富集区（内蒙古、新疆等）。其中，产量最大的是山东，其2017年产量占了全国总产量的26.95%。前五位分别是山东、江苏、内蒙古、新疆、浙江，产量比重超过全国的六成（见表4-11）。

表4-11 2005年、2010年、2015年、2017年各省份烧碱产量　　单位：万吨

省份	2005年	2010年	2015年	2017年
北京	13.50	6.70	—	—
天津	80.45	122.12	96.80	77.23
河北	56.56	78.85	119.10	125.67
山西	40.68	48.49	45.10	53.42
内蒙古	30.93	130.50	265.10	326.58
辽宁	53.59	56.38	64.60	71.95
吉林	9.32	23.94	8.50	2.21
黑龙江	15.55	4.36	15.80	20.49
上海	41.72	72.63	68.80	74.45
江苏	155.19	272.20	360.60	364.80
浙江	76.74	107.72	153.20	188.83
安徽	18.85	29.00	72.00	78.31
福建	25.51	20.11	32.20	37.95
江西	24.62	20.58	31.21	34.77
山东	245.35	531.38	741.05	897.20
河南	67.84	140.28	154.20	165.22
湖北	41.02	76.02	106.80	79.73
湖南	33.79	73.49	48.00	42.79
广东	22.77	26.53	31.20	33.53
广西	24.02	43.01	43.80	62.40
重庆	6.91	24.35	33.30	34.01
四川	75.49	106.93	97.30	92.74
贵州	8.84	11.29	2.40	—
云南	5.23	17.83	21.20	23.61
陕西	10.47	22.67	94.20	99.89
甘肃	7.31	21.69	19.00	11.87

续表

省份	2005 年	2010 年	2015 年	2017 年
青海	1.06	1.66	17.70	14.49
宁夏	17.08	46.70	35.40	64.21
新疆	29.59	90.98	242.10	250.82

资料来源：中国统计年鉴（2006、2011、2016、2018）。

硫酸工业主要布局在长江流域和山东、河南两省，其中产量最大的是云南，其 2017 年产量占了全国总产量的 14.90%。前五位分别是云南、湖北、贵州、四川、安徽，产量比重超过全国的一半（见表 4 – 12）。

表 4 – 12　2005 年、2010 年、2015 年、2017 年各省硫酸产量　单位：万吨

省份	2005 年	2010 年	2015 年	2017 年
北京	5.23	—	—	—
天津	11.95	32.34	19.10	17.08
河北	97.49	71.88	142.90	142.60
山西	75.67	24.87	53.40	51.22
内蒙古	48.92	241.58	277.80	257.61
辽宁	120.72	84.36	147.30	127.23
吉林	18.04	26.23	71.30	86.88
黑龙江	10.23	10.92	1.90	7.37
上海	33.32	28.66	19.40	19.02
江苏	354.33	441.42	371.80	383.23
浙江	146.12	108.83	165.20	267.31
安徽	202.54	445.45	630.10	583.07
福建	41.06	59.21	187.50	187.83
江西	113.19	227.30	334.10	272.60
山东	519.31	556.29	631.00	495.56
河南	124.76	249.02	520.40	437.68
湖北	440.34	925.78	780.10	1289.46
湖南	183.86	261.29	244.10	195.88
广东	172.64	236.92	280.00	242.05
广西	170.22	264.27	368.30	385.32

续表

省份	2005 年	2010 年	2015 年	2017 年
海南	1.27	—	—	—
重庆	150.08	222.00	204.20	185.64
四川	319.41	391.81	642.50	631.87
贵州	341.10	615.38	743.10	829.56
云南	600.55	1068.19	1416.90	1373.13
陕西	82.29	132.47	141.60	139.51
甘肃	122.69	247.90	443.00	466.66
青海	6.11	30.48	42.20	7.87
宁夏	18.93	53.01	30.80	48.60
新疆	12.29	32.61	65.70	81.08

资料来源：中国统计年鉴（2006、2011、2016、2018）。

2017 年，塑料、化纤、农药化肥和酸碱工业集中度如表 4-13 所示。

表 4-13　2017 年塑料、化纤、农药化肥和酸碱工业集中度　　　单位：%

行业	CR_1	CR_3	CR_5	CR_5 省份（由高到低顺序）
塑料	13.90	32.89	48.46	江苏、浙江、山东、广东、新疆
纯碱	16.49	44.95	70.40	江苏、山东、青海、河南、河北
化学农药	46.98	65.35	78.21	江苏、山东、浙江、湖北、四川
化学纤维	42.14	85.22	89.50	浙江、江苏、福建、四川、山东
硫酸	14.90	37.90	51.09	云南、湖北、贵州、四川、安徽
化肥	12.17	29.95	45.85	湖北、贵州、河南、内蒙古、青海
烧碱	26.95	47.72	60.92	山东、江苏、内蒙古、新疆、浙江

资料来源：根据 2018 年各省、自治区、直辖市统计年鉴计算整理。

三、化肥农药工业

我国是一个重要的农业国，化肥农药对于农业的发展极其重要。为了大力推进化肥减量提效、农药减量控害，积极探索产出高效、产品安全、资源节约、环境友好的现代农业发展之路，2015 年农业部制定了《到 2020 年化肥使用量零增长行动方案》和《到 2020 年农药使用量零增长行动方案》。到 2017 年水稻、玉米、小麦三大粮食作物化肥利用率为37.8%，农药利用率为38.8%，化肥农药零增长提前三年实现。规模化养殖污染防治有序推进，以农村能源和有机肥为主要方向的资源化利用产业日益壮大。秸秆农用为主、多元发展的利用格局基本形成，农膜回收体系和制约化能力不断加强。在这样的形势下，我国化肥和农药的生产的减量化是必然趋势。

（一）化学农药工业地理分布

化学农药工业主要布局在东部沿海地区和长江流域，其中产量最大的是江苏，其2017年产量占了全国总产量的46.98%。前五位分别是江苏、山东、浙江、湖北、四川，产量比重达到全国的78.21%（见表4-14）。

表4-14　2005年、2010年、2015年、2017年各省化学农药产量　单位：万吨

省份	2005年	2010年	2015年	2017年
北京	0.09	—	—	—
天津	1.28	0.30	0.90	—
河北	3.35	—	7.50	9.09
山西	0.20	0.13	0.10	0.03
内蒙古	1.06	4.88	7.80	2.68
辽宁	2.67	2.98	1.30	1.11
吉林	1.15	1.02	2.30	1.87
黑龙江	0.20	0.51	0.10	0.09
上海	1.49	5.28	1.00	0.63
江苏	33.54	60.56	105.50	117.80
浙江	19.34	24.48	27.90	21.18
安徽	3.67	15.19	19.80	9.31
福建	0.92	0.07	4.50	0.57
江西	1.47	1.87	5.10	3.54
山东	11.34	24.66	100.00	24.87
河南	5.07	14.38	32.40	12.24
湖北	8.01	19.97	25.40	17.98
湖南	9.55	14.00	5.10	4.90
广东	1.19	0.89	4.30	1.49
广西	1.91	9.12	1.10	0.92
重庆	0.42	0.13	1.10	2.01

续表

省份	2005 年	2010 年	2015 年	2017 年
四川	5.97	17.61	17.80	14.28
贵州	0.09	0.03	0.20	0.34
云南	0.11	0.12	—	0.01
陕西	0.52	0.08	0.60	0.55
甘肃	0.04	0.13	0.30	0.53
青海	0.05	—	—	—
宁夏	0.02	1.32	1.90	2.72
新疆	0.01	0.04	—	—

资料来源：中国统计年鉴（2006、2011、2016、2018）。

（二）化肥工业地理分布

化肥工业的布局较为均匀，这与我国农业的基础性地位有关。其中，产量最大的是湖北，其 2017 年产量占了全国总产量的 12.17%。前五位分别是湖北、贵州、河南、内蒙古、青海，产量比重占全国的 45.85%（见表 4-15）。

表 4-15　2005 年、2010 年、2015 年、2017 年各省化肥产量　单位：万吨

省份	2005 年	2010 年	2015 年	2017 年
北京	4.20	0.23	—	—
天津	16.03	1.49	13.10	13.61
河北	214.60	173.42	215.80	239.74
山西	349.45	331.37	465.00	373.87
内蒙古	60.89	123.47	293.00	473.67
辽宁	89.60	67.74	64.70	46.01
吉林	17.17	24.67	57.10	19.89
黑龙江	49.46	64.91	49.40	52.08
上海	3.14	2.54	1.50	1.86
江苏	294.70	259.99	205.27	164.70
浙江	63.13	34.46	38.79	19.89
安徽	235.49	254.49	309.82	214.12
福建	64.41	57.46	52.19	42.51
江西	53.54	114.56	141.50	23.34

续表

省份	2005 年	2010 年	2015 年	2017 年
山东	612.70	845.74	583.99	393.38
河南	421.12	399.87	558.85	491.09
湖北	408.82	863.93	1171.81	717.09
湖南	261.39	332.63	112.68	62.86
广东	39.34	54.57	71.99	23.38
广西	83.94	86.91	114.31	61.90
海南	62.65	66.56	64.20	60.52
重庆	130.90	175.37	222.35	150.44
四川	518.28	510.06	507.23	417.13
贵州	275.35	384.30	603.62	556.32
云南	265.84	363.97	354.51	291.77
陕西	124.92	95.90	187.13	150.04
甘肃	113.51	89.31	47.95	25.13
青海	161.12	304.14	520.20	463.02
宁夏	80.82	95.17	82.49	46.11
新疆	101.35	158.63	321.51	296.24

资料来源：中国统计年鉴（2006、2011、2016、2018）。

综上所述，我国化肥工业在长江流域分布的比重较高，山东、河南等传统重工业大省也发展较快，东北和西北地区相对薄弱。

第三节　钢铁、冶金和建材产业发展与地理分布

我国是世界钢铁工业第一大国。以钢铁生产为核心的黑色金属冶炼工业一直是我国国民经济的基础性和战略性产业，它与房地产、汽车、机械、船舶制造、轻工等行业有着巨大的关联效应。工业化过程就是一个对钢铁消费强度由弱转强再转弱的过程，我国大部分地区仍处在工业化的中、后期阶段，对钢铁的消费需求依旧很高。2017 年 1～12 月份，粗钢产量 83173 万吨，同比增长 5.7%；生铁产量 71076 万吨，同比增长 1.8%；钢材产量 63457 万吨，同比增长 6.09%。

一、钢铁工业地理分布

（一）生铁工业

我国生铁工业的布局情况是，核心生产企业主要分布在华北地区。其中，2017 年产量最大的是河北，占全国总量的 1/4。前五位是河北、江苏、山东、辽宁、山西，这五省之和占全国的六成以上（见表 4 - 16）。

表 4 - 16　2005 年、2010 年、2015 年、2017 年各省生铁产量　单位：万吨

省份	2005 年	2010 年	2015 年	2017 年
北京	813.88	411.94	—	—
天津	660.24	1926.36	1953.20	1637.78
河北	6841.25	13710.11	17382.30	17997.27
山西	3229.80	3402.44	3576.40	3951.86
内蒙古	922.69	1358.97	1461.40	1550.43
辽宁	3113.95	5508.07	6059.00	6121.87
吉林	408.64	813.16	974.90	906.48
黑龙江	178.10	555.73	408.90	438.76
上海	1582.89	1901.39	1686.70	1447.72
江苏	2697.28	5214.64	7044.80	7131.97
浙江	294.88	915.60	1072.50	855.54
安徽	1105.71	1845.07	2092.50	2265.43
福建	399.03	558.81	980.10	937.92
江西	821.73	1745.39	2083.20	2143.19
山东	3217.30	5832.41	6747.90	6561.71
河南	1064.85	2090.16	2903.60	2702.57
湖北	1453.29	2311.91	2288.70	2401.29
湖南	1027.92	1744.01	1762.80	1789.93
广东	535.43	807.37	1146.30	2024.48
广西	485.39	1113.46	1220.30	1310.58
海南	4.55	—	—	—
重庆	246.95	426.64	366.60	384.10
四川	1060.50	1594.13	1747.40	1899.65
贵州	286.36	376.88	407.60	343.71

续表

省份	2005 年	2010 年	2015 年	2017 年
云南	845.92	1337.31	1235.40	1322.12
陕西	316.37	513.94	800.90	1137.06
甘肃	468.72	625.49	690.50	456.19
青海	6.06	111.69	112.60	102.43
宁夏	25.28	39.13	175.30	191.98
新疆	260.23	941.13	759.50	1061.90

资料来源：中国统计年鉴（2006、2011、2016、2018）。

（二）粗钢工业

粗钢的主要用途是作为原料，制成各种规格的板材、管材、条钢、线材、铸件等。2017 年，全球粗钢产量为 16.89 亿吨，其中，我国为 8.32 亿吨（数据不含台湾地区），占 49.2%。粗钢产量进入全球十强的国家还包括：日本 1.05 亿吨，印度 1.01 亿吨，美国 8160 万吨，俄罗斯 7130 万吨，韩国 7100 万吨，德国 4340 万吨，土耳其 3750 万吨，巴西 3440 万吨，意大利 2410 万吨。

我国粗钢工业的布局情况如表 4－17 所示，主要分布在华北地区。其中，2017 年产量最大的是河北，占全国总量的近 1/4。前五位是河北、江苏、山东、辽宁、山西，占全国的近六成。

表 4－17　2005 年、2010 年、2015 年、2017 年各省粗钢产量　单位：万吨

省份	2005 年	2010 年	2015 年	2017 年
北京	827.56	427.54	1.50	—
天津	955.27	2162.11	2068.90	1812.55
河北	7424.99	14458.79	18832.00	19121.47
山西	1654.72	3048.82	3847.00	4429.68
内蒙古	805.49	1232.84	1735.10	1983.51
辽宁	3059.05	5389.82	6071.30	6422.78
吉林	462.01	990.37	1066.80	910.68
黑龙江	247.73	652.74	418.50	503.02
上海	1927.96	2214.27	1783.80	1607.70
江苏	3301.09	6243.38	10995.20	10427.73

续表

省份	2005 年	2010 年	2015 年	2017 年
浙江	540.17	1228.53	1594.90	1090.68
安徽	1109.68	1855.59	2506.00	2793.44
福建	391.48	1086.88	1586.50	1882.85
江西	963.39	1911.37	2211.00	2412.69
山东	3188.07	5570.84	6619.30	7147.85
河南	1229.17	2327.42	2897.40	2954.03
湖北	1568.97	2788.46	2919.80	2875.18
湖南	976.58	1767.14	1852.80	2041.41
广东	940.42	1239.51	1761.70	2890.71
广西	496.29	1204.57	2146.00	2265.26
海南	0.23	——	23.90	0.53
重庆	277.01	456.63	689.50	411.44
四川	1094.45	1581.18	1947.70	2026.31
贵州	239.13	360.48	466.40	439.90
云南	513.41	1293.77	1418.10	1517.50
陕西	307.49	604.82	1027.30	1184.26
甘肃	458.44	662.25	852.10	560.52
青海	50.53	137.33	120.60	119.56
宁夏	0.62	——	181.80	229.46
新疆	312.58	825.54	739.60	1110.10

资料来源：中国统计年鉴（2006、2011、2016、2018）。

（三）钢材工业

钢材是钢锭、钢坯或钢材通过压力加工制成的一定形状、尺寸和性能的材料。钢材一般分为型材、板材、管材和金属制品四大类。我国钢材工业的布局情况如表 4 - 18 所示，主要分布在华北地区。其中，产量最大的是河北省，占全国总量的近 1/5。前五位是河北、江苏、山东、天津、辽宁，合计占全国的近六成。

表 4 - 18　2005 年、2010 年、2015 年、2017 年各省钢材产量　单位：万吨

省份	2005 年	2010 年	2015 年	2017 年
北京	966.29	794.16	175.00	178.99
天津	1670.15	4494.19	8186.20	4373.97

续表

省份	2005 年	2010 年	2015 年	2017 年
河北	6591.12	16782.88	25244.30	24551.08
山西	1368.60	2866.37	4267.30	4335.40
内蒙古	747.77	1341.39	1897.20	2002.67
辽宁	3235.93	5669.42	6321.60	6392.99
吉林	479.36	1063.56	1152.50	1028.01
黑龙江	236.69	567.11	403.80	410.60
上海	2108.63	2475.94	2202.70	2056.04
江苏	4424.63	9135.95	13560.80	12295.44
浙江	803.45	2839.75	4047.70	3148.24
安徽	1198.96	2454.75	3334.70	3143.90
福建	729.67	1340.56	2820.70	2725.74
江西	1023.33	1984.40	2577.60	2524.44
山东	3010.86	6784.61	9003.20	9209.78
河南	1338.96	3273.72	4766.80	4035.99
湖北	1580.87	3026.55	3421.20	3609.91
湖南	965.96	1816.13	1951.30	2210.15
广东	1415.79	2932.77	3271.00	4213.69
广西	519.88	1560.36	3545.40	3270.73
海南	14.86	14.54	34.70	1.09
重庆	294.70	720.94	1411.40	917.25
四川	1172.20	1980.44	2702.50	2491.16
贵州	214.89	391.57	463.00	495.72
云南	486.93	1205.28	1695.40	1607.38
西藏	—	—	2.50	0.11
陕西	337.80	997.34	1655.60	1377.61
甘肃	452.25	699.16	847.80	702.25
青海	48.47	138.01	113.60	127.09
宁夏	9.21	33.03	201.60	221.76
新疆	322.93	891.70	1070.50	1299.64

资料来源：中国统计年鉴（2006、2011、2016、2018）。

综上所述，钢铁工业产业链从粗加工到精加工都布局在环渤海地区，以河北、山东、辽宁、山西为主。此外，江苏的钢铁产业发展规模也较大，成为国内钢铁第二大省。

（四）主要企业地理分布

钢铁工业是一个以大型企业为主进行生产的行业，因此，大型钢铁企业的地理分布，对整个工业的分布影响很大。

表4－19是2017年粗钢工业的主要企业基本情况，表4－20是2017年钢材工业的主要企业基本情况。宝武集团不管是在粗钢工业还是钢材工业都居全国第一位，其中粗钢产量达到5848.61万吨，钢材产量达到5713.59万吨，这个产量在全球排在第二位。宝武集团是一个跨数省的大型联合企业，宝钢集团与武钢集团合并之后，其地理分布已经从长三角延伸到了长江中游的湖北武汉。河钢集团位居第二，产量在4000万吨以上级别，与河北省在全国钢铁第一的位置相一致。3000万吨级别的钢铁企业有江苏的沙钢集团和辽宁的鞍钢集团，对应的是第二位的江苏省和第三位的辽宁省。

表4－19　2017年粗钢行业主要企业基本情况　　　　单位：万吨

序号	企业名称	2016年产量	2017年产量	增减幅度（%）
1	宝武集团	5848.61	6539.27	11.81
2	河钢集团有限公司	4491.89	4406.29	－1.91
3	江苏沙钢集团	3325.17	3834.73	15.32
4	鞍钢集团公司	3319.36	3421.98	3.09
5	首钢集团	2679.66	2762.90	3.11
6	山东钢铁集团有限公司	2301.72	2167.88	－5.81
7	北京建龙重工集团有限公司	1645.37	2026.13	23.14
8	湖南华菱钢铁集团有限责任公司	1808.25	2014.64	11.41
9	马钢（集团）控股有限公司	1862.89	1971.40	5.82
10	本钢集团有限公司	1440.16	1576.94	9.50

资料来源：《中国冶金报》、中国钢铁新闻网。

表4－20　2017年钢材行业主要企业基本情况　　　　单位：万吨

序号	企业名称	2016年产量	2017年产量	增减幅度（%）
1	宝武集团	5713.59	6378.19	11.63
2	河钢集团有限公司	4301.82	4208.09	－2.18
3	江苏沙钢集团	3253.8	3693.11	13.50
4	鞍钢集团公司	3035.27	3126.34	3.00
5	首钢集团	2514.62	2591.95	3.08

续表

序号	企业名称	2016 年产量	2017 年产量	增减幅度（%）
6	山东钢铁集团有限公司	2234.90	2073.17	-7.24
7	湖南华菱钢铁集团有限责任公司	1784.82	2000.94	12.11
8	马钢（集团）控股有限公司	1773.94	1857.68	4.72
9	北京建龙重工集团有限公司	1439.97	1789.64	24.28
10	本钢集团有限公司	1390.50	1549.68	11.45

资料来源：《中国冶金报》、中国钢铁新闻网。

随着我国供给侧结构性改革的不断深入，钢铁工业将逐步进入转型期，增速放缓和结构调整将成为新常态。

二、冶金工业地理分布

（一）非金属矿制品业

由于非金属矿物制品业包括水泥等建筑材料的生产，除西藏和海南规模以上企业主营业务收入在百亿元以下之外，其他地区都大于百亿元。在全国，最高的省份是河南，2016 年其规模以上主营业务收入 9478.62 亿元；其次是山东省，为 8160.18 亿元。河南、山东、江苏、广东、湖北、福建六省规模超过全国的一半（见表 4-21）。

表 4-21　2016 年非金属矿制品业规模以上企业主营业务收入　单位：亿元

省份	主营业务收入	省份	主营业务收入
河南	9478.62	重庆	1230.93
山东	8160.18	贵州	1169.3
江苏	5097.54	内蒙古	808.39
广东	5000.85	辽宁	785.86
湖北	3236.63	上海	581.1
福建	3089.41	云南	526.55
四川	3031.24	黑龙江	511.19
湖南	3026.57	北京	462.77
江西	3019.12	新疆	449.07
安徽	2516.81	天津	417.48

续表

省份	主营业务收入	省份	主营业务收入
河北	1986.55	甘肃	306.89
浙江	1793.15	宁夏	122.43
山西	1685.90	青海	118.99
广西	1683.21	西藏	39.65
吉林	1611.46	海南	8.24
陕西	1254.59		

资料来源：根据 2017 年各省、自治区、直辖市统计年鉴计算整理。

（二）黑色金属冶炼及压延加工业

黑色金属冶炼及压延加工业主要指含铁、锰、铬矿石熔炼成生铁，或将生铁熔炼成铸铁或钢、合金材料，并进行锻压（固态下成形，不能对铸铁进行锻压）加工的行业。受矿石分布广泛的影响，该行业在全国都有分布，以河北、江苏、山东、河南和天津最多。2016 年，这五个省份规模以上企业主营业务收入是全国的 53.29%（见表 4 - 22）。

表 4 - 22　2016 年黑色金属冶炼及压延加工业规模以上企业主营业务收入

单位：亿元

省份	主营业务收入	省份	主营业务收入
河北	10627.62	江西	1314.33
江苏	9447.20	陕西	917.43
山东	5159.96	甘肃	904.79
河南	3640.40	云南	681.21
天津	3605.72	山西	660.39
广西	2513.74	贵州	614.17
广东	2341.60	重庆	559.10
四川	2327.45	吉林	515.26
辽宁	2290.25	新疆	347.92
浙江	2057.07	宁夏	228.24
安徽	1908.10	青海	163.38
湖北	1806.41	北京	110.13
福建	1630.86	黑龙江	100.89

省份	主营业务收入	省份	主营业务收入
内蒙古	1578.99	海南	3.57
湖南	1513.99	西藏	0.47
上海	1385.78		

资料来源：根据 2017 年各省、自治区、直辖市统计年鉴计算整理。

（三）有色金属冶炼及压延加工业

有色金冶炼及压延加工业山东规模最大，2016 年规模以上企业主营业务收入方面，山东为 7061.75 亿元，第二名江西省该指标也在 6000 亿元以上，河南省大于 5000 亿元，江苏省大于 4000 亿元，广东和甘肃大于 3000 亿元。此外，浙江省该行业民营企业力量较强，2018 年民营有色企业全国前十名中该省占到 3 家（见表 4-23）。有色金属新材料是未来重要方向，各地区正在加强这方面的研发和基地建设。

表 4-23　2016 年有色金属冶炼及压延加工业规模以上企业主营业务收入

单位：亿元

省份	主营业务收入	省份	主营业务收入
山东	7061.75	天津	948.95
江西	6373.18	重庆	814.72
河南	5350.12	四川	715.88
江苏	4149.75	青海	585.94
广东	3263.09	辽宁	562.70
甘肃	3143.25	河北	529.97
安徽	2921.03	贵州	440.28
湖南	2911.27	上海	417.10
浙江	2324.53	宁夏	290.50
内蒙古	1621.70	吉林	175.21
陕西	1556.05	山西	102.82
福建	1496.53	北京	76.11
云南	1449.52	黑龙江	38.93
湖北	1382.22	海南	14.82
广西	1139.29	西藏	
新疆	989.65		

资料来源：根据 2017 年各省、自治区、直辖市统计年鉴计算整理。

三、建材工业地理分布

建材工业是我国重要的材料工业，包括建筑材料及其制品、非金属矿及其制品和非金属新材料三类。2013 年以来，我国成为全球最大的建材生产和消费国，其中水泥、石膏和平板玻璃的产量一直稳居世界第一。

我国原材料产业发展由中华人民共和国成立后到 21 世纪的规模式扩张，转换为金融危机之后结构性转型调整。在空间布局上，以临近原材料和市场为依据。未来，原材料产业依旧是我国国民经济的基础性产业，其健康有序的发展将推进我国工业化进程向信息化、精细化、专业化方向迈进。

（一）水泥工业

首先来看水泥产量的分布情况（见表 4 - 24）：水泥的布局比较均匀，大部分在胡焕庸线东南侧。其中，2017 年水泥产量最大的是江苏，前三位是江苏、广东、山东，产量占全国的 1/5；前十位是江苏、广东、山东、河南、四川、安徽、广西、湖南、云南、贵州，产量占全国的六成。

表 4 - 24　2005 年、2010 年、2015 年、2017 年各省水泥产量　单位：万吨

省份	2005 年	2010 年	2015 年	2017 年
北京	1183.80	1049.04	553.50	374.38
天津	518.64	831.62	777.60	418.56
河北	7686.04	12790.21	9126.17	9125.50
山西	2310.68	3668.25	3786.06	3760.28
内蒙古	1632.25	5435.52	5830.76	3073.86
辽宁	2680.67	4785.82	4567.71	3795.22
吉林	1718.62	3079.97	3325.02	2715.19
黑龙江	1214.48	3592.25	3111.89	2452.65
上海	1045.21	670.80	433.60	417.73
江苏	9681.49	15829.74	18056.11	17357.29
浙江	9128.97	11317.16	11330.88	11284.99
安徽	3352.56	8068.91	13207.86	13435.87
福建	2791.64	5921.17	7787.48	8479.41
江西	3700.50	6262.68	9458.08	8984.58
山东	14425.85	14742.57	15249.07	15318.18
河南	6487.18	11564.48	16676.19	15042.00

续表

省份	2005 年	2010 年	2015 年	2017 年
湖北	4485.69	9000.96	11145.46	11118.55
湖南	3742.32	8748.85	11680.08	11985.01
广东	8228.92	11610.94	14530.24	15858.25
广西	3306.13	7516.51	11144.46	12540.55
海南	446.42	1264.05	2225.20	2213.31
重庆	2226.15	4621.05	6840.20	6376.78
四川	4480.19	13377.54	14091.00	13823.83
贵州	1685.10	3809.60	9940.93	11363.33
云南	2832.62	5786.17	9436.21	11528.16
西藏	128.15	219.12	467.90	642.14
陕西	2164.86	5496.55	8578.70	7940.27
甘肃	1415.99	2425.34	4764.30	4021.36
青海	370.62	811.09	1767.89	1462.63
宁夏	567.58	1422.31	1749.79	2188.18
新疆	1245.47	2470.90	4278.49	4581.04

资料来源：中国统计年鉴（2006、2011、2016、2018）。

我国的水泥生产在 2010~2015 年达到一个产量高峰之后，目前进入提质增效的优化调整时期。如图 4-23 所示，2013~2015 年的增速下降很快，但行业的利润总额在不断上升，效益增加十分明显。

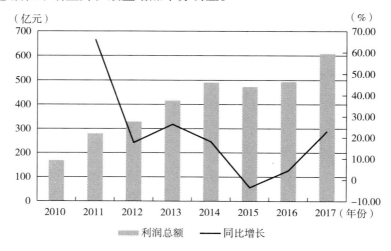

图 4-23 2010~2017 年水泥工业利润总额及增长率
资料来源：前瞻产业研究院。

水泥工业的地理分布同样受到企业布局的制约。与钢铁工业所不同的是，水泥工业的企业集中度还没有那么大，一般是以企业集团的形势表现出来。例如，产量第一的广东省，最大的塔牌集团的产量占全省的9%，而安徽产量全国第六，最大的海螺水泥占到全省的43%。吉林的亚泰集团占到40%。

（二）平板玻璃

　　平板玻璃产量的分布情况如表4－25所示，产量主要集中在东部沿海和长江流域。其中，2017年产量最大的是河北，前三位是河北、湖北、广东，产量占全国的3/8；前十位是河北、广东、湖北、山东、四川、福建、浙江、辽宁、安徽、天津，产量占全国的八成。

表4－25　2005年、2010年、2015年、2017年各省平板玻璃产量

单位：万重量箱

省份	2005 年	2010 年	2015 年	2017 年
北京	293.42	—	57.70	52.72
天津	458.29	686.83	3139.90	3166.86
河北	7598.18	12368.50	14615.36	13780.23
山西	360.24	1673.37	1400.80	1702.60
内蒙古	1144.60	1196.58	1014.00	988.37
辽宁	1853.96	1262.08	1186.80	4298.76
吉林	426.49	422.26	366.10	858.02
黑龙江	520.81	692.58	386.10	402.94
上海	830.61	1.51	—	—
江苏	5233.13	5731.50	4622.47	2748.61
浙江	2109.14	4136.72	5318.16	4490.79
安徽	507.72	1044.29	2302.50	3769.49
福建	1438.57	2765.35	5009.16	4739.27
江西	626.36	437.30	385.99	17.83
山东	4761.21	8033.39	7351.50	7238.14
河南	3434.69	2419.92	1178.90	2023.52
湖北	1626.88	4653.04	8857.26	8773.21
湖南	1091.16	1757.32	2146.45	2561.85
广东	2372.73	7822.92	8127.42	9174.01
广西	515.74	518.60	616.50	280.75

省份	2005 年	2010 年	2015 年	2017 年
海南	—	175.94	—	—
重庆	218.27	678.61	1364.43	1448.76
四川	1347.41	4417.17	4186.96	5402.67
贵州	—	177.18	900.05	1521.26
云南	270.15	736.08	633.42	323.46
陕西	541.14	1378.03	1857.68	2157.30
甘肃	339.62	658.30	124.80	515.90
青海	90.35	150.00	392.00	304.41
宁夏	66.42	0.83	0.53	282.88
新疆	132.95	334.60	1108.35	741.19

资料来源：中国统计年鉴（2006、2011、2016、2018）。

我国玻璃深加工企业主要分布于华南、华东、华北三个区域，与平板玻璃的产业布局一致。随着"节能减排"等政策的推动，我国深加工玻璃的生产规模在快速扩大。由于平板玻璃企业技术水平、生产能力、生产规模、创新能力差距很大，市场竞争日益激烈，市场分化日益明显。面对激烈的市场竞争，技术开发能力较强、产品品质好的企业将在未来竞争中处于有利地位。

平板玻璃下游主要用途包括：房地产（门窗、幕墙、隔断、镜片等装饰）、汽车制造领域、出口以及用于其他领域生产和应用。其中，房地产、汽车制造和出口是主要应用领域，占比分别为75%、10%和5%，可以看出玻璃需求与下游房地产行业最为相关。

受益于需求端的快速增长，我国平板玻璃产能近十年也一直处于扩张态势，截至2017年底，我国浮法生产线共计360条，产能高达12.83亿重量箱。随着房地产行业景气度下行，平板玻璃产能扩张逐步趋于平稳，供给侧结构性改革对平板玻璃行业的地理分布有十分明显的影响。

（三）建材工业的地理集中度分析

建材工业为国民经济各部门和城乡建筑事业提供各种材料，也为国防工业及高技术工业提供必需的非金属材料。在建筑业总费用中，建材一般占60%左右。建材种类繁多，按其结构性质分为：①矿物质材料，包括天然石料、非金属矿石和硅酸盐材料（水泥及制品、玻璃陶瓷及沙石、砖瓦等）。②金属材料，包括混凝土建筑结构用的钢材及小五金等。③有机质材料，包括木材、竹材、沥青及防水材料等。

我国建材工业是一个分布矿物质材料是建材工业的主体。建材工业地理主要是评价矿物质建材的资源状况，开发利用条件和特点，研究建材工业的布局特点，尤其是水泥、玻璃工业的布局现状和趋向。由于建材工业的原料、产品均不宜长途运输，且原料的分布和消费地区比较普遍，资金、技术条件易于解决，故其布局通常既接近原料地，又接近消费区，成为普遍分布的工业部门。

我国建材工业中集中度高的是水泥和平板玻璃两个行业。水泥行业的 CR_5 集中度达到 33.12%，即占到了 1/3。平板玻璃的 CR_5 集中度更是达到了 52.97%，超过了一半（见表 4-26）。

表 4-26 2017 年建材工业主要子行业集中度

行业	CR_1（%）	CR_3（%）	CR_5（%）	CR_5 省份（由高到低顺序）
水泥	7.43	20.77	33.12	江苏、广东、山东、河南、四川
平板玻璃	16.45	37.88	52.97	河北、广东、湖北、山东、四川

资料来源：根据 2018 年各省、自治区、直辖市统计年鉴计算整理。

第五章　现代制造业发展与布局

制造业是我国国民经济的基础产业。以提高制造业创新能力和基础能力为重点，推进信息技术与制造技术深度融合，促进制造业朝高端、智能、绿色、服务方向发展，培育制造业竞争新优势，是我国制造业发展的方向。

第一节　现代制造业的发展与地理分布

国家高度重视培育和发展现代制造业。2010年，国务院发布《关于加快培育和发展现代制造业的决定》，2012年制定《"十二五"国家现代制造业发展规划》，选择包括节能环保、新一代信息技术、生物、高端装备制造、新能源、新材料和新能源汽车七大新兴产业予以重点扶持。2016年，国务院印发《"十三五"国家现代制造业发展规划》，争取在2020年现代制造业增加值占国内生产总值比重达到15%；形成5个10万亿元规模的新支柱产业；在更广领域形成大批跨界融合的新增长点；产业结构进一步优化，产业创新能力和竞争力明显提高，形成全球新兴产业发展高地。

自相关政策规划发布实施以来，我国现代制造业总体发展态势良好，产业总量和规模持续扩大，对国民经济和社会发展的支撑作用逐渐增强，一大批关键技术和重大产品取得突破，引领型、创新型企业不断涌现，产业集聚发展活力显著增强，有利于产业健康发展的政策环境持续优化。

一、总量规模与支持作用

我国现代制造业总量规模明显扩张，支撑作用日益增强。2011年以来，我国工业增速放缓，从规模以上工业企业和制造业企业的增加值增速看，二者均呈现下行态势，2016 年规模以上工业企业增加值增速下降到 6.0%，为近年来最低值（见图 5 - 1），2016 年到 2018 年增速有所回升。但是，现代制造业保持较快增长态势，增速显著高于传统行业，对经济新常态下稳增长的支撑作用日益增强，成为经济稳增长调结构的重要力量。

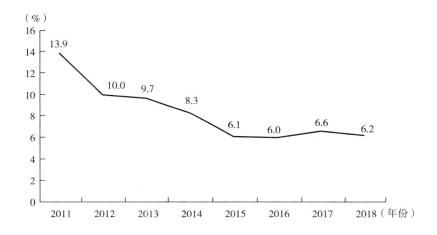

图 5 - 1　2011~2018 年全国规模以上工业企业增加值增速

资料来源：根据国家统计局数据整理。

2015 年，我国现代制造业领域 27 个重点行业企业主营业务收入达 21.9 万亿元，同比增长 15.3%，比工业增速高 9.3 个百分点；实现利润近 1.3 万亿元，同比增长 10.4%。现代制造业七大行业全年 PMI 平均指数都处于荣枯线以上，均高于同期的美国制造业和中国制造业 PMI 指数。到 2016 年前三季度，现代制造业继续良好发展势头，产值同比增长 10.8%，增速比规模以上工业高 4.8 个百分点，网上商品零售额增长 25.1%，比社会消费品零售总额高 14.7 个百分点，新能源汽车销售增长 83.7%。① 据国家发展和改革委员会网站披露，"十二五"期间，新一代信息技术等现代制造业七大行业年均增速约是 GDP 增速的两倍，2015 年底现代制造业增加值占 GDP 的比重为 8% 左右，预计到 2020 年，现

---

① 数据来源：国家统计局。

代制造业增加值占 GDP 比重达到 15%，形成新一代信息技术、高端制造、生物、绿色低碳、数字创意 5 个产值规模 10 万亿元级的新支柱。

现代制造业成为创业创新重要领域，逐渐发展成为新的增长动力。机器人、基因测序、无人机等产业发展日益壮大，特别是以云计算、大数据、移动互联网为代表的新一代信息技术与制造业、交通、金融等领域加速融合，推动智能制造成为新型生产方式，催生新的投资和消费增长点，有效地激发了市场活力，助力形成"互联网＋"新经济形态，有力地推动了产业转型升级和提质增效。

从现代制造业对地方经济发展的贡献来看，现代制造业已经成为部分地区经济增长的重要引擎，在推动产业转型升级、实现创新驱动发展等方面发挥了重要作用。以深圳市为例，2015 年深圳市现代制造业增加值接近 7003.48 亿元，同比增长 16.1%，占 GDP 比重达到 40%。其中，生物产业增加值 254.68 亿元，增长 12.4%；新能源产业增加值 405.87 亿元，增长 10.1%；新材料产业增加值 329.24 亿元，增长 11.3%；新一代信息技术产业增加值 3173.07 亿元，增长 19.1%；互联网产业增加值 756.06 亿元，增长 19.3%；文化创意产业增加值 1757.14 亿元，增长 13.1%；节能环保产业增加值 327.42 亿元，增长 12.0%。[1] 2015 年，重庆市工业现代制造业增加值增长 27.2%。[2]

二、市场竞争能力

我国现代制造业市场培育和发展成效显著，国际竞争力稳步提升。经过"十二五"以来的快速发展，部分现代制造业的技术和市场逐步稳定，国际知名度和竞争力稳步提升。智能制造、节能环保、信息消费等一批试点示范工程有力地拉动了现代制造业的市场需求。同时，新一代信息技术、高端装备制造和新能源产业"走出去"步伐加快，通信设备和轨道交通等领域企业发展的国际化水平与层次不断提升。"十二五"以来，一批高端产品成功开拓欧美等发达国家和地区市场，产业链上下游配套"走出去"的项目不断增多。例如，东方电气的风力发电设备打开瑞典市场，北车铁路装备进入美国地铁市场，运－12 飞机实现对美国大规模出口。同时，随着相关政策的实施，企业市场主体地位日

---

① 数据来源：深圳商报。
② 数据来源：2016 年重庆市国民经济和社会发展统计公报。

益强化、活力进一步激发，出现了一大批具有核心竞争力的引领型企业和一批创新活力旺盛的企业，华为、烽火通信、中国中车、大疆创新等企业成为产业发展的中坚力量。以浪潮集团为例，浪潮服务器销量位居全球第五、中国第一，浪潮集团先后加入 OpenStack、SPEC、TPC 等国际权威组织，其国际化业务目前已拓展至全球 85 个国家和地区，在美国、日本、拉美等多个国家和地区设立研发中心和工厂，在海外 26 个国家设立分公司和展示中心，产品和方案广泛应用于全球数据中心、超算中心、税务、教育、智慧政府等领域。

我国现代制造业关键技术突破频现，创新能力不断提升。"十二五"以来，我国现代制造业领域突破一批关键技术，开发一批重大产品，自主创新能力和产业技术水平不断提升，在国际竞争中由以跟踪追赶为主的阶段逐步迈向赶超、同行阶段，在某些领域甚至成为"领跑者"。我国在 4G（TD－LTE）通信技术、高世代薄膜晶体管液晶显示屏（TFT－LCD）、基因组测序与分析、卫星导航、海洋油气装备、超级计算机、大功率机车和高速动车组等全球产业竞争激烈的领域取得了重大技术突破。

从研发投入看，深圳证券交易所数据显示，现代制造业企业较为集中的创业板公司平均研发强度达到 5.38%，位于三板块之首。现代制造业领域的发明专利等知识产权快速增长，国家专利局统计数据显示，2010～2014 年现代制造业发明专利授权的年均增长率（13.82%），略低于同期发明专利授权总体的年均增长率（14.62%）（见图 5－2）。

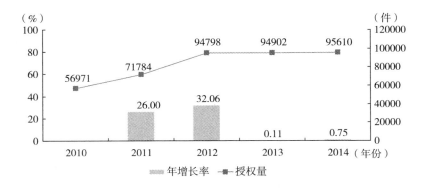

图 5－2 2010～2014 年现代制造业发明专利授权走势

资料来源：国家知识产权局。

从逐年增速上看，2011年现代制造业发明专利授权年增长率略低于同期发明专利总体授权的年增长率，在2012年和2013年现代制造业均明显高于同期发明专利授权总体的年增长率，但这一优势并未能持续保持，在2014年，发明专利总体授权的年增长率达到了12.30%，而现代制造业发明专利授权年增长率仅有0.75%，也就是说，发明专利总体授权在经过了2013年（降幅4.34%）的下降后，在2014年出现了较大的反弹，而现代制造业发明专利授权在2012年至2014年的三年间处于停滞状态。现代制造业发明专利授权在同期发明专利授权总体中的占比在2013年最高，达到了45.69%，其他四年稳定在41.62%到43.66%范围内。

三、产业集聚与政策环境

我国现代制造业产业集聚发展态势明显，逐渐向"多点多极"增长格局方向发展。自2012年以来，依托产业基础和资源禀赋，江苏、安徽、广东、深圳等多个省市开展了现代制造业区域集聚发展试点，形成了一批有特色的产业集聚区。北京、上海、深圳等一批现代制造业发展的优势城市，逐渐向全球领先水平的新兴产业创新策源地升级。区域分布"多点多极"增长的态势日益明显。环渤海、长三角、珠三角、川渝等沿海、沿江地区成为现代制造业发展的核心区域，东北地区及部分中西部省份等是产业特色发展地区。

在环渤海地区，北京积极打造以新材料、高端信息技术产品为代表的"高精尖"产业体系；天津新能源汽车及航空航天产业成为发展重点；石家庄着力发展高端生物医药产业；山东淄博和临沂分别成为陶瓷功能材料和零部件集聚区。长江经济带区域的沿江省市形成了智能制造装备、新材料、集成电路、新型显示、轨道交通装备、生物医药等众多特色产业集聚区，上海在智能制造装备、卫星导航、集成电路等领域处于领跑地位；江苏分别在盐城、泰州和南京形成风电、新型疫苗及特异性诊断试剂和智能电网产业集聚区；安徽的合芜蚌新型显示、芜马合机器人产业快速发展；贵州建立起首个国家级大数据集聚发展试点示范区。在珠三角地区，广州、深圳等地积极发展生物医药、新型显示技术、新型动力电池、无人机、机器人等产业，形成了一批具有特色的新兴产业集聚区。在东北地区，哈尔滨着力发展生物医药，沈阳在高端数控机床、工业机器人等智能制造装备领域优势明显。在中西部地区，河南洛阳以及甘肃金昌分别成为电子功能材料和非金属功能材料产业集聚区。

我国制造业政策措施日益完善，发展环境不断优化。最近十年来，国务院各部委积极落实党中央、国务院决策部署，在产业、财政、税收、金融、国际合作等方面出台了一系列政策措施，推动和保障现代制造业发展（见表5-1）。

表5-1　2011年以来部分支持现代制造业发展的政策措施

序号	文件名称	发文机构	发文时间
1	《国家发展改革委关于印发鼓励和引导民营企业发展现代制造业的实施意见的通知》	发改高〔2011〕1592号	2011年7月23日
2	商务部、发展改革委、科技部等《关于促进现代制造业国际化发展的指导意见》	商产发〔2011〕310号	2011年9月8日
3	国务院办公厅转发知识产权局等部门《关于加强现代制造业知识产权工作若干意见的通知》	国办发〔2012〕28号	2012年4月28日
4	工业和信息化部《关于印发现代制造业关键共性技术和关键产品推进重点（第一批）》的通知	工信部规〔2012〕318号	2012年7月4日
5	《国务院关于印发"十二五"国家现代制造业发展规划的通知》	国发〔2012〕28号	2012年7月9日
6	财政部、国家发展改革委关于印发《现代制造业发展专项资金管理暂行办法》的通知	财建〔2012〕1111号	2012年12月31日
7	国家发展和改革委员会公告2013年第16号——《现代制造业重点产品和服务指导目录》	国家发展和改革委员会公告2013年第16号	2013年2月22日
8	国家发展改革委办公厅关于印发《现代制造业专项债券发行指引》的通知	发改办财金〔2015〕756号	2015年3月31日
9	国家发展改革委《关于实施新兴产业重大工程包的通知》	发改高技〔2015〕1303号	2015年6月8日
10	《"十三五"国家现代制造业发展规划》	国发〔2016〕67号	2016年11月29日
11	《现代制造业重点产品和服务指导目录》（2016版）	国家发展和改革委员会公告2017年第1号	2017年1月25日

资料来源：根据公开资料整理，不完全统计。

各地方政府积极对接《规划》，结合各地实际，制定和出台了省级发展规划和相关配套措施，明确了当地现代制造业发展目标和发展重点。同时，开发性金融机构、政策性银行和商业金融机构对现代制造业的支持力度日益增强，公开上市的现代制造业企业不断增加，产业发展环境不断优化。

从政府层面看，一是不断深化体制机制改革，推动电力体制改革，完善由市场决定的价格形成机制，向民间资本开放宽带接入市场，推动科研体制改革，为现代制造业的发展营造良好的环境。二是部署实施重大工程，围绕现代制造业发展的重点领域和薄弱环节，组织实施重大节能技术与装备产业化工程、"宽带中国"工程、高性能集成电路工程、智能制造装备创新发展工程、关键材料升级换代工程等重大工程，以重大工程引领现代制造业发展。三是合理引导消费需求，出台《关于加快电动汽车充电基础设施建设的指导意见》，推动充电桩建设；部署信息消费试点、智能制造试点示范，扩大现代制造业的市场。四是创新财政支持方式，提高财政资金使用效率和效益，国家层面设立了国家新兴产业创业投资引导基金、国家集成电路产业基金，各地方设立现代制造业专项资金和奖励资金，支持产业发展，扶持企业创新。五是积极引导企业开展国际合作，提升国际化发展水平，出台《国务院关于推进国际产能和装备制造合作的指导意见》等鼓励政策，支持装备制造"走出去"。

从投融资环境看，一是银行业加大对现代制造业重点发展领域的信贷支持力度。根据银监会数据，截至 2015 年底，银行业金融机构现代制造业贷款余额 2.4 万亿元，同比增长 8.8%。贷款主要集中在节能环保、新能源、新一代信息技术和新材料领域。二是多层次资本市场逐渐完善，现代制造业领域企业的直接融资渠道不断拓宽，例如，创业板及新三板为企业开展直接融资提供便利，满足了部分战略性新兴企业在不同生命周期的融资需求。以创业板为例，目前创业板集聚现代制造业上市公司 372 家，占创业板上市公司的 69.4%。三是多产业投资基金和创投基金支持现代制造业发展。2014 年，国家集成电路产业投资基金成立，重点投资集成电路芯片制造业，兼顾芯片设计、封装测试、设备和材料等产业。2015 年，国务院决定将中央财政现代制造业发展专项资金、中央基建投资资金等合并使用，发挥政府资金杠杆作用，吸引社会、民间资本参与，形成总规模 400 亿元的新兴产业创投引导基金。2016 年 6 月，国办印发《进一步做好新形势下就业创业工作重点任务分工方案》提出，要加快设立国家中小企业发展基金和国家新兴产业创业投资引导基金。

四、地理分布

在我国统计年鉴分类中，制造业涵盖农副食品加工业，食品制造业，酒、饮料和精制茶制造业，烟草制品业，纺织业，纺织服装、服饰业，皮革、毛皮、羽毛及其制品和制鞋业，木材加工及木竹、藤、棕、草制品业，家具制造业，造纸及纸制品业，印刷和记录媒介复制业，文教、工美、体育和娱乐用品制造业，石油加工、炼焦和核燃料加工业，化学原料和化学制品制造业，医药制造业，化学纤维制造业，橡胶和塑料制品业，非金属矿物制品业，黑色金属冶炼及压延加工业，有色金属冶炼及压延加工业，金属制品业，通用设备制造业，专用设备制造业，汽车制造业，铁路、船舶、航空航天和其他运输设备制造业，电气机械及器材制造业，计算机、通信和其他电子设备制造业，仪器仪表制造业，其他制造业，废弃资源综合利用业，金属制品、机械和设备修理业31个门类。本书将在不同的章节中进行阐述。

在制造业规模大的地区一般经济发展水平较高，现代制造业的成分也多。从区域分布看，我国现代制造业发展规模和水平整体呈现东部较强、中西较弱的特点（见图5-3）。根据各省统计年鉴的数据汇总可知，2016年全国31个行业规模以上制造业企业主营业务收入合计104.77万亿元；达到十万亿元级别的是江苏省、山东省和广东省，制造业收入最少的是西藏地区，西北地区、山西、云南和贵州等地制造业主营业务收入较少。31个行业制造业主营业务收入前五名省份的份额占全国半壁江山，它们分别为江苏、山东、广东、河南和浙江，其主营业务收入分别是15.09万亿元、14.18万亿元、12.04万亿元、7.26万亿元和6.03万亿元，分别占全国规模以上制造业企业主营业务收入的14.40%、13.53%、11.49%、6.93%和5.75%，共计占全国的52.11%。

从行业来看，江苏省位列第一名的行业有10个，其主营业务收入也是排名第一，江苏省电气机械及器材制造业与计算机、通信均是山东省的3倍左右，其他行业两省差距不大。河南省主营业务收入高于浙江省的主要原因是其农副食品加工业和食品制造业规模远超浙江，分别是浙江的近7倍和近6倍。

由表5-2我国31个制造业行业规模以上主营业务收入行业集中度可以看出，部分行业集中度很高。单独一个省占全国25%以上份额的行业有4个，分别是：化学纤维制造业，计算机、通信和其他电子设备制造业，仪器仪表制造

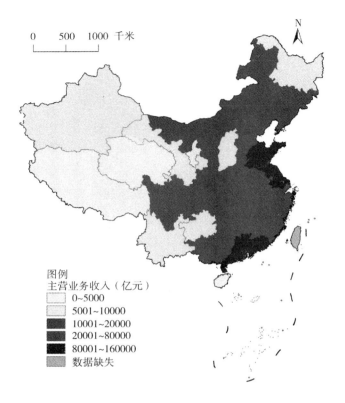

图 5 - 3 2016 年我国制造业规模以上企业主营业务收入情况

资料来源：根据 2017 年各省、自治区、直辖市统计年鉴计算整理。

业，废弃资源综合利用业。以达到 50% 全国份额的省份数量为标准，仅需 2 个省的行业为：化学纤维制造业，计算机、通信和其他电子设备制造业，仪器仪表制造业；需要 3 个省、直辖市、地区的行业为纺织业与文教、工美、体育和娱乐用品制造业。

表 5 - 2 各行业规模以上企业主营业务收入集中度 单位：%

行业	CR_1	CR_2	CR_3	CR_4	CR_5	CR_6	CR_7
制造业	14.4	27.9	39.4	46.4	52.1	56.2	60.2
农副食品加工业	19.0	28.9	36.4	43.4	48.3	53.1	57.6
食品制造业	13.5	24.9	32.8	39.0	44.9	50.1	54.9
酒、饮料和精制茶制造业	15.5	24.9	33.7	41.9	48.2	53.9	58.9

续表

行业	CR_1	CR_2	CR_3	CR_4	CR_5	CR_6	CR_7
烟草制品业	17.7	28.1	37.7	44.7	50.9	56.4	61.2
纺织业	23.2	40.9	55.0	61.5	67.9	74.2	79.8
纺织服装、服饰业	19.6	36.6	49.1	59.1	67.2	73.4	79.3
皮革、毛皮、羽毛及其制品和制鞋业	21.9	38.0	48.1	57.2	66.3	73.5	80.0
木材加工和木、竹、藤、棕、草制品业	17.6	35.0	42.7	49.6	55.9	61.9	67.7
家具制造业	23.1	34.1	44.6	52.9	59.1	64.4	68.9
造纸和纸制品业	17.3	31.5	42.7	51.2	58.5	65.1	69.7
印刷和记录媒介复制业	15.3	29.6	40.5	47.3	52.8	58.2	63.6
文教、工美、体育和娱乐用品制造业	22.5	37.9	51.7	61.0	69.6	76.0	79.8
石油加工、炼焦和核燃料加工业	24.6	33.2	39.5	45.7	50.7	55.2	58.7
化学原料和化学制品制造业	20.7	41.2	48.2	54.4	59.4	64.1	67.5
医药制造业	16.1	29.8	37.9	44.4	49.9	54.6	59.0
化学纤维制造业	35.3	65.6	78.3	82.2	85.4	88.5	90.2
橡胶和塑料制品业	19.2	34.7	44.3	52.5	59.0	63.9	68.9
非金属矿物制品业	15.0	27.9	36.0	43.9	49.0	53.9	58.7
黑色金属冶炼和压延加工业	17.4	32.9	41.4	47.4	53.3	57.4	61.3
有色金属冶炼和压延加工业	13.4	25.4	35.5	43.4	49.6	55.5	61.0
金属制品业	15.9	30.7	45.0	52.6	58.5	64.0	69.1
通用设备制造业	18.9	36.2	44.8	52.6	59.7	65.1	69.8
专用设备制造业	17.2	34.2	44.9	52.3	59.6	63.8	68.0
汽车制造业	9.2	18.1	26.8	35.0	43.2	50.9	57.6
铁路、船舶、航空航天和其他运输设备制造业	19.0	29.9	37.5	44.2	50.6	56.0	61.2
电气机械和器材制造业	23.1	40.5	49.1	57.6	64.1	68.9	73.1
计算机、通信和其他电子设备制造业	33.5	52.6	58.4	63.9	68.0	72.0	75.9
仪器仪表制造业	39.7	50.0	59.0	67.1	71.9	75.8	79.0
其他制造业	11.6	22.2	32.1	41.4	47.8	53.9	59.2
废弃资源综合利用业	28.9	41.2	48.4	54.9	61.3	66.0	70.7
金属制品、机械和设备修理业	16.5	31.8	46.3	58.3	66.1	72.1	76.0

资料来源：根据 2017 年各省、自治区、直辖市统计年鉴计算整理。

第二节 轻工、食品工业地理分布

一、食品工业地理分布

（一）农副食品加工业

农副食品加工业是直接以农业产品为原料进行的简单、基础性加工，因此主要分布于农产品盛产区，如大米加工企业主要集中在华东、华中和东北三大地区，菜籽油加工主要分布在长江流域、西南和西北地区。如表5－3所示，以山东省规模最大，2016年其规模以上企业主营业务收入占全国19%，是第二名河南省的两倍多，该省农副食品加工业覆盖广泛，如粮油、果品、棉花、蔬菜、牲畜、水产品、茶叶、中药材、桑蚕等产品的加工。

表5－3 2016年农副食品加工业规模以上企业主营业务收入 单位：亿元

省份	主营业务收入	省份	主营业务收入
山东	13086.79	陕西	1121.34
河南	6830.48	浙江	1063.10
江苏	5100.74	重庆	1038.17
湖北	4865.69	天津	871.26
广东	3365.54	云南	730.74
湖南	3267.30	新疆	555.40
安徽	3143.30	北京	453.96
吉林	3001.20	上海	405.44
福建	2933.32	贵州	372.24
四川	2848.67	甘肃	334.70
黑龙江	2838.19	山西	310.91
河北	2268.88	宁夏	129.93
江西	2185.69	海南	117.67
广西	2156.79	青海	72.39
内蒙古	1677.99	西藏	3.95
辽宁	1673.39		

资料来源：根据2017年各省、自治区、直辖市统计年鉴计算整理。

农副食品加工业是对农业尤其是农民增收带动性强的基础产业，因此，国家对其非常重视，将进一步提高农产品的加工转化率和加工技术水平，向发达国家农产品加工水平看齐。山东、河南等重点地区在精深加工装备技术、信息化和新型工艺技术等领域正在进一步开展相关技术的研发和转化。

（二）食品加工业

我国食品制造业以河南和山东省最多（见表5－4）。河南省的火腿肠、味精、面粉、方便面、挂面、米面速冻制品位于全国前列。山东省的海洋食品产业，淀粉糖、功能糖、饼干等产品比较突出。

表5－4　2016年食品制造业规模以上企业主营业务收入　　单位：亿元

省份	主营业务收入	省份	主营业务收入
河南	3229.61	北京	511.09
山东	2739.98	陕西	492.22
广东	1892.49	吉林	472.80
天津	1468.67	广西	421.69
福建	1416.76	重庆	266.13
湖北	1251.21	云南	225.97
江苏	1162.85	辽宁	225.89
河北	1128.01	新疆	196.42
湖南	1073.27	贵州	164.90
四川	1036.93	宁夏	155.87
内蒙古	1000.50	山西	117.24
安徽	729.88	甘肃	70.12
上海	705.05	海南	42.74
江西	614.26	青海	31.98
浙江	563.40	西藏	7.00
黑龙江	540.47		

资料来源：根据2017年各省、自治区、直辖市统计年鉴计算整理。

值得一提的是，山东省和河南省虽然整体食品行业较强，但其龙头企业不够突出。2017年，中国企业家协会发布的全国500强企业中，食品企业有9家，其中河南省仅万洲国际有限公司一家，而山东省没有一家进入。

（三）酒、饮料和精制茶制造业

酒、饮料和精制茶制造业行业四川省最多，2016 年其规模以上主营业务收入是第二名湖北省的 1.7 倍（见表 5 – 5）。在酒制造业中，啤酒制造业的企业营业额集中度较高，但地区的分布较分散，在全国各省基本都有一定的分布。啤酒的自动化生产和信息化运营是现代化的重要方向，如 2017 年珠江纯生啤酒引进德国设备向智能化方向发展，青岛啤酒等采用信息化手段进行产品个性化生产和物流管理等。

表 5 – 5　2016 年酒、饮料和精制茶制造业规模以上企业主营业务收入

单位：亿元

省份	主营业务收入	省份	主营业务收入
四川	2880.79	云南	308.28
湖北	1744.17	内蒙古	304.94
河南	1619.49	黑龙江	291.19
山东	1528.25	重庆	228.70
江苏	1154.51	山西	206.26
广东	1057.14	天津	186.57
贵州	927.98	北京	185.22
福建	918.50	辽宁	181.32
湖南	713.78	新疆	128.62
安徽	658.04	上海	128.52
吉林	591.57	甘肃	101.18
陕西	578.03	青海	36.41
河北	509.03	宁夏	34.26
广西	485.73	西藏	22.45
浙江	465.03	海南	19.62
江西	342.45		

资料来源：根据 2017 年各省、自治区、直辖市统计年鉴计算整理。

（1）酒制造方面，白酒制造业因历史悠久、地方品种多，因此分布相对分散，据酒业协会不完全统计，四川和山东省企业数量大于 200 家，东北三省、内蒙古、贵州、安徽、湖北等多个省份白酒企业数量大于 60 家。葡萄酒则受葡萄种植的影响，主要分布在山东、河北、新疆、吉林、宁夏、云南等地。黄酒的产销地主要是浙江、江苏、上海、江西、福建、安徽等地。智能化酿酒是酒产业现代化的一个重要方面，葡萄酒在以色列等国家已经实现了全部智能化生产，国内尚未达到该水平，但相比白酒，其智能化水平高得多，重点地区及企业有山东张裕葡萄酒、河北长城葡萄酒、天津王朝葡萄酒等。而白酒方面，受对发酵过程基础研究水平的限制，在设备智能化方面进展较慢，机械化程度较高的是四川泸州老窖、江苏洋河、湖北劲酒、贵州茅台等，这些重点企业在尝试朝着智能化方向发展。

（2）饮料方面，受运输成本的影响，饮料在全国的分布较分散，相对来讲，华东、华南、华中地区较多，合计超过 50%。根据国家统计局的数据，2005 年至今人均软饮料消费量已经增长了 4 倍多，饮用水和含乳饮料占较大比重。随着人们对健康的重视，含乳饮料、植物蛋白、功能型、茶饮料、果汁蔬菜饮料等产品的比重增加。饮料行业的自动化水平比较高，很多企业都已经实现自动化生产，甚至有的企业如杭州娃哈哈集团已经在自身实现自动化基础上为其他食品饮料工厂提供机械设备的"交钥匙工程"。

（3）精制茶方面，根据中国产业信息网发布的《2015—2020 年中国酒、饮料和精制茶制造业市场研究及发展趋势研究报告》，我国的精制茶产业主要分布在湖南、浙江、湖北、安徽和福建等地，这五个省份精制茶产量超过全国的 60%。但是，制茶企业呈现"小散弱"态势。智能化、个性化和开发新产品也是精制茶的现代化方向，安徽黄山目前正在建设中国茶行业首个现代化智能产业基地。

（四）烟草加工业

我国烟草加工业以云南最突出，其规模以上企业主营业务收入占全国的 17.7%，是第二名上海市的 1.7 倍（见表 5－6）。在烟草的现代产品发展方面，根据消费者对健康等的需求，市场上已经生产出电子烟、加热不燃烧产品和以口含烟、鼻烟等为代表的无烟气烟草制品，统称新型烟草业。我国目前是电子烟行业最大的生产国和出口国，但主要以 OEM/ODM 模式为主。

表5-6　2016年烟草制造业规模以上企业主营业务收入　　　单位：亿元

省份	主营业务收入	省份	主营业务收入
云南	1539.79	河北	148.05
上海	903.13	甘肃	147.76
湖南	831.45	吉林	130.35
湖北	609.93	重庆	125.65
江苏	533.47	内蒙古	99.08
浙江	482.84	黑龙江	93.85
河南	411.57	辽宁	69.23
广东	411.17	天津	52.77
贵州	342.96	北京	48.99
安徽	297.19	山西	42.07
山东	287.47	新疆	39.85
福建	233.79	海南	27.18
广西	201.83	宁夏	20.35
陕西	188.28	青海	—
四川	185.27	西藏	—
江西	181.04		

资料来源：根据2017年各省、自治区、直辖市统计年鉴计算整理。

二、轻工业地理分布

我国轻工业的发展历史悠久，19世纪60年代是我国工业发轫时期，轻工业就在长江三角洲地区开始起步。新中国成立之后，轻工业在我国的工业发展中扮演了重要的角色。改革开放以来，轻工业产品更是我国提高人民生活水平和出口的重要产品。

（一）皮革、毛皮、羽毛及其制品和制鞋业

皮革、毛皮、羽毛及其制品和制鞋业是资源密集型和劳动力密集型的产业，生产过程需要大量的水资源。我国皮革、毛皮、羽毛及其制品和制鞋业主要分布在沿海、河南和长江沿线地区。规模前三名的省份分别为福建、广东和河南（见表5-7）。从企业类型看，这一行业以小型企业为主，大型企业较少。行业区位呈现从大中城市向小城市、乡镇转移的趋势。

表 5－7　2016 年皮革、毛皮、羽毛及其制品和制鞋业规模以上企业主营业务收入

单位：亿元

省份	主营业务收入	省份	主营业务收入
福建	3325.39	黑龙江	80.87
广东	2441.83	贵州	69.88
河南	1527.44	辽宁	44.81
浙江	1381.74	吉林	27.26
河北	1381.25	内蒙古	26.51
江苏	1092.30	陕西	23.99
山东	973.20	甘肃	14.02
江西	629.58	宁夏	11.45
湖南	508.27	云南	10.92
安徽	453.37	北京	10.64
四川	276.66	新疆	5.94
湖北	230.11	山西	1.41
重庆	211.05	海南	0.21
上海	169.67	青海	—
广西	122.37	西藏	—
天津	110.90		

资料来源：根据 2017 年各省、自治区、直辖市统计年鉴计算整理。

细分行业的分布与整体情况略有不同，比如我国皮革及其制品行业企业聚集在浙江、广东、福建和四川。据中国产业信息网的资料，2017 年我国皮革、毛皮、羽毛及其制品和制鞋业规模以上企业数量为 8945 家，同比增长 2.2%。羽绒制品方面，羽绒及羽绒被加工主要集中在浙江、安徽、广东、四川；羽绒服加工相对集中在江苏、北京、天津、山东、河北。而制鞋业主要分布在广东的广州、东莞和惠东等地，浙江的温州、台州等地，四川的成都等地，福建的泉州、晋江等地，这四大产区分别以中高档鞋、中低档鞋、女鞋和运动鞋为主要特色。

（二）木材加工及竹、藤、棕、草制品业

我国木材加工及木竹、藤、棕、草制品业的集中度较高，山东、江苏两省较突出。2016 年，全国该行业规模以上企业主营业务收入共计 1.48 万亿元，其中山

东省 2599.12 亿元，江苏省 2584.21 亿元，合计占全国的 35.02%（见表 5-8）。其中，机械化木门为主的企业主要分布在长三角、珠三角、环渤海、西南地区和东北三省。竹制品主要分布在东南地区。2016 年 7 月，浙江台州仙居县建成国家级出口竹木草制品质量安全示范区。藤制品方面，广东佛山南海藤编家具和原材料产量全国最多。这类行业的企业规模较小，很多是"作坊"类企业，面临单个企业难处理污染和生产安全等问题。工艺化和高科技化是该行业的重点方向。

表 5-8　2016 年木材加工及竹、藤、棕、草制品业规模以上企业主营业务收入

单位：亿元

省份	主营业务收入	省份	主营业务收入
山东	2599.12	贵州	189.88
江苏	2584.21	重庆	98.41
广西	1125.23	辽宁	78.43
福建	1023.45	云南	65.57
河南	933.72	上海	63.46
吉林	896.49	陕西	56.54
广东	852.21	天津	21.41
湖南	742.18	北京	19.26
安徽	694.22	新疆	15.44
浙江	479.52	山西	13.43
江西	447.64	宁夏	8.70
黑龙江	444.93	海南	6.61
湖北	441.43	甘肃	1.21
四川	387.66	西藏	0.30
河北	272.82	青海	0.23
内蒙古	227.63		

资料来源：根据 2017 年各省、自治区、直辖市统计年鉴计算整理。

（三）家具制造业

广东、山东、浙江、河南和四川五个省份的家具制造业占据我国家具制造业的半壁江山。2016 年，我国家具制造业规模以上企业主营业务收入共计

8779.627867.36 亿元。其中，广东 2027.8 亿元，浙江 962.59 亿元，山东 925.27 亿元，河南 729.74 亿元，四川 547.06 亿元，五省共占全国的 59.1%（见表 5-9）。尽管如此，家具制造业以中小企业为主，产业集中度远低于其他行业，前十名的家具企业占全国销售份额不到 5%。

表 5-9　2016 年家具制造业规模以上企业主营业务收入　　单位：亿元

省份	主营业务收入	省份	主营业务收入
广东	2027.80	重庆	87.34
浙江	962.59	黑龙江	76.70
山东	925.27	北京	74.26
河南	729.74	辽宁	71.53
四川	547.06	贵州	45.30
福建	457.52	陕西	34.74
江苏	396.91	内蒙古	21.97
安徽	383.17	宁夏	7.71
江西	363.19	山西	4.67
湖南	346.58	新疆	4.35
上海	307.41	云南	4.31
河北	295.00	青海	2.59
湖北	198.41	甘肃	1.46
吉林	150.63	海南	1.12
天津	133.32	西藏	—
广西	116.97		

资料来源：根据 2017 年各省、自治区、直辖市统计年鉴计算整理。

（四）文教、工美、体育和娱乐用品制品业

我国文教、工美、体育和娱乐用品制品业的重要分布是与人口的分布相关联的，人口多的区域对这类产品的需求就大。在我国东部、东南部和部分中部地区文教用品的分布较多，东北、西部地区较少（见表 5-10）。细分行业中，工艺美术产值高、品种多、生产队伍大的地区主要是北京、天津、上海、山东、江苏、浙江、福建、广东、四川和湖南等地。

表 5 - 10 2016 年文教、工美、体育和娱乐用品制品业规模以上企业主营业务收入

单位：亿元

省份	主营业务收入	省份	主营业务收入
广东	3818.59	广西	122.67
山东	2618.43	云南	116.24
江苏	2349.83	陕西	77.26
福建	1575.58	黑龙江	75.47
浙江	1463.64	吉林	49.07
河南	1095.02	贵州	43.37
江西	635.88	内蒙古	41.05
天津	491.57	青海	35.27
上海	489.07	辽宁	30.54
安徽	477.20	新疆	9.94
河北	413.01	山西	8.54
湖南	331.10	甘肃	4.08
湖北	212.25	宁夏	1.43
北京	148.08	西藏	1.29
四川	133.99	海南	0.68
重庆	122.96		

资料来源：根据 2017 年各省、自治区、直辖市统计年鉴计算整理。

三、造纸、印刷和其他制造业地理分布

（一）造纸及纸制品业

作为"永不衰竭"的工业，在经济发达国家，造纸及纸制品业的增长与其国内生产总值的增长同步，是美国、加拿大、日本等经济发达国家的十大支柱制造业之一。该行业的产业关联度大，涉及农、林、机械制造、化工、热电等多个产业。现代造纸业已不仅是日常消费工业，更是基础原料工业，对技术、资金、能源、资源要求很高。我国造纸及纸制品业主要分布沿海地区、河南、湖北和湖南等地。2016 年，我国造纸及纸制品业规模以上企业主营业务收入

1.39 万亿元，千亿级收入的省份为山东、广东、江苏、浙江和河南，这五省占全国的 58.6% （见表 5 – 11）。

表 5 – 11 2016 年造纸及纸制品业规模以上企业主营业务收入　单位：亿元

省份	主营业务收入	省份	主营业务收入
山东	2532.38	吉林	160.99
广东	2075.45	陕西	154.86
江苏	1637.92	海南	117.48
浙江	1236.82	贵州	107.51
河南	1071.83	辽宁	99.06
福建	969.71	内蒙古	89.04
湖南	661.93	云南	73.61
湖北	534.78	北京	63.53
四川	486.17	黑龙江	60.20
河北	473.56	新疆	45.08
安徽	413.59	山西	17.72
江西	373.66	宁夏	17.10
广西	346.80	甘肃	14.52
重庆	284.39	西藏	3.46
上海	265.78	青海	0.46
天津	233.42		

资料来源：根据 2017 年各省、自治区、直辖市统计年鉴计算整理。

（二）印刷和记录媒介复制业

印刷和记录媒介复制业的发展与地区经济、文化情况密切相关。我国该行业比较发达的地区是东南部地区（见表 5 – 12）。2016 年，广东省规模以上印刷和记录媒介复制业企业的主营业务收入为 1231.26 亿元，占全国的 15.3%；山东、江苏两省规模以上企业主营业务收入比重也超过 10%。但印刷业百强企业的分布与此略有不同，印刷业 60% 的百强企业集中在珠三角和长三角地区，环渤海地区约有 10 个。近年来，随着东部地区产业转型升级和产业的梯度转移，印刷业呈现持续向中部和西部地区均衡发展的态势。数字印刷和记录媒介复制业的发展势头迅猛，对行业技术、运营模式、管理方式等提出了较大的挑战。

表5-12　2016年印刷和记录媒介复制业规模以上企业主营业务收入

单位：亿元

省份	主营业务收入	省份	主营业务收入
广东	1231.26	陕西	115.21
山东	1156.20	天津	112.45
江苏	875.52	吉林	87.18
河南	550.69	云南	66.18
湖南	438.39	贵州	41.23
浙江	437.80	黑龙江	29.60
安徽	437.35	内蒙古	22.98
四川	405.72	辽宁	21.06
湖北	366.60	山西	15.78
河北	357.46	宁夏	12.28
江西	334.69	甘肃	10.01
福建	312.25	青海	6.12
上海	184.72	海南	5.47
重庆	169.56	新疆	4.81
北京	129.10	西藏	2.74
广西	117.46		

资料来源：根据2017年各省、自治区、直辖市统计年鉴计算整理。

（三）其他制造业

其他制造业的涵盖范围很广，包括轻工业中的相当数量的、产值规模较小的行业。其中，陶瓷行业、包装行业等也可以从中分离出来。其他制造业主要分布在东南沿海地区。根据各地区统计年鉴的数据，2016年全国其他制造业规模以上企业主营业务收入2791.45亿元，前四名江苏、浙江、福建和广东的规模均在200亿元以上，所占比例为41.42%（见表5-13）。

表 5 – 13　2016 年其他制造业规模以上企业主营业务收入　　单位：亿元

省份	主营业务收入	省份	主营业务收入
江苏	324.79	上海	49.86
浙江	295.07	吉林	48.39
福建	274.94	广西	30.42
广东	261.32	陕西	26.55
湖南	178.86	甘肃	25.86
河南	169.71	黑龙江	18.59
山东	148.08	辽宁	17.50
湖北	145.21	云南	13.39
四川	135.95	内蒙古	11.56
安徽	130.65	海南	2.98
天津	126.39	山西	2.35
江西	80.74	青海	1.99
河北	78.56	新疆	—
北京	69.44	宁夏	
贵州	65.73	西藏	—
重庆	56.57		

资料来源：根据 2017 年各省、自治区、直辖市统计年鉴计算整理。

第三节　纺织服装工业地理分布

　　纺织业在中国是一个劳动密集程度高和对外依存度较大的产业。中国是世界上最大的纺织品服装生产和出口国，纺织品服装出口的持续稳定增长对保证中国外汇储备、国际收支平衡、人民币汇率稳定、解决社会就业及纺织业可持续发展至关重要。同时，中国是全世界最大的服装消费国和生产国。近几年，中国的服装业有了较大的发展，服装业的发展大大推动了中国经济的发展。同时，中国已成为全世界最大的服装生产加工基地，全世界每三件服装中，其中一件来自于中国生产。

2017 年，中国纺织服装、服饰行业收入达到 25147 亿元，预计 2017～2021 年均复合增长率约为 6.70%，2021 年中国纺织服装、服饰行业收入将达到 32595 亿元。2017 年，纺织服装行业营业总收入合计为 2845.8 亿元，同比增速为 10.3%；行业净利润为 208.9 亿元，比上年同期下滑 1.8%，如图 5－4 所示。①

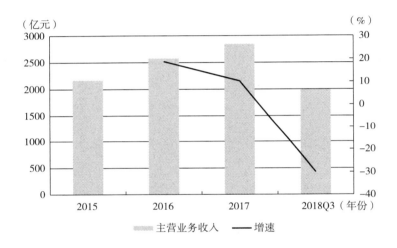

图 5－4　2015～2018 年前三季度纺织服装行业收入及同比增幅

资料来源：智研咨询.2019－2025 年中国服装制造行业市场发展模式调研及投资趋势分析研究报告。

一、纺织服装业地理分布

（一）纺织业

作为劳动密集程度高的行业，纺织业主要位于东部沿海和中部地区，山东、江苏、浙江、河南、广东、福建和湖北七省占了全国 80% 的份额（见表 5－14）。中国纺织行业在品牌、设计等方面，与国外水平存在着一定的差距，在智能化生产等方面，尽管不少企业引进了国外先进设备，但数字化、智能化改造任务

---

① 智研咨询：《2019－2025 年中国服装制造行业市场发展模式调研及投资趋势分析研究报告》。

仍然非常艰巨。而且我国各地纺织业均面临信息技术、纺织技术、材料技术和环保技术等的各项挑战。

表 5 - 14　2016 年纺织业规模以上企业主营业务收入　　单位：亿元

省份	主营业务收入	省份	主营业务收入
山东	9474.83	新疆	246.93
江苏	7244.84	上海	207.63
浙江	5737.40	吉林	197.18
河南	2670.71	重庆	197.02
广东	2616.84	天津	137.28
福建	2548.97	辽宁	112.17
湖北	2300.71	黑龙江	100.54
河北	1836.00	山西	36.27
江西	1223.57	青海	33.07
安徽	1038.17	云南	26.08
四川	955.32	甘肃	22.86
湖南	660.25	北京	21.95
内蒙古	391.68	贵州	19.35
陕西	269.84	海南	4.36
宁夏	256.11	西藏	0.74
广西	255.54		

资料来源：根据 2017 年各省、自治区、直辖市统计年鉴计算整理。

（二）服装、服饰业

我国服装、服饰业主要集中在东部和东南地区，江苏、广东、山东、浙江、福建、江西、河南和安徽八省规模以上企业主营业务收入占全国的 84%。2016年，全国服装、服饰业主营业务收入 2.37 万亿元，其中江苏和广东分别为4641.92 亿元和 4048.46 亿元，分别占全国该行业规模以上企业主营业务收入的19.6% 和 17.1%，另外占比达到 10% 的省份是山东和浙江（见表 5 - 15）。

表5-15 2016年纺织服装、服饰业规模以上企业主营业务收入 单位：亿元

省份	主营业务收入	省份	主营业务收入
江苏	4641.92	吉林	137.78
广东	4048.46	北京	119.54
山东	2964.80	海南	118.49
浙江	2372.74	内蒙古	90.26
福建	1937.76	陕西	59.89
江西	1451.62	四川	57.77
河南	1401.16	新疆	40.07
安徽	1102.35	山西	33.88
湖北	964.06	青海	33.45
河北	435.01	黑龙江	27.22
天津	418.42	贵州	17.59
上海	353.89	甘肃	7.68
湖南	339.91	宁夏	4.59
重庆	243.88	云南	0.25
辽宁	169.92	西藏	—
广西	146.99		

资料来源：根据2017年各省、自治区、直辖市统计年鉴计算整理。

其中，童装的生产具有特殊的地位。2013年中国实施单独"二孩"政策，2015年底实施全面"二孩"政策，出生人数近5年平均提高到约1700万，2016年更是达到了自2000年以来的最高值1786万人，新生儿出生率也逐步提升；0～14岁儿童的占比自2013年到达底部16.4%后逐年提升，到2017年底提升至16.78%[1]。

二、化纤、橡胶业地理分布

（一）化学纤维制造业

化学纤维是用天然高分子化合物或人工合成的高分子化合物为原料，经过制备纺丝原液、纺丝和后处理等工序制得的具有纺织性能的纤维。用天然纤维素为原料的再生纤维，由于它的化学组成和天然纤维素相同而物理结构已经改

---

① 智研咨询：《2019－2025年中国服装制造行业市场发展模式调研及投资趋势分析研究报告》。

变，所以称再生纤维素纤维。合成纤维是由合成的高分子化合物制成的，常用的合成纤维有涤纶、锦纶、腈纶、氯纶、维纶、氨纶、聚烯烃弹力丝等。随着全球化纤生产进一步向中国转移，中国已经成为世界最大的化纤生产国，化纤产量占据全球总量的60%以上。我国化纤工业持续快速发展，综合竞争力明显提高，有力地推动和支撑了纺织工业和相关产业的发展，在世界化纤产业中的地位与作用进一步提升。

我国化学纤维制造业集中度非常高。2016年，全国规模以上化学纤维制造业主营业务收入共计7864.98亿元，其中江苏2778.87亿元、浙江2376.88亿元、福建1005.57亿元，三省合计占全国的78.34%，与山东、四川、河北、广东、河南和新疆这几个百亿元以上地区合计占全国化学纤维制造业规模以上企业主营业务收入的92.89%（见表5-16）。浙江杭州的萧山区是全国最大的化纤产业基地，根据浙江省工业转型升级领导小组办公室印发的《化纤制造业改造提升实施方案（2017—2020年）》，该地区2016年化纤产量占世界化纤总量的12.18%。该行业的现代化方向有绿色制造、产品标准化智能化、柔性化生产。

表5-16　2016年化学纤维制造业规模以上企业主营业务收入　单位：亿元

地区	主营业务收入	地区	主营业务收入
江苏	2778.87	辽宁	30.11
浙江	2376.88	海南	18.43
福建	1005.57	重庆	17.45
山东	301.92	陕西	15.18
四川	253.19	云南	14.20
河北	247.80	天津	4.13
广东	129.98	北京	3.45
河南	109.05	黑龙江	2.18
新疆	102.62	贵州	1.51
安徽	96.49	广西	1.01
江西	88.05	内蒙古	0.71
湖北	74.41	甘肃	0.35
山西	64.06	宁夏	—
吉林	58.08	青海	—
上海	37.59	西藏	—
湖南	31.71	—	—

资料来源：根据2017年各省、自治区、直辖市统计年鉴计算整理。

（二）橡胶和塑料制品业

我国橡胶和塑料制品业规模比较突出的是山东和广东，约占全国份额的34.69%。山东、广东、江苏、浙江四省占全国份额超过50%。橡胶制品业为采掘、轨道交通、建筑、机械、航空、电子、军工等工业领域及文体活动、日常生活和医疗卫生等消费者直接应用领域提供产品。长三角和环渤海地区该行业龙头企业较多。

浙江省塑料制品产量全国第一。塑料制品因具有很高的可塑性、绝缘性和抗腐蚀性，又因重量轻、成本低，被广泛应用于多个领域，并形成了"以塑代钢""以塑代木"的趋势，是汽车、医疗、电子、通信和家电等行业的重要支撑。塑料制品业集中区主要是华东、华中及华南地区，这些地区在绿色、生态、低碳、循环生产，产品轻量化、绿色化，以及新材料、新技术的研发方面取得了重要的成果。

第四节　机械制造业地理分布

机械制造业指从事各种动力机械、起重运输机械、农业机械、冶金矿山机械、化工机械、纺织机械、机床、工具、仪器仪表及其他机械设备等生产的行业。机械制造业为整个国民经济提供技术装备，其发展水平是国家工业化程度的主要标志之一，是国家重要的支柱产业。

一、设备制造业

作为机械制造行业分支的机械装备制造，虽然在近几年的市场需求推动下，整体发展保持增长态势，但从行业结构来看，对外，我国的机械装备制造企业总体依然处于中低端，许多高端领域依然被外商占领；对内，机械装备制造行业已经不再是国有大型企业所独占，越来越多的民营企业开始崛起，整个行业的竞争日趋白热化。另外，产品结构复杂、技术创新能力不足、制品管理、设备管理要求的严苛等诸多的行业特质，也成了阻碍了我国机械装备制造业发展的关键。

（一）通用设备制造业

通用设备制造业是指使用于一个以上行业的设备制造。通用设备以及专业设备是有区分的。它们不是按照使用年限来区分，而是按使用规模（行业）来区分。通用设备制造业中属于机械工业的中类行业有九个，即锅炉及原动机制造，金属加工机械制造，起重运输设备制造，泵、阀门、压缩机及类似机械的制造，轴承、齿轮、传动动部件的制造，烘炉、熔炉及电炉制造，风机、衡器、包装设备等通用设备制造，通用零部件制造及机械修理、金属铸、锻加工。

我国通用设备制造业主要分布于环渤海、长三角、珠三角、中部地区及四川省。2016 年，全国通用设备行业企业主营业务收入超过 4.83 万亿元，其中江苏 9117.19 亿元，山东 8353.42 亿元，浙江 4153.00 亿元，广东 3744.00 亿元，河南省 3463.49 亿元，合计占全国的 59.73%（见表 5 - 17）。该行业大部分细分行业的企业集中度较低，中小企业数量达到 80% 以上，仅有锅炉、汽轮机、水轮机制造等集中度较高，骨干企业有四川东方电气、上海电气、黑龙江哈电集团等。通用设备制造业是国民经济的工具行业，目前我国该行业核心关键技术有待突破，智能制造、柔性制造等有待加强。

表 5 - 17　2016 年通用设备制造业规模以上企业主营业务收入　单位：亿元

省份	主营业务收入	省份	主营业务收入
江苏	9117.19	北京	527.82
山东	8353.42	陕西	484.84
浙江	4153.00	吉林	471.95
广东	3744.00	黑龙江	330.78
河南	3463.49	广西	327.89
上海	2583.21	内蒙古	259.47
安徽	2260.67	山西	199.05
四川	2107.01	贵州	118.34
湖南	1682.80	宁夏	52.60
河北	1525.19	云南	51.51
湖北	1269.58	甘肃	47.57
天津	1234.28	青海	15.56
辽宁	1198.89	新疆	13.65
福建	1080.33	海南	2.45
江西	809.95	西藏	—
重庆	780.52		

资料来源：根据 2017 年各省、自治区、直辖市统计年鉴计算整理。

（二）专用设备制造业

专门针对一种或一类对象服务应用的设备称为专用设备。专用设备通常是在某一特定行业或者企业中使用的，如汽车制造流水线，而通用装备如发电机一般会在很多行业都有应用。虽然专用设备并不像通用设备那样平常可见，但是对于一些特定行业的大型设备来说，其产量和产值可能要高于某些通用设备。

专用设备制造业分布与通用设备制造业的主要分布地区类似，均为环渤海、长三角、中部地区，以及广东和四川省。江苏和山东最突出，规模占全国的34.16%，其次分别是河南、湖南和广东（见表5-18）。前五省规模占全国的59.58%。我国专用设备行业的核心关键技术有待突破。

表5-18　2016年专用设备制造业规模以上企业主营业务收入　　单位：亿元

地区	主营业务收入	地区	主营业务收入
江苏	6449.34	陕西	567.94
山东	6334.54	江西	562.37
河南	4012.28	广西	513.72
湖南	2780.85	重庆	465.32
广东	2717.33	黑龙江	227.13
浙江	1593.31	内蒙古	214.43
安徽	1554.25	山西	147.08
河北	1478.45	甘肃	135.18
四川	1377.38	贵州	119.81
上海	1147.72	云南	101.74
湖北	1114.69	海南	60.55
天津	934.00	宁夏	53.72
福建	833.97	新疆	40.05
吉林	664.08	青海	2.80
北京	608.35	西藏	0.21
辽宁	608.09		

资料来源：根据2017年各省、自治区、直辖市统计年鉴计算整理。

二、交通运输设备制造业

交通运输设备的范围很广，主要包括汽车制造、铁路车辆制造、船舶制造、飞机制造等。

（一）汽车制造业

我国汽车制造业起步于20世纪50年代，经过多年发展，已形成较为完整的产业体系。进入21世纪以来，在全球分工和汽车制造业产业转移的历史机遇下，我国汽车制造业发展迅速，2009年起，我国成为世界第一大汽车生产国，并持续保持全球汽车制造及消费中心的地位。我国汽车制造业现已成为全球汽车工业体系的重要组成部分，在我国制造业工业中也发挥着日益重要的作用。

我国汽车产量主要分布在东部沿海和西南地区。其中，2017年产量最高的是广东，其产量为318.21万辆（见表5-19）。

表5-19　2005年、2010年、2015年、2017年28省汽车产量　单位：万辆

省份	2005 年	2010 年	2015 年	2017 年
北京	58.70	150.26	202.40	197.04
天津	32.78	73.81	52.90	83.33
河北	19.36	71.04	112.90	100.86
山西	0.01	0.32	—	9.34
内蒙古	0.69	5.16	2.60	3.06
辽宁	14.98	70.77	109.00	94.82
吉林	58.16	164.15	208.13	276.88
黑龙江	23.61	24.77	8.00	12.21
上海	48.45	169.89	243.00	291.32
江苏	30.05	74.40	115.80	119.85
浙江	13.13	31.91	41.10	74.00
安徽	34.25	118.87	117.00	115.83
福建	6.61	19.50	19.20	27.90
江西	20.61	37.28	42.10	56.55
山东	22.41	81.46	81.86	91.56
河南	3.43	23.52	32.86	46.51
湖北	38.90	157.77	196.37	266.61
湖南	2.99	16.62	36.30	51.86
广东	40.22	134.75	239.40	318.21
广西	37.67	136.61	229.40	245.18
海南	7.31	13.60	7.00	3.96
重庆	42.16	161.43	260.93	251.59
四川	4.76	10.15	42.30	83.24

续表

省份	2005 年	2010 年	2015 年	2017 年
贵州	—	0.84	—	0.27
云南	5.05	10.19	11.70	14.29
陕西	4.08	65.21	34.10	61.63
甘肃	—	2.07	2.40	1.86
新疆	0.11	0.18	1.60	2.05

注：宁夏、青海、西藏没有汽车制造业，故未列入。

资料来源：中国统计年鉴（2006、2011、2016、2018）。

从地理分布的特点看，我国汽车制造业的分布相对集中，随着我国工业化进程的不断推进，工业体系不断完善，汽车制造业逐渐成为许多地方财政收入的重要来源，各地区对汽车制造业的重视程度都在加强。从 CR_5 的集中度可以看出，前五位分别是广东、上海、吉林、湖北、重庆，总产量占全国的48.40%，在国民经济各行业中都是比较高的（见表5-20）。

表5-20 2017 年汽车制造行业集中度

行业	CR_1（%）	CR_3（%）	CR_5（%）	CR_5 省份（由高到低顺序）
汽车	10.97	30.55	48.40	广东、上海、吉林、湖北、重庆

资料来源：根据 2018 年各省、自治区、直辖市统计年鉴计算整理。

与汽车产量的地理分布所不同的是，从企业收入来看，2016 年规模最大的前六的地区分别是江苏、上海、山东、广东、吉林和湖北，规模以上汽车制造企业主营业务收入占全国的 50.89%（见表5-21）。

表5-21 2016 年汽车制造业规模以上企业主营业务收入   单位：亿元

省份	主营业务收入	省份	主营业务收入
江苏	7470.38	湖南	1770.54
上海	7213.54	江西	1463.44
山东	7078.50	福建	1162.78
广东	6709.58	陕西	1041.50
吉林	6629.04	贵州	240.84

续表

省份	主营业务收入	省份	主营业务收入
湖北	6237.58	黑龙江	236.57
重庆	5429.03	云南	229.15
北京	4802.00	内蒙古	152.86
浙江	4420.38	山西	95.02
河南	3140.77	新疆	22.22
安徽	2799.21	甘肃	12.15
辽宁	2725.16	宁夏	2.20
四川	2680.58	海南	1.07
河北	2597.23	青海	0.34
广西	2529.18	西藏	—
天津	2342.80		

资料来源：根据 2017 年各省、自治区、直辖市统计年鉴计算整理。

新能源汽车是汽车现代制造的代表，主要集中在长三角、珠三角、环渤海等地区，此外，西部陕西、甘肃、重庆以及云贵等地也在大力发展建设新能源汽车基地。

（二）铁路、船舶、航空航天和其他运输设备制造业

铁路、船舶、航空航天和其他运输设备制造业是重工业中十分重要的行业，2016 年全国规模以上企业主营业务收入 1.94 万亿元。其中，铁路设备的制造近年来发展很快，中国中车企业已经成为世界上最大的铁路车辆生产商之一。中国的铁路设备也是我国对外出口的核心技术产品之一。从地区分布来看，江苏、山东、重庆、天津、广东、河南和浙江这前七个千亿级别的省份合计占全国的 61.22%（见表 5 - 22）。

表 5 - 22　2016 年铁路、船舶、航空航天和其他运输设备
制造业规模以上企业主营业务收入　　　　单位：亿元

省份	主营业务收入	省份	主营业务收入
江苏	3680.22	福建	354.48
山东	2129.34	安徽	319.68
重庆	1471.59	广西	195.04

续表

省份	主营业务收入	省份	主营业务收入
天津	1299.93	贵州	168.36
广东	1244.22	江西	145.67
河南	1053.20	山西	128.01
浙江	1009.43	黑龙江	71.44
辽宁	917.89	海南	60.88
湖南	893.66	云南	41.66
陕西	844.29	内蒙古	26.09
上海	711.57	甘肃	14.55
湖北	648.92	新疆	0.93
四川	632.27	青海	0.75
河北	540.41	宁夏	0.54
吉林	407.18	西藏	—
北京	405.54		

资料来源：根据 2017 年各省、自治区、直辖市统计年鉴计算整理。

三、电器、仪表等制造业

（一）电气机械及器材制造业

电气机械及器材制造业以长三角、珠三角、河北和中部地区为主。2016 年，江苏、广东两省规模以上企业主营业务收入占全国的比例超过 40%，浙江和山东两省均在 5000 亿元以上（见表 5 - 23）。江苏、广东、浙江、山东、安徽、河南、江西、河北、上海九个省份占全国的 79%。龙头企业的分布与规模排名有些不同，根据工商联发布的"2018 中国民营企业 500 强"，前十强有 5 家在浙江，另外江苏有两家，广东、新疆、河南各一家，新疆还是中国最大的变压器产品研制基地。电气机械及器材制造业也在进行智能化布局，比如广东美的收购库卡，浙江超威电动汽车动力电池制造"无人化"车间。

表 5 - 23　2016 年电气机械及器材制造业规模以上企业主营收入　单位：亿元

省份	主营业务收入	省份	主营业务收入
江苏	17185.11	陕西	813.42
广东	12911.72	山西	775.87

续表

省份	主营业务收入	省份	主营业务收入
浙江	6377.90	辽宁	760.46
山东	6321.91	北京	738.78
安徽	4824.38	新疆	493.14
河南	3540.01	吉林	410.72
江西	3099.98	内蒙古	301.26
河北	2246.42	贵州	236.51
上海	2183.95	黑龙江	213.84
湖南	1881.69	云南	130.05
湖北	1865.58	甘肃	101.20
福建	1830.46	宁夏	88.19
四川	1395.43	青海	84.09
天津	1268.76	海南	6.66
重庆	1219.89	西藏	0.34
广西	928.18		

资料来源：根据2017年各省、自治区、直辖市统计年鉴计算整理。

（二）仪器仪表制造业

仪器仪表制造业主要分布在东部沿海地区及中部地区，其中江苏省最突出，2016年规模以上企业主营业务收入达到3774.83亿元，占全国39.73%（见表5-24）。仪器仪表行业是增速稳定但国内外市场竞争激烈的行业，我国私营企业数量占比达到40%以上，细分行业中高端产品由国外大型企业主导，但在工业测量、电工仪器仪表和科学测试仪器仪表领域我国已经具备了一批具有一定竞争优势的企业。

表5-24　2016年仪器仪表制造业规模以上企业主营业务收入　　单位：亿元

省份	主营业务收入	省份	主营业务收入
江苏	3774.83	四川	93.91
广东	979.70	天津	87.35
山东	856.08	广西	56.88
浙江	762.78	吉林	50.83
河南	460.15	云南	50.32

续表

省份	主营业务收入	省份	主营业务收入
上海	372.14	黑龙江	27.32
北京	304.63	贵州	13.04
湖南	237.17	内蒙古	9.34
福建	225.64	山西	6.13
安徽	225.15	甘肃	4.56
湖北	187.01	海南	2.75
重庆	163.56	新疆	1.42
江西	158.65	青海	0.85
陕西	154.49	宁夏	0.26
辽宁	129.02	西藏	—
河北	105.87		

资料来源：根据 2017 年各省、自治区、直辖市统计年鉴计算整理。

（三）金属制品和设备修理业

我国金属制品业主要分布在中部和东部地区，2016 年，前五位江苏、广东、山东、河北、浙江规模以上企业主营业务收入分别为 6355.02 亿元、5920.16 亿元、5696.46 亿元、3046.76 亿元和 2331.49 亿元，合计占全国的 58.47%（见表 5 – 25）。由于我国的"小五金"等行业的企业规模小，以乡镇企业为主进行生产，金属制品行业的工艺装备、精密制造、产品性能等方面与国际水平有一定差距，很多产品不能满足国内需求，各地区都需要提高技术创新能力。

表 5 – 25　2016 年金属制品业规模以上企业主营业务收入　　单位：亿元

省份	主营业务收入	省份	主营业务收入
江苏	6355.02	贵州	451.20
广东	5920.16	广西	414.93
山东	5696.46	吉林	414.63
河北	3046.76	北京	320.81
浙江	2331.49	内蒙古	311.09
河南	2221.64	陕西	291.26
湖南	2036.06	云南	137.47
湖北	1471.79	黑龙江	136.83
天津	1442.08	山西	134.54

续表

省份	主营业务收入	省份	主营业务收入
安徽	1380.78	甘肃	83.55
福建	1144.62	新疆	73.17
四川	1113.04	宁夏	38.89
上海	917.94	青海	6.24
江西	835.40	海南	0.36
重庆	652.69	西藏	0.03
辽宁	553.41		

资料来源：根据2017年各省、自治区、直辖市统计年鉴计算整理。

　　而我国设备修理业规模较小，全国2016年规模以上企业主营业务收入仅为1171.45亿元，其中辽宁、福建、上海和广东四省规模以上企业主营业务收入均超过百亿元，分别为192.97亿元、179.72亿元、170.04亿元、140.18亿元，共计占全国的58.3%（见表5－26）。

表5－26　2016年设备修理业规模以上企业主营业务收入　单位：亿元

省份	主营业务收入	省份	主营业务收入
辽宁	192.97	湖南	6.22
福建	179.72	吉林	5.11
上海	170.04	陕西	4.40
广东	140.18	广西	3.84
北京	91.46	黑龙江	3.77
浙江	70.46	贵州	3.05
湖北	45.65	新疆	2.04
山东	42.98	内蒙古	1.74
江苏	36.15	江西	0.96
四川	35.76	青海	0.63
河南	31.83	云南	0.37
安徽	30.09	宁夏	—
天津	28.29	山西	—
重庆	19.16	海南	—
河北	14.95	西藏	—
甘肃	9.63		

资料来源：根据2017年各省、自治区、直辖市统计年鉴计算整理。

第六章 高新技术产业发展与布局

高新技术产业是指以高新技术为基础，从事一种或多种高新技术及其产品的研究、开发、生产和技术服务的企业集合。高新技术产业是知识密集、技术密集的产业类型，其产品的主导技术必须属于已确定的高新技术领域，而且必须包括高新技术领域中处于技术前沿的工艺或技术突破。

第一节 高新技术产业的发展与总体布局

近年来，我国高新技术产业平稳较快发展，质量稳步提升，创新创业能力和水平不断提高，互联网、大数据、人工智能与实体经济融合更加深入。我国高技术产业的经营情况如表6–1所示。

表6–1 2000~2016年我国高新技术产业的经营情况

指标	2000年	2005年	2010年	2011年	2012年	2013年	2014年	2015年	2016年
企业数（个）	9835	17527	28189	21682	24636	26894	27939	29631	30798
从业人员平均人数（万人）	392	663	1092	1147	1269	1294	1325	1354	1342
主营业务收入（亿元）	10050	33916	74483	87527	102284	116049	127368	139969	153796
利润总额（亿元）	673	1423	4880	5245	6186	7234	8095	8986	10302
出口交货值（亿元）	3396	17636	37002	40600	46701	49285	50765	50923	52445

资料来源：中国高技术产业统计年鉴（2001~2017）。

一、高新技术产业发展的主要特点

（一）产业结构调整加快，发展质量显著提升

2018年，规模以上高技术制造业和工业战略性新兴产业增加值同比增长

11.7%和8.9%，明显快于全部规模以上工业增速。结构持续优化，其中，航空、航天器及设备制造业、电子及通信设备制造产业增加值增速分别比全部规模以上工业高10.2个百分点和8.5个百分点。新产品快速成长，新能源汽车产量同比增长40.1%，集成电路增长11.2%。2018年，我国北斗导航系统开始面向全球提供服务，第五代移动通信商用技术已全球领先，创新药获批上市数量大幅提高。国务院出台了一系列推动创新创业高质量发展的政策举措，有力促进了高技术制造业的发展，在稳就业、强动能方面发挥了重要作用。2018年，我国在全球创新指数排名跃升至第17位，首次进入前20位。根据普华永道《2018年全球创新1000强报告》统计，上榜的中国企业研发支出增长34.4%，在1000强中占比从2017年的6.4%上升到7.8%。我国在《2018年世界知识产权指标》中分列全球专利、商标和工业品外观设计三个方面的申请量第一。

（二）高技术产业投资快速增长，出口额稳步增长

在科技创新驱动和需求快速增长的拉动下，2018年高技术制造业投资同比增长16.1%，增速比全部制造业投资高6.6个百分点。高技术服务业投资增长12.9%，增速比全部服务业投资高7.4个百分点，其中，电子商务服务业投资增长95.5%，科技成果转化服务业投资增长36.7%。

高技术产品出口额稳步增长，重点产品势头良好。2018年全国高技术产品出口总额达7430.4亿美元、进口额为6655.2亿美元，分别较上年增长10.8%、13.4%，高技术产品进出口贸易比重与上年基本持平，为30.5%。

表6－2 2018年全国及各地区高技术产业发展情况

地区	企业数（个）	营业收入（亿元）	利润总额（亿元）	利润/主营业务收入（%）	出口贸易额（百万美元）	进口贸易额（百万美元）	进出口贸易总额（百万美元）	员工人均利润（万元/人）
全国	33573	157001	10293	6.56	743044	665521	1408565	7.68
东部	22147	110569	7016	6.35	557182	538699	1095881	7.74
中部	6449	23975	1545	6.44	71975	45339	117314	6.47
西部	4019	19562	1300	6.65	106141	70655	176796	8.51
东北	958	2896	432	14.92	7743	10603	18346	10.31
北京	799	5314	401	7.55	15031	27473	42504	12.21
天津	452	2667	157	5.89	15808	28858	44666	13.32

续表

地区	企业数（个）	营业收入（亿元）	利润总额（亿元）	利润/主营业务收入（%）	出口贸易额（百万美元）	进口贸易额（百万美元）	进出口贸易总额（百万美元）	员工人均利润（万元/人）
河北	650	1596	125	7.83	2855	2449	5304	7.75
山西	170	1298	61	4.70	7544	4050	11594	3.35
内蒙古	93	403	21	5.21	900	505	1405	5.68
辽宁	456	1825	246	13.48	7135	8081	15216	8.43
吉林	346	653	142	21.75	344	2284	2628	12.30
黑龙江	156	418	44	10.53	264	238	502	10.50
上海	1027	7566	368	4.86	86463	87379	173842	6.65
江苏	4870	26160	1784	6.82	152352	108784	261137	8.80
浙江	2785	7493	754	10.06	21086	11761	32846	8.71
安徽	1456	3996	255	6.38	10020	7828	17848	8.27
福建	1005	5789	450	7.77	15558	15992	31550	8.47
江西	1305	4753	337	7.09	5310	4429	9739	7.05
山东	1978	6989	600	8.58	15155	14407	29562	12.70
河南	1123	6064	355	5.85	34001	17539	51540	5.63
湖北	1136	4340	304	7.00	11442	7849	19291	7.37
湖南	1259	3523	233	6.61	3658	3644	7302	6.60
广东	8525	46747	2342	5.01	232638	238166	470804	5.38
广西	355	1439	108	7.51	6769	4829	11598	15.30
海南	56	248	36	14.52	236	3430	3666	14.58
重庆	696	5305	245	4.62	34747	15400	50147	7.07
四川	1283	6943	378	5.44	33488	31073	64561	8.21
贵州	475	1198	74	6.18	1967	1471	3439	6.06
云南	254	710	108	15.21	2095	1151	3245	9.06
西藏	8	11	4	36.36	3		228	28.16
陕西	597	2847	281	9.87	25114	225	40806	8.14
甘肃	119	237	33	13.92	365	15692	713	8.71
青海	44	105	10	9.52	6	349	33	9.37
宁夏	43	186	10	5.38	146	27	207	9.27
新疆	52	178	28	15.73	545	60	643	7.85

注：员工人均利润为2016年数据。

资料来源：中国高技术产业统计年鉴（2019）。

（三）"互联网＋"行动深入推进，数字经济战略持续推进

互联网、大数据、人工智能与实体经济深度融合，智能零售、产能共享等新热点持续涌现。移动通信、物联网、区块链、智能穿戴、人工智能等领域的技术创新活跃，在交通、医疗、旅游、智慧城市等方面的应用场景不断成熟。政务信息资源整合共享取得突破性进展，数据红利已在支撑创新创业等方面开始释放，数字经济发展空间进一步拓展。2018 年，全国网上零售额超 9 万亿元，同比增长 23.9%。其中，实物商品网上零售额 70198 亿元，同比增长 25.4%，增速虽较前几年略有降低，但占社会消费品零售总额的比重为 18.4%，同比提高 3.4 个百分点。

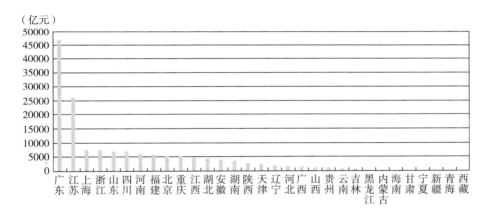

图 6 - 1　2018 年全国 31 个省份高技术产业主营业务收入

数据来源：中国高技术产业统计年鉴（2019）。

二、高技术产业的总体布局

（一）高技术产业的战略布局

长期以来，我国高技术产业宏观布局的原则，是按照择优选择、以升促建、分步推进、特色鲜明的要求，加快推进中西部地区省级高新区升级，支持在科技产业优势突出的地区创建国家高新区，推动国家高新区在全国大部分地级市布局。结合"一带一路"倡议，以及长江经济带、京津冀协同发展、东北振兴等国家重大战略，统筹中央改革部署与地方改革需求，按照"东转西进"的原则，鼓励支持若干创新成果多、体制基础好、转型走在前等有条件的区域，依托国家

高新区积极建设国家自创区，进一步优化完善国家自创区区域布局。在总体布局思路的指引下，我国高技术产业在全国的分布发生了很大的变化。

（二）高新技术产业的地域分布

我国高新技术产业在四大板块的分布，仍然是以东部沿海为主的基本态势。从 2018 年四大板块高技术企业新产品销售收入占比来看（见图 6-2），东部地区占比为 75.80%，其次是中部地区 16.33%，西部地区是 6.57%，东北地区只有 1.30%。这种分布与 GDP 的四大板块分布严重不一致。东部地区的 GDP 总值 2018 年占全国的 52.38%，显然高技术企业新产品销售收入占比的比重要高出 23 个百分点。最引人关注的是，东北地区的高技术企业新产品销售收入占比只有 1.3%，低于 GDP 的比重 5 个百分点之多，也进一步让我们认清了东北振兴的艰巨性。

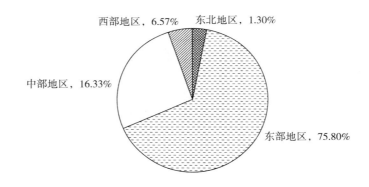

图 6-2　2018 年四大板块高技术企业新产品销售收入占比

资料来源：中国科技统计年鉴（2019）。

如表 6-3 所示，东部地区 2018 年的专利申请数达到 36767 件，占全国 61404 件的 59.88%，有效发明专利达到了 10 万件，占全国 15 万多件的 2/3。北京一个地方的专利申请就达到 15991 件，占全国的 26%，上海 4476 件、江苏 4147 件、广东 3882 件、陕西 3358 件紧随其后；北京的有效发明专利为 49502 件，占全国的 32.7%，广东 12531 件、上海 12247 件、江苏 8788 件、四川 7939 件跟随其后。发明专利的分布也反映了高新技术产业的分布状况。

表 6 – 3 2018 年全国各地区专利情况

	专利申请数（件）		有效发明专利（件）	专利所有权转让及许可数（件）	专利所有权转让及许可收入（万元）	形成国家或行业标准数（项）
	总量	#发明专利				
全国	61404	47740	151327	1959	98567	4299
东部地区	36767	29527	100235	1538	84325	3069
中部地区	8531	6132	17580	127	1530	509
西部地区	10913	8134	23875	227	5762	542
东北地区	5193	3947	9637	67	6950	179
北京	15991	13681	49502	745	44828	1696
天津	1594	1164	2606	23	350	47
河北	1062	777	2284	11	215	78
山西	925	551	1784	3	15	108
内蒙古	232	117	478	2	—	55
辽宁	3117	2495	5465	19	3993	33
吉林	1174	1058	2919	36	2150	38
黑龙江	902	394	1253	12	807	108
上海	4476	3842	12247	338	18984	322
江苏	4147	3236	8788	98	1742	215
浙江	1842	1434	4150	107	2115	92
安徽	1683	1278	3194	49	580	90
福建	934	663	1549	37	1237	30
江西	682	492	767	17	142	25
山东	2543	1856	5727	83	8435	268
河南	1800	1270	3287	5	69	99
湖北	2669	1991	6402	47	681	147
湖南	772	550	2146	6	43	40
广东	3882	2694	12531	86	6290	294
广西	918	566	1257	28	140	57
海南	296	180	851	10	128	27
重庆	691	463	1423	34	1571	59
四川	2945	2301	7939	57	809	115
贵州	416	292	750	4	24	28
云南	639	442	1381	21	607	65
西藏	13	6	16	—	—	—
陕西	3358	2869	7454	46	1056	80
甘肃	1015	694	1885	19	1124	18

续表

	专利申请数（件）		有效发明专利（件）	专利所有权转让及许可数（件）	专利所有权转让及许可收入（万元）	形成国家或行业标准数（项）
	总量	#发明专利				
青海	103	95	455	4	176	4
宁夏	120	38	62	—	—	6
新疆	463	251	775	12	255	55

资料来源：中国科技统计年鉴（2019）。

（三）高新技术产业发展的国际比较

图 6-3 是 2017 年世界部分国家 R&D 投入占 GDP 的比重。中国在全部 28 个样本中，位于第 12 位，基本上是中等水平。在我们前面的日本、美国、德国、法国等，都是世界科技发展的大国和强国。其中，美国比我国多 0.5 个百分点，如果我国的 GDP 是美国 GDP 的 60%，那我国的研发投入也就只有美国的 50%。

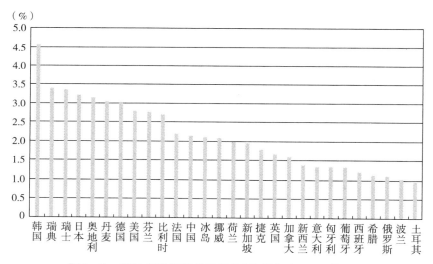

图 6-3　2017 年世界部分国家 R&D 投入占 GDP 的比重

资料来源：中国科技统计年鉴（2018）。

第二节　高技术产业地理分布

高技术产业是指用当代尖端技术（主要指信息技术、生物工程和新材料等领域）生产高技术产品的产业，是研究开发投入高，研究开发人员比重大的产业。① 根据国家统计局印发的《高技术产业（制造业）分类（2017）》《高技术产业（服务业）分类（2018）》来看，高技术产业分为高技术产业（制造业）、高技术产业（服务业）。进一步细分，高技术产业（制造业）又包括医药制造业，航空、航天器及设备制造业，电子及通信设备制造业，计算机及办公设备制造业，医疗仪器设备及仪器仪表制造业，信息化学品制造业；高技术产业（服务业）分为信息服务、电子商务服务、检验检测服务、专业技术服务业的高技术服务、研发与设计服务、科技成果转化服务、知识产权及相关法律服务、环境监测及治理服务、其他高技术服务。按照国家统计局的分类，本节对我国的高技术产业发展进行历史纵向分析和横向分析。

一、航空、航天器及设备制造业

我国的航空、航天器及设备制造业的细分行业包括飞机制造，航天器及运载火箭制造，航空、航天相关设备制造，其他航空航天器制造，航空航天器修理。2016 年，各省份航空、航天器及设备制造业主营业务收入的空间分布情况如图 6－4 所示，航空、航天器及设备制造业的省份集中度如表 6－4 所示。

由图 6－4 和表 6－4 可以看出，我国的航空、航天器及设备制造业在四大板块均有分布。从省份来看，排名第一的是天津，天津占全国的比重达到了 23.8%。主营业务收入排名前五的省份为天津、陕西、江苏、辽宁、四川，主营业务占比超过全国的 60%。原因在于，天津拥有国家级的航空产业基地，航空航天产业在天津已经形成产业集聚效应，并形成了以大飞机、直升机、无人机、大火箭、卫星、太空站为产业核心的"三机一箭一星一站"的产业集群格局。

从企业发展基础看，陕西、辽宁、四川分别是中航工业陕飞集团、沈阳飞机工业集团、成都飞机工业集团的所在地，具有较强的航空产业基础。江苏则是传统的制造业强省，引进了以中航工业为代表的一批航空企业，构建起了产业门类较为齐全的现代航空产业体系，航空产业发展迅速。随着我国大飞机项目的顺利推进，以上海为中心的"中国商飞"企业的快速发展，未来上海将会成为另一个飞机生产制造业的中心。

---

① 定义来自百度百科：https：//baike. baidu. com/item/%E9%AB%98%E6%8A%80%E6%9C%AF%E4%BA%A7%E4%B8%9A/982221？fr＝aladdin.

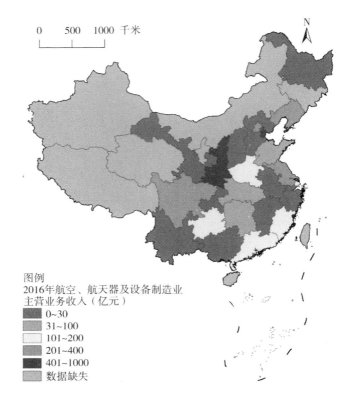

图 6 - 4　**2016 年航空、航天器及设备制造业主营业务收入的空间分布情况**

资料来源：中国高技术产业数据库。

表 6 - 4　**2016 年航空、航天器及设备制造业行业集中度**

省份集中度	CR_1（%）	CR_3（%）	CR_5（%）	CR_5 省份（由高到低顺序）
航空、航天器及设备制造业	23.8	49.4	65.1	天津、陕西、江苏、辽宁、四川

资料来源：根据中国高技术产业数据库计算整理。

二、电子通信、计算机制造业

（一）计算机、通信和其他电子设备制造业

计算机、通信和其他电子设备制造业是我国 31 个制造业行业中规模最大的行业，2016 年其规模以上企业主营业务收入达到 9.89 万亿元（见图 6 - 5）。该行业集中度很高，仅广东一省的规模就超过 30%，广东和江苏两个省份规模以

上企业主营业务收入占全国一半以上。广东产量最多的是移动通信手持机（手机）、移动通信基站设备、半导体存储盘等；江苏省为电子元件、微型计算机设备。山东和上海规模以上企业主营业务收入超过 5000 亿元，上海市规模突出的细分领域是移动通信手持机（手机）和微型计算机设备产量，山东省为移动通信手持机（手机）、移动通信基站设备和彩色电视机。此外，近些年四川和重庆该行业突起，2016 年该行业规模以上企业主营业务收入达到或接近 4000 亿元，产量较大的是移动通信手持机（手机）和微型计算机设备。

图 6-5　2016 年计算机、通信和其他电子设备制造业主营业务收入的空间分布情况

注：规模以上企业主营业务。

资料来源：2017 年各省、自治区、直辖市统计年鉴计算整理。

（二）电子及通信设备制造业

在计算机、通信和其他电子设备制造业中，我国的电子及通信设备制造业的细分行业包括电子工业专用设备制造、光纤、光缆及锂离子电池制造、通信设备、雷达及配套设备制造、广播电视设备制造、非专业视听设备制造、电子器件制造、电子元件及电子专用材料制造、智能消费设备制造、其他电子设备制造。2016 年, 各省份电子及通信设备制造业的主营业务收入的空间分布情况如图 6 - 6 所示, 电子及通信设备制造业的省份集中度如表 6 - 5 所示。

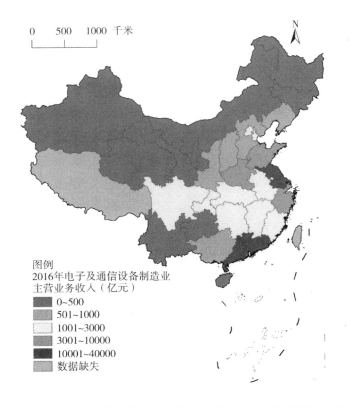

图 6 - 6　2016 年电子及通信设备制造业主营业务收入的空间分布情况

资料来源: 根据中国高技术产业数据库计算整理。

表 6 - 5　2016 年电子及通信设备制造业行业集中度

省份集中度	CR_1 (%)	CR_3 (%)	CR_5 (%)	CR_5 省份 (由高到低顺序)
电子及通信设备制造业	35.3	60.1	68.8	广东、江苏、山东、河南、上海

资料来源: 根据中国高技术产业数据库计算整理。

由图6-6和表6-5可以看出，我国的电子及通信设备制造业主要布局在东部沿海省份，主要集中在华南和华东。其中排名第一的是广东，由于拥有像华为、中兴为代表的一大批民营通信科技公司，广东的电子及通信设备制造业实力强劲，其主营业务收入占全国的比重达到了35.3%。排名前五的省份为广东、江苏、山东、河南、上海，主营业务占比接近全国的七成。

（三）计算机及办公设备制造业

我国的计算机及办公设备制造业的细分行业包括计算机整机制造、计算机零部件制造、计算机外围设备制造、工业控制计算机及系统制造、信息安全设备制造、其他计算机制造、办公设备制造。2016年，各省份的计算机及办公设备制造业主营业务收入的空间分布情况如图6-7所示，计算机及办公设备制造业的省份集中度如表6-6所示。

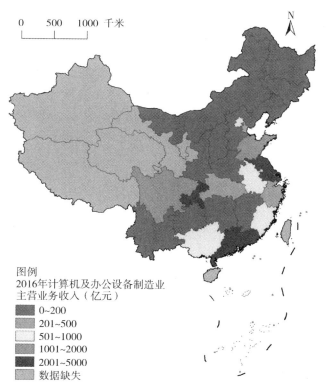

图6-7　2016年计算机及办公设备制造业主营业务收入的空间分布情况

资料来源：根据中国高技术产业数据库计算整理。

表 6-6　2016 年计算机及办公设备制造业行业集中度

省份集中度	CR₁（%）	CR₃（%）	CR₅（%）	CR₅ 省份（由高到低顺序）
计算机及办公设备制造业	20.7	51.6	70.1	广东、江苏、上海、重庆、四川

资料来源：根据中国高技术产业数据库计算整理。

由图 6-7 和表 6-6 可以看出，计算机及办公设备制造业主要布局在东部沿海省份与西南省份，主要集中在华南、华东、西南地区。其中，排名第一的是广东，其主营业务收入占全国的比重达到了 20.7%。排名前五的省份为广东、江苏、上海、重庆、四川，主营业务占比超过全国的 70%。而东北、华北、西北的广大地域，该产业都不发达，需要从产业转移等方面采取有效的措施来加快发展。

三、医药、医疗设备制造业

（一）医药制造业

我国的医药制造业的细分行业包括化学药品制造、中药饮片加工、中成药生产、兽用药品制造、生物药品制品制造、卫生材料及医药用品制造、药用辅料及包装材料。本文采用行业集中度指标对医药制造业的空间布局情况进行分析。2016 年，各省份医药制造业主营业务收入的空间分布情况如图 6-8 所示，医药制造业的省份集中度如表 6-7 所示。

我国医药制造业比较突出的是山东、江苏，其规模以上企业主营业务收入分别为 4546.81 亿元和 3870.28 亿元，第三名至第十名是河南、吉林、广东、四川、江西、浙江、湖北和湖南，规模以上企业主营业务收入在 1000 亿到 2000 亿元之间。前九名共计占全国的 67.67%。能体现医药制造高技术的生物医药产业的分布更加集中，主要分布在长三角、环渤海、珠三角等地。此外，中部河南、湖北、湖南，西部重庆和四川也形成了较好的生物医药基础。

由图 6-8 和表 6-7 可以看出，医药制造业主要分布在华东、华中、华南地区。其中，主营业务收入最高的省份是山东，占全国医药制造业主营业务收入的比重达到 16.1%。排名前五位的分别为山东、江苏、河南、吉林、广东，主营业务收入占比几乎达到全国的一半。

（二）医疗仪器设备及仪器仪表制造业

我国的医疗仪器及仪器仪表制造业的细分行业包括医疗仪器设备及器械制

造、通用仪器仪表制造、专用仪器仪表制造、光学仪器制造、其他仪器仪表制
造业。2016 年各省份的医疗仪器及仪器仪表制造业主营业务收入的空间分布情
况如图 6-9 所示，医疗仪器及仪器仪表制造业的省份集中度如表 6-8 所示。

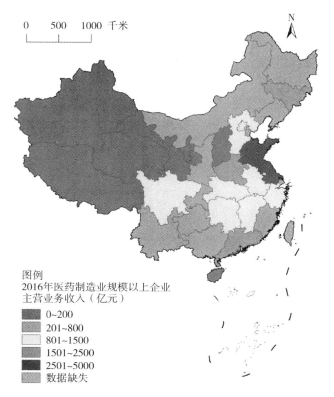

图 6-8　2016 年医药制造业规模以上企业主营业务收入的空间分布情况

资料来源：2017 年各省、自治区、直辖市统计年鉴计算整理。

表 6-7　2016 年医药制造业行业集中度

省份集中度	CR_1（%）	CR_3（%）	CR_5（%）	CR_5 省份（由高到低顺序）
医药制造业	16.1	37.9	49.9	山东、江苏、河南、吉林、广东

资料来源：根据中国高技术产业数据库计算整理。

　　可以看出，计算机及办公设备制造业主要布局在东部沿海省份，主要集中
在华南、华东地区。其中，排名第一的是江苏，其主营业务收入占全国的比重
达到了 38.1%。排名前五的省份为江苏、山东、广东、浙江、河南，主营业务
占比超过全国的 70%。

图6-9 2016年医疗仪器设备及仪器仪表制造业主营业务收入的空间分布情况

资料来源：根据中国高技术产业数据库计算整理。

表6-8 2016年医疗仪器设备及仪器仪表制造业行业集中度

省份集中度	CR$_1$（%）	CR$_3$（%）	CR$_5$（%）	CR$_5$省份（由高到低顺序）
医疗仪器设备及仪器仪表制造业	38.1	57.4	70.1	江苏、山东、广东、浙江、河南

资料来源：根据中国高技术产业数据库计算整理。

（三）信息化学品制造业

我国的信息化学品制造业的细分行业包括文化用信息化学品制造、医学生产用信息化学品制造。2016年各省份的医疗仪器及仪器仪表制造业主营业务收入的空间分布情况如图6-10所示，医疗仪器及仪器仪表制造业的省份集中度如表6-9所示。

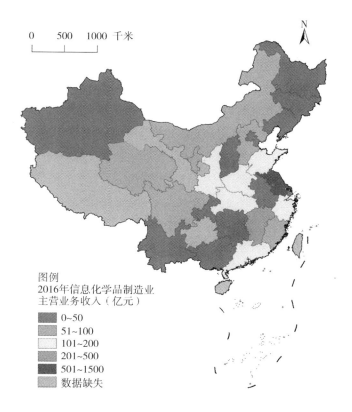

图例
2016年信息化学品制造业
主营业务收入（亿元）

- 0~50
- 51~100
- 101~200
- 201~500
- 501~1500
- 数据缺失

图 6 - 10 2016 年信息化学品制造业主营业务收入的空间分布情况

资料来源：根据中国高技术产业数据库计算整理。

表 6 - 9 2016 年各省份信息化学品制造业行业集中度

行业集中度	CR_1（%）	CR_3（%）	CR_5（%）	CR_5 省份（由高到低顺序）
医疗仪器设备及仪器仪表制造业	41.2	55.2	65.3	江苏、江西、河南、浙江、陕西

资料来源：根据中国高技术产业数据库计算整理。

由图 6 - 10 和表 6 - 9 可以看出，信息化学品制造业主要布局在华东、华中地区。其中排名第一的是江苏，其主营业务收入占全国的比重达到了 41.2%。排名前五的省份为江苏、江西、河南、浙江、陕西，主营业务占比超过全国的 65%。

第三节　战略性新兴产业地理分布

战略性新兴产业包括节能环保、新一代信息技术、生物、高端装备制造、新能源、新材料和新能源汽车七大新兴产业。2016 年国务院印发《"十三五"国家战略性新兴产业发展规划》，指出争取在 2020 年战略性新兴产业增加值占国内生产总值的比重达到 15%；形成 5 个 10 万亿元规模的新支柱产业；在更广领域形成大批跨界融合的新增长点；产业结构进一步优化，产业创新能力和竞争力明显提高，形成全球新兴产业发展高地。

一、战略性新兴产业的发展

支持战略性新兴产业的政策规划发布实施以来，我国战略性新兴产业总体发展态势良好，产业总量和规模持续扩大，对国民经济和社会发展的支撑作用逐渐增强，一大批关键技术和重大产品取得突破，引领型、创新型企业不断涌现，产业集聚发展活力显著增强，有利于产业健康发展的政策环境持续优化。

（一）总量规模明显扩张，支撑作用日益增强

2011 年以来，我国工业增速放缓，从规模以上工业企业和制造业企业的增加值增速看，两者均呈现下行态势，2016 年规模以上工业企业增加值增速下降到 6.0%，为近年来最低值。但是，战略性新兴产业保持较快增长态势，增速显著高于传统行业，对经济新常态下稳增长的支撑作用日益增强，成为经济稳增长调结构的重要力量。2015 年，我国战略性新兴产业领域 27 个重点行业企业主营业务收入达 21.9 万亿元，同比增长 15.3%，比工业增速高 9.3 个百分点；实现利润近 1.3 万亿元，同比增长 10.4%。战略性新兴产业七大行业全年 PMI 平均指数都处于荣枯线以上，均高于同期的美国制造业和中国制造业 PMI 指数。2016 年前三季度，战略性新兴产业继续保持良好发展势头，产值同比增长 10.8%，增速比规模以上工业高 4.8 个百分点，网上商品零售额增长 25.1%，比社会消费品零售总额高 14.7 个百分点，新能源汽车销售增长 83.7%。① 据国

---

① 资料来源：国家统计局。

家发展和改革委员会网站披露，"十二五"期间，新一代信息技术等战略性新兴产业七大行业年均增速约是 GDP 增速的两倍，2015 年底战略性新兴产业增加值占 GDP 的比重为 8% 左右，预计到 2020 年，战略性新兴产业增加值占 GDP 的比重达到 15%，形成新一代信息技术、高端制造、生物、绿色低碳、数字创意五个产值规模 10 万亿元级的新支柱。

战略性新兴产业成为创业创新重要领域，逐渐发展成为新的增长动力。机器人、基因测序、无人机等产业发展日益壮大，特别是以云计算、大数据、移动互联网为代表的新一代信息技术与制造业、交通、金融等领域加速融合，推动智能制造成为新型生产方式，催生新的投资和消费增长点，有效激发了市场活力，助力形成"互联网＋"新经济形态，有力地推动了产业转型升级和提质增效。

从战略性新兴产业对地方经济发展的贡献来看，战略性新兴产业已经成为部分地区经济增长的重要引擎，在推动产业转型升级、实现创新驱动发展等方面发挥了重要作用。以深圳市为例，2015 年深圳市战略性新兴产业增加值接近 7003.48 亿元，同比增长 16.1%，占 GDP 的比重达到 40%。其中，生物产业增加值 254.68 亿元，增长 12.4%；新能源产业增加值 405.87 亿元，增长 10.1%；新材料产业增加值 329.24 亿元，增长 11.3%；新一代信息技术产业增加值 3173.07 亿元，增长 19.1%；互联网产业增加值 756.06 亿元，增长 19.3%；文化创意产业增加值 1757.14 亿元，增长 13.1%；节能环保产业增加值 327.42 亿元，增长 12.0%。[①]

（二）关键技术突破频现，创新能力不断提升

"十二五"时期以来，我国战略性新兴产业领域突破一批关键技术，开发一批重大产品，自主创新能力和产业技术水平不断提升，在国际竞争中由以跟踪追赶为主的阶段逐步迈向赶超、同行阶段，在某些领域甚至成为"领跑者"。我国在 4G（TD－LTE）通信技术、高世代薄膜晶体管液晶显示屏（TFT－LCD）、基因组测序与分析、卫星导航、海洋油气装备、超级计算机、大功率机车和高速动车组等全球产业竞争激烈的领域取得了重大技术突破。

从研发投入看，深圳证券交易所数据显示，战略性新兴产业企业较为集中

---

① 资料来源：深圳商报。

的创业板公司平均研发强度达到 5.38%，位于三板块之首。战略性新兴产业领域的发明专利等知识产权快速增长，国家专利局统计数据显示，2010~2014 年战略性新兴产业发明专利授权的年均增长率为 13.82%，略低于同期发明专利授权总体的年均增长率（14.62%）。

从逐年增速来看，2011 年战略性新兴产业发明专利授权年增长率略低于同期发明专利总体授权的年均增长率，在 2012 年和 2013 年战略性新兴产业均明显高于同期发明专利授权总体的年均增长率，但这一优势并未能持续保持，在 2014 年，发明专利总体授权的年均增长率达到了 12.30%，而战略性新兴产业发明专利授权年均增长率仅有 0.75%，也就是说，发明专利总体授权在经过了 2013 年的下降（降幅 4.34%）后，在 2014 年出现了较大的反弹，而战略性新兴产业发明专利授权在 2012~2014 的三年间处于停滞状态。战略性新兴产业发明专利授权在同期发明专利授权总体中的占比在 2013 年最高，达到了 45.69%，其他四年稳定在 41.62% 到 43.66% 范围内。

（三）市场培育和发展成效显著，国际竞争力稳步提升

经过"十二五"时期以来的快速发展，部分战略性新兴产业的技术和市场逐步稳定，国际知名度和竞争力稳步提升。智能制造、节能环保、信息消费等一批试点示范工程有力地拉动了战略性新兴产业的市场需求。同时，新一代信息技术、高端装备制造和新能源产业"走出去"步伐加快，通信设备和轨道交通等领域企业发展的国际化水平与层次不断提升。"十二五"时期以来，一批高端产品成功开拓了欧美等发达国家和地区市场，产业链上下游配套"走出去"的项目不断增多。例如，东方电气的风力发电设备打开瑞典市场，北车铁路装备进入美国地铁市场，运–12 飞机实现对美国大规模出口。同时，随着相关政策的实施，企业市场主体地位日益强化、活力进一步激发，出现了一大批具有核心竞争力的引领型企业和一批创新活力旺盛的企业，华为、烽火通信、中国中车、大疆创新等企业成为产业发展的中坚力量。以浪潮集团为例，浪潮服务器销量位居全球第五、中国第一，浪潮先后加入 OpenStack、SPEC、TPC 等国际权威组织，其国际化业务目前已拓展至全球 85 个国家和地区，在美国、日本、拉美等多个国家和地区设立研发中心和工厂，在海外 26 个国家设立分公司和展示中心，产品和方案广泛应用于全球数据中心、超算中心、税务、教育、智慧政府等领域。

（四）产业集聚发展态势明显，呈现"多点多极"增长格局

从区域分布看，我国战略性新兴产业发展规模和水平整体呈现东部较强、中西部较弱的特点，"多点多极"增长的态势日益明显。环渤海、长三角、珠三角、川渝等沿海、沿江地区成为战略性新兴产业发展的核心区域，东北地区及部分中西部省份等是产业特色发展地区。自 2012 年以来，依托产业基础和资源禀赋，江苏、安徽、广东、深圳等多个省市开展了战略性新兴产业区域集聚发展试点，形成了一批有特色的产业集聚区。北京、上海、深圳等一批战略性新兴产业发展的优势城市，逐渐向全球领先水平的新兴产业创新策源地升级。

在环渤海地区，北京积极打造以新材料、高端信息技术产品为代表的"高精尖"产业体系；天津新能源汽车及航空航天产业成为发展重点；河北石家庄着力发展高端生物医药产业；山东淄博和临沂分别成为陶瓷功能材料和零部件集聚区。长江经济带区域的沿江省市形成了智能制造装备、新材料、集成电路、新型显示、轨道交通装备、生物医药等众多特色产业集聚区，上海在智能制造装备、卫星导航、集成电路等领域处于领跑地位；江苏分别在盐城、泰州和南京形成风电、新型疫苗及特异性诊断试剂和智能电网产业集聚区；安徽的合芜蚌新型显示、芜马合机器人产业快速发展；贵州建立起首个国家级大数据集聚发展试点示范区。在珠三角地区，广州、深圳等地积极发展生物医药、新型显示技术、新型动力电池、无人机、机器人等产业，形成了一批具有特色的新兴产业集聚区。在东北地区，哈尔滨着力发展生物医药，沈阳在高端数控机床、工业机器人等智能制造装备领域优势明显。在中西部地区，河南洛阳以及甘肃金昌分别成为电子功能材料和非金属功能材料产业集聚区。

（五）政策措施日益完善，发展环境不断优化

"十二五"时期以来，国务院各部委积极落实党中央、国务院决策部署，在产业、财政、税收、金融、国际合作等方面出台一系列政策措施，推动和保障战略性新兴产业的发展。各地方政府积极对接《规划》，结合各地实际，制定出台省级发展规划及相关配套措施，明确了本地区战略性新兴产业发展目标和发展重点。同时，开发性金融机构、政策性银行和商业金融机构对战略性新兴产业的支持力度日益增强，公开上市的战略性新兴产业企业不断增加，产业发展环境不断优化。

从政府层面看，一是不断深化体制机制改革，推动电力体制改革，完善由市场决定的价格形成机制，向民间资本开放宽带接入市场，推动科研体制改革，为战略性新兴产业的发展营造良好的环境。二是部署实施重大工程，围绕战略性新兴产业发展的重点领域和薄弱环节，组织实施重大节能技术与装备产业化工程、"宽带中国"工程、高性能集成电路工程、智能制造装备创新发展工程、关键材料升级换代工程等重大工程，以重大工程引领战略性新兴产业发展。三是合理引导消费需求，出台《关于加快电动汽车充电基础设施建设的指导意见》，推动充电桩建设；部署信息消费试点、智能制造试点示范，扩大战略性新兴产业的市场。四是创新财政支持方式，提高财政资金使用效率和效益，国家层面设立了国家新兴产业创业投资引导基金、国家集成电路产业基金，各地方设立战略性新兴产业专项资金和奖励资金，支持产业发展，扶持企业创新。五是积极引导企业开展国际合作，提升国际化发展水平，出台《国务院关于推进国际产能和装备制造合作的指导意见》等鼓励政策，支持装备制造"走出去"。

从投融资环境看，一是银行业加大对战略性新兴产业重点发展领域的信贷支持力度。根据银监会数据，截至2015年底，银行业金融机构战略性新兴产业贷款余额2.4万亿元，同比增长8.8%。贷款主要集中在节能环保、新能源、新一代信息技术和新材料领域。二是多层次资本市场逐渐完善，战略性新兴产业领域企业的直接融资渠道不断拓宽，例如，创业板及新三板为企业开展直接融资提供便利，满足了部分战略性新兴企业在不同生命周期的融资需求。以创业板为例，目前创业板集聚战略性新兴产业上市公司372家，占创业板上市公司的69.4%。三是多只产业投资基金和创投基金支持战略性新兴产业发展。2014年，国家集成电路产业投资基金成立，重点投资集成电路芯片制造业，兼顾芯片设计、封装测试、设备和材料等产业。2015年，国务院决定将中央财政战略性新兴产业发展专项资金、中央基建投资资金等合并使用，发挥政府资金杠杆作用，吸引社会、民间资本参与，形成总规模400亿元的新兴产业创投引导基金。

二、产业地理分布

（一）节能环保产业

2015年，在各项节能环保政策的带动下，节能环保产业规模继续扩张，延续了良好的发展势头。环保产业保持了强劲发展势头，截至2015年，我国节能环保的产业产能增加 4.5 万亿元，增速 15% ~ 30%，有的企业增速达到 50%，其增加值占 GDP 的 2.1%，从业人数达到 3000 多万。在《2014—2015 年节能减排科技专项行动方案》《2014—2015 年节能减排低碳发展行动方案》等政策的带动下，节能环保产业发展成绩显著，节能降耗进展顺利，2016 年上半年单位 GDP 能耗同比下降 3.4%，碳排放强度下降 6.6% 左右。在资源循环利用领域，2015 年中国废弃资源综合利用业主营业务收入 3705.9 亿元，同比增长 1.5%；全年利润总额为 203.3 亿元，同比增长 2.6%。

（二）新一代信息技术产业

2016 年，新一代信息技术产业实施了一系列结构调整、产业升级等提质增效举措，为产业持续发展注入了新的动力，产业总体保持了平稳发展态势，其中，规模以上电子信息制造业增加值增长 10%，高于全国工业平均水平 4 个百分点以上。电子信息制造业与软件业收入规模合计超过 17 万亿元，同比增长 10.8%。电子信息制造业实现收入 12.2 万亿元，增长 9.3%。内销市场与内资企业贡献度提升，内生动力进一步增强。软件产业收入 4.9 万亿元，增长 14.9%，保持了快速增长态势。服务化趋势日趋深化，信息技术服务收入比重达到 51.8%，比上年提高 0.5 个百分点。

（三）生物制药产业

2014 年以来，在国内宏观经济增长放缓的大环境下，生物产业相对保持了较快的增长速度。2016 年，规模以上医药工业增加值同比增长 10.6%，增速较上年同期提高 0.8 个百分点，高于工业整体增速 4.6 个百分点。医药工业增加值在整体工业所占比重为 3.3%。2016 年，医药工业规模以上企业实现主营业务收入 2.96 万亿元，同比增长 9.92%，高于全国工业整体增速 5.02 个百分点，较上年同期提高 0.90 个百分点。

各子行业中，主营业务收入增长最快的是医疗仪器设备及器械制造和中药饮片。其中，医疗仪器设备及器械制造 2016 年主营业务收入为 2765.47 亿元，同比增长 13.25%，增速排名第一，利润同比增长 32.29%，增速排名第一；中药饮片加工 2016 年主营业务收入为 1956.36 亿元，同比增长 12.66%，增速排名第二，仅次于医疗仪器设备及器械制造。

（四）高端装备制造产业

在国内经济结构调整与转型升级的带动下，在加快推进铁路建设、高铁

"走出去"等政策引导下，2016 年高端装备制造产业总体保持快速增长，销售收入超过 7.6 万亿元，在装备制造业中份额达到 15%，发展动力十足。具体来看，高端装备制造业呈中高速增长，轨道交通装备、航空装备两大领域产值增速名列前茅，分别为 14.4%、13%。海洋工程装备实现营收 765.78 亿元，同比增长 7.765%，净利润达 26.92 亿元，同比增长 155.64%，增幅显著。

（五）新能源产业

光伏产业是新能源需求与半导体技术相结合产生的战略性新兴产业，是我国当前重点发展的新能源行业。2016 年，我国光伏新增装机 34.54GW，同比增长 128.29%，占全球新增装机的 47%。其中，地面电站新增装机 30.3GW，分布式电站新增装机 4.24GW。产业规模进一步增大。2016 年，多晶硅产量 19.4 万吨。同比增长 17.6%；硅片产量 63GW，同比增长 31%；电池片产量达 49GW，同比增长 19.5%；组件产量达 53GW，同比增长 15.7%。产业化技术进步明显。2016 年，多晶硅效率达 18.3% ~ 19.2%，同比增长约 0.5 个百分点。单晶硅效率达 19.8% ~ 20.8%，同比增长约 0.7 个百分点。

（六）新材料产业

2016 年初，工信部下发了《关于加快新材料产业创新发展的指导意见》，从国家层面全面阐述了新材料发展的顶层设计思路。为加快推进新材料产业发展，2016 年 12 月，国务院决定成立国家新材料产业发展领导小组，全面负责新材料产业发展的总体部署、规划，开展政策研究，推动相关工程与工作顺利开展。近年来，在国家有关政策的大力扶持和材料技术的迅猛发展下，我国新材料产业保持了快速增长态势，市场规模增速一直保持在 20% 以上。

2016 年，新材料产业的发展出现了新的局面：稀土功能材料、先进储能材料、光伏材料、有机硅、超硬材料、特种不锈钢、玻璃纤维及其复合材料等新材料的产能继续位居世界前列。新材料产业体系进一步完善，初步形成了研发、设计、生产和应用品种门类较为齐全，产业技术较为完备的产业体系。节能减排成为新材料产业发展的突出特色，面对资源和环境的双重压力，新材料产业应该加快调整产品结构，加大对绿色环保材料开发与应用的力度，把环保意识贯穿于产品生产、设计全流程中，提高资源能源利用效率，降低材料制造过程中的环境污染。锂电池材料、电子化学品、碳纤维、3D 打印、石墨烯等新材料迎来发展机遇。

（七）新能源汽车产业

在多项利好政策的刺激下，新能源汽车市场迎来爆发式增长，国家层面接连出台促进新能源汽车推广应用的相关政策。此外，针对充电桩等基础设施的建设，国家电网将市场准入条件放宽，面向社会资本开放分布式电源并网、电动汽车充换电以及抽水蓄能电站和调峰调频储能等项目的投资。2018 年 2 月中旬，财政部等四部门调整完善新能源汽车推广应用财政补贴政策，新能源汽车补贴出现大退坡，但新能源汽车行业仍然热度不减，实现了较快发展。中汽协的数据显示（见图 6 – 11），2018 年 1～12 月，新能源汽车产销分别完成 127 万辆和 125.6 万辆，比上年同期分别增长 59.9% 和 61.7%。其中，纯电动汽车产销分别完成 98.6 万辆和 98.4 万辆，比上年同期分别增长 47.9% 和 50.8%；插电式混合动力汽车产销分别完成 28.3 万辆和 27.1 万辆，比上年同期分别增长 122% 和 118%；燃料电池汽车产销均完成 1527 辆。

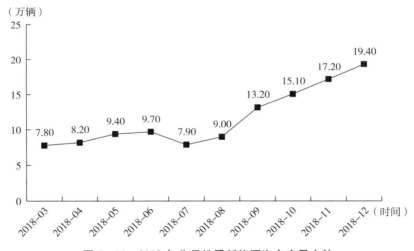

图 6 – 11　2018 年分月份看新能源汽车产量走势

数据来源：Wind 数据库。

第四节　中国数字产业的发展与布局

中国数字经济的产业总体规模近年来保持持续扩张态势，增长幅度显著高于国家 GDP 的增速。同时，数字经济与实体经济的融合不断加深，智能制造的产业规模不断扩大。在电子商务方面，跨境电商表现抢眼，成为领域内新增长点。互联网金融方面，第三方支付和移动支付行业保持平稳增长。从空间分布情况来看，各省份数字经济增速仍普遍保持两位数增长，京津冀、长三角、珠三角形成区域数字经济发展的三大"增长极"①。

一、中国数字经济的产业规模

1. 总量规模

根据中国信息通信研究院采用生产法对数字经济规模进行的测算，中国 2018 年数字经济规模达到 31.29 万亿元，占 GDP 比重为 34.8%；同时，2018 年中国数字经济总体规模增长态势良好，总体增速仍保持两位数增长（见图 6 - 12）。

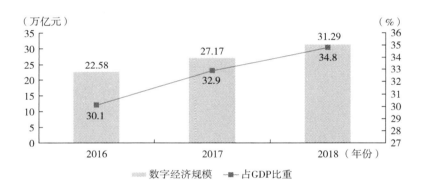

图 6 - 12 2016 ~ 2018 年中国数字经济产业规模及占 GDP 的比重

资料来源：中国信息通信研究院。

从数字经济内部结构来看，数字经济与实体经济的加速融合，使产业的数字化蓬勃发展，而信息通信产业为各行各业的信息化、数字化、智能化发展提供了坚实的服务和技术支撑，不断推动经济社会成本的降低和效率的提升。根据中国信息通信研究院的测算（见图 6 - 13），2018 年中国数字产业化规模达到 64119 亿元，较 2017 年同比增长 4.23%；产业数字化规模达到 248815 亿元，同比增长 18.36%，增速显著高于数字产业化规模。

① 本节数据如未特别注明，则均来自胡雯. 中国数字经济发展报告（2019）［M］//王振，等. 全球数字经济竞争力发展报告（2019）［M］. 北京：社会科学文献出版社，2019：105 - 127.

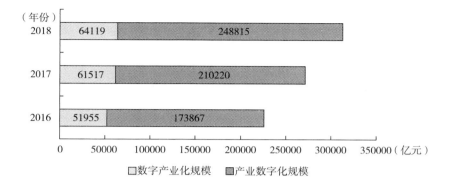

图6-13　2016~2018年中国数字产业化规模与产业数字化规模

资料来源：中国信息通信研究院．中国数字经济发展与就业白皮书（2019年）。

2. 制造业数字经济

从智能制造产业情况来看（见图6-14），2016年中国智能制造产业规模已超过1200亿美元，其中智能工厂应用和解决方案的规模最大，达到649.68亿美元；工业机器人的规模次之，达到204.72亿美元；制造业大数据及商业分析的规模排名第三，达到180.12亿美元，目前的弱项是制造业人工智能的规模较小，仅为1.44亿美元。

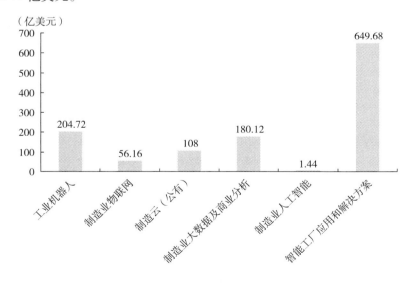

图6-14　2016年中国智能制造产业规模

资料来源：腾讯研究院等．"人工智能+制造"产业发展研究报告（2018）。

3. 服务业数字经济

（1）跨境电商。2018 年中国电子商务交易额增速持续下降。2019 年国家统计局和海关总署的统计数据显示，2018 年中国电子商务交易额为 31.63 万亿元，同比增长仅为 8.47%，较 2017 年的 11.72% 有明显下降，历年来首次低于两位数增长。跨境电商平台零售进出口总额则表现出强劲增长态势，2018 年跨境电商平台零售进出口总额为 1347.0 亿元，同比增长 49.27%。

（2）服务行业。传统电商模式正在向多渠道服务模式转型，新零售时代已经来临。中国消费行为主要有以下几个数字化趋势：一是服装行业数字化催生高敏感度商业模式，国内服装行业的数字化赋予了高敏感度商业模式新的生命力，使时尚的更迭速度进一步加快。二是餐饮行业数字化改变了传统的堂食体验，从排队、点餐、派单、支付到会员管理，数字化技术为食客提供了全线上操作的闭环体验。据统计，中国数字化餐饮门店已覆盖超过 200 个城市，改造门店数量已达 60 万家。三是家居行业数字化，智能家居市场呈爆发性增长，大城市中智能家居渗透率已达 20% 左右。

（3）互联网金融。2018 年，第三方支付和移动支付交易规模持续增长，其中第三季度交易规模达到 438357 亿元，较 2018 年第二季度增长 11.52%[1]。2018 年 6 月，国家《关于支付机构客户备付金全部集中缴存有关事宜的通知》发布，要求第三方支付企业按月逐步提高客户备付金集中缴存比例，最终在 2019 年 1 月 14 日前实现 100% 集中缴存。政策实施后，对第三方支付企业的短期收入构成一定负面影响，企业营收模式也将进入转型轨道，拓展收入来源将成为第三方支付企业的重要任务。

二、中国数字经济的空间分布

2018 年，各省份数字经济增速仍普遍保持两位数增长，增速最高达到 25% 左右，显著高于同期国民经济增速，表明各省份数字经济发展成为国民经济增长新引擎。其中，贵州和福建领先全国其他省份，增速超过 20%；浙江、江苏、广东、上海等数字经济基础较好的省份，增速也普遍超过 15%，表现出良好的发展势头。

---

[1] 资料来源：根据苏宁金融研究院发布的报告。

1. 城市数字经济分布

从城市层面来看，2018 年数字经济发展排名前五的城市依次是上海、北京、深圳、成都、杭州（见表 6 - 10），其中北京和杭州的排名相较 2017 年有一定程度的上升。

表 6 - 10　2018 年中国城市数字经济总分排名前十

排名	城市	评分	排名	城市	评分
1	上海	89.8	6	广州	86.2
2	北京	89.4	7	武汉	78.0
3	深圳	89.2	8	宁波	76.7
4	成都	87.0	9	无锡	76.4
5	杭州	86.9	10	重庆	75.4

资料来源：新华三集团数字经济研究院. 中国城市数字经济指数白皮书（2019）。

中国数字经济的区域分布出现明显的向南方聚集的情况。在前 10 的城市中，除了北京，其他 9 个城市都在南方。而除了深圳和广州，又有 7 个城市在长江经济带。这进一步表明南方与北方的发展差距在发展质量上逐步拉大。

2. 城市群数字经济分布

2018 年，中国数字经济的空间区域分布表现出明显的集聚效应，京津冀、长三角、珠三角三大区域中心继续保持引领态势，逐渐形成区域数字经济发展的三大"增长极"（见表 6 - 11）。

表 6 - 11　城市群数字经济综合评分

城市群	典型城市	评分
京津冀	北京、天津	81.2
长三角	上海、杭州	88.4
珠三角	深圳、广州	87.7
成渝城市群	成都、重庆	81.2
山东半岛城市群	济南、青岛	67.5
海峡西岸城市群	福州、厦门	70.0
呼包鄂榆城市群	呼和浩特、包头	57.1
中原和长江中游城市群	郑州、武汉	74.9

资料来源：新华三集团数字经济研究院. 中国城市数字经济指数白皮书（2019）。

珠三角城市群依托粤港澳大湾区的战略机遇和制度创新优势，在现代服务业、高端制造业领域优势明显。未来将通过构建新一代信息基础设施，推进跨境互联宽带扩容，探索建立智慧城市群的途径。

长三角一体化上升至国家战略为数字经济和高端装备制造业发展提供了更好的创新环境。例如，成立国家集成电路创新中心、国家智能传感器创新中心，完成全国首个跨省四城 5G 视频通话互联，产业资源跨区域流动得到加强。

京津冀产业优势聚焦在软件和信息服务业，京津冀在信息基础设施共建、数据共享等方面加强合作，雄安新区吸引北京创新型、高成长型科技企业疏解转移，进一步优化区域产业协同发展格局。

三、中国数字经济的发展展望

中国数字经济发展将呈现以下几个方面的态势[①]：

第一，新一轮科技革命助推数字化创新大爆发，工业互联网迎来新机遇。在新一轮科技革命的影响下，云计算、区块链、物联网、人工智能、大数据等新兴技术快速发展并投入商用，数字化创新和应用将进入新一轮的爆发式增长阶段，同时数字技术与实体经济加速融合将推动产业转型升级，助力中国经济高质量发展。

第二，传统互联网和移动互联网用户的增长速度都趋于平缓，互联网产业在消费端的演进已进入相对瓶颈阶段，伴随 5G 技术商业应用的逐步落地，互联网在供应链和制造端的应用将迎来新的发展机遇。在基础设施日渐完善、技术应用原始积累逐步完成、政策举措推陈出新的背景下，工业互联网落地成本有望进一步降低，推动产业红利显现，为中国数字经济高质量发展持续赋能。

第三，中美科技竞争白热化凸显数字经济关键核心技术发展紧迫性。鉴于数字经济领域一些核心部件长期依赖进口的现实，国内数字经济关键核心技术发展已刻不容缓。在未来一个阶段内，提高自主创新和基础技术研发能力仍然是中国数字经济发展的重点。

第四，技术无人区带来前所未有的数字治理挑战。科学技术发展进入无人区，人工智能、数字技术等对传统治理模式提出全新的挑战，面对技术无人区带来的挑战，数字治理模式和相关改策亟待转型，在协调经济、社会、环境可持续发展目标的同时，要兼顾公平、就业、包容性发展问题，使创新收益和创新风险之间达到平衡。

---

① 中国数字经济发展报告（2019）。

第七章　能源产业发展与布局

　　能源是指可产生热量、电能、光能和机械能等各种能量或可做功的物质的统称，包括石油、天然气、煤炭、煤层气、水能、核能、风能、太阳能、地热能、生物质能等一次能源和电力、热力、成品油等二次能源，以及其他新能源和可再生能源。近年来，我国能源较快发展，供给保障能力不断增强，能源生产总量、电力装机规模和发电量稳居世界第一。

第一节　我国能源产业发展总体情况

　　2018 年中国能源生产和消费呈增长的局面。中国能源生产总量达到 37 亿吨标准煤，比 2017 年增长了 5.01%，其中，非化石能源占比 14.3%；从能源消费看，我国一次能源的消费仍然以煤炭为主，占比达到 62%，油气占比为 25% 核电和可再生能源占 13%（见图 7 – 1）。这意味着我国制定的 2020 年 15% 的非化石能源消费占比目标有望如期，甚至提前实现。

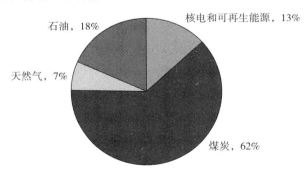

图 7 – 1　2016 年我国一次能源消费结构

资料来源：中国统计年鉴（2017）。

从能源各产业来看，2018 年中国生产原煤 35.5 亿吨，比上年增长 5.2%，增速比上年提高 2.0 个百分点，进口煤炭 2.8 亿吨。原油产量达到 1.9 亿吨，有所稳定；进口 4.6 亿吨，增长 10.1%，进口与生产比例为 2.44:1；加工量突破 6 亿吨，增长 6.8%。天然气产量 1610 亿立方米，同比增长 7.5%，进口 9039 万吨（折合约 1260 亿立方米），增长 31.9%。

2018 年，发电量达 6.8 万亿千瓦时，同比增长 6.8%。据分析，受"煤改电"、一般工商业电价下调政策以及春夏季连创高温纪录、冬季寒潮天气等因素影响，2018 年电力需求旺盛，电力生产加快，增速比上年提高 1.1 个百分点，为 2014 年以来最高增速。核电、水电、风电、太阳能等非化石能源装机占比达到 30% 左右。目前，中国是用电量、电量生产、新能源和可再生能源生产和消费第一大国[①]。

在能源产业发展方面，我国的大型煤炭基地建设取得积极成效，建成了一批安全高效大型现代化煤矿。油气储采比稳中有升，能源储运能力显著增强，油气主干管道里程达到 11.2 万千米。二次能源中水电、风电、光伏发电装机规模和核电在建规模均居世界第一。新增非化石能源发电装机规模占世界的 40% 左右。220 千伏及以上输电线路长度突破 60 万千米，西电东送能力达到 1.4 亿千瓦。在能源消费结构方面，非化石能源和天然气消费比重分别提高 2.6% 和 1.9%，煤炭消费比重下降 5.2%，清洁化步伐不断加快。

第二节 能源资源的空间分布

根据《中国矿产资源报告 2018》，2017 年，我国能源储量大体稳步增长，煤炭查明资源储量增长 4.3%，石油剩余技术可采储量增长 1.2%，天然气增长 1.6%，煤层气下降 9.5%，新发现矿种天然气水合物，产地为南海神狐海域和青海祁连山。

---

① 中国石油报，2019 - 01 - 23。

一、煤炭资源

煤炭是现代工业中十分重要的能源，是近代工业发展中最主要的能源。我国煤炭资源丰富，煤炭在能源消费结构中仍占首位。我国是世界上煤炭产量最多的国家，煤炭质量较高，种类较多。全国煤炭资源总量约为5570Gt，查明煤炭保有资源总量约为1000Gt，但净有效量仅占查明储量的10%。由于地质条件及经济、技术等方面的限制，煤炭开采条件居世界中下等水平。我国煤炭质量较好，在已查明储量中，灰分小于10%的特低灰煤占20%以上，硫分小于1%的低硫煤占65%~70%。我国煤炭资源的种类较多，在现有查明储量中，烟煤占75%，无烟煤占12%，褐煤占13%，原料煤占27%，动力煤占73%。

我国各省份的煤炭基础储量如表7-1所示，整体上呈现出稳步上升的趋势，山西、内蒙古、新疆和陕西是我国煤炭基础储量最大的省份，且储量均保持稳步上升的态势，尤其是内蒙古近五年来煤炭基础储量增长迅速，具有较大的开发潜力。另外，河南、辽宁等省份煤炭的基础储量出现了较明显的下降，未来的开发潜力有限。各省份煤炭保有资源量可以分为四个等级：第一级为内蒙古、新疆、山西、陕西四省份煤炭资源最为丰富；第二级为贵州、河南两省；第三级为黑龙江、安徽、河北、山东、宁夏、四川、云南和甘肃；第四级为北京、天津、吉林、辽宁等地煤炭资源保有量普遍较小，东南浙、闽、赣、鄂、粤、琼等省份的煤炭保有量最小。从我国煤炭分布的总体格局上看，我国煤炭资源主要聚集在西部和北部，仅山西和内蒙古的煤炭基础储量就占了全国的50%以上。

表7-1 我国各省份煤炭基础储量 单位：亿吨

省份	2011年	2012年	2013年	2014年	2015年	2016年	6年增速（%）
北京	3.76	3.73	3.83	3.75	3.9	2.66	−0.9
天津	2.97	2.97	2.97	2.97	3	2.97	0
河北	38.41	39.51	39.41	40.97	42.5	43.27	4.76
山西	834.59	908.42	906.8	920.89	921.3	916.19	81.6
内蒙古	368.89	401.66	460.1	490.02	492.8	510.27	141.38
辽宁	30.97	31.92	28.33	27.57	26.8	26.73	−4.24

续表

省份	2011 年	2012 年	2013 年	2014 年	2015 年	2016 年	6 年增速（%）
吉林	9.52	9.82	10.03	9.71	9.8	9.71	0.19
黑龙江	61.75	61.64	61.38	62.12	61.6	62.28	− 0.53
江苏	10.81	10.82	10.93	10.71	10.5	10.39	− 0.42
浙江	0.44	0.43	0.43	0.43	0.4	0.43	− 0.01
安徽	79.91	80.38	85.19	83.96	84	82.37	2.48
福建	4.29	4.44	4.33	4.22	4.1	3.98	− 0.31
江西	4.26	4.11	3.97	3.43	3.4	3.36	− 0.90
山东	74.1	79.73	78.78	77.22	77.6	75.67	1.57
河南	97.46	99.09	89.55	86.49	86	85.58	− 17.88
湖北	3.25	3.25	3.23	3.19	3.2	3.2	− 0.05
湖南	13.29	6.61	6.61	6.68	6.6	6.62	− 6.67
广东	0.23	0.23	0.23	0.23	0.2	0.23	0
广西	2.02	2.08	2.25	2.27	0.9	0.9	− 1.12
海南	1.19	1.19	1.19	1.19	1.2	1.19	0
重庆	18.57	19.85	19.86	18.03	17.6	18.03	− 0.54
四川	51.82	54.53	55.74	54.1	53.8	53.21	1.39
贵州	58.74	69.39	83.29	93.98	101.7	110.93	52.19
云南	59.67	59.09	60.2	59.47	59.6	59.58	− 0.09
西藏	0.12	0.12	0.12	0.12	0.1	0.12	0
陕西	107.59	108.99	104.38	95.48	126.6	162.93	55.34
甘肃	23.51	34.08	32.69	32.86	32.5	27.32	3.81
青海	16.12	15.97	12.17	11.82	12.5	12.39	− 3.73
宁夏	31.28	32.34	38.47	38.04	37.4	37.45	6.17
新疆	148.36	152.47	156.53	158.01	158.7	162.31	13.95
总计	2157.89	2298.86	2362.9	2399.93	2440.3	2492.27	334.38

资料来源：根据 EPS 数据库数据计算整理。

　　从地理特征上看，我国煤炭资源分布差异显著，新疆、山西、陕西、安徽、河南等省份煤炭资源分布集中，拥有众多大型含煤盆地。南方则没有大规模煤炭资源分布，除四川盆地之外，均为中小型含煤盆地。在天山南北两侧的塔里木盆地和准噶尔盆地内，煤炭资源近似环状分布，而沿天山一线，煤炭资源呈明显线状展布；陕北、蒙西等地的广阔区域煤炭资源也十分丰富。大兴安岭两侧的煤炭资源分布显著不同，以西的蒙东地区煤炭资源主要集中于二连盆地等，分布相对集中，而以东的东三省，煤炭资源呈明显零星分布。

　　我国煤炭资源可以划分为九个分区（见表7-2），① 即东北区、黄淮海区、东南区、蒙东区、晋陕蒙（西）宁区、西南区、北疆区（新疆北含煤区）、南疆—甘青区以及西藏区。如果按照东部、中部和西部进行划分，东北区、黄淮海区和东南区属于东部，蒙东区、晋陕蒙（西）宁区和西南区属于中部，北疆区、南疆—甘青区和西藏区均属于西部。"井"字形中心区域——晋陕蒙（西）宁区正是我国大型煤炭基地的集中分布区域和目前煤炭资源开发的重点区域。

表7-2　我国煤炭资源分区域分布情况

"井"字形划分	煤炭分区	包含地区单元
东北区	东北区	辽宁、吉林、黑龙江三省含煤区
东中区	黄淮海区	冀、鲁、豫、京、津、苏北、皖北含煤区
东南区	东南区	闽、浙、赣、苏南、皖南、鄂、湘、粤、桂、琼含煤区
中北区	蒙东区	内蒙古东含煤区
中央区	晋陕蒙（西）宁区	晋、陕北、陇东、宁、内蒙古西含煤区
中南区	西南区	滇东、贵、川东、渝、陕南含煤区
西北区	北疆区	新疆北含煤区
西中区	南疆—甘青区	新疆南含煤区、陇西、青海
西南区	西藏区	西藏、川西、滇西含煤区

资料来源：根据《我国煤炭资源"井"字形分布特征与可持续发展战略》整理。

二、油气资源

　　我国石油和天然气产量比较稳定，这主要得益于我国近年来石油和天然气的地质勘探工作取得很大成效，加上我国国土面积广大，石油和天然气的资源潜力较大。

---

　　① 彭苏萍，张博. 我国煤炭资源"井"字形分布特征与可持续发展战略［J］. 中国工程科学，2015（9）.

（一）石油资源

20 世纪 90 年代以来，我国石油储量的增加，使剩余可采储量维持基本不变，或呈上升趋势。已发现并投入开发的油田还大幅度地增加了可采储量。西北、海域以及作为战略后备区的青藏高原都可望发现新的油田。我国天然气资源量较小，仅占世界总储量的 1.2%。我国气田规模偏小，大、中型气田占全国气田总数的比例不高。我国气田总体丰度属低类，高、中丰度的储量分别占全国总储量的 28% 和 16%，低丰度和特低丰度储量分别占 35% 和 20%。在空间上，东部地区总体为特低丰度，其余各区总体皆为低丰度。

根据国土资源部公开发布的 2015 年全国油气资源动态评价成果，我国油气地质与可采资源与上一轮全国油气资源评价结果相比均有大幅增加。我国石油地质资源量为 1257 亿吨、可采资源量为 301 亿吨，与 2007 年全国油气资源评价结果相比，石油地质资源量与可采资源量分别增加了 64% 和 42%。天然气地质资源量为 90.3 万亿立方米，可采资源量为 50.1 万亿立方米，与 2007 年全国油气资源评价结果相比，天然气地质资源量与可采资源量分别增加了 158% 和 127%。我国油气资源量大幅增长的原因，主要为勘探工作量的增加和地质认识的深化拓展了勘探领域，技术进步降低了资源的门槛。全国待探明石油地质资源量为 885 亿吨，待探明天然气地质资源量为 77 万亿立方米，可供勘探的资源潜力大。[1]

各省份石油剩余技术可采储量如表 7-3 所示。总体上看我国石油储量保持平稳上升，新疆、黑龙江、陕西和山东的储量比较丰富。然而，从开采储量的变化来看，上述四省份中黑龙江和山东呈现下降趋势，新疆和陕西的储量有所增加，从总量上看我国石油剩余技术可采量整体保持平稳。中国油气资源主要集中在大型含油气盆地，84% 的石油资源分布在松辽、渤海湾、鄂尔多斯、塔里木、准噶尔、珠江口、柴达木、北部湾八个大型盆地。

表 7-3　我国各省市区石油剩余技术可采储量情况　　单位：亿立方米

省份	2011 年	2012 年	2013 年	2014 年	2015 年	2016 年	6 年增速（%）
天津	2742.16	3034.52	3115.22	3048.6	3005.6	3349.9	607.74

---

① 国土资源部 . 2015 全国油气资源动态评价成果，2016。

续表

省份	2011 年	2012 年	2013 年	2014 年	2015 年	2016 年	6 年增速（%）
河北	27736.14	26934.54	26685.34	26724.9	26422.2	26576.4	-1159.74
内蒙古	8520.38	8517.07	8339.35	8354.4	8208.5	8381.3	-139.08
辽宁	17880.89	16946.82	16411.23	15777.4	15052.8	14351.6	-3529.29
吉林	17788.93	18304.08	18326.64	18122.3	17798.7	17500.6	-288.33
黑龙江	51273.08	50137.48	47311.25	45373.8	44048.7	42665.8	-8607.28
江苏	2933.35	3061.03	3023.37	2965.4	2906.9	2729.5	-203.85
安徽	208.8	260.06	254.2	253.1	247	238.5	29.7
山东	34329.4	34302.35	33839.35	32627.4	31123.5	29412.2	-4917.2
河南	5190.34	5160.24	5037.37	4876.8	4631.1	4427	-763.34
湖北	1302.57	1328.7	1303.7	1284.9	1241.6	1185.9	-116.67
广东	8.05	7.9	13.85	13.8	13.7	16.4	8.35
广西	142.88	139	135.27	131.6	128.9	154	11.12
海南	-34.44	297.5	274.39	277.9	326.6	452.3	486.74
重庆	159.05	158.63	278.43	267.7	267.1		108.05
四川	818.74	804.63	666.66	661.8	648.4	623.4	-195.34
云南	12.21	12.21	12.21	12.2	12.2	12.2	-0.01
陕西	29844.34	31397.94	33712.64	36300.8	38445.3	38375.6	8531.26
甘肃	15529.15	19184.32	21150.01	21878.4	24109.8	28261.7	12732.55
青海	5529.44	6499.44	6284.94	7524.5	7955.8	8252.3	2722.86
宁夏	709.96	2299.47	2313.96	2180.6	2370.6	2432.4	1722.44
新疆	56299.1	56464.74	58393.63	58878.6	60112.7	59576.3	3277.2
总计	280935.5	287264.7	288896	289550.9	291092.7	289242.4	8306.9

资料来源：根据 EPS 数据库数据计算整理。

（二）天然气资源

我国天然气地质资源量 90 万亿立方米、可采资源量 50 万亿立方米。陆上地区内蒙古、新疆和四川的储量相对比较丰富，但是绝对量上仍然比较匮乏。从增长速度上看，上述三省份天然气储量 5 年来均有所增长，特别是四川的储量大幅上升。然而，河北、辽宁、吉林和黑龙江等省份的储量也呈现出了下降的趋势（见表 7-4）。可以期待的是：我国拥有广阔的海上国土，渤海、黄海、东海和南海都有很大的油气资源潜力，下一步关键是加大海上油气资源的勘探力度。

表7-4　我国各省份天然气剩余技术可采储量情况　　单位：亿立方米

省份	2011年	2012年	2013年	2014年	2015年	2016年	6年增速
天津	273.66	278.78	279.79	278.53	274.3	274.91	1.25
河北	333.1	315.37	325.86	324.49	317	338.03	4.93
山西	—	—	—	75.95	419.1	413.75	413.75
内蒙古	8040.48	8344.3	8042.54	8098.14	8149.1	9630.49	1590.01
辽宁	194.82	178.54	169.46	156.57	149.9	154.54	-40.28
吉林	827.29	776.22	756.35	667.81	685	731.25	-96.04
黑龙江	1407.46	1381.51	1353.93	1344.51	1317.9	1302.33	-105.13
江苏	24.04	24.35	24.3	24.02	23.2	23.31	-0.73
安徽	0.15	0.3	0.24	0.26	0.3	0.25	0.1
山东	379.2	345.2	357.9	348.35	342.4	334.93	-44.27
河南	98.51	75.08	72.09	70.79	72.2	74.77	-23.74
湖北	4.57	49.68	48.79	4.42	47.4	46.87	42.3
广东	0.3	0.3	0.5	0.5	0.5	0.59	0.29
广西	3.38	1.24	1.32	1.32	1.4	1.58	-1.8
海南	-4.24	-1.29	-3.45	3.69	3.1	24.35	28.59
重庆	1955.33	1928.31	2472.83	2456.55	2641.8	—	686.47
四川	7973.07	9351.09	11874.38	11708.56	12654.5	13191.61	5218.54
贵州	10.5	5.44	6.39	6.31	6.1	6.1	-4.4
云南	2.32	2.24	0.8	0.8	0.5	0.47	-1.85
陕西	5478	6376.26	6231.14	8047.88	7587.1	7802.5	2324.5
甘肃	191.63	224.58	241.28	256.09	272	318.03	126.4
青海	1329.11	1281.6	1511.79	1457.94	1396.9	1354.44	25.33
宁夏	2.54	294.96	294.4	272.76	272.9	274.44	271.9
新疆	8809.93	9324.37	9053.88	9746.2	10202	10251.78	1441.85
总计	37335.15	40559.13	43116.51	45352.44	46836.6	—	11857.97

资料来源：根据EPS数据库数据计算整理。

　　在天然气的地理分布方面，四川盆地天然气地质资源量为20.7万亿立方米、可采资源量为11.2万亿立方米，与2007年评价结果相比，分别增长了2.8倍和2.3倍。近海海域各盆地天然气地质资源量为20.8万亿立方米、可采资源量为12.2万亿立方米，与2007年评价结果相比，分别增长了157%和132%。鄂尔多斯、塔里木等盆地天然气资源量也有较大幅度增长。

　　我国非常规油气资源潜力可观。全国埋深4500米以浅页岩气地质资源量为122万亿立方米，可采资源量为22万亿立方米，具有现实可开发价值的有利区可采资源量为 5.5 万亿立方米，主要分布在四川盆地及周缘。埋深 2000 米以浅煤层气地质资源量为 30 万亿立方米，可采资源量为 12.5 万亿立方米，具有现实可开发价值的有利区可采资源量为 4 万亿立方米，主要分布在沁水盆地南部、鄂尔多斯盆地东缘、滇东黔西盆地北部和准噶尔盆地南部。[①]

三、非化石能源

我国非化石能源的储量十分丰富，主要包括水能、核能、风能、太阳能等。另外，还有地热、潮汐和可燃冰、干热岩等尚处在科学研究或小规模开采阶段，在国民经济中的作用比较有限，但未来前景十分广阔。

（一）水能

20 世纪 70 年代末，中国普查数据显示，单河理论蕴藏量 0.876 亿千瓦·时/年以上的河流共计 3019 条，总理论蕴藏量为 5.7 万亿千瓦·时/年；加上部分较小河流后，合计为 5.92 万亿千瓦·时/年（未统计台湾省水能资源），居世界第一位。单站装机 500 千瓦及以上的可开发水电站共 11000 余座，总装机容量 37853 万千瓦，多年平均年发电量 19233 亿千瓦·时。

水能资源的分布主要在西部和中南部，在全国可开发资源量中合计占到 93.2%，其中西南占 67.8%。占全国 10% 以上比重的省份有四川（26.8%）、云南（20.9%）和西藏（17.2%），其次为湖北、青海、贵州、广西，各在 3%~8%。与燃料资源主要分布在北方相比，水能资源与之在空间上有较强的区域互补性。

从大江大河的流域水资源来看，长江流域可开发的水能资源占全国一半以上。流域内的水电站大多具有开发条件好、技术经济指标较优、能较好地发挥综合利用效益等特点。长江干支流水能理论蕴藏量为 2.68×10^8 千瓦，可能开发量为 1.97×10^8 千瓦，年发电量 10270×10^8 度，占全国可开发量的 53.4%。流域内已建、在建的水电站装机容量约 4300×10^4 千瓦（包括三峡水利枢纽），约占可开发量的 1/5。长江上游地区水能资源最为丰富，是今后流域水电开发的重点。

（二）核能

中国是铀矿资源不甚丰富的一个国家。据统计，我国向国际原子能机构陆

---

① 国土资源部.2015 年全国油气资源动态评价成果，2016。

续提供的一批铀矿田的储量推算，铀矿探明储量居世界第 10 位之后，不能适应发展核电的长远需要。矿床规模以中小为主（占总储量的 60% 以上）。矿石品位偏低，通常有磷、硫及有色金属、稀有金属矿产与之共生或伴生。

我国铀矿矿床类型主要有花岗岩型、火山岩型、砂岩型、碳硅泥岩型铀矿床四种，其所拥有的储量分别占全国总储量的 38%、22%、19.5%、16%。含煤地层中铀矿床、碱性岩中铀矿床及其他类型铀矿床在探明储量中所占的比例很少，但具有找矿潜力。中国铀矿成矿时代的时间跨度为古元古代到第三纪之间，以中生代的侏罗纪和白垩纪成矿最为集中。空间分布上分南、北两个大区，北方铀矿区以火山岩型为主，南方铀矿区则以花岗岩型。2012 年 11 月 4 日，国土资源部称，由中央地质勘查基金投资实施的内蒙古中部大营地区铀矿勘查取得重大突破，发现国内最大规模的可地浸砂岩型铀矿床。连同此前的勘查成果，该地区累计控制铀资源量跻身于世界级大矿行列。这对我国立足国内提高铀资源供应，提高核电发展资源保障能力有重大意义。

（三）风能

中国风资源具有明显的时空差异性。在全国范围内，年平均风速和风能密度分别为 4.09 米/秒和 164.1 瓦/平方米。空间上，中国东北地区风力资源最丰富，年平均风速和风能密度分别为 4.64 米/秒和 204 瓦/平方米，南方地区的年平均风速和风能密度最低，分别为 3.55 米/秒和 97.4 瓦/平方米。时间上，中国风力资源在寒冷季节（春季和冬季，4 月份的高峰期）要高于温暖季节（夏季和秋季，8 月份的底部）。其中，风力资源丰富的"三北"地区（包括东北、华北和西北地区）在寒冷季节的风电产量是暖季的 1.4 倍。此外，中国东部沿海一些地区也具有较高风能密度（大于 500 瓦/平方米）和较小的季节波动。①

（四）太阳能

太阳能是太阳内部连续不断的核聚变反应过程产生的能量，尽管太阳辐射到地球大气层外界的能量仅为其总辐射能量的 22 亿分之一，但其辐射能量已很高，每秒钟投射到地球上的能量相当 5.9×10^6 吨煤。地球上绝大部分能源皆源自于太阳能。风能、水能、生物质能、海洋温差能、波浪能和潮汐能等均来源于太阳。

---

① 中国风速时空分布格局与风能潜力，北极星风力发电网，2019 – 01 – 28.

中国地处北半球欧亚大陆的东部，主要处于温带和亚热带，具有比较丰富的太阳能资源。根据全国700多个气象台站长期观测积累的资料表明，中国各地的太阳辐射年总量大致在 $3.35 \times 10^3 \sim 8.40 \times 10^3$ 兆焦/平方米，其平均值约为 5.86×10^3 兆焦/平方米。该等值线从大兴安岭西麓的内蒙古东北部开始，向南经过北京西北侧，朝西偏南至兰州，然后径直朝南至昆明，最后沿横断山脉转向西藏南部。在该等值线以西和以北的广大地区，除天山北面的新疆小部分地区的年总量约为 4.46×10^3 兆焦/平方米外，其余绝大部分地区的年总量都超过 5.86×10^3 兆焦/平方米。

从全国太阳年辐射总量的分布来看，西藏、青海、新疆、内蒙古南部、山西、陕西北部、河北、山东、辽宁、吉林西部、云南中部和西南部、广东东南部、福建东南部、海南岛东部和西部以及台湾省的西南部等广大地区的太阳辐射总量很大。尤其是青藏高原地区最大，那里平均海拔高度在4000米以上，大气层薄而清洁，透明度好，纬度低，日照时间长。例如，被人们称为"日光城"的拉萨市，1961～1970年的年平均日照时间为3005.7小时，相对日照为68%，年平均晴天为108.5天，阴天为98.8天，年平均云量为4.8，太阳总辐射为量为每平方厘米平均816千焦，比全国其他省区和同纬度的地区都高。

按接受太阳能辐射量的大小，全国大致上可分为五类地区：

（1）一类地区：全年日照时数为3200～3300小时，辐射量相当于225～285千克标准煤燃烧所发出的热量。主要包括青藏高原、甘肃北部、宁夏北部和新疆南部等地。

（2）二类地区：全年日照时数为3000～3200小时，辐射量相当于200～225千克标准煤燃烧所发出的热量。主要包括河北西北部、山西北部、内蒙古南部、宁夏南部、甘肃中部、青海东部、西藏东南部和新疆南部等地。

（3）三类地区：全年日照时数为2200～3000小时，辐射量相当于170～200千克标准煤燃烧所发出的热量。主要包括山东、河南、河北东南部、山西南部、新疆北部、吉林、辽宁、云南、陕西北部、甘肃东南部、广东南部、福建南部、江苏北部和安徽北部等地。

（4）四类地区：全年日照时数为1400～2200小时，辐射量相当于140～170kg标准煤燃烧所发出的热量。主要包括长江中下游、福建、浙江和广东的一部分地区。

（5）五类地区：全年日照时数约 1000～1400 小时，辐射量相当于 115～140 千克标准煤燃烧所发出的热量。主要包括四川、贵州两省，此类地区是我国太阳能资源最少的地区①。

第三节　能源主要行业的发展与地理分布

一、煤炭产业

（一）煤炭开发总体布局

目前，全国煤炭开发总体布局是：压缩东部地区，限制中部地区和东北地区，优化西部地区。东部地区煤炭资源逐渐枯竭，开采条件复杂，生产成本高；中部和东北地区现有开发强度大，接续资源多在深部，投资效益降低；西部地区资源丰富，开采条件好，生态环境脆弱。从 2017 年原煤的产量看，山西、内蒙古和陕西的原煤产量超过了 50000 万吨，分别位居全国的前三位（见图 7-2）。从原煤产量的增速上看，全国大部分省区的原煤产量呈现负增长，山西的原煤产量有较大幅度的提升，其余有所提升的省份为河北、安徽、云南、陕西和新疆（见图 7-3）。

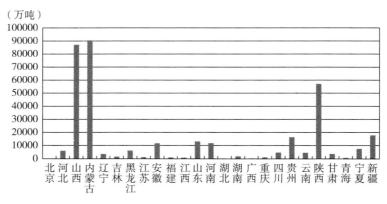

图 7-2　我国原煤产量

资料来源：根据 EPS 数据库数据计算整理。

---

① 资料来源：《煤炭工业发展"十三五"规划》。

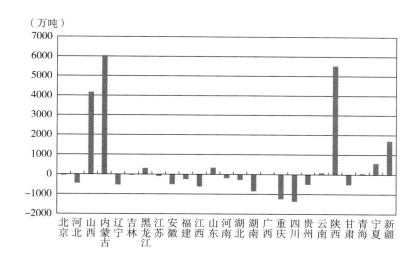

图 7 - 3 我国原煤产量增速

资料来源：根据 EPS 数据库数据计算整理。

这种煤炭产业的发展格局与各产区的开采条件有关，也受到国家发展规划和政策的影响。根据《煤炭工业发展"十三五"规划》，我国煤炭各产区的开采条件和预计产量如表 7 - 5 所示。在"十三五"期间，要加快大型煤炭基地外煤矿关闭退出，降低鲁西、冀中、河南、两淮大型煤炭基地生产规模，控制蒙东（东北）、晋北、晋中、晋东、云贵、宁东大型煤炭基地生产规模，有序推进陕北、神东、黄陇、新疆大型煤炭基地建设。[1]

表 7 - 5 我国煤炭开采条件和产业规划

地区	煤炭开发特征	产业发展途径	2020 年预计产量
北京、吉林、江苏	资源枯竭，产量下降	—	—
福建、江西、湖北、湖南、广西、重庆、四川	煤炭资源零星分布，开采条件差，矿井规模小，瓦斯灾害严重，水文地质条件复杂	加快大型煤炭基地外煤矿关闭退出	大型煤炭基地外煤炭产量控制在 2 亿吨以内

---

① 本部分数据主要来于《煤炭工业发展"十三五"规划》。

续表

地区	煤炭开发特征	产业发展途径	2020 年预计产量
鲁西、冀中、河南、两淮	资源储量有限，地质条件复杂，煤矿开采深度大，部分矿井开采深度超过千米，安全生产压力大。基地内人口稠密，地下煤炭资源开发与地面建设矛盾突出	做好资源枯竭、灾害严重煤矿退出，逐步关闭采深超过千米的矿井，合理划定煤炭禁采、限采、缓采区范围，压缩煤炭生产规模	到 2020 年，鲁西基地产量控制在 1 亿吨以内、冀中基地 0.6 亿吨、河南基地 1.35 亿吨、两淮基地 1.3 亿吨
内蒙古东部	生态环境脆弱，水资源短缺		
东北地区	煤质差，退出煤矿规模大，人员安置任务重，适度建设接续矿井，逐步降低生产规模	控制褐煤生产规模，限制远距离外运	到 2020 年，蒙东（东北）基地产量 4 亿吨
晋北、晋中、晋东	尚未利用资源多在中深部，煤质下降，水资源和生态环境承载能力有限	做好资源枯竭煤矿关闭退出，加快处置资源整合煤矿，适度建设接续矿井。晋北基地坚持输煤输电并举，积极推进煤电一体化，晋中基地做好炼焦煤资源保护性开发，晋东基地做好优质无烟煤资源保护性开发	晋北基地产量 3.5 亿吨、晋中基地 3.1 亿吨、晋东基地 3.4 亿吨
云贵	开采条件差，高瓦斯和煤与瓦斯突出矿井多，水文地质条件复杂，单井规模小	大力调整生产结构，淘汰落后和非正规采煤工艺方法，加快关闭灾害严重煤矿，适度建设大中型煤矿，提高安全生产水平	云贵基地产量 2.6 亿吨
宁东	开发强度大	控制煤炭生产规模	宁东基地产量 0.9 亿吨
陕北、神东	煤炭资源丰富、煤质好，煤层埋藏浅，地质构造简单，生产成本低	重点配套建设大型、特大型一体化煤矿，变输煤为输电，向华北电网送电，有序建设配套煤矿，满足煤炭深加工用煤需要	陕北基地产量 2.6 亿吨，神东基地 9 亿吨

续表

地区	煤炭开发特征	产业发展途径	2020 年预计产量
黄陇	黄陇基地渭北区域保有资源储量少，水文地质条件复杂，加快资源枯竭和灾害严重煤矿关闭退出。黄陇基地陇东区域资源埋藏深，缺乏区位优势，煤炭开发仍需依赖外送电力需求	适度建设大型煤矿，补充川渝等地区供应缺口	黄陇基地产量 1.6 亿吨
新疆	煤炭资源丰富，开采条件好，水资源短缺，生态环境脆弱，市场相对独立	以区内转化为主，少量外调，配套建设大型、特大型一体化煤矿，满足电力外送用煤需要。根据准东、伊犁煤炭深加工项目建设情况，适度开发配套煤矿，满足就地转化需求	新疆基地产量 2.5 亿吨

资料来源：根据《煤炭工业发展"十三五"规划》整理。

（二）煤炭产业调整方向

煤炭开采产业的空间格局调整方向是：东部地区原则上不再新建煤矿；中部和东北地区将严控制接续煤矿，中部地区新开工规模约占全国的 12%，东北地区新开工规模约占全国的 1%；西部地区结合煤电和煤炭深加工项目用煤需要，配套建设一体化煤矿；内蒙古、陕西、新疆为重点建设省份。严格控制神东、陕北、黄陇和新疆基地的新增产能，在充分利用现有煤炭产能的基础上，结合已规划的电力、现代煤化工项目，根据市场情况合理安排新建煤矿项目；在蒙东（东北）、宁东、晋北、晋中、晋东和云贵基地，有序建设接续煤矿，控制煤炭生产规模；鲁西、冀中、河南和两淮基地压缩煤炭生产规模。加快淘汰落后的小煤矿，以及开采范围与自然保护区、风景名胜区、饮用水水源保护区等区域重叠的煤矿。

另外，还需要建设一批煤炭深加工产业：宁夏神华宁煤二期、内蒙古神华鄂尔多斯二三线、陕西兖矿榆林二期、新疆甘泉堡、新疆伊犁、内蒙古伊泰、贵州毕节、内蒙古东部的煤制油产业；新疆准东、新疆伊犁、内蒙古鄂尔多斯、山西大同、内蒙古兴安盟的煤制天然气产业；陕西延长榆神煤油电多联产、陕煤榆林煤油气化多联产、龙成榆林煤油气多联产；江西江能神雾萍乡煤电油多联产等煤炭综合利用项目。

（三）煤炭运输与调配

要统筹煤炭的运输与调配。预计 2020 年，煤炭调出省区净调出量 16.6 亿吨，其中晋陕蒙地区 15.85 亿吨，主要调往华东、京津冀、中南、东北地区及四川、重庆；新疆 0.2 亿吨，主要供应甘肃西部，少量供应四川、重庆；贵州 0.55 亿吨，主要调往云南、湖南、广东、广西、四川、重庆。煤炭调入省区净调入 19 亿吨，主要由晋陕蒙、贵州、新疆供应，沿海、沿江地区进口部分煤炭。①

二、油气产业

（一）油气产业发展

从总体上看，我国石油和天然气开采业的投资呈现出稳步增长的态势，2016 年度有所下滑，投资总额已经跌落了 2012 年的水平。从各省份的投资看，黑龙江、陕西和新疆的投资总量最高，均超过了 200 亿元。从投资的增速看，陕西和新疆的投资增速也远远超出全国其他省份，另外四川和重庆的石油和天然气开采业的投资增速也比较迅猛，不过以上四省投资增速均在 2016 年回落明显，而且内蒙古、辽宁等地的投资则出现了明显下滑。

如图 7 - 4 所示，最近 5 年来我国的石油和天然气工业的开采投资增长幅度很大。从省份来看，海南、重庆、四川、广东等地的开采投资增幅最大（见表 7 - 6）。海南 2010 ~ 2016 年的年均增速达到了 61.72% 以上，重庆和四川也超过了 40%。

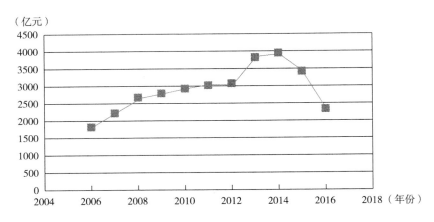

图 7 - 4　2004 ~ 2018 年石油和天然气开采业投资

---

① 本部分数据主要来自于《煤炭工业发展"十三五"规划》。

表 7 - 6　我国石油和天然气开采业投资情况　　　　单位:亿元

省份	2010 年	2011 年	2012 年	2013 年	2014 年	2015 年	2016 年	年均增速（%）
北京	0.12	0.14	—	1.11	0.61	—		-0.024
天津	306.39	219.77	172.02	286.57	303.82	261.70	101.13	-34.21
河北	33.51	36.79	26.81	39.65	40.70	33.64	30.71	-0.47
山西	21.62	65.68	88.31	111.63	140.64	124.07	63.01	6.89
内蒙古	196.58	96.48	53.64	141.31	159.06	42.55	115.61	-13.5
辽宁	145.80	110.40	90.71	131.46	95.98	85.03	47.77	-16.34
吉林	242.42	160.13	228.44	177.90	253.73	295.11	173.53	-11.48
黑龙江	339.90	350.32	312.55	338.93	306.98	271.80	200.88	-23.17
上海	0.33	0.57	—	—	—	—	17.28	2.83
江苏	27.35	15.01	28.2	32.14	35.89	44.27	0.16	-4.53
安徽	1.63	1.04	0.66	2.04	3.40	0.87	0.60	-0.17
福建	—	—	—	11.89				0
江西	—	—	—	—				0
山东	219.15	289.60	283.62	289.08	298.87	307.88	133.25	-14.32
河南	71.46	59.03	59.54	50.28	42.13	31.45	15.67	-9.30
湖北	3.64	4.45	0.56	3.20	0.82	1.09	5.11	0.25
湖南	0.44	2.11	—	0.30	—	1.08	—	0.13
广东	12.35	30.87	28.15	89.18	135.52	23.74	42.48	5.02
广西	1.75	4.94	0.35	1.90	2.24	4.88	1.45	-0.05
海南	0.27	11.43	3.01	3.30	5.72	1.36	4.83	0.76
重庆	8.95	23.46	12.19	33.00	115.01	138.93	75.65	11.12
四川	10.48	—	6.19	13.46	14.35	129.76	92.03	13.59
贵州	—	1.08	—	—	—	1.44	15.99	2.67
云南	0.78	0.17	—	—	—	—	—	-0.16
西藏	—	—	—	—	—	0.28	0.24	0.04
陕西	256.04	301.25	299.49	502.79	394.27	473.74	274.48	3.07
甘肃	11.72	20.98	75.24	115.70	121.20	67.12	25.83	2.35
青海	39.44	34.51	39.92	62.34	59.85	49.35	48.56	1.52
宁夏	1.58	0.95	0.86	8.03	4.52	14.31	2.13	0.09
新疆	387.93	431.36	440.50	525.30	605.64	543.10	357.54	-5.07
总计	2341.63	2272.52	2250.96	2960.60	3152.84	2948.55	1845.92	82.62

资料来源:根据 EPS 数据库数据计算整理。

（二）油气产量

当前，我国石油和天然气的产量保持稳定，其中原油产量接近 2 亿吨，天然气产量 1480 亿立方米。其中，天津、陕西、黑龙江和新疆 2017 年原油生产量均在 2500 万吨以上，另外，广东、山东和辽宁的石油生产量均超过了 1000 万吨。但是，这些省份的产量增速下降也较快，如陕西和新疆等省份从 2013 年至 2017 年的年均增速均降至 −50 万吨左右（见表 7 − 7）。在天然气方面，产量较大的省份为四川、陕西和新疆，尤其四川的天然气产量在 2013 年至 2017 年内提升迅速，广东和青海也比较富足（见表 7 − 8）。

表 7 − 7　2005 年、2010 年、2015 年和 2017 年我国原油总产量　单位：万吨

省份	2005 年	2010 年	2015 年	2017 年
天津	1792.99	3332.70	3496.77	3102.42
河北	562.45	599.00	580.10	539.11
内蒙古	—	—	45.82	12.21
辽宁	1260.96	950.00	1037.07	1044.20
吉林	550.57	702.30	665.48	420.94
黑龙江	4516.01	4004.90	3838.60	3420.26
上海	25.27	8.30	6.83	6.83
江苏	164.70	186.00	190.51	156.11
山东	2694.54	2786.00	2608.03	2234.91
河南	507.16	497.90	412.05	282.92
湖北	78.11	86.50	71.00	55.50
广东	1470.03	1287.10	1572.61	1435.21
广西	3.43	2.70	50.51	44.07
海南	10.07	20.00	29.98	29.96
四川	13.92	15.10	15.43	8.67
云南	0.09	—	—	—
陕西	1778.16	3017.30	3736.73	3489.82
甘肃	78.91	58.20	66.61	46.95
青海	221.49	186.10	223.00	228.00
宁夏	—	3.10	13.35	0.70
新疆	2406.43	2558.20	2795.09	2591.82

资料来源：中国统计年鉴（2006、2011、2016、2018）。

表 7 - 8　2005 年、2010 年、2015 年和 2017 年我国天然气总产量

单位：亿立方米

省份	2005 年	2010 年	2015 年	2017 年
北京	—	—	16.88	15.41
天津	8.79	17.20	20.54	21.50
河北	6.92	12.70	10.43	7.39
山西	3.24	—	43.08	46.76
内蒙古	—	—	9.24	0.19
辽宁	11.72	8.00	6.59	5.11
吉林	5.40	13.70	20.31	18.58
黑龙江	24.43	30.00	35.82	40.54
上海	6.04	3.30	1.88	1.71
江苏	0.64	0.60	0.37	2.94
浙江	0.03	—	—	6.14
安徽	—	—	—	2.60
江西	—	—	0.35	0.21
山东	9.25	5.33	4.57	4.15
河南	20.14	6.72	4.19	2.98
湖北	1.12	2.00	1.35	1.27
广东	44.75	78.40	96.57	89.23
广西	—	—	0.16	0.21
海南	7.32	1.80	1.88	1.10
重庆	3.27	1.20	33.32	60.70
四川	145.23	237.65	267.22	356.39
贵州	0.53	0.12	0.93	4.15
云南	0.22	0.06	—	0.04
陕西	80.59	223.50	415.92	419.40
甘肃	0.84	0.20	0.08	0.60
青海	22.26	56.10	61.37	64.01
新疆	106.71	249.90	293.02	307.04

资料来源：中国统计年鉴（2006、2011、2016、2018）。

　　未来我国石油产业发展要加强国内勘探开发，促进石油增储稳产。深化精细勘探开发，延缓东部石油基地产量衰减，稳定松辽盆地、渤海湾盆地等东

（中）部生产基地，积极发展先进采油技术，提高原油采收率，努力减缓大庆、胜利、辽河等老油田产量递减，实现西部鄂尔多斯、塔里木、准噶尔三大石油基地增储稳产。加强海上石油基地开发，积极稳妥推进深水石油勘探开发。支持鄂尔多斯、松辽、渤海湾等地区超低渗油、稠油、致密油等低品位资源和页岩油、油砂等非常规资源勘探开发和综合利用，同时加快海洋油气开发步伐。①

在天然气开发与布局方面，天然气产业发展要坚持海陆并进，常非并举。陆上常规天然气方面，以四川、鄂尔多斯、塔里木盆地为勘探重点，强化已开发气田稳产，做好已探明未开发储量、新增探明储量开发评价和目标区优选建产工作，其中，以鄂尔多斯盆地上古生界、四川盆地须家河组、松辽盆地登娄库组、渤海湾盆地深层、塔里木盆地深层为重点。同时，要加快勘探开发海域天然气。

非常规天然气方面，以南方海相为勘探重点，探索海陆过渡相和陆相页岩气勘探开发潜力。页岩气方面，加决四川长宁—威远、重庆涪陵、云南昭通、陕西延安等国家级示范区建设，威远—荣县、荣昌—永川、贵州黔北、黔东北、湖南湘中、江西修武等其他潜力区块勘探开发。煤层气方面，重点开展沁水、鄂尔多斯盆地煤层气勘查工作，努力在新疆等西北地区低阶煤煤层气获得新的突破，探索滇东黔西含气盆地群高应力区煤层气资源勘查，为全国范围煤层气大规模开发提供坚实的资源基础。②

三、电力产业

（一）电力工业发展

从总体上看，我国电力、蒸汽、热水生产和供应业投资呈现出迅速增长的态势，2011 年后全国的投资总额迅返上升（见图 7 – 5）。从各省份的投资总量看，内蒙古、新疆和山东的投资总量最高，但是其他省份的投资总量与其相差不大，共有 8 个省份的投资超过了 1000 亿元。

从各省份的电力工业投资看，江苏、安徽、江西、山东、河南、西藏、陕西和宁夏等省份的投资增速较快，超过了 20%，而辽宁、黑龙江、贵州、云南这四个省份则是负增长（见表 7 –9）。

---

① 本部分数据主要来自《石油发展"十三五"规划》。
② 本部分数据主要来自于《石油发展"十三五"规划》。

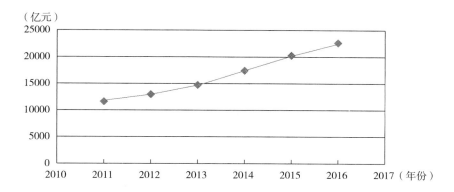

图 7 - 5　我国电力、蒸汽、热水生产和供应业投资

表 7 - 9　2011～2016 年我国电力、蒸汽、热水生产和供应业投资情况

单位：亿元

省份	2011 年	2012 年	2013 年	2014 年	2015 年	2016 年	年均增速（%）
北京	114	160	177	231	169	188	10.52
天津	175	226	226	186	249	261	8.32
河北	598	558	593	756	1105	1476	19.81
山西	463	501	551	828	1126	1004	16.74
内蒙古	865	786	940	1457	1387	1506	11.73
辽宁	498	502	523	547	375	244	- 13.30
吉林	309	345	348	351	359	384	4.44
黑龙江	278	427	341	342	252	262	- 1.18
上海	105	111	116	145	132	147	6.96
江苏	433	619	714	761	1171	1328	25.12
浙江	473	541	642	740	776	827	11.82
安徽	240	325	377	405	576	777	26.49
福建	456	499	566	684	630	845	13.13
江西	182	164	164	252	370	598	26.86
山东	487	536	744	1016	1333	2125	34.27
河南	314	310	443	389	711	1340	33.67
湖北	310	291	322	345	484	614	14.65
湖南	340	322	363	431	433	481	7.18
广东	735	778	824	867	914	965	5.60
广西	311	327	347	418	496	676	16.80
海南	80	80	75	94	82	91	2.61
重庆	202	282	289	272	269	269	5.90

续表

省份	2011 年	2012 年	2013 年	2014 年	2015 年	2016 年	年均增速（%）
四川	885	1046	1104	1236	1111	1225	6.72
贵州	292	226	285	371	339	268	−1.70
云南	747	863	844	781	1033	728	−0.51
西藏	63	87	123	179	152	184	23.91
陕西	234	268	370	488	616	954	32.45
甘肃	437	579	693	795	592	527	3.82
青海	173	225	287	317	420	419	19.35
宁夏	224	209	211	403	663	593	21.50
新疆	476	649	1021	1257	1873	1117	18.60
总计	11499	12842	14623	17344	20198	22423	14.29

资料来源：根据 EPS 数据库数据计算整理。

（二）电力生产

从电力生产看，近年来我国发电量稳定增长，呈上升趋势（见图 7-6）。从发电总量看，2017 年江苏、山东、广东和内蒙古发电量较大，均超过了 4000 亿千瓦时（见表 7-10）。从全国发电量的结构来看，2018 年火电仍然占到 73.35%，处于绝对优势地位；水电 16.27%，风电和太阳能发电共占 6.16%，核电占 4.22%（见图 7-7）。总体上看，我国的发电结构有所改善，新能源发电的规模不断上升。从各省份发电结构看，大部分省份的发电量主要来源于火电，如广东、江苏、山东和内蒙古等省份均以火电为主，但是四川和云南等省份水电占了发电量的半数以上，同时也具有一定的发电规模（见图 7-8）。

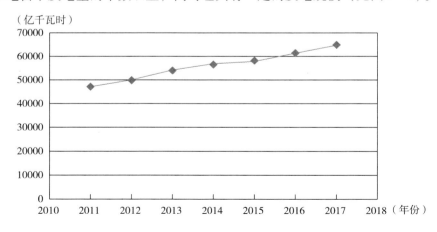

（亿千瓦时）

图 7-6 2011~2017 年我国发电总量

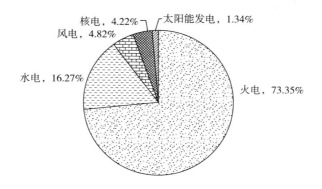

图 7 - 7　2018 年发电结构

表 7 - 10　2012 ～ 2017 年我国各省份发电量　单位：亿千瓦时

省份	2012 年	2013 年	2014 年	2015 年	2016 年	2017 年	年均增速（%）
北京	290.99	335.82	363.97	420.88	434.39	388.40	19.48
天津	589.69	624.27	625.52	622.84	617.55	611.00	4.26
河北	2411.24	2499.37	2499.90	2497.85	2630.59	2817.10	81.17
山西	2545.91	2627.92	2647.02	2449.27	2535.08	2823.94	55.61
内蒙古	3172.18	3520.70	3857.81	3928.77	3949.81	4435.94	252.75
辽宁	1441.05	1544.33	1647.82	1665.18	1778.76	1829.27	77.64
吉林	691.62	769.51	771.73	731.27	760.26	800.33	21.74
黑龙江	849.16	833.99	881.30	873.57	900.41	917.28	13.62
上海	886.19	959.51	792.30	792.70	807.29	859.25	-5.39
江苏	4001.13	4289.41	4347.57	4360.75	4709.37	4914.74	182.72
浙江	2808.19	2939.30	2885.29	3010.84	3197.66	3312.33	100.83
安徽	1771.08	1965.76	2033.91	2061.89	2252.69	2456.28	137.04
福建	1622.60	1767.66	1873.41	1900.97	2007.43	2200.67	115.61
江西	728.20	874.57	873.33	982.06	1085.35	1128.82	80.12
山东	3211.67	3510.94	3691.12	4684.58	5329.27	5162.74	390.21
河南	2643.00	2861.77	2729.87	2624.63	2652.66	2739.63	19.33
湖北	2238.19	2158.22	2382.31	2341.33	2479.02	2615.46	75.45
湖南	1398.05	1347.00	1313.70	1313.95	1385.09	1434.67	7.32
广东	3763.80	3964.80	3948.39	4034.90	4263.66	4503.36	147.91
广西	1186.07	1259.47	1310.03	1299.93	1346.51	1401.11	43.01
海南	198.55	230.74	244.55	260.98	287.73	299.32	20.15

续表

省份	2012 年	2013 年	2014 年	2015 年	2016 年	2017 年	年均增速（%）
重庆	597.65	627.39	675.80	679.81	701.19	728.10	26.09
四川	2150.51	2597.33	3079.44	3129.59	3273.85	3480.38	265.97
贵州	1617.71	1676.28	1747.67	1814.87	1903.99	1899.10	56.28
云南	1759.13	2148.42	2550.01	2553.37	2692.54	2955.06	239.19
西藏	26.24	29.11	32.25	44.77	54.48	55.66	5.88
陕西	1341.83	1508.69	1620.78	1623.10	1757.41	1814.03	94.44
甘肃	1102.97	1194.98	1241.13	1242.22	1214.33	1349.15	49.24
青海	584.21	600.34	580.32	565.60	552.96	626.59	8.48
宁夏	1009.66	1096.46	1156.57	1154.75	1144.38	1380.94	74.26
新疆	1237.06	1611.69	2090.93	2478.51	2719.13	3010.78	354.74
总计	49875.53	53975.75	56495.75	58145.74	61424.84	64951.43	3015.18

资料来源：根据 EPS 数据库数据计算整理。

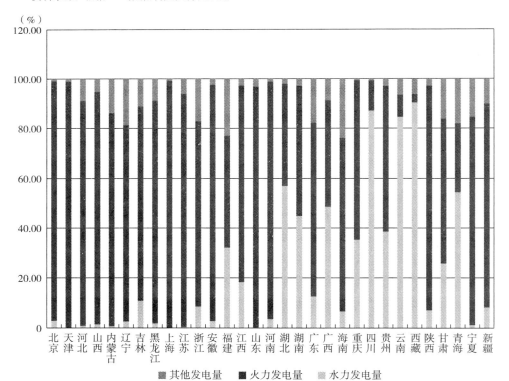

图 7-8　2018 年我国各省份发电结构

资料来源：根据 EPS 数据库数据计算整理。

分地区发电来看，发电量大的省区有两类：一类是经济发达、国民生产总值数量大的地区，如广东、江苏、山东、浙江、四川等，这是与经济发展相适应的电力工业的分布；另一类是电力的主要输出区，如内蒙古、山西、云南、贵州、宁夏等，主要供应京津冀地区、长三角地区和粤港澳地区的用电需求。

根据《电力发展"十三五"规划》未来的电力分产业发展的重点为，在水电方面要继续做好金沙江下游、大渡河、雅砻江等水电基地建设；积极推进金沙江上游等水电基地开发，推动藏东南"西电东送"接续能源基地建设；继续推进雅砻江两河口、大渡河双江口等龙头水电站建设，加快金沙江中游龙头水电站研究论证，积极推动龙盘水电站建设；基本建成长江上游、黄河上游、乌江、南盘江红水河、雅砻江、大渡河六大水电基地。重点依托西南水电基地开发，建成金沙江中游送电广西、滇西北至广东、四川水电外送、乌东德电站送电两广输电通道，开工建设白鹤滩电站外送工程，积极开展金沙江上游等消纳方案研究。

在火电方面，要取消一批、缓核一批、缓建一批和停建煤电项目，新增投产规模控制在 2 亿千瓦以内。逐步淘汰不符合环保、能效等要求且不实施改造的 30 万千瓦以下、运行满 20 年以上纯凝机组、25 年及以上抽凝热电机组，力争淘汰落后产能 2000 万千瓦。同时，加强节能减排改造，"十三五"期间完成煤电机组超低排放改造 4.2 亿千瓦，节能改造 3.4 亿千瓦。[①]

第四节　新能源产业发展与地理分布

我国自进入 21 世纪就提出了以推动能源生产和消费革命、支持节能低碳产业和非化石能源发展为主要内容的国家战略，强调能源的可持续发展对保障经济发展、促进生态文明、建设美丽中国的重要性，可再生能源的战略地位更加突出。

---

① 数据来自于《电力发展"十三五"规划》。

一、新能源发展总体情况

国家相关政府部门最近几年陆续出台了几十项配套政策，包括垃圾发电上网电价及补贴政策、农林废弃物发电上网电价政策，共同形成了完整的促进生物质发电的电价制度。2011 年、2013 年、2015 年三次提高了可再生能源电价附加水平，增加了支持可再生能源发展的资金额度；完善了风电建设管理制度，同步开发。2013 年，颁布了光伏发电上网分区域固定电价，明确了促进分布式光伏发电的支持政策，光伏应用市场规模不断扩大。

随着应用规模的不断扩大，可再生能源在能源消费中的比重不断提高。到 2015 年，全国可再生能源利用量达到 5.09 亿吨标准煤，占一次能源消费的比例为 11.7%；非化石能源利用量为 5.6 亿吨标准煤，占一次能源消费的比例为 12.8%。电力方面，2015 年全国可再生能源发电累计并网装机容量达到 5 亿千瓦，占全部发电装机容量的 33.3%；可再生能源年发电量 13925 亿千瓦时（折合 4.39 亿吨标准煤），占全部发电量的 24.8%。非化石能源装机容量占总发电装机容量的比例为 35.1%，非化石能源发电量 15620 亿千瓦时（折合 4.92 亿吨标准煤），占全国总发电量的 27.9%。[①]

我国可再生能源利用主要有以下特点：一是可再生能源装机规模持续扩大。截至 2018 年底，我国可再生能源发电装机达到 7.28 亿千瓦，同比增长 12%；其中，水电装机 3.52 亿千瓦、风电装机 1.84 亿千瓦、光伏发电装机 1.74 亿千瓦、生物质发电装机 1781 万千瓦，分别同比增长 2.5%、12.4%、34% 和 20.7%。可再生能源发电装机约占全部电力装机的 38.3%，同比上升 1.7 个百分点，可再生能源的清洁能源替代作用日益凸显。二是可再生能源利用水平不断提高。2018 年，可再生能源发电量达 1.87 万亿千瓦时，同比增长约 1700 亿千瓦时；可再生能源发电量占全部发电量比重为 26.7%，同比上升 0.2 个百分点。其中，水电 1.2 万亿千瓦时，同比增长 3.2%；风电 3660 亿千瓦时，同比增长 20%；光伏发电 1775 亿千瓦时，同比增长 50%；生物质发电 906 亿千瓦时，同比增长 14%。

---

① 本部分数据来自于《新能源报告》。

二、风电发展情况

截至 2015 年底，全国风电累计并网容量达到 12934 万千瓦，其中海上风电累计并网容量 56 万千瓦。从并网容量分布看，三北地区风电累计并网容量达到 10449 万千瓦，占全国风电并网容量的 81%。分省份看，累计并网容量超过 1000 万千瓦的省（自治区）达到 4 个，分别是内蒙古、新疆、甘肃和河北。2015 年，全年风电上网电量 1803 亿千瓦时，其中海上风电发电量 10 亿千瓦时；全国风电平均利用小时数为 1728 小时，其中海上风电 2268 小时。分地区看，风电利用小时数最高的地区为福建（2658 小时），最低的为甘肃（1184 小时）。弃风方面，2015 年全国弃风电量 339 亿千瓦，平均弃风率为 15%，弃风集中在三北地区，东北、西北尤为严重，主要原因包括用电需求放缓、装机规模增长过快、市场消纳不足。

2015 年，华北、东北、西北用电量增速分别为 -1.67%、1.95%、1.98%，而电源装机增速分别超用电量增速 8.35%、5.41%、19.91%。电源结构不合理，系统调峰能力严重不足。2015 年底，三北地区火电占比达到 71%，抽水蓄能等灵活调节电源比重不足 4%。一些地区自备电厂快速增长，造成其他公用电厂和风电等面临更大调峰或弃风压力。电网项目核准建设滞后于风电项目，电网发展仍然滞后，风电富集地区都不同程度存在跨省跨区输电通道能力不足的问题，风电送出和跨省区消纳受限。

2018 年，全国风电新增并网装机 2059 万千瓦，继续保持稳步增长势头。按地区分布，中东部和南方地区占比约 47%，风电开发布局进一步优化。到 2018 年底，全国风电累计装机 1.84 亿千瓦，按地区分布，中东部和南方地区占 27.9%，"三北"地区占 72.1%。2018 年，全国风电发电量 3660 亿千瓦时，同比增长 20%；平均利用小时数 2095 小时，同比增加 147 小时；风电平均利用小时数较高的地区中，云南 2654 小时、福建 2587 小时、上海 2489 小时、四川 2333 小时。2018 年，全国风电弃风电量 277 亿千瓦时，同比减少 142 亿千瓦时，全国平均弃风率为 7%，同比下降 5 个百分点，继续实现弃风电量和弃风率"双降"。大部分弃风限电严重地区的形势进一步好转，其中吉林、甘肃弃风率下降超过 14 个百分点，内蒙古、辽宁、黑龙江、新疆弃风率下降超过 5 个百分点。弃风主要集中在新疆、甘肃、内蒙古，新疆弃风电量、弃风率分别为 107 亿千瓦时、23%；甘肃弃风电量、弃风率分别为 54 亿千瓦时、19%；内蒙古弃风电量、弃风率分别为 72 亿千瓦时、10%。

三、光伏发电

2015 年，全国光伏发电累计装机容量 4318 万千瓦，其中新疆、青海、甘肃、宁夏、内蒙古累计装机容量 2048 万千瓦，占全国光伏装机容量的比例为 59%；江苏、浙江、山东和安徽累计装机容量 840 万千瓦，占全国装机容量的 19%。随着中东部不同商业模式的光伏电站项目开发加快以及受西北电力送出限制和电价下调影响，光伏装机正逐步向中东部转移。2015 年，全国光伏发电量为 392 亿千瓦时，其中集中式光伏发电量为 363 亿千瓦时，分布式光伏电量为 29 亿千瓦时，占全部发电量的比例由 2011 年的 0.04% 增长到 0.7%。2015 年，全国光伏平均等效利用小时数为 1133 小时。分区域看，利用小时数最高的是青海、西藏和吉林，利用小时数分别达到 1637 小时、仅为 486 小时。弃光方面，2015 年全国弃光电量为 40 亿千瓦时，弃光率为 11%。弃光集中在甘肃、新疆、宁夏和青海四个省区，全年平均弃光率分别为 31%、26%、7% 和 3%，全年弃光电量分别为 26.2 亿千瓦时、15.1 亿千瓦时、2.8 亿千瓦时和 2.4 亿千瓦时。

针对光伏发电建设规模迅速增长带来的补贴缺口持续扩大、弃光限电严重等问题，2018 年，国家对光伏产业发展政策及时进行了优化调整，全年光伏发电新增装机 4426 万千瓦，仅次于 2017 年新增装机。其中，集中式电站和分布式光伏分别新增 2330 万千瓦和 2096 万千瓦，发展布局进一步优化。到 12 月底，全国光伏发电装机达到 1.74 亿千瓦，其中，集中式电站 12384 万千瓦，分布式光伏 5061 万千瓦。2018 年，全国光伏发电量 1775 亿千瓦时，同比增长 50%。平均利用小时数 1115 小时，同比增加 37 小时；光伏发电平均利用小时数较高的地区中，蒙西 1617 小时、蒙东 1523 小时、青海 1460 小时、四川 1439 小时。

2018 年，全国光伏发电弃光电量同比减少 18 亿千瓦时，弃光率同比下降 2.8 个百分点，实现弃光电量和弃光率"双降"。弃光主要集中在新疆和甘肃，其中，新疆（不含兵团）弃光电量 21.4 亿千瓦时，弃光率 16%，同比下降 6 个百分点；甘肃弃光电量 10.3 亿千瓦时，弃光率 10%，同比下降 10 个百分点。

四、生物能源发电

2015 年，全国生物质能发电累计装机容量 1031 万千瓦，占全部发电装机容量的 0.68%。"十二五"期间，全国生物质能发电装机容量平稳增长，累计并网装机容量从 2010 年的 456 万千瓦增加到 2015 年末的 1031 万千瓦，增幅 126%。其中，农林生物质直燃发电装机容量 530 万千瓦，垃圾焚烧发电装机容量 468 万千瓦，沼气发电 33 万千瓦。截至"十二五"期末，生物质能发电装机容量与"十二五"规划目标相比相差 268 万千瓦，其中农林生物质直燃发电和沼气发电未达到规划目标，而垃圾发电超额完成规划目标。2015 年，全国生物质能累计发电量 527 亿千瓦时，其中农林生物质发电量 270 亿千瓦时，垃圾焚烧发电量 240 亿千瓦时，沼气发电量 17 亿千瓦时。全国生物质能平均利用小时数 5350 小时，与 2014 年持平。其中，农林生物质利用小时数同比增加 5 小时，垃圾焚烧利用小时数同比增加 40 小时，沼气利用小时数同比下降 332 小时。

近年来，成型燃料产业发展呈现先增后降的趋势，全国年利用规模由 2010 年底的 300 万吨增长到 2014 年的 850 万吨，2015 年回落至 600 万吨。2013 年，国务院发布《大气污染防治行动计划》，提出到 2017 年全国空气质量总体改善，重点区域空气质量明显好转，明确整治燃煤小锅炉，加快清洁能源替代利用。由于燃煤小锅炉数量多、分布广，而天然气替代受管网分布、供应能力和价格等因素限制，生物质成型燃料成为理想替代方式之一。随着成型燃料锅炉排放标准的出台，近期京津冀、长三角和珠三角等区域的成型燃料锅炉规模将进步扩大。

燃料乙醇产量从 2010 年的 184 万吨增加到 2015 年的 230 万吨，累计增长 25%。从现有产业的发展情况来看，燃料乙醇增长量主要来自企业内部技术改造带动产量提升，重点扶持的非粮液体燃料项目未能实现规模化增长，新增运行的两个非粮乙醇项目产能均小于 5 万吨/年。从生物燃料乙醇的发展进程看，基本没有出现重大的技术突破及产业规模上的增长。

生物柴油产业在"十二五"期间基本处于停滞状态，产能约为 300 万吨，产量在 94 万吨左右。市场方面，中国的生物柴油市场尚不成熟，原料收集体系有待完善；技术方面，缺乏有关生物柴油的质量标准，生物柴油产品质量亟待提高；政策方面，中国尚未出台有效的激励措施，保障生物柴油在交通燃料市场掺混应用。基于上述原因，"十二五"期间，中国生物柴油产业进展缓慢，基本维持既有的产能，没有达到规划目标。

总体而言，"十二五"期间中国可再生能源电力发展速度较快，装机容量相比 2010 年增长近 1 倍，在全国总发电装机中的比重从 2010 年的 26.0% 增加到 2015 年的 33%；总发电量相比 2010 年增长 82%，在全部发电量中的比重从 2010 年的 19.8% 增加到 24.8%，其中水电 19.9%，风电占 3.3%。如果再考虑核电，则全部非化石能源发电在 2015 年全社会用电量和发电量中的比重为 27.9% 和 24.8%。相比之下，可再生能源供热、供气和液体燃料生产等进展缓慢。

2018 年，生物质发电新增装机 305 万千瓦，累计装机达到 1781 万千瓦，同比增长 20.7%；全年生物质发电量 906 亿千瓦时，同比增长 14%，继续保持稳步增长的势头。累计装机排名前四位的省份是山东、浙江、安徽和江苏，分别为 258 万千瓦、180 万千瓦、167 万千瓦和 164 万千瓦；新增装机较多的省份是安徽、山东、广东和湖南，分别为 50 万千瓦、47 万千瓦、42 万千瓦和 24 万千瓦；年发电量排名前四位的省份是山东、江苏、浙江和广东，分别为 135 亿千瓦时、95 亿千瓦时、92 亿千瓦时和 83 亿千瓦时。

未来新能源发展前景更加广阔。《能源发展"十三五"规划》指出，要稳步推进内蒙古、新疆、甘肃、河北等地区风电基地建设。在青海、新疆、甘肃、内蒙古、陕西等太阳能资源和土地资源丰富地区，科学规划、合理布局、有序推进光伏电站建设。在四川、云南、贵州等水能资源丰富的西南地区，借助水电站外送通道和灵活调节能力，推进多能互补形式的大型新能源基地开发建设，充分发挥风电、光伏发电、水电的互补效益，重点推进四川省凉山州风水互补、雅砻江风光水互补、金沙江风光水互补、贵州省乌江与北盘江"两江"流域风水联合运行等基地规划建设。鼓励"三北"地区风电和光伏发电参与电力市场交易和大用户直供，支持采用供热、制氢、储能等多种方式，扩大就地消纳能力。大力推动中东部和南方地区分散风能资源的开发，推动低风速风机和海上风电技术进步。推广光伏发电与建筑屋顶、滩涂、湖泊、鱼塘、农业大棚及相关产业有机结合的新模式，鼓励利用采煤沉陷区废弃土地建设光伏发电项目，扩大中东部和南方地区分布式利用规模。①

---

① 本部分数据来自于《能源发展"十三五"规划》。

五、核能发展[1]

截至 2018 年 12 月 31 日，我国投入商业运行的核电机组共 44 台，装机容量达到 44645.16MWe（额定装机容量）。其中，7 台核电机组在 2018 年投入商业运行，装机容量为 8838.00MWe。各运行核电厂严格控制机组的运行风险，继续保持机组安全、稳定运行。

2018 年 1~12 月，全国累计发电量为 67914.20 亿千瓦时，商运核电机组累计发电量为 2865.11 亿千瓦时，约占全国累计发电量的 4.22%（详见表 7-11）。与燃煤发电相比，核能发电相当于减少燃烧标准煤 8824.54 万吨，减少排放二氧化碳 23120.29 万吨，减少排放二氧化硫 75.01 万吨，减少排放氮氧化物 65.30 万吨。

表 7-11　2018 年我国核电电力生产指标　　　　　单位：亿千瓦时

统计名称	2017 年 1~12 月	2018 年 1~12 月	同比上涨（%）
总发电量	62758.00	67914.20	8.22%
商用核电发电量	2474.69	2865.11	15.78
商用核电上网电量	2316.42	2688.08	16.04

资料来源：根据 EPS 数据库数据计算整理。

---

[1]　中国核能行业协会。

第八章　农村发展与农业布局

中国自古以来都把农业视为安邦定国的首要产业，新时期的中国政府更是如此。1982～1986年，中共中央连续五年发布以"三农"（农业、农村和农民）为主题的"中央一号文件"①，从中央层面对中国农业发展、农村改革和农民增收做出具体部署。2004～2019年，中共中央又连续16年发布以"三农"为主题的"中央一号文件"，强调"三农"问题在中国社会主义现代化时期的"重中之重"地位。

第一节　改革开放以来我国"三农"的发展

改革开放以来，我国"三农"发展取得了举世瞩目的成就，粮食产量屡创新高、农民收入连年增长、新农村建设也取得了巨大的成效。但依然存在农业现代化滞后、农村体制改革进入攻坚期、农民收入与城市绝对差距拉大等问题。本节总体性分析改革开放以来我国"三农"发展所取得主要成就、存在的问题等，指出新时代"三农"发展的重点领域及主要方向。

一、改革开放以来我国"三农"发展的主要成就

我国的改革开放是从农村联产承包责任制开始的，农村的改革促进了农业经济的发展，也深刻改变了我国农业地理的分布。

---

① "中央一号文件"原指中共中央每年对外公布的第一份文件，现在已经成为中共中央重视农村问题的专有名词。

（一）农业发展取得的主要成就

1. 农产品规模持续增长

1978～2017 年，我国农业总产值实现快速增长，由 1397 亿元增加至 109332 亿元，增长超过 77 倍。从图 8－1 我们可以直观地看出，自改革开放以来，农林牧渔各行业产值呈现出持续上涨的态势。特别是在 1994 年中国农业发展银行挂牌成立、2006 年全面免除农业税后，呈现出了较大幅度的增长。农业总产值的持续增长，突出反映了我国改革开放以来"三农"发展所取得的成果，为我国现代化建设的推进提供了有力的支撑和保障。图 8－2 反映了 1978～2016 年我国除粮食以外主要农产品产量的增长态势。

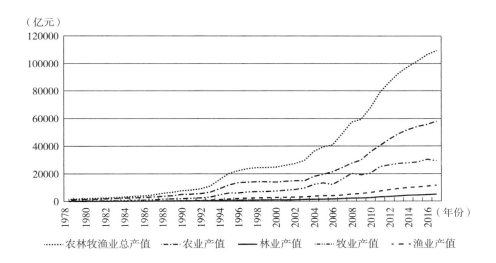

图 8－1　1978～2016 年农林牧渔业产值增长态势

资料来源：根据国家统计局网站数据计算整理。

2. 农业生产条件持续改善

随着农村家庭联产承包责任制的推行，农民对农业进行生产性投入的积极性大幅提高，同时随着我国国民经济实力的总体增强，政府也进一步加大了对农业的生产性投入。2003～2017 年，农林牧渔业固定资产投资由 1652.3 亿元增加至 24638.33 亿元。随着农业投资的逐年增加，我国农业生产条件开始持续改善，农业综合机械化率、有效灌溉面积、地膜覆盖面积、良种覆盖率等都得到了大幅度提高。其中，我国农业综合机械化率由 1978 年的 18.8% 大幅增加至 2017 年的 66%。

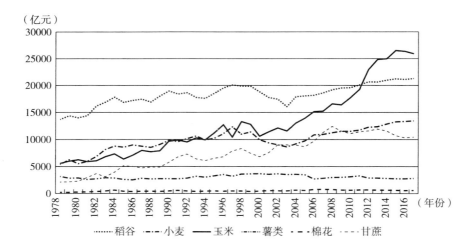

图 8 - 2 1978～2016 年粮食以外主要农产品产量增长态势
资料来源：根据国家统计局网站数据计算整理。

3. 农业生产率逐步提升

1985～2012 年，全要素生产率对农业增长的贡献越来越高，每年提高约 1 个百分点，其中技术进步是农业全要素生产率增加的主要源泉。随着现代科学技术在农业领域的广泛应用，科技对农业生产的作用也越来越重要。农业部科技司发布的信息表明，2008 年农业科技进步贡献率就已达到 50%，2017 年则达到 57.5%，科技进步对中国农业增长的贡献率已超过土地、资本及其他所有要素总和。

（二）农村发展的主要转变

1. 从农村"哺育"工业和城市向工业反哺农业、城镇化带动农村发展转变

改革开放以前，由于我国采取重工业化和城市优先发展战略，农村剩余被大量集中用于补贴工业生产和城市生活。根据李周（2013）的研究，2003 年之前，政府通过农业税、"五统""三提"及摊派等，每年从农村收取 1500 亿～1600 亿元，其中 1/3 左右税收。改革开放以来，我国经济快速发展，国家已经不需要农村提供剩余来支撑工业化，进而开始扶持农业发展，先后提出了"工

业反哺农业""工业化、城镇化带动农业现代化"的发展战略。为扶持农村发展，我国政府从 2003 年开始全面推进农村（业）税费改革，2004 年中央政府和各级地方政府相继出台了粮食直补、良种补贴、大型农机具购置补贴等一系列惠农政策。中央政府对农业补贴的金额也由 2004 年的 145.2 亿元增加至 2018 年的 2200 亿元。

2. 从注重经济发展拓展到社会发展

随着城乡之间经济、社会发展差距的不断扩大，中央政府开始提出"城乡一体化"等发展战略，从单一经济支持向支持农村地区经济和社会全面发展。1996 年，中国开始实施农村居民生活保障制度试点，并于 2007 年进行全国推广。2003 年，开始推进新型农村合作医疗制度，2008 年实现全覆盖。2006 年，国家开始推广农村居民社会养老保险制度，同年实施农村免费义务教育。除此之外，我国政府开始在农民安全饮水、农村生产生活用电、农村公路等基本公共服务设施方面加大投入力度，以实现城乡基本公共服务一体化。

3. 从倚重生产开发到注重生态保护

我国工业化模式比较粗放、农业生产的高化肥投入以及政府的忽视，导致农村生态环境遭到了极大的破坏。直到 20 世纪末期，我国政府才开始重视农村的生态保护和建设，并陆续出台了相应的政策和措施。例如，我国从 1998 年开始实施的天然林资源保护工程、退耕还草工程、"退田还湖"政策等来系统性地对农村生态环境进行修复，投入了大量的人力、物力。在退耕还林还草工程方面，国家已累计投入 4000 多亿元用于第一轮退耕还林工程，该工程也是迄今我国投资量最大、涉及面最广、任务量最重以及群众参与度最高的农村生态建设工程。同时，"十一五"时期，为响应党的十六届五中全会提出的建设"社会主义新农村"的要求，全国多个省市开始纷纷制定"美丽乡村建设行动计划"，并取得了不错成效。美丽乡村建设已经成为全国农村发展的重要战略目标。"十二五"时期特别是党的十八大以来，党中央把生态文明建设摆在中国特色社会主义"五位一体"总体布局的战略高度，大力推进生态文明建设。

4. 农村改革为我国经济转轨的成果提供了宝贵的经验

中国改革始于农村，并率先在农村实现了突破。农村改革给农村发展带来了根本性的变化，如农村家庭承包经营制度的确立、农产品流通体制的市场化改革以及乡镇企业的异军突起，为我国政府如何通过制度设计来调动人民群众生产的积极性提供了实践经验，不仅有力支持了整体经济社会的变革，也为我国经济体制成功转轨积累了大量的宝贵经验。

（三）农民发展的主要特征

1. 农民收入持续增长

1978～2017 年，农村居民人均可支配收入由 133.6 元增加至 13432.43 元，名义增长超百倍。由于收入水平的提高，农民居住条件也得到了极大的改善，根据国家统计局发布的数据，2017 年，农村居民人均住房建筑面积比 1978 年增加 38.6 平方米。住房条件明显改善的同时，居住质量也明显提升，尤其是习近平总书记就"厕所革命"做出重要指示后，农村居民的厕所卫生条件明显改善。2017 年，农村居民使用卫生厕所的户数比重为 45.0%，比 2013 年提高 9.4 个百分点；使用本住户独用厕所的户数比重为 95.4%，比 2013 年提高 2.8 个百分点。

2. 农民进城成为我国城镇化的主要推动力

随着大规模农村人口流入城市，1978～2017 年城镇常住人口从 1.7 亿人增加到 8.3 亿人，城镇化率从 17.9% 提升到 59.58%。由于中国城镇人口出生率低于农村，而农村转城镇又严格限制于国家的计划和控制，因此城镇化主要通过农村人口向城镇迁移实现（郭东杰和王晓庆，2013）。依据国家统计局发布的《2017 年农民工监测调查报告》，截至 2017 年，农民工总量为 28652 万人且大多集中在城市打工，例如，在外出农民工中，进城农民工 13710 万人，占外出农民工总量的 79.78%。由于城乡差距依然较大，因此农民进城的趋势在很长一段时间内难以扭转，继续推动我国城镇化发展。

3. 农民对国家经济增长贡献巨大

"人口红利"是改革开放以来中国经济增长取得"奇迹"的重要因素之一，而农民工群体是"人口红利"的主要组成部分，以相对于城镇居民较低的工资和福利水平，支撑着我国作为"世界工厂"的低成本优势。人口流动限制放开以来，农民工数量已经由 1985 年的 5960 万人增加至 2017 年的 28652 万人，翻了四倍多。农民对国民经济的贡献已经由农业拓展到工业和服务业。根据李周（2013）的研究，农民工创造的 GDP 总量占全国的总量由 2008 年的 32.1% 增加至 2012 年的 38.6%。

二、当前我国"三农"发展面临的主要问题与挑战

(一) 农业现代化滞后、农业产业安全问题日益突出

当前，我国工业化已经进入了中后期发展阶段，城镇化率也已经超过了世界平均水平。从总体来看，相对于工业化和城镇化的快速发展，农业现代化进程是远远滞后的。农业发展相关基础设施薄弱、科技投入不足、规模化率较低等现代化建设滞后以及土地等生产成本不断提高导致我国农业国际竞争力下降。直接表现就是，一些农产品如大豆、玉米、稻谷、棉花等近年来净进口趋于上升。

随着我国农业对外开放度的不断提高，国外低价农产品开始不断冲击国内农业市场，大豆、棉花等农产品进口量连年增加且缺少国际定价话语权而高价进口，导致我国农产品贸易条件不断恶化。此外，国外资本对我国农产品相关行业的控制日益增强，尤其是种子行业已经基本被外资掌控（姜明伦等，2012）。不断恶化的贸易条件以及国内农产品及相关市场逐渐被外资掌控给我国农业的安全带来了严峻挑战。

(二) 农村体制改革进入攻坚期、挑战难度日趋增加

在农村基本经营基础建设方面，尽管我国农村土地已经形成"三权分置"，经营权流转的格局，取得了一定的成效。但是，土地转让制度不完善、土地市场价格形成机制尚未真正建立等这些都在一定程度上影响土地使用效益，引发经营主体短期行为，这些都导致目前我国农业经营无法形成真正意义上的规模经济，在一定程度上制约了我国农业竞争力的提升。

除土地制度外，农村金融领域改革进展缓慢对农业发展支持力度不够，农业保险尽管覆盖范围有了很大的提升但保险额度较小，传统农村集体自组织社区向现代农村管理型社区转变过程中也面临众多挑战。

(三) 农民工市民化进程落后、城乡发展差距依然较大

1978～2017 年我国城镇化率从 17.9% 提升到 59.58%，但户籍人口城镇化率只有 43.37%。户籍制度障碍导致 2 亿多长期在城工作的农民工无法获得城市户口，在城市基本福利、工资收入等方面无法获得与拥有本地户籍市民一样的待遇，不仅影响社会公平，也不利于城市稳定发展。

从城乡居民收入水平来看，1978～2017 年城镇居民人均可支配收入从 343.4

元增加至 39251 元，同期农村居民人均可支配收入也由 133.6 元增加至 14617 元，但城乡居民人均收入倍差由 2.57 增加至 2.69。由此可见，尽管改革开放以来我国城乡居民人均收入都有了较大幅度的增长，但城乡差距不但没有缩小反而进一步拉大。除此之外，农村地区在基础设施、教育、医疗等基本公共服务方面与城市之间的差距也在拉大。城乡之间在经济、社会发展方面的差距必然会吸引越来越多的农村人口向城市流动，在实现城乡一体化之前，农村整体衰落的趋势不可避免。

三、新时代"三农"发展的重点领域及主要方向

围绕党的十八大以来"三农"发展面临的新问题、新特点和新挑战，本书以"农业强、农村美、农民富"为基本目标，提出发展现代农业、增加农民收入、建设新农村的重点领域和发展方向。

（一）依靠科技进步转变传统农业发展方式，走中国特色现代化农业道路

随着我国生态环境与经济发展的约束由城市扩展至农村，传统的高化肥投入、高耗水等粗放型农业生产方式难以为继。通过依靠科技进步，加大对农业生产的科技投入，通过现代科技的应用来探索节能、节水、节肥、节地等新型农业发展方式，提高农业资源利用效率，减少农业生产对农村生态环境的污染，促进农业生产与农村生态环境协调发展，走中国特色现代化农业道路。

依靠科技进步，一是要完善农业科技创新体系，从国家层面构建"农业基础理论研究—技术研发—科技成果转化—产业技术应用"的完整创新链条。二是深化农业科技体制改革，优化科技创新资源空间布局。通过体制机制创新促进农业科研院所及高校相关技术的研发和应用更多地面向农业生产领域，优化农业科技资源的空间布局，避免科技经费重复投入，提高科技资源使用效率。三是加快农业科技人才队伍建设。培养"基础科学研究—技术开发—技术推广"的完整科技人才队伍，健全农业科技应用服务体系，激励农业科技人才下乡服务。四是营造良好的农业科技创新环境。通过政府"投资吸引、政策引导、税收导向"等方式促进企业等各类市场主体积极参与农业领域的科技创新体系建设，提高市场参与主体的积极性，同时强化农业科技领域的国家合作。

（二）深化农村改革，建设美丽乡村

实践证明，改革是 40 年来我国农村发展的最重要推动力。新时代，农村发

展又面临了一些新问题和新难题，尤其是作为农村基本经营制度的土地制度改革、农村金融深化以及农村生态环境等恶化问题制约农村的进一步发展。

一是深化农村改革，完善农村基本经营制度。完善农村土地"三权分置"制度，探索新的农业土地利用方案，加大农村金融改革力度，提高农村金融深化程度，加大农业保险的支持力度，探索农村集体资产处置方案。二是建设美丽乡村，改善农村基础设施，通过发展绿色产业来促进农村地区生态环境的持续改善和可持续发展。

（三）促进农民增收，实现城乡一体化

尽管改革开放以来我国城乡居民人均收入都有了较大幅度的增长，但城乡差距不但没有缩小反而进一步拉大。如何促进农民增收，仍然是今后一段时间内农村工作的重点领域。

促进农民增收，一方面要促进农村地区创新创业活动的开展，在农村地区形成新的产业，带动一批农业创业家，在农村地区创造更多的就业机会和创业机遇；另一方面要在农村地区培育懂技术、懂市场的新型职业农民，最终实现城乡一体化发展。

第二节 农业地理的演变

农业是国民经济的基础，其发展不仅关系着人民温饱的实现和生活质量的提高，还关系到工业化和现代化进程的推进。新中国成立以来，特别是改革开放以来，我国农业生产力得到了大幅度的提高，在解决全国人民温饱的基础上，正在向全面小康迈进。

一、农业地理的分布特点

（一）农业产值省际差距明显

大农业包含种植业（狭义的农业，下文简称农业）、林业、牧业和渔业四个产业部门。由于地理位置、气温环境、地形土壤、经济因素等差别，我国农、林、牧、渔各产业部门产值省际差别较大（见图8-3）。

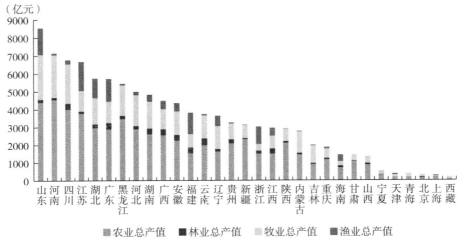

图 8 – 3　2017 年中国农业产业部门产值

资料来源：根据 EPS 数据库数据计算整理。

　　我国农业总产值地区间差异明显，2017 年河南农业生产总值高达 4552.68 亿元，西藏农业生产总值为 78.44 亿元，仅为河南农业生产总值的 1.72%。具体而言，2017 年河南、山东、四川农业总产值均超过 4000 亿元；农业总产值位于 3000 亿元至 4000 亿元的省份包括江苏、黑龙江；农业总产值位于 2000 亿元至 3000 亿元的省份包括湖北、河北、广东、湖南、广西、新疆、安徽、陕西、贵州；农业总产值位于 1000 亿元至 2000 亿元的省份包括云南、辽宁、福建、浙江、江西、内蒙古、重庆、甘肃；农业总产值低于 1000 亿元的省份包括吉林、山西、海南、宁夏、天津、青海、上海、北京、西藏。

　　林业总产值规模相对较小，但省份相对差距较大。2017 年云南林业总产值达 381.53 亿元，西藏林业总产值为 2.95 亿元，仅为云南林业总产值的 0.77%。具体而言，2017 年云南、广东、四川、广西、福建、湖南、安徽林业总产值超过 300 亿元；林业总产值位于 200 亿元至 300 亿元的省份包括江西、贵州、湖北；林业总产值位于 100 亿元至 200 亿元的省份包括河北、黑龙江、浙江、山东、辽宁、江苏、河南、海南；林业总产值低于 100 亿元的省份包括内蒙古、山西、陕西、重庆、吉林、北京、新疆、甘肃、上海、宁夏、青海、天津、西藏。

牧业总产值省份间差异相对较小,山东牧业总产值达 2501.37 亿元,上海牧业总产值为 61.17 亿元,是山东省牧业总产值的 2.45%。具体而言,2017 年山东、河南、四川牧业总产值超过 2000 亿元;河北、黑龙江、湖南、湖北、安徽、云南、辽宁、广东、内蒙古、江苏、广西牧业总产值超过 1000 亿元;吉林、贵州、福建、新疆、江西、陕西牧业总产值超过 600 亿元;其他省份牧业总产值低于 500 亿元。

渔业总产值省份差异巨大,江苏省渔业总产值为 1623.43 亿元,西藏渔业总产值为 0.33 亿元,仅为江苏省渔业总产值的 0.02%。具体而言,2017 年江苏、山东、广东、福建、湖北渔业总产值超过 1000 亿元;渔业总产值位于 500 亿元至 1000 亿元的省份为浙江、辽宁;渔业总产值位于 100 亿元至 500 亿元的省份包括安徽、广西、江西、湖南、海南、四川、河北、河南;渔业总产值位于 10 亿元至 100 亿元的省份包括黑龙江、重庆、云南、天津、贵州、上海、吉林、内蒙古、陕西、新疆、宁夏;北京、山西、青海、甘肃、西藏渔业总产值低于 10 亿元。

总体而言,山东、河南是我国农业大省,农业、畜牧业产值均处于全国前列。南方山区面积大、气候条件好,具有林业生产潜力,且对涵养水源等有重要作用,林业产值较高。渔业产值高地则主要分布于临海、临湖、临江省份。

(二) 主要农用机械总动力空间分布

2017 年,我国各省农用机械总动力差别较大,与农业产值排名基本对应。具体如图 8-4 所示,山东、河南农用机械总动力超过 10000 万千瓦,远高于其他省份;农用机械总动力在 4000 万千瓦至 8000 万千瓦的省份为河北、安徽、湖南、黑龙江、江苏、四川、湖北;农用机械总动力在 2000 万千瓦至 4000 万千瓦的省份为广西、云南、内蒙古、吉林、新疆、广东、江西、陕西、辽宁、贵州、浙江、甘肃;农用机械总动力低于 2000 万千瓦的省份有山西、重庆、福建、宁夏、海南、西藏、天津、青海、北京、上海。

(三) 农作物种植结构空间分布

我国农作物主要包括谷物、稻谷、小麦、玉米、豆类、薯类、花生、油菜籽、棉花、麻类、甘蔗、甜菜、烟叶、蔬菜、茶园、果园等。通过计算农作物播种面积区位商,本书对各省份农作物种植结构进行比较。

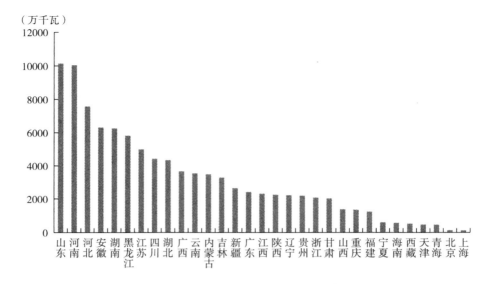

图 8 - 4　2017 年中国农用机械总动力

资料来源：根据 EPS 数据库数据计算整理。

区位商计算公式如公式（8 - 1）所示：

$$L_i = \frac{E_i}{E_t} \div \frac{A_i}{A_t} \qquad\qquad (8-1)$$

其中，L_i 表示农作物 i 的区位商，E_i 表示该地区农作物 i 的播种面积，E_t 表示本地区农作物总播种面积，A_i 表示全国农作物 i 的播种面积，A_t 表示全国农作物总播种面积。若 $L_i = 1$，表示该地区农作物的播种比重等于全国平均水平；若 $L_i < 1$，表示该地区农作物的播种比重低于全国平均水平；若 $L_i > 1$，表示该地区农作物播种比重高于全国平均水平。

由表 8 - 1 可知，我国各农作物种植结构的分布状况。就谷类作物而言，稻谷种植取决于水资源的分布状况，我国南方和东北地区水资源丰富，此外，由于温度、土壤等条件，我国稻作分布广泛，从南到北稻区跨越热带、亚热带、暖温带、中温带和寒温带五个温度带，分布呈东南多、西北少的空间格局。江西为稻谷播种大省，其区位商达 3.4，其他稻谷分布较为广泛的省份有湖南、广东，其区位商分别为 2.8、2.3。小麦耐寒喜旱，分布较为广泛的省份有河南、山东、安徽、江苏，其区位商分别为 2.6、2.5、2.2、2.2。玉米为喜温、短日照作物，需水量大，对土质要求低，分布范围广泛，仅东北北部和青藏高原为

不适宜种植区，分布较为广泛的省份有吉林、辽宁、山西，其区位商分别为
2.7、2.5、2.0。

表 8-1 2017 年中国各种农作物的分布

农作物	区位商不小于 1.4 的省份排名
稻谷	江西、湖南、广东、福建、上海、海南、浙江、广西、安徽、湖北、江苏、黑龙江
小麦	河南、山东、安徽、江苏、河北、天津、陕西
玉米	吉林、辽宁、山西、天津、河北、内蒙古、北京、黑龙江、山东
豆类	黑龙江、内蒙古
薯类	重庆、青海、甘肃、贵州、四川、宁夏、福建、陕西、云南
花生	河南、广东、辽宁、山东、吉林、海南、福建
油菜籽	青海、湖南、四川、湖北、贵州、江西、西藏、重庆
棉花	新疆、天津
麻类	四川、黑龙江、重庆、江西
甘蔗	广西、广东、云南、海南
甜菜	新疆、内蒙古
烟叶	云南、福建、贵州、湖南、重庆
茶园	海南、福建、北京、上海、浙江、广东、广西、贵州、重庆、江苏
蔬菜	福建、浙江、贵州、云南、四川、湖北、陕西
果园	北京、陕西、海南、广东、福建、广西、浙江、新疆、山西、

资料来源：根据 EPS 数据库数据计算整理。

豆类适宜种植在夏季高温的温带地区，要求光照充足、土壤肥沃、水分充
足、地势低平。黑龙江豆类分布最为广泛，其区位商为4.5，豆类分布较为广泛
的其他省份有内蒙古、安徽，其区位商分别为2.2、1.2。

薯类作物耐寒、耐旱、耐贫瘠，分布范围广泛，在西南、西北等地分布均
较为集中。薯类分布较为广泛的省份有重庆、青海、甘肃，其区位商分别为
4.7、3.6、3.5。

就油料作物而言，花生适宜种植在气候温暖、生长季节较长、水量适中的
沙质土地区，分布较为广泛的省份有河南、广东、福建，其区位商分别为2.8、
2.3、2.2。油菜为长日照作物，对土壤要求不十分严格，有冬油菜和春油菜之
分。我国南方长江流域各省，冬季冷凉、春季气候温暖湿润，适宜种植冬油菜；

中国东北、西北、青藏高原等地，冬季气候干燥、夏季冷凉湿润、日照长、昼夜温差大，适宜于种春油菜。青海省油菜分布广泛，区位商高达6.9，其他油菜分布较为广泛的省份有湖南、四川、湖北，其区位商分别为3.6、3.1、3.1。

就纤维作物而言，棉花喜旱，适宜在暖温带平原地区生长，集中于新疆和黄淮海平原。新疆的棉花分布广泛，其区位商高达19.6，棉花分布较为广泛的其他省份为天津，其区位商为2.4。麻类作物较为耐寒，分布较为广泛的省份有四川、黑龙江、重庆，其区位商分别为5.0、3.7、3.6。

就糖料作物而言，甘蔗适宜生长在热带和亚热带地区，广西甘蔗分布最为广泛，其区位商高达17.8，甘蔗分布较为广泛的其他省份有广东、云南、海南，其区位商分别为4.9、4.3、3.6。甜菜需要富含有机质的松软土壤，广泛种植于温带和寒温带地区，新疆为甜菜分布最为广泛的省份，其区位商高达9.9，甜菜分布较为广泛的其他省份为内蒙古，其区位商为8.8。

就特用作物而言，高质烟叶受气候等影响较大，且由于经济因素等，烟叶分布较为广泛的省份有云南、福建、贵州，其区位商分别为9.2、5.0、4.0。茶树喜热，广泛分布于南方，且茗茶需要特殊气候和土壤条件，加之经济因素，茶园分布较为广泛的省份为福建、浙江、贵州，其区位商分别为7.8、5.9、4.7。

此外，蔬菜分布较为广泛的省份有海南、福建、北京、上海、浙江，其区位商分别为3.0、2.9、2.8、2.7、2.7。果园分布较为广泛的省份有北京、陕西、海南、广东，其区位商分别为5.9、4.0、3.5、3.4。

（四）农产品产量省际比较

与农作物种植结构对应，本书将各省份的粮食、棉花、麻类、油料、甘蔗、甜菜、烤烟、烟叶产量进行对比（见图8-5）。

通过比较粮食作物产量，可以看出黑龙江、河南、山东产量居于全国前三，分别为7410.34万吨、6524.25万吨、5374.31万吨，远高于其他省份；吉林、安徽、河北、江苏、四川、内蒙古、湖南粮食作物产量高于3000万吨；湖北、辽宁、江西粮食作物产量高于2000万吨；海南、西藏、青海、上海、北京粮食作物产量低于200万吨。

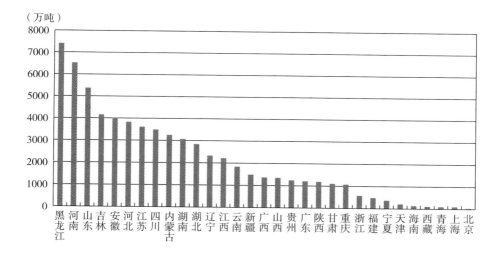

图 8 - 5　2017 年中国粮食作物产量

资料来源：根据 EPS 数据库数据计算整理。

　　新疆棉花产量巨大，为 456.6 万吨，全国排名第一，高于其他省份棉花产量的总和；河北、山东、湖北、湖南、江西棉花产量高于 10 万吨；浙江、山西、四川、广西、贵州棉花产量低于 1 万吨（见图 8 - 6）。

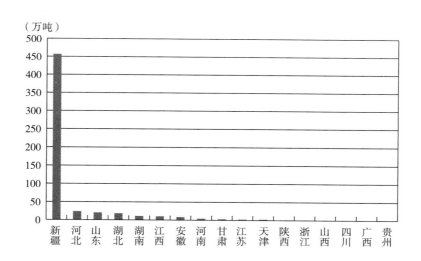

图 8 - 6　2017 年中国部分省份棉花产量

资料来源：根据 EPS 数据库数据计算整理。

黑龙江麻类产量最高，为 11.79 万吨；四川麻类产量位居全国第二，为 3.03 万吨；河南、内蒙古、重庆、江西、广西、新疆麻类产量高于 0.5 万吨；其他省份麻类产量较低（见图 8 - 7）。

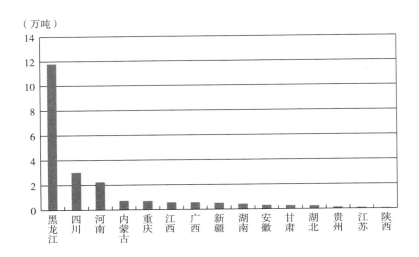

图 8 - 7　2017 年中国部分省份麻类产量

资料来源：根据 EPS 数据库数据计算整理。

河南油料产量较高，为 586.95 万吨，远高于排名第二位的四川省（357.89 万吨）；山东、湖北油料产量高于 300 万吨；内蒙古、湖南油料产量高于 200 万吨；安徽、河北、吉林、江西、贵州、广东油料产量高于 100 万吨；其他省份油料产量低于 100 万吨，其中，天津、上海、北京油料产量低于 2 万吨（见图 8 - 8）。

广西甘蔗产量远高于其他省份甘蔗产量的总和，为 7132.35 万吨；云南、广东甘蔗产量高于 1300 万吨；海南甘蔗产量高于 100 万吨；江西、贵州甘蔗产量高于 50 万吨；浙江、四川、湖南、湖北、福建、河南甘蔗产量高于 10 万吨；其他省份甘蔗产量低于 10 万吨（见图 8 - 9）。

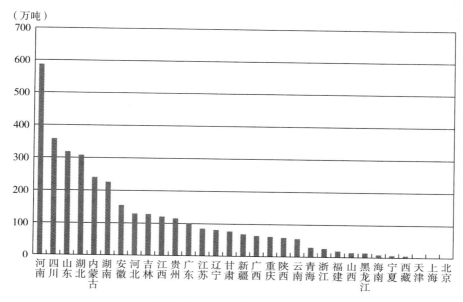

图 8 - 8 2017 年中国油料产量

资料来源：根据 EPS 数据库数据计算整理。

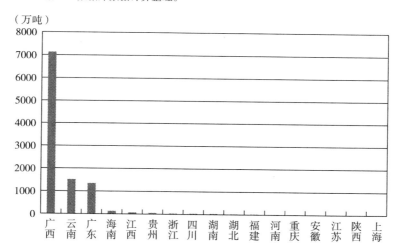

图 8 - 9 2017 年中国部分省份甘蔗产量

资料来源：根据 EPS 数据库数据计算整理。

新疆甜菜产量高于其他省份甜菜产量的总和，为 448.27 万吨；其次为内蒙古，甜菜产量为 344.34 万吨；河北甜菜产量达 64.29 万吨；黑龙江、甘肃、辽宁甜菜产量高于 10 万吨；安徽、吉林甜菜产量高于 1 万吨；其他省份甜菜产量较低（见图 8 - 10）。

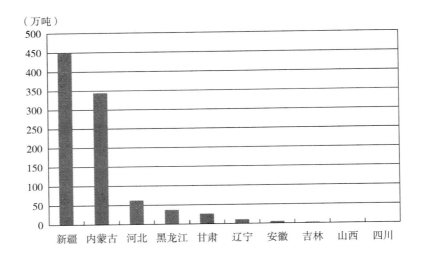

图 8 - 10   2017 年中国部分省份甜菜产量

资料来源：根据 EPS 数据库数据计算整理。

云南烟叶、烤烟产量巨大，分别为 86.23 万吨、83.85 万吨；河南、贵州、湖南的烤烟、烟叶产量均分别高于 20 万吨；四川烟叶、烤烟产量分别为 18.05 万吨、16.56 万吨；福建烤烟、烟叶产量分别为 11.64 万吨、11.62 万吨；其他省份烤烟、烟叶产量较小，均低于 10 万吨（见图 8 - 11）。

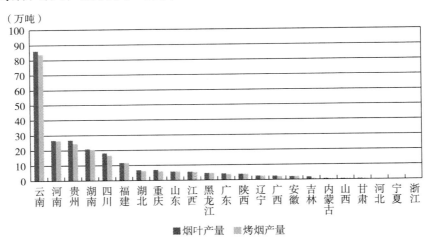

图 8 - 11   2017 年中国部分省份烤烟烟叶产量

资料来源：根据 EPS 数据库数据计算整理。

（五）人均农产品产量省际比较

下文进一步比较人均粮食作物产量、人均棉花产量、人均油料产量、人均猪牛羊肉产量、人均水产品产量、人均牛奶产量，观察人均农产品产量的空间分布格局。

如图 8－12 所示，2016 年，黑龙江、吉林、内蒙古人均粮食作物产量最高，分别为 1953.1911 千克、1524.3944 千克、1289.1499 千克；河南、安徽、新疆、宁夏、山东、辽宁、河北人均粮食作物产量均高于 500 千克；上海、北京人均粮食作物产量低于 50 千克；其他省份人均粮食作物产量在 100 千克至 500 千克。黑龙江、吉林、内蒙古稻谷、玉米、豆类区位商较高，说明三地粮食作物播种面积广泛，且由于地广人稀等因素，粮食作物人均产量显著高于其他省份。

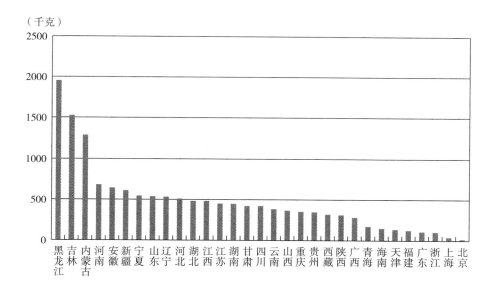

图 8－12 2017 年中国人均粮食作物产量

资料来源：根据 EPS 数据库数据计算整理。

新疆是棉花高产地，2016 年人均棉花产量高达 188.56 千克，远高于其他省份；河北、湖北、江西、山东、湖南、天津、安徽、甘肃、河南、江苏、陕西、山西、浙江、四川、贵州、广西人均棉花产量在 0.02 千克至 3.20 千克。可见我国棉花分布集中，新疆种植棉花规模庞大，人均产量高（见图 8－13）。

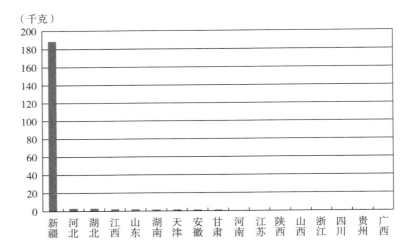

（千克）

图 8 - 13   2017 年中国部分省份人均棉花产量

资料来源：根据 EPS 数据库数据计算整理。

我国油料作物分布广泛，2017 年，内蒙古人均油料产量达 95.34 千克，河南、湖北、青海人均油料产量超过 50 千克；吉林、四川、湖南、贵州、山东、甘肃、新疆、江西、安徽、重庆人均油料产量在 20 千克至 50 千克；上海、北京人均油料产量较少，分别为 0.31 千克和 0.25 千克（见图 8 - 14）。

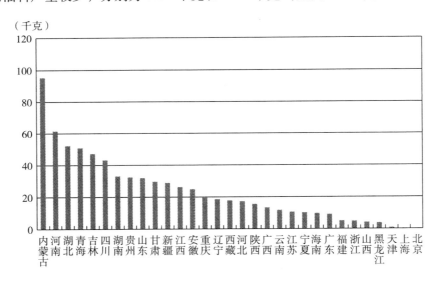

（千克）

图 8 - 14   2017 年中国人均油料产量

资料来源：根据 EPS 数据库数据计算整理。

人均猪牛羊肉产量各省份间差异较小。内蒙古人均猪牛羊肉产量较高，为93.93 千克；西藏、云南、湖南、吉林、四川、湖北人均猪牛羊肉产量超过 60 千克；江苏、陕西、广东、山西、天津、浙江、北京、上海人均猪牛羊肉产量低于 30 千克（见图 8-15）。

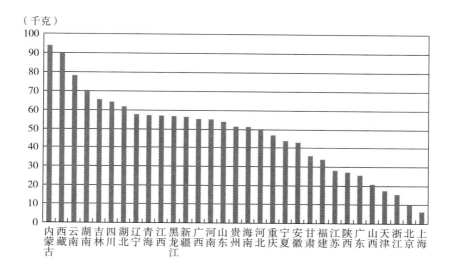

图 8-15　2017 年中国人均猪牛羊肉产量

资料来源：根据 EPS 数据库数据计算整理。

　　人均水产品产量各省份间差异明显。海南、福建人均水产品产量最高，分别为 196.18 千克和 191.28 千克；辽宁、浙江人均水产品产量超过 100 千克；辽宁、浙江、山东、湖北、广东、广西、江苏、江西人均水产品产量高于 50 千克；河南、吉林、贵州、新疆、内蒙古、陕西、青海、北京、山西、甘肃、西藏人均水产品产量低于 10 千克（见图 8-16）。

　　人均牛奶产量各省份之间差别较大。宁夏、内蒙古人均牛奶产量最高，分别为 235.93 千克、218.99 千克，黑龙江人均牛奶产量为 122.62 千克；西藏、新疆、青海、河北人均牛奶产量高于 50 千克；海南省人均牛奶产量最少，为0.54 千克（见图 8-17）。

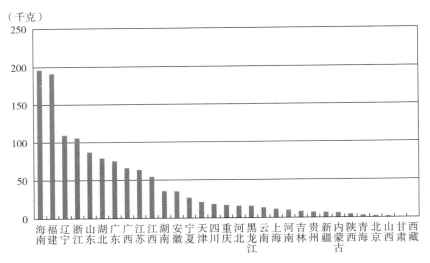

图 8 - 16 2017 年中国人均水产品产量

资料来源：根据 EPS 数据库数据计算整理。

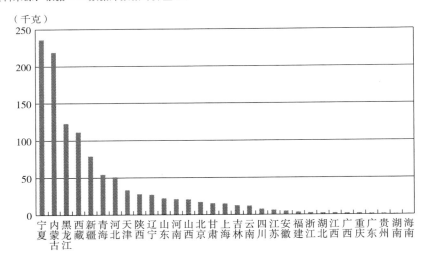

图 8 - 17 2017 年中国人均牛奶产量

资料来源：根据 EPS 数据库数据计算整理。

（六）农作物单位面积产量省际比较

下文进一步比较谷物、棉花、花生、油菜籽、芝麻、黄红麻、甘蔗、甜菜、烤烟单位面积产量。

如图 8 - 18 所示，我国各省份谷物单位面积产量相对差距较小。吉林、上海谷物单位面积产量超过 7000 千克/公顷；海南、云南、贵州、山西、甘肃、陕西、青海谷物单位面积产量低于 5000 千克/公顷。

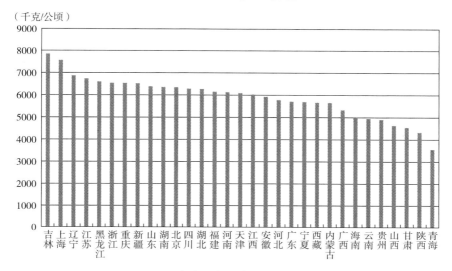

图 8 – 18 2017 年中国部分省份谷物单位面积产量

资料来源：根据 EPS 数据库数据计算整理。

新疆是棉花的主要生产地，单位面积产量最高，达 2059.11 千克/公顷；甘肃、江西、陕西、山西、浙江棉花单位面积产量在 1300 千克/公顷以上；广西、贵州单位面积产量低于 800 千克/公顷（见图 8 – 19）。

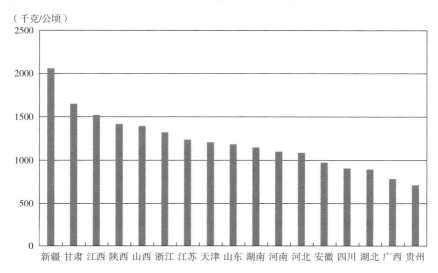

图 8 – 19 2017 年中国棉花单位面积产量

资料来源：根据 EPS 数据库数据计算整理。

宁夏花生单位面积产量最高，为 10814.81 千克/公顷；新疆、安徽、河南、山东花生单位面积产量超过 4000 千克/公顷；云南花生单位面积产量较低，为 1662.67 千克/公顷。如图 8-20 所示。

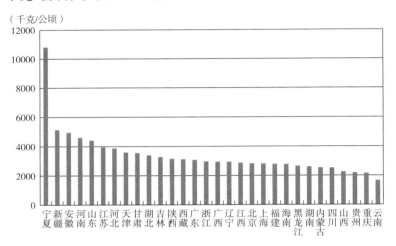

图 8-20　2017 年中国花生单位面积产量

资料来源：根据 EPS 数据库数据计算整理。

西藏油菜籽单位面积产量最高，达 3033.44 千克/公顷；其他省份油菜籽单位面积产量差距较小，江西、内蒙古、广西、山西、北京、吉林油菜籽单位面积产量低于 1400 千克/公顷。如图 8-21 所示。

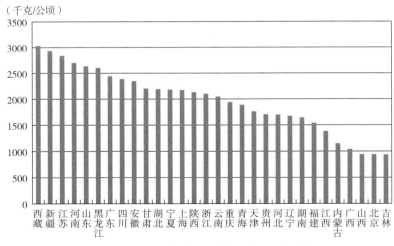

图 8-21　2017 年中国油菜籽单位面积产量

资料来源：根据 EPS 数据库数据计算整理。

如图 8 - 22 所示，芝麻单位面积产量省际差距较小。广西芝麻单位面积产量达 5939. 41 千克/公顷；辽宁、江苏、山东、广东、湖北、河南、陕西、安徽、黑龙江芝麻单位面积产量高于 1500 千克/公顷；内蒙古、新疆、吉林、山西、云南芝麻单位面积产量低于 1000 千克/公顷。

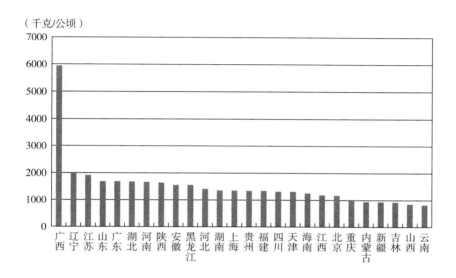

图 8 - 22 2017 年中国芝麻单位面积产量

资料来源：根据 EPS 数据库数据计算整理。

我国黄红麻单位面积产量差距明显。浙江黄红麻单位面积产量最高，为 7500 千克/公顷，分别是广东、四川、重庆、贵州黄红麻单位面积产量的 3. 35 倍、4. 01 倍、4. 07 倍、7. 5 倍。如图 8 - 23 所示。

相较于其他作物，甘蔗单位面积产量较高（见图 8 - 24）。广西甘蔗单位面积产量高达 81408. 64 千克/公顷，广东甘蔗单位面积产量为 79421. 43 千克/公顷；河南、浙江、上海、云南、海南、贵州、江苏甘蔗单位面积产量超过 60000 千克/公顷；陕西甘蔗单位面积产量低于 20000 千克/公顷。

甜菜单位面积产量省际差别明显（见图 8 - 25）。新疆甜菜单位面积产量高达 73418. 67 千克/公顷；甘肃、辽宁、河北、山西甜菜单位面积产量超过 50000 千克/公顷；四川、湖北甜菜单位面积产量低于 10000 千克/公顷。

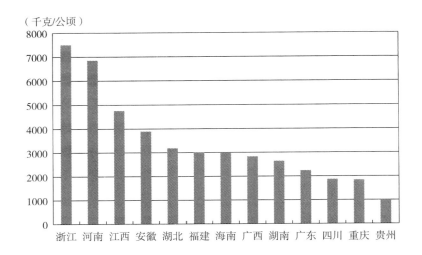

（千克/公顷）

图 8－23　2017 年中国部分省份黄红麻单位面积产量

资料来源：根据 EPS 数据库数据计算整理。

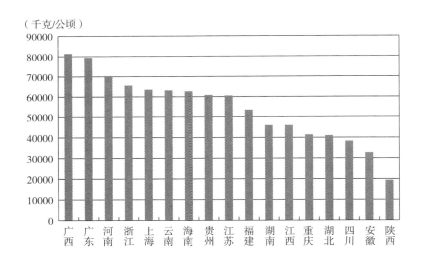

（千克/公顷）

图 8－24　2017 年中国部分省份甘蔗单位面积产量

资料来源：根据 EPS 数据库数据计算整理。

　　宁夏烤烟单位面积产量最高，为 4459.46 千克/公顷；其次为内蒙古、山西、辽宁、黑龙江、甘肃，烤烟单位面积产量高于 3000 千克/公顷；重庆、贵州、湖北、河北、海南烤烟单位面积产量低于 2000 千克/公顷。如图 8－26 所示。

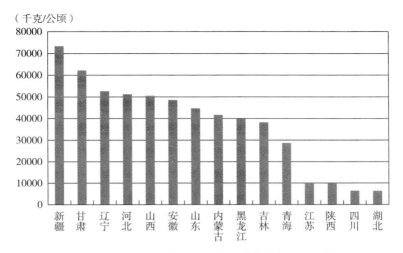

图 8 – 25　2017 年中国部分省份甜菜单位面积产量

资料来源：根据 EPS 数据库数据计算整理。

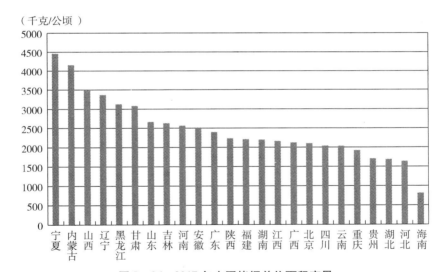

图 8 – 26　2017 年中国烤烟单位面积产量

资料来源：根据 EPS 数据库数据计算整理。

二、农业空间格局演变趋势

从总体上来看（见图 8 – 27），1979～2017 年农业的地理集中度变化不大，始终在地理集中度 0.4 上下小幅浮动。下面我们主要分析农业在四大板块之间的空间分布，以进一步阐述农业空间格局演变趋势。

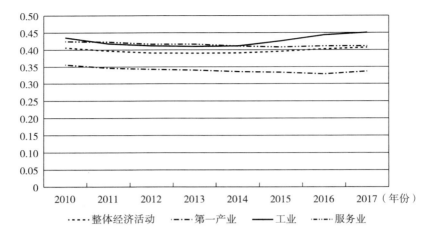

图 8 - 27 2010～2017 年中国整体经济活动及其产业地理集中演化趋势

资料来源：根据 EPS 数据库数据计算整理。

（一）农业在全国分布相对分散

从 1979 年以来，农业的集中指数保持在 51 左右，集中度的绝对值在 0.23 左右（见表 8 - 2），说明农业由于其对土地的依赖性，在空间分布上呈现出比较明显的分散化特点。

表 8 - 2 1979～2014 农业集中指数及集中度的绝对值

年份	集中指数	集中度的绝对值
1979	51.38	0.24
1998	52.28	0.22
1999	50.28	0.24
2000	52.2	0.23
2001	53.06	0.24
2003	51.8	0.22
2004	51.62	0.21
2005	52.28	0.23
2006	52.33	0.23
2007	50.29	0.24
2008	53.07	0.24
2009	50.99	0.24
2010	51.38	0.24
2011	51.45	0.22
2012	51.49	0.22

续表

年份	集中指数	集中度的绝对值
2013	51.55	0.22
2014	48.76	0.22
2015	46.96	0.23
2016	48.50	0.22
2017	46.30	0.22

注：①集中指数 = （1 - H/T）×100 式中，T 表示全国或全区总人口，H 表示占全国或全区经济总量半数的地区人口。一般而言，集中度指数在 50 ~ 100。指数小于或者等于 50 的，说明国家经济分布高度分散；指数在 50 ~ 60，说明较为均衡。指数在 70 ~ 80 表明相当集中；指数大于 90，则为高度集中。

②集中度的绝对值 = X₁ + X₂ + X₃ 式中 X_1、X_2、X_3 分别表示占全国（或全区）经济总量的比重居前 1、2、3 地区经济比重。指标值越大，说明集中度越高。

资料来源：根据 EPS 数据库数据计算整理。

1999 ~ 2010 年我国农业总产值排名变化不大，其中排名前八位的省份，东部地区占了一半（见图 8 - 28）。与 1979 年相比，一些省份的排名有了很大的变

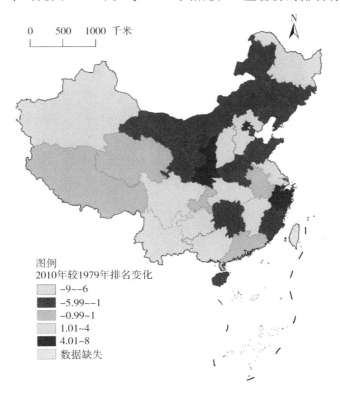

图 8 - 28　1979 ~ 2010 年中国各省农业生产总值排名变化

资料来源：根据 EPS 数据库数据计算整理。

化。排名上升较大的地区有河北、辽宁、广西和新疆；下降幅度比较大的地区
有浙江、江西、云南、陕西、北京和上海等地区。总体来看，西部和东北地区
大部分省份排名有不同程度的上升，东部地区大部分省份排名则有所下降。而
2010 年到 2017 年，农业总产值排名变化相对较小，相较 2010 年，排名上升较
大的地区有黑龙江、新疆、陕西、贵州、云南等，下降幅度比较大的地区有河
北、辽宁、福建、浙江、江西、吉林、北京等地区（见图 8 - 29）。趋势与前期
有所不同，中西部部分省份排名出现不同程度的上升，东部和东北的大部分省
份保持不变或者有所下降。

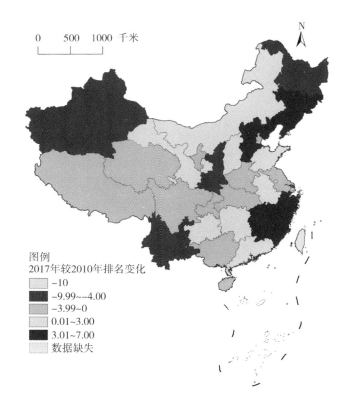

图 8 - 29 2010 ~ 2017 年口国各省农业生产总值排名变化

资料来源：根据 EPS 数据库数据计算整理。

（二）四大板块农业空间格局呈现向西部地区集中的趋势

从四大板块来看，1979 ~ 2010 年，东、中部地区农业总产值占全国比重都

呈下降趋势，比重分别由 1979 年的 37.48% 和 28.84% 下降到 2010 年的 36.42% 和 27.30%；而西部和东北地区的农业总产值占比则都有所上升，分别从 1979 年的 23.61% 和 10.06% 上升到 2010 年的 25.47% 和 10.81%。从增长速度看，西部地区要快于东北地区（见图 8 - 30）。

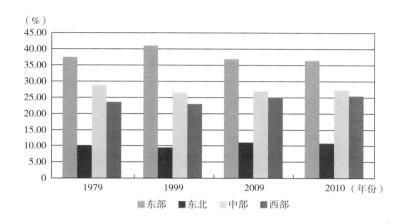

图 8 - 30　1979 ~ 2010 年四大板块农业产值比重变化

资料来源：根据中经网数据库数据计算整理。

从图 8 - 30 中我们还可以明显看出，1979 ~ 1999 年东部地区农业总产值比重是呈上升趋势，而其他三个板块则呈下降趋势，从 1999 年之后东部地区农业总产值比重则明显下降，同期的其他板块则呈现上升趋势，其中西部地区上升趋势较为明显。

这主要是由于东部地区的土地等资源适合农业生产，1979 ~ 1999 年，在土地成本上升幅度不是很大的情况下，东部地区由于农业工业化的进程加快使得农业生产效率大大提高，其农业产值的比重也呈上升趋势。随着东部地区工业化进程的加快，土地变得越来越稀缺，工业用地和商业用地需求越来越大，农业的利润已不足以维持其地租等成本，所以 1999 年之后，东部地区的农业比重呈下降趋势，农业整体空间分布格局开始向中西部地区转移。

2010 ~ 2017 年，这种趋势基本保持不变，不过东部和中部的农业产值的比重进一步下降（见图 8 - 31）。东部地区由 2010 年的 35.21% 下降为 2017 年的 31.24%，中部地区由 28.52% 下降到 25.33%。相对应，东北和西部地区按比例持续上涨，西部地区农业产值占全国的比重由 2010 年的 27.13% 上升至 2017 年的 33.12%，东北地区由 9.14% 上升至 2013 年的 11.25%，后又小幅回落到 10.31%。西部地区的增速最快。

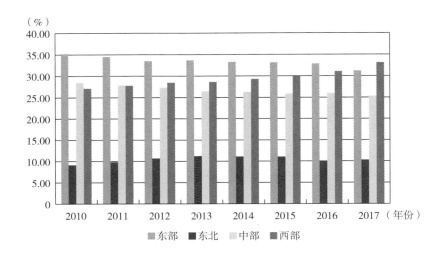

图 8 - 31　2010~2017 年四大板块农业产值比重变化

资料来源：根据 EPS 数据库数据计算整理。

第三节　新时期我国农村发展与乡村振兴

从当前我国农业传统生产方式难以为继、农村空心化现象凸显、农民就业结构性矛盾突出等现实情况来看，推进农村创新创业、培育农村"双创"文化，可以激发农民的智慧和创造力，吸引高素质人才和社会资本"入驻"农村，是实现农业现代化、农民增收和农村发展的新动能。因此，推动农村地区创新创业是当前农村发展阶段的重要任务，具有重要的研究意义。

一、农村创新创业的现状及特征

（一）农村创业成效显著

农业农村部最新统计显示，我国返乡创业的农民工目前已经达到 520 万人，他们成为推动乡村产业振兴、带动群众就业增收的新动能。2015 年我国返乡创业农民工 220 万人，共创办 23.7 万家小微企业、45.5 万家农产品加工企业、180 万家休闲农业各类经营主体以及 147.9 万家农民合作社，吸纳了 1.6 亿农村剩余劳动力，创造了 35% 的农民人均收入份额。在现代农业发展、美丽乡村建设和实施乡村振兴战略的吸引下，大量新农民到农村创业创新，农民合作社、家庭农场、专业大户、农业企业等大量出现，新型农业经营主体累计达到 400 万家，新型职业农民超过 1500 万人。

（二）返乡创业主体多元化

尽管当前农村创业的主要群体依然是返乡农民工，但大学生、农业科技人员等新型创业主体增长迅速，农村创业主体呈多元化特征。近五年来，返乡创业人数增幅保持在两位数左右的增速，"十二五"末期返乡创业的大学生比例已达到 1% 左右。据农业部不完全统计，农民工、中高等院校毕业生、退役士兵、企业主、科技人员等返乡下乡双创人员累计达到 740 万人，本乡非农创业人数达到 3140 万人，逐渐形成了一支初具规模的推动农村创新创业的队伍。与传统农民不同，当前返乡下乡创业人员是拥有一定市场经验的农民工、技术水平的农业科技人员、知识文化水平的大学生以及经营管理水平的企业家，这些创业者给农村带来了新理念、新技术、新资源和新市场，改造着农业的传统生产和经营方式，给农村发展带来了前所未有的活力。

（三）新产业、新业态、新模式特征明显

据统计，80% 以上返乡下乡创业人员创办的企业涉及新产业、新业态、新模式和产业融合特征，主要体现在农村电商、休闲农业、乡村旅游、农产品加工业等项目。

其中，最典型的商业模式创新是运用"互联网＋现代农业"。《中国农村发展报告（2017）》显示，大约有 54.3% 返乡下乡创业人员都是通过运用"互联网＋"手段来了解市场动态、政策法规和产品推广。一方面，借助"互联网＋"构建农村电商平台，可以降低农村创业成本，有效拓展市场，不仅有利于农村初创企业迅速成长，也有利于在农村创造规模化就业机会。2017 年，农村网店达到 985.6 万家，同比增长 20.7%，带动就业人数超过 2800 万人。《中国淘宝村研究报告（2018）》显示，全国淘宝村数量已达 3202 个，广泛分布在 24 个省份 330 余个县（区、县级市），淘宝村网店年销售额超过 2200 亿元，在全国农

村网络零售额占比超过 10%，活跃网店数超过 66 万个，带动就业机会数量超过 180 万个。据相关部门估计，"互联网＋"给农村带来了近 2000 万个就业机会。另一方面，可以利用"互联网＋"改造传统农业生产及经营方式，优化农村产业结构，提升农业生产效益，促进现代农业发展。例如，安徽石台县有位返乡创业农民工，运用"互联网＋"手段实现对其承包茶叶基地的茶树生产过程进行远程智能化监控，以提高茶叶生产规模和质量，同时又成立了茶叶合作社，带领 2000 户农户开展标准化生产，带动了当地茶叶行业的现代化生产和经营。

（四）农村创新创业政策服务体系逐步完善

为了促进农村创新创业，国务院办公厅先后出台了《关于支持农民工等人员返乡创业的意见》《关于支持返乡下乡人员创业创新促进农村一二三产业融合发展的意见》，以及农业部等其他部委联合或单独发布了《关于实施开发农业农村资源支持农民工等人员返乡创业行动计划的通知》《关于加强农民创新创业服务工作促进农民就业增收的意见》《关于实施推进农民创业创新行动计划（2015—2017 年）的通知》《关于建立全国农村创业创新园区（基地）目录的通知》等政策，从国家层面形成了比较完善的政策服务体系。据农业部统计，2015 年全国共培训 1.83 万名返乡创业实用型人才，培育 100 万名新型职业农民，职业技能培训鉴定近 40 万人次，有力地支持了农村地区创新创业活动的开展。《关于做好 2019 年农业农村工作的实施意见》中指出，要持续实施新型职业农民培育工程，再培育 100 万以上新型职业农民，支持新型经营主体承担培训任务。大力发展面向乡村振兴实际需求的农业职业教育，推动高等院校加强涉农专业建设，依托农业中高等院校和社会主体培训培养更多农业科技和农村实用人才。

二、目前农村创新创业存在的问题与障碍

随着政府政策支持力度加大，我国农村创新创业取得了一定的成效，但由于起步较晚，仍面临以下主要问题与障碍：

（一）创业项目同质化、市场竞争激烈

尽管近年来返乡下乡创业人数逐年增加，但从创业项目的规模及行业类型来看：农村创新创业项目普遍规模较小，小微企业占到 80% 以上；创业项目同质化，主要集中在农村电商、乡村旅游等行业门槛较低、技术含量不高、商业

模式单一、市场竞争比较激烈的行业。以农产品电商为例，根据北京工商大学发布的《2018年中国农产品电商发展报告》，当前是"供过于求"与"供不应求"同时存在，中国农业正处于转型关键期。除农产品电商外，农家乐、民宿等为主要特征的乡村旅游也逐渐呈现出市场竞争加剧、盈利模式单一等特点。农村创业项目日益同质化，一方面会导致市场过度竞争，不利于行业可持续发展；另一方面提升了农村创业者的风险，不利于农村创新创业氛围的形成和环境的建设。

（二）创新不足、科技含量低

从目前农村创新创业的项目分布来看，虽然80%以上的项目集中在"互联网＋"、产业融合等新型业态项目，但这些项目大多属于商业模式创新，可复制性强，这也是造成目前农村电商、乡村旅游等创业项目"井喷"的重要原因。与此同时，那些具有核心技术、创业门槛较高的科技型创业项目在农村创新创业项目中相对较少，也成为制约农村创新创业发展的一个重要"短板"。

（三）区域发展不均衡

从区域发展格局来看，不仅我国经济总体上存在东中西的区域梯度差异，在农村创新创业方面也存在巨大的区域差异。与中西部地区相比，东部地区开放较早、市场经济发达、村民头脑更加灵活、创业的氛围也更高。以农村网商为例（见图8-32），尽管与2015年相比，中西部地区增加更快，但从比重来看东部地区农村网商村庄占当地村庄的比重已经超过了60%。

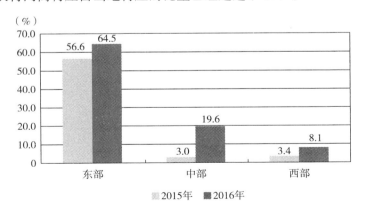

图8-32　农村有网商村庄占当地村庄的比重

资料来源：西南财经大学中国家庭金融调查与研究中心，阿里研究院. 农村网商发展报告 [R] . 2016.

此外，从淘宝村的区域分布也可以看出东部与中西部地区之间的差距。《中国淘宝村研究报告（2018）》显示：2018 年全国共有 3202 个淘宝村，数量前六名依次是浙江（1172 个）、广东（614 个）、江苏（452 个）、山东（367 个）、福建（233 个）、河北（229 个），全部为东部沿海地区，合计占比超过 95%；河南淘宝村数量（50 个）位居中西部之首；辽宁淘宝村数量（9 个）位居东北地区之首；有 7 个省份还没有淘宝村且大部分为中西部地区。

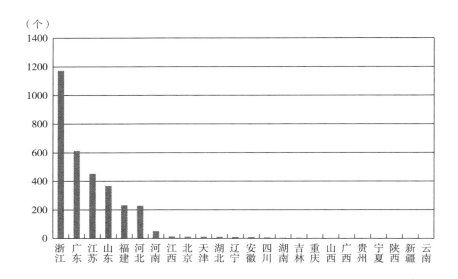

图 8 – 33　2018 年中国淘宝村数量分布

资料来源：阿里研究院．中国淘宝村研究报告［R］．2018.

（四）缺乏高层次创新创业人才

高层次创新创业人才及团队是推动创业升级到创新的核心力量。从目前农村创新创业的人群来看，返乡农民工占比 70% 左右，而下乡创业的企业家、大学生、农业科技人员等相对较少，这也是导致目前农村创新创业项目层次不高、技术水平低、同质化严重的重要原因。此外，农村地区也缺乏一些专业的创新创业导师及相关咨询团队来指导返乡下乡创业人员的创业活动。

（五）创业融资难

农村创业融资难的原因主要有两个方面：一方面由于金融发展滞后，与城市相比，农村地区金融机构少、金融体系不健全等问题长期无法解决，金融不发达、资金匮乏长期制约着农村总体经济的发展；另一方面由于制度性障碍，由于我国土地制度的特殊性，农村的宅基地、厂房等都很难作为抵押物，制约了返乡创业农民工进一步获得银行贷款的能力，导致很多农村创业企业不得不向民间进行融资，但民间贷款利率较高，提升了农村创业者的金融风险。

（六）创新创业环境较差

优越的创新创业环境是吸引高层次创新创业人才的重要因素。由于长期以来我国城乡之间存在较大的发展差距，且越来越大。与城市相比，农村地区不仅在交通等基础设施、教育等基本公共服务水平等方面发展滞后，而且在创新意识、创业氛围等方面也远远落后。由于农村地区在与创新创业相关的"软""硬"环境建设方面都远远落后于城市，这就降低了农村地区对高层次创新创业人才的吸引力，制约了农村地区创新创业的进一步发展。

（七）政策较城市滞后

中央政府提出"大众创业、万众创新"以来，有关部门陆续出台一些政策措施进行扶持，从具体实施情况来看，具有明显的城市偏向特征，在一定程度上制约了农村创新创业的发展。以众创空间为例，2015年3月中央发布了《国务院办公厅关于发展众创空间推进大众创新创业的指导意见》，12月科技部就公布了首批备案的众创空间名单，皆服务于城市创新创业。而直到2016年11月科技部才公布首批服务于农村创新创业的众创空间——"星创天地"，在此之前科技部已经公布了三批服务于城市的众创空间。此外，2015年4月财政部联合多部门发布了《关于支持开展小微企业创业创新基地城市示范工作的通知》，正式启动"小微企业创业创新城市示范"，并计划安排84亿元中央财政拨付资金支持。而农业部在2016年12月正式发布《农业部办公厅关于建立全国农村创业创新园区（基地）目录的通知》，开始启动"整合创建一批具有区域特色的返乡下乡人员创业创新园区（基地）"来促进农村创新创业环境建设，但具体落实的资金方案尚未公布。

三、农村创新创业的潜力分析

与城市相比，农村是我国经济社会发展的短板，也是当前创新创业的一个"洼地"。因此，充分挖掘农村地区创新创业的潜力，对于推进我国全面创新具有重要意义，是实现我国小康社会建设的一个重要抓手。

(一) 潜在返乡下乡创新创业人群多

1. 庞大的农民工群体是农村创新创业的主力军

根据国家统计局发布的《2017 年农民工监测调查报告》显示，2017 年农民工群体总量达到了创纪录的 2.87 亿，比 2016 年增加 481 万人。与为外出打工的一般农村居民相比，农民工群体具有市场意识强、技术能力高、眼界广、资金多等优势，不仅是农村地区创新创业的后备军，也是当前返乡创业的主力军。其中，从适合创业的年龄结构来看，40 岁及以下农民工所占比重为 52.4%，约 1.50 亿人；从最具创新意识的群体来看，具有一定知识文化水平的、拥有高中及以上学历的农民工占比达 27.4%（7800 多万人），这些都是返乡创业意愿最强、创新能力最强的农民工群体。

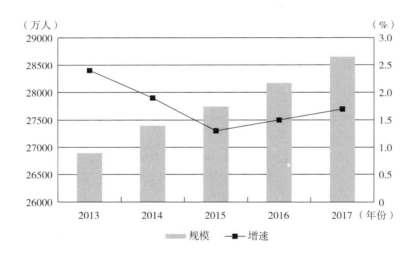

图 8 – 34　2013～2017 年我国农民工总量及增速

资料来源：国家统计局网站。

2. 大学生、科技特派员等正在成为引领农村创新创业的排头兵

目前，下乡创业的大学生、科技特派员等新型主体已经占到农村创业群体的 30% 左右，成为活跃农村创业氛围、引导农村创新的重要力量。

据中国人民大学发布的《2017 年中国大学生创业报告》，在我国政府创新创业政策的引导下，大学生创业意愿普遍高涨。根据该抽样调查：在校大学生中，考虑过创业的学生占 87.9%，而具有强烈创业意愿的学生占 30%；在创业者的行业选择方面，住宿和餐饮业是学生创业的首选，约占全部调查样本的13.8%，其次是农林牧渔业，占比达13.7%，其他包括IT、运输、教育、文化等领域。根据教育部发布的《中国高等教育质量报告》，2018年我国在校大学生有3700万人，预计未来在校大学生人数将继续增加。从上述抽样调查可以推算出，我国大学生群体中选择与农业领域相关进行创业的意愿人群超过507万人。由此可以得出，大学生创业群体对农业的发展前景预期较好，农村对学生创新创业的吸引力也不断增强。

科技特派员是引导农村科技创新的主导力量。科技部公布数据显示：目前我国科技特派员已经达到73.9万人，实现了农村地区全覆盖，服务带动农民增收超过6000万人。除科技服务引领农业创新外，科技特派员还是农村科技型企业创业的主要群体，是建设农村科技创新体系、构建现代农业生产体系的直接力量，在一定程度上解决了制约农村地区发展的科技和人才两大短板，有效激发了农村地区创新创业的活力。

（二）新型业态发展潜力大

1. 农村电商发展空间巨大

一方面，我国农村地区互联网普及率低、增长空间大。中国互联网络信息中心（CNNIC）发布的2019年第43次《中国互联网络发展状况统计报告》显示：2018年，我国农村网民规模达到2.22亿，占全国网民比重为26.7%，而城镇网民规模为6.07亿，占比达到73.3%；从互联网普及率来看，农村地区仅为38.4%，城市地区则已经超过七成。尽管从网民规模来看，城镇占据主导地位，但从互联网普及率来看农村还有很大的潜力可挖。

另一方面，农村电商发展仍处于起步阶段，潜在市场规模巨大。根据商务部公布的数据，2014～2018年我国农村网络零售额增长超过7倍，呈爆发性增长趋势。但根据西南财经大学中国家庭金融调查与研究中心、阿里研究院联合发布的《农村网商发展报告2016》，2016年我国有网商村庄占全部村庄比重仅有17%，具有较大潜力。按照目前农村电商发展的态势，至2020年，我国农村网络零售额将超过1.5万亿元，带动就业3000万人以上。

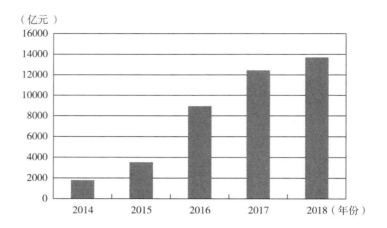

图 8-35 2014~2018 年我国农村网络零售额

资料来源：中国商务部网站。

2. 休闲农业和乡村旅游需求空间大

根据农业部统计，近年来我国休闲农业和乡村旅游发展快速，"十二五"期间营业收入超过 10%。进入"十三五"以来，我国休闲农业和乡村旅游继续保持高速增长。2017 年，全国接待游客 28 亿人次，营业收入 7400 亿元，比上一年增长近三成；从业人员 1100 万人，带动 750 万户农民受益，成为天然的农村产业融合主体。休闲农业和乡村旅游是农村一二三产业融合的一种新型产业形态，随着居民生活水平的提高和消费行为的升级，行业需求空间大，将成为农村地区未来一段时期内的主要经济增长点。"十三五"时期我国休闲农业和乡村旅游将继续保持高速增长，预计至 2020 年全国接待游客将超过 30 亿人次，营业收入超过 1 万亿元，从业人员将超过 1200 万，超过 1000 万户农民收益。

3. 特色农产品加工业发展前景广阔

农产品加工业具有行业覆盖面宽、产业关联度高、规模效应强、科技含量高等特征，是促进农民就业增收、农业现代化和农村一二三产业融合发展的重要支撑力量。2017 年，全国规模以上农产品加工业增加值增速为 6.5%（扣除价格因素），较上年同期提高 0.7 个百分点；实现主营业务收入 19.4 万亿元，同比增长 6.5%。根据《全国农产品加工业与农村一二三产业融合发展规划（2016—2020 年）》估计，"十三五"时期我国规模以上农产品加工业主营业务收入年均增速将保持在 6% 左右，至 2020 年达到 26 万亿元。其中，农产品加工业与农业总产值比将达到 2.4:1，主要农产品加工转化率将达到 68% 左右，规模以上食用农产品加工企业自建基地拥有率将达到 50%。

随着我国特色农业的快速发展，形成了一些具有区域特色突出、效应良好和竞争力强的特色农产品产业区。发展特色农产品加工业不仅延伸了特色农业的产业链和价值链，也从产业源头上解决了农产品加工业同质化竞争的难题，有助于总体上提升我国农产品加工业的竞争力。因此，特色农产品加工业将是我国今后一段时期农产品加工业的主要增长点和重点发展领域。

第九章　服务业发展与布局

近年来，我国经济增长的动力格局发生了很大的变化，服务业的带动作用增强。服务业增加值在 GDP 中所占比重呈现上升趋势，就业人数已超过农业和工业，成为非农就业的主体，在快速的城市化进程中，服务业总体呈现集聚特征，但在不同城市中呈现出不同的空间组织形态。2016 年，全国社会消费品零售总额 366262 亿元，较上年增长 10.2%，消费对社会经济增长的贡献率达到58.8%，消费已经超过资本形成、货物服务净出口成为经济增长的第一驱动力，成为我国宏观经济由投资和外贸拉动转为内需拉动的一个重要标志。

第一节　中国服务业分布的基本特征

相对制造业来说，服务业更依赖本地市场容量，具有更强的空间集聚效应。产业集聚成为当今服务业空间组织的重要特征之一，随着全球经济和国际市场一体化程度的不断提高，国际分工和专业化水平逐步深化以及社会网络、信任和规范等社会资本的作用，产业在世界范围内重新定位和布局，服务业集聚在地域上得到了快速的展现。

一、服务业成为国民经济支柱产业[①]

（一）服务业成为国民经济第一大产业

2017 年，我国服务业增加值 427032 亿元，占 GDP 的比重为 51.6%，超过

[①]　国家统计局发言人："服务业成我国经济发展主动力"，《中国青年网》，2018 年 4 月 16 日。

第二产业 11.1 个百分点，成为我国第一大产业。服务业增加值比上年增长 8.0%，高于全国 GDP 增长 1.1 个百分点，连续 5 年增速高于第二产业。服务业对经济增长的贡献率为 58.8%，比上年提高了 1.3 个百分点，成为推动我国经济增长的主动力。

服务业当中，发展最突出的是信息服务业。2017 年，我国信息传输、软件和信息技术服务业增加值总量分别比上年增长 26.0%，远高于国民经济平均增速。"互联网 +"、互联网经济、数字经济、共享经济等新经济已成为推动我国经济增长的新引擎。2017 年，租赁和商务服务业增加值总量比上年增长 10.9%，也高于国民经济平均增速。服务业领跑国民经济增长的态势十分明显。

（二）服务业对国民经济运行贡献突出

服务业在创造税收、吸纳就业、新设市场主体、固定资产投资、对外贸易等方面支撑国民经济发展。第一，服务业已成为税收的主要来源。2017 年，服务业税收收入占全部税收收入的比重为 56.1%，比上年增长 9.9%，连续 5 年对税收收入贡献过半。第二，服务业已成为吸纳就业的主渠道。2013～2016 年，服务业就业人员年均增长 5.1%，高出全国就业人员年均增速 4.8 个百分点。2017 年，服务业就业人员比重比上年提高了 1.4 个百分点，达到 44.9%。第三，服务业是新增市场主体的主力军。2017 年，工商新登记注册的企业日均达 1.66 万家，其中近 80% 为服务业。2013～2016 年，服务业新登记注册企业共计 1283 万家，年均增长 31.5%。第四，服务业是固定资产投资的主阵地。2017 年，服务业投资增长 9.5%，高于第二产业增速 6.3 个百分点，占固定资产投资比重达 59.4%。第五，服务业对外开放加快形成新的增长点。2017 年，服务业进出口总额占对外贸易总额比重达到 14.5%。高技术服务出口增长明显加快，知识产权使用费、技术相关服务出口分别增长 316.6% 和 30.0%。我国吸纳外商投资和对外投资中，服务业占比均超过 50%。

（三）服务业活力增强助推新动能转换

随着供给侧结构性改革的深入推进，服务业结构持续优化，服务业新动能不断孕育，新产业、新经济蓬勃兴起，活力和实力不断增强。第一，我国一些服务业行业已迈入世界前列，实现从跟跑到并跑、领跑的飞跃。2017 年，我国高速铁路里程、高速公路里程、快递业务规模等已远超其他国家，稳居世界第一；移动支付、共享经济、大数据运用已走在世界前列；电信业在 5G 技术、标准、产业、应用等方面正成为全球引领者；金融业人民币国际化步伐加快，不仅跻身储备货币，而且开始成为石油贸易的计价货币；科技创新取得新成就，研发支出占 GDP 比重上升到 2.12%，超过欧盟 15 国的平均水平。第二，以"互联网＋"为标志的服务业新经济高速成长。2017 年，规模以上服务业企业中，与共享经济、数字经济密切相关的互联网信息服务业、信息技术咨询服务业、数据处理和存储服务业营业收入分别增长 42.9%、35.4%、39.1%。全年电子商务交易额达 29.16 亿元，比上年增长 11.7%；网上商品零售额增长 32.2%。第三，新兴服务业发展势头强劲。2017 年，规模以上服务业中，战略性新兴服务业、高技术服务业、科技服务业营业收入分别增长 17.3%、13.2%、14.4%，比上年提高 2.2、2.8、3.1 个百分点。第四，幸福产业发展态势良好。2017 年，规模以上服务业企业幸福产业营业收入合计增长 13.7%，比上年加快 1.9 个百分点。幸福产业在国民经济中比重不断增加，人民群众的幸福感、获得感进一步提升。

二、服务业在城市中的分布与聚集方向

服务业集聚发展的主要空间载体是城市，因为城市化的发展本身就意味着聚集经济在空间地域上的实现，城市的产生是农业生产率提高、产业分工深化的结果。一般而言，大城市是服务业导向的，这是由于大城市经济规模比较大，可以满足高等级产业发展的门槛。大城市的产业基础更加分散和多样化，而小城市的产业发展往往更加专业化。Krugman（1991）指出，当今世界最为壮观的地方化范例实际上是建立在服务业的基础上而不是制造业，而且技术将促进服务业的地方化。这样就导致服务业在不同类型、不同规模的城市具有不同空间分布特征和发展机制。

（一）服务业在主要城市的分布

根据服务业的产值比重和从业人口比重在城市中的分布（见表 9 - 1），我们发现按服务业产值排序，排在前面的多为直辖市和省会城市。按服务业从业人口比重来排序，排在前面的也多为直辖市和省会城市。表 9 - 2 是 2016 年城市服务业增加值占 GDP 比重的城市列表。从城市服务业产值比重排序看，在前 20 位的城市多为行政等级比较高的城市，城市服务业产值比重比较低的多为资源型的城市。而从服务业从业人口比重排序来看城市的属性，难以发现规律性，且

出现很多意想不到的城市，比如，从时间趋势上看，比较 2010 年和 2016 年的数据，城市服务业的就业比重排序具有极大的不稳定性和不可靠性。这也解释了为什么用服务业增加值对于整个分析更加准确和有意义。

表 9-1　2010 年城市服务业比重的部分列表　　　　　　单位：%

按服务业产值比重排序				按服务业从业人口比重排序			
名称	比重	名称	比重	名称	比重	名称	比重
北京市	75	克拉玛依市	10	北京市	74	陇南市	16
海口市	68	大庆市	14	乌鲁木齐市	70	通辽市	17
拉萨市	64	金昌市	15	海口市	60	保山市	19
三亚市	63	漯河市	18	包头市	56	贺州市	19
张家界市	62	鹤壁市	18	上海市	56	云浮市	19
广州市	61	嘉峪关市	19	乌海市	55	百色市	20
呼和浩特市	59	濮阳市	20	三亚市	54	保定市	20
上海市	57	许昌市	20	太原市	54	清远市	22
贵阳市	54	延安市	20	大连市	51	钦州市	22
乌鲁木齐市	54	攀枝花市	22	南昌市	51	潮州市	22
太原市	53	内江市	23	南京市	51	玉林市	22
深圳市	53	焦作市	23	广州市	50	崇左市	22
济南市	53	三门峡市	23	沈阳市	50	白银市	22
西安市	52	东营市	24	兰州市	50	开封市	22
南京市	52	巴彦淖尔市	24	武汉市	50	普洱市	22
武汉市	51	资阳市	24	牡丹江市	49	中卫市	22
哈尔滨市	51	宜春市	24	深圳市	48	汕尾市	23
南宁市	50	盘锦市	25	天津市	48	河源市	23
成都市	50	周口市	25	营口市	48	广安市	23
固原市	49	双鸭山市	25	珠海市	48	濮阳市	23

注：重庆、西宁和拉萨的服务业从业人口比重数据缺失。

从表 9-2 可以看到，2010～2016 年，我国各城市的服务业的比重变化比较大，主要特点是大城市和特大城市的产值比重上升较快。北京始终保持第一，比重从 75% 上升到了 80.23%；上海从 57% 上升到了 69.78%；广州从 61% 上升到 69.35%。杭州的变化更大，从 2010 年的不到 50% 上升到了 2016 年的

60.89%，这与杭州的互联网经济发展迅速分不开。在这期间，太远、兰州、深圳、济南、南京、厦门等城市的服务业产值比重，都上升了10个百分点左右。从服务业人员的就业比重来看，三亚等海南的城市比重较大，这应该是与海南省的发展定位有关，是建设"海南国际旅游岛"战略的一种反映。

表 9 - 2　2016 年城市服务业增加值占 GDP 比重的部分城市列表　　单位：%

按服务业产值比重排序				按服务业人员比重排序			
城市	比重	城市	比重	城市	比重	城市	比重
北京	80.23	巴彦淖尔市	32.10	三亚市	87.03	淮安市	34.07
海口市	76.35	宜昌市	32.02	固原市	85.90	金华市	34.04
乌鲁木齐市	70.22	石嘴山市	31.92	铜仁市	83.72	鄂州市	33.37
上海	69.78	自贡市	31.43	贺州市	81.19	台州市	32.93
广州市	69.35	曲靖市	31.41	丽江市	81.17	伊春市	32.71
呼和浩特市	68.56	北海市	31.37	北京	81.03	鹤壁市	32.55
张家界市	67.33	宜宾市	31.09	乌兰察布市	80.68	金昌市	31.21
三亚市	66.09	吴忠市	30.87	六安市	79.79	儋州市	31.00
太原市	62.57	梧州市	30.85	毕节市	78.91	惠州市	29.68
兰州市	62.44	防城港市	30.65	丽水市	77.58	莆田市	29.03
西安市	61.17	百色市	30.27	张家界市	77.41	佛山市	26.33
杭州市	60.89	克拉玛依市	29.59	昭通市	76.43	盘锦市	26.11
深圳市	60.05	资阳市	29.32	怀化市	76.13	苏州市	25.78
济南市	58.90	泸州市	28.89	河池市	74.77	扬州市	25.42
厦门市	58.57	咸阳市	27.63	海东市	74.69	中山市	24.33
南京市	58.39	宝鸡市	27.62	中卫市	73.94	泉州市	23.02
拉萨市	58.13	漯河市	27.12	贵港市	73.80	泰州市	22.66
嘉峪关市	57.79	内江市	27.09	安康市	72.89	绍兴市	18.87
大同市	57.65	鹤壁市	26.76	广安市	72.38	南通市	18.52
哈尔滨市	57.59	攀枝花市	26.12	张家口市	72.28	东莞市	17.92

资料来源：根据 EPS 中国城市数据库计算整理。

（二）服务业在主要城市中的集聚方向

服务业在城市层面呈现显著的集聚特征。我们通过计算服务业的集中度
CR_3、CR_{10}、CR_{20} 和 CR_{30}，进一步分析服务业在全国城市中的集聚方向，即服务
业趋向于集中在什么行政等级的城市、什么规模的城市、什么区位特征和区域
的城市。

从表 9 - 3 的计算结果可以看出，2016 年集中度 CR_3 达到了 14.41%，而且
服务业集聚在北京、上海和广州这样的特大城市。而集中度 CR_{10} 为 29.92%，服
务业集聚的这 10 个城市包括了 4 个直辖市、4 个省会城市和 2 个沿海发达城市。
集中度 CR_{20} 为 41.63%，服务业集聚的方向依然表现出了向大城市集聚的特征，
同时，服务业也较多地集聚在省会城市和副省级城市。2016 年，集中度 CR_{30} 近
50%，也就是说，中国一半的城市服务业集聚在 30 个城市中（见表 9 - 4）。从
这些城市发展特征和属性可以看出，我国服务业在城市层面的集聚倾向于人口
和经济规模较大的城市。

表 9 - 3　2013 年、2015 年、2016 年中国城市服务业的集中度　　　单位：%

集中度	CR_3	CR_{10}	CR_{20}	CR_{30}
2013 年	14.97	29.30	41.87	50.33
2015 年	13.72	28.56	40.47	49.21
2016 年	14.41	29.92	41.63	49.85

表 9 - 4　2016 年第三产业增加值排名前 30 的城市　　　单位：亿元

城市	第三产业增加值	城市	第三产业增加值	城市	第三产业增加值
北京	20594.34	南京	6132.71	大连	3497.72
上海	19663.06	青岛	5479.18	佛山	3338.95
广州	13556.15	无锡	4728.42	南通	3231.14
深圳	11705.31	长沙	4472.60	沈阳	3128.75
天津	10094.51	郑州	4160.84	福州	3114.93
重庆	8538.55	宁波	3928.90	烟台	2996.73
苏州	7975.86	济南	3849.77	常州	2938.89
杭州	6888.93	西安	3827.52	温州	2865.55
成都	6463.61	东莞	3630.28	合肥	2822.84
武汉	6294.62	哈尔滨	3513.92	石家庄	2752.84

资料来源：根据 EPS 中国城市数据库数据计算整理。

通过以上分析可见，可以总结得出以下特点：第一，城市行政等级不同，所掌握的行政资源不同，服务业发展水平就不同。2016 年，第三产业增加值排名前 30 的城市中，四个直辖市均排名前十，其中北京、上海排名第一位和第二位。排名前 30 的城市中，省会城市有 14 个，5 个非省会的计划单列市中，除厦门外，则全部入围。所以，从城市行政等级来看，服务业向直辖市、省会城市和副省级城市集聚，这与城市的行政等级所决定的城市功能相关，行政等级高的城市承担着更多的政治、文化等服务功能。

第二，城市规模不同，其本地市场潜力不同，服务业的发展水平显示出较大差异。七个超大城市第三产业增加值均排名前十，排名前 30 的城市都呈现出人口多、经济发达的特点。这说明服务业主要集聚在经济规模大的城市。究其原因在于城市规模越大、经济越多元化，越易满足服务业发展的门槛要求，服务业发展水平也较高。

第三，城市区位不同，服务业发展水平具有显著的差异。沿海省市的城市服务业发展水平明显高于非沿海省市的城市。排名前 30 的城市中，有 20 个来自东部沿海省市。从区位上来说，高水平的服务业向沿海发达城市的集聚特征明显，这是由于沿海省市的城市可获得更多的外部资源和更多的对外开放机会，沿海城市外向发展功能强，从而促进了服务业的发展。除此之外，笔者完全按照城市是否沿海进行分类，得到的结果同样非常显著。

第四，根据城市所在的区域不同，服务业发展水平较高的城市更多集中在东部地区，而中部、西部、东北地区的城市服务业发展水平偏低。排名前 30 的城市中有 20 个城市来自东部地区，而来自中部地区的有 4 个，来自东北地区的有 3 个，来自西部地区的有 3 个。中部、西部、东北与东部的差距非常明显。

三、我国城市服务业的空间演变趋势

城市服务业发展的集聚化趋势明显，增强了整体经济的集聚效应。图 9 - 1 展示了 2000 年至 2016 年中国地级及以上城市区位基尼系数的变化趋势。

从总体上看，2000 年到 2016 年服务业区位基尼系数不断上升，2000 年服务业区位基尼系数为 0.559，2016 年上升到 0.592。这表明在城市层面上服务业的集聚趋势不断增强。服务业区位基尼系数两次较大的变化分别发生在 2004 年和 2008 年，可能的原因在于，第一次和第二次全国经济普查对服务业增加值进行

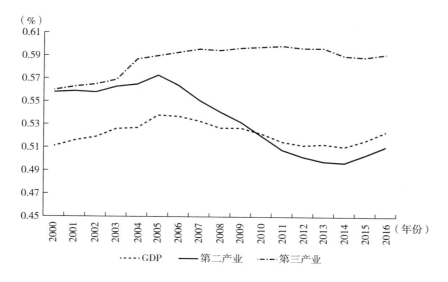

图 9 - 1　2000 ~ 2016 年中国地级及以上城市区位基尼系数变化趋势

资料来源：根据 EPS 中国城市数据库数据计算整理。

了修订和整理。第二产业区位基尼系数在 2005 年达到峰值后迅速下降，主要由于东部地区土地价格、劳动力成本、环境约束等因素的影响，东部地区一些制造业开始向中西部地区转移，造成第二产业空间分布格局的新变化。第二产业的集聚水平的下降带动整体经济的发展向相对分散的均衡化方向发展。而由于服务业的集聚水平仍处于上升阶段，所以整体经济的分散化速度小于第二产业集聚水平下降的速度。

在增加值方面，东部地区的服务业占比较大，中西部地区服务业发展仍有继续增长的空间。随着工业由东部向其他区域扩散转移，东部地区工业增加值占比由 2005 年的 61.31% 下降到 2017 年的 56.29%，而同期东部地区的 GDP 占比的降幅仅为 2.43%。可见，工业尤其是制造业的转移并未改变东部地区依然是中国经济活动中心的地位，这主要得益于服务业不断向东部地区集聚。

从 1992 年开始，随着中国社会主义市场经济体制的确立，服务业开始加速向东部沿海地区集聚，虽然 2008 年美国"次贷危机"引发的全球金融危机对东部地区的现代服务业产生了一定的冲击，但也没有改变中国服务业活动整体向东部地区集聚的趋势。2017 年，东部地区服务业增加值占全国比重为 57.93%，较 1992 年增长 5.46 个百分点；中部和西部地区服务业增加值占全国比重分别为

18.82% 和 16.72%，较 1992 年分别下降了 0.24 个百分点和 0.16 个百分点；东
北地区则下降了 5.06 个百分点，占比仅有 6.53%。如图 9 - 2 所示。

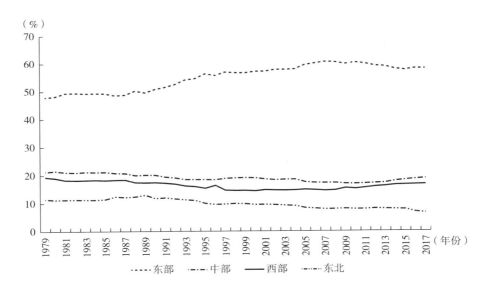

图 9 - 2　1979 ~ 2017 年中国四大板块第三产业增加值占全国比重的变化

资料来源：中国统计年鉴（1979 ~ 2018）。

　　可见，服务业已经取代工业成为东部沿海地区经济发展的新增长极，这也
是东部地区产业结构不断高级化的必然进程。由于东部地区已经进入了工业化
后期，大力发展现代服务业是东部地区经济转型和产业结构调整与升级的重要
内容，也是东部地区经济可持续发展的新的增长点，而中国整体服务业向东部
地区集聚的趋势，为"东部率先发展"的国家区域发展总体战略顺利实施提供
了现实基础。

第二节　我国服务业的地理分布

　　由于我国区域发展的差距很大，服务业在每个区域的分布也不尽相同。分
行业来看，服务业的地理分布与区域经济的发展水平基本是吻合的。

一、传统服务业

（一）批发和零售业

根据国家统计局《国民经济行业分类 2011》（GB/T 4754—2002）标准，批发和零售业门类包括 51 和 52 大类，分别为批发业与零售业，该行业具体是指商品在流通环节中的批发活动和零售活动。2016 年各省份批发和零售业的产业增加值如表 9 – 5 所示，省份集中度如表 9 – 6 所示。

表 9 – 5　2016 年各省份批发和零售业产业增加值　　单位：亿元

省份	产业增加值	省份	产业增加值	省份	产业增加值
北京	2372.89	安徽	1775.87	四川	2138.45
天津	2256.54	福建	2204.60	贵州	732.71
河北	2536.85	江西	1264.66	云南	1441.95
山西	1058.12	山东	9044.947	西藏	70.35
内蒙古	1841.71	河南	2987.25	陕西	1604.40
辽宁	2822.87	湖北	2485.05	甘肃	536.70
吉林	1203.14	湖南	2487.80	青海	163.04
黑龙江	1795.83	广东	8382.48	宁夏	145.41
上海	4119.59	广西	1215.06	新疆	586.32
江苏	7470.27	海南	467.80		
浙江	5754.19	重庆	1470.85		

资料来源：根据 EPS 中国第三产业数据库数据计算整理。

表 9 – 6　2016 年批发和零售业省份集中度

省份集中度	CR_1（%）	CR_3（%）	CR_5（%）	CR_5 省份（由高到低顺序）
批发和零售业	12.2	33.4	46.7	山东、广东、江苏、浙江、上海

资料来源：根据 EPS 中国第三产业数据库数据计算整理。

从表 9 – 5、表 9 – 6 中可以看出，批发和零售行业的空间分布与各省份的经济发展水平高度相关，批发和零售行业较为发达的省份集中分布在东部沿海地区，这些地区的区位条件好，市场经济发展较好，批发和零售行业实力较强。其中，产业增加值排名第一的省份是山东，占全国的比重达到了 12.2%。排名前五的省份分别为山东、广东、江苏、浙江、上海，产业增加值占比接近全国的一半。这些省份均是较早进行改革开放的省份，市场开放程度较高，商贸活动发达。这些省份均有一些代表性的特色，如广州的广交会连接内外、浙江义乌小商品城辐射全国。

（二）交通运输、仓储和邮政业

根据国家统计局《国民经济行业分类 2011》（GB/T 4754—2002）标准，交通运输、仓储和邮政业门类包括 53～56 大类，分别为铁路运输业、道路运输业、水上运输业、航空运输业、管道运输业、装卸搬运和运输代理业、仓储业、邮政业。

2016 年，各省份交通运输、仓储和邮政业的产业增加值如表 9－7 所示，省份集中度如表 9－8 所示。可以直观地看到，交通运输、仓储和邮政业的空间分布与批发和零售业呈现出高度的相似性。可以说，批发和零售业较发达的省份往往由于其交通运输、仓储和邮政业较发达。具体来说，产业增加值排名第一的是广东，其占比达到了 9.1%，排名前五的省份分别为广东、山东、江苏、浙江、河南。这些省份各有特色，但都均有较强的区位优势。例如，山东青岛是北方重要的海港城市，水运发达；河南郑州是中国第一个米字型高铁枢纽中心城市，且郑州还在"一带一路"建设中搭上了空港经济发展的快车，成立了航空港经济综合实验区，在铁路运输、航空运输上均有着较强的竞争力。

表 9－7　2016 年各省份交通运输、仓储和邮政业产业增加值　单位：亿元

省份	产业增加值	省份	产业增加值	省份	产业增加值
北京	1060.97	安徽	826.90	四川	1472.57
天津	725.31	福建	1689.82	贵州	987.47
河北	2369.27	江西	796.47	云南	328.41
山西	930.75	山东	2725.41	西藏	31.26
内蒙古	1141.97	河南	1938.06	陕西	771.77
辽宁	1245.27	湖北	1297.48	甘肃	271.25
吉林	558.38	湖南	1356.56	青海	94.99
黑龙江	758.01	广东	3209.72	宁夏	205.75
上海	1237.32	广西	855.67	新疆	567.54
江苏	2837.16	海南	199.89		
浙江	1774.37	重庆	848.22		

资料来源：根据 EPS 中国第三产业数据库数据计算整理。

表 9 – 8 2016 年交通运输、仓储和邮政业省份集中度

省份集中度	CR$_1$（%）	CR$_3$（%）	CR$_5$（%）	CR$_5$ 省份（由高到低顺序）
交通运输、仓储和邮政业	9.1	25.0	37.2	广东、山东、江苏、浙江、河南

资料来源：根据 EPS 中国第三产业数据库数据计算整理。

（三）住宿和餐饮业

根据国家统计局《国民经济行业分类 2011》（GB/T 4754 – 2002）标准，住宿和餐饮业门类包括 61 和 62 大类，分别为住宿业和餐饮业。其中，住宿业是指为旅行者提供短期留宿场所的活动，有些单位只提供住宿服务，也有些单位提供住宿、饮食、商务、娱乐一体的服务。餐饮业是指通过即时制作加工、商业销售和服务性劳动等，向消费者提供食品和消费场所及设施的服务。

从表 9 – 9 和表 9 – 10 可以看到，住宿和餐饮业较发达的省份集中分布在华南、华东、华中地区。住宿和餐饮业与一个省份的经济发展水平、人口总量、交通通达度高度相关。住宿和餐饮业产业增加值排名前五的省份也是 GDP 排名全国前五的省份。其中，排名第一的是广东省，其住宿和餐饮产业占比达到了 9.3%，排名前五的分别为广东、山东、江苏、浙江、河南，产业增加值占比达到全国的 38.5%。

表 9 – 9 2016 年各省份住宿和餐饮业产业增加值　　　　　　单位：亿元

省份	产业增加值	省份	产业增加值	省份	产业增加值
北京	399.35	安徽	458.02	四川	941.28
天津	292.11	福建	421.51	贵州	400.93
河北	440.39	江西	425.34	云南	478.34
山西	375.75	山东	1440.16	西藏	33.07
内蒙古	682.12	河南	1110.87	陕西	457.63
辽宁	457.00	湖北	748.61	甘肃	213.70
吉林	368.76	湖南	666.12	青海	46.17
黑龙江	522.56	广东	1569.37	宁夏	54.98
上海	388.98	广西	398.17	新疆	160.40
江苏	1291.32	海南	191.96		
浙江	1119.00	重庆	391.19		

资料来源：根据 EPS 中国第三产业数据库数据计算整理。

表 9 – 10　2016 年住宿和餐饮业省份集中度

省份集中度	CR$_1$（％）	CR$_3$（％）	CR$_5$（％）	CR$_5$ 省份（由高到低顺序）
住宿和餐饮业	9.3	25.4	38.5	广东、山东、江苏、浙江、河南

资料来源：根据 EPS 中国第三产业数据库数据计算整理。

二、现代服务业地理分布

根据国家统计局《国民经济行业分类 2011》（GB/T4754—2002）标准，信息传输、软件和信息技术服务业门类包括 63～65 大类，分别为电信、广播电视和卫星传输服务、互联网和相关服务、软件和信息技术服务业在此定义为"现代服务业"。由于中国第三产业数据库缺少此行业的相关统计指标，笔者在此通过各省的 A 股上市公司数量以及上市公司主营业务收入来考察该行业在全国的分布情况（见图 9 – 3、图 9 – 4）。

图 9 – 3　2017 年信息传输、软件和信息技术服务业上市公司主营业务收入的空间分布情况

资料来源：Wind 数据库。

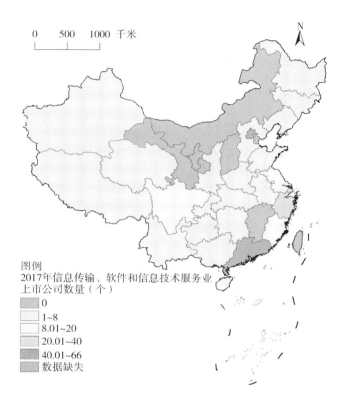

图 9 - 4　2017 年信息传输、软件和信息技术服务业上市公司主营业务收入的空间分布情况

资料来源：Wind 数据库。

　　信息传输、软件和信息技术服务业主要分布在东部省份，东部省份无论在上市公司数量还是主营业务收入方面均远远高于中部、西部、东北地区省份（见表 9 - 11）。其中，北京的上市公司数量最多，主营业务收入最高，其上市公司主营业务收入占全国的比例超过了一半，这与北京的政治中心、文化中心、科技创新中心的城市地位是分不开的，北京一方面是该行业众多国有企业的总部所在地，如中国联通，另一方面又有着以中关村科技园为代表的高新技术产业开发区，信息传输、软件和信息技术服务业实力雄厚。排名第二到四位为上海、广东、浙江、江苏，这些省份全部位于东南沿海地区，民营经济发达，产业基础较好，创新精神浓厚，处于中国信息传输、软件和信息技术服务业的技术前沿。

表 9 – 11　2016 年信息传输、软件和信息技术服务业省份集中度

省份集中度	CR$_1$（%）	CR$_3$（%）	CR$_5$（%）	CR$_5$ 省份（由高到低顺序）
信息传输、软件和信息技术服务业	51.6	74.9	84.4	北京、上海、广东、浙江、江苏

资料来源：根据 EPS 中国第三产业数据库数据计算整理。

三、房地产业发展与布局

根据国家统计局《国民经济行业分类 2011》（GB/T 4754—2002）标准，房地产业包括 70 大类，包括房地产开发经营、物业管理、房地产中介服务、自有房地产经营活动、其他房地产业。2016 年各省份房地产业的产业增加值的空间分布情况如图 9 – 5 所示，省份集中度如表 9 – 12 所示。

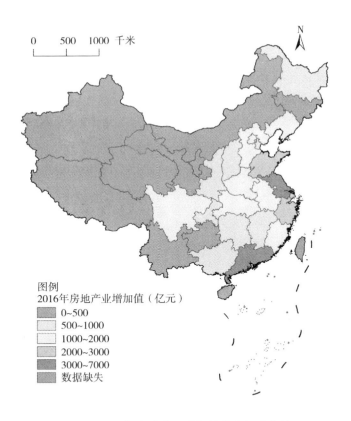

图 9 – 5　2016 年房地产业增加值的空间分布情况

资料来源：根据 EPS 中国第三产业数据库数据计算整理。

表9-12 2016年房地产业省份集中度

省份集中度	CR_1（%）	CR_3（%）	CR_5（%）	CR_5 省份（由高到低顺序）
房地产业	16.4	34.9	47.4	广东、江苏、山东、浙江、上海

　　从图9-5和表9-12中可以看到，华南、华东地区的房地产业发展较好。其中，广东的房地产业产业增加值最高，产业增加值占全国的16.4%，排名前5的省份分别为广东、江苏、山东、浙江、上海，产业增加值占全国的47.4%。

　　从2018年房地产百强在各省份的分布情况可以进一步发现（见图9-6），广东入围的房地产公司数量最多，排名全国第一，房地产业的竞争力最强。上海紧随其后，排名第三到五位的分别为浙江、福建、重庆、北京、江苏、湖北。而没有企业入选的大多来自西部省份，东北三省均未有企业入围。

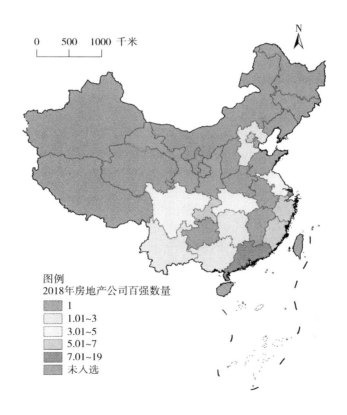

图9-6 2018年各省份房地产公司百强数量的空间分布情况

资料来源：根据中国房地产TOP10研究组（2018）计算整理。

四、金融业

金融服务业是国民经济中的关键性产业，一国或一个地区所具有的金融资源是现代经济增长与发展的重要因素，金融服务业的发展甚至关系到整个国家的经济安全。它不仅对地区的经济发展提供增加值贡献，而且是各种社会资源以货币形式进行优化配置的重要领域。自改革开放尤其是 2000 年以来，随着我国经济的高速发展，我国金融服务业规模发展迅速，金融资产总量高速增长，金融服务业成为增长最快的产业之一。在社会主义市场经济体系下，金融服务业已基本形成了以保险、信托、证券、银行为四大支柱，以其他非银金融为补充的金融服务业体系。

（一）金融业的主要地理分布

1999～2014 年，我国的金融业呈现向东部沿海地区集聚的趋势。这主要是因为：一方面，金融业作为现代服务业的重要组成部分，其发展水平的高低与当地区域经济整体发展水平的高低密切相关，一般来说，一个地区经济社会发展水平越高、居民可支配收入越高等，其金融业就越发达，因此东部地区金融业较中西部地区发达的原因与其经济发展水平较高，是密切相关的；另一方面，大力发展金融服务业，是东部沿海地区产业结构升级、培育新的经济增长点的重要内容，因此，东部各省市区也非常重视金融业在当地的发展。

1999 年，我国金融业生产总值排名前十位的地区是上海、山东、江苏、北京、广东、河北、湖北、浙江、福建和四川，大部分属于东部地区，其中排名前三位的上海、山东和江苏金融业生产总值总和占全国的 32.6%。

2009 年，我国金融业生产总值排名前十位的地区分别是广东、浙江、上海、北京、江苏、山东、福建、辽宁、河北和四川，排名前七位的全部属于东部地区，其中广东和浙江两省金融业发展迅速，取代上海和山东成为前两名；排名前三位的广东、浙江和上海金融业生产总值综合占全国达到了 33.28%。近年来，这种趋势没有大改变。东部地区的江苏金融业发展迅猛，已在 2012 年超越浙江，并于 2014 年超越广东成为金融业发展重镇。2014 年，我国金融业生产总值排名前五位的地区分别是江苏、广东、上海、北京和浙江。

由以上分析我们可以得出：我国金融业不仅向东部沿海地区集聚，并且在东部沿海地区内部，金融业呈现向长三角和东南沿海的福建、珠三角地区集聚的趋势，环渤海地区的金融地位逐渐变弱。

（二）金融业区域空间结构的变化

如图9-7所示，从四大板块来看，1999~2008年，东部地区金融业生产总值占全国比重增加近9个百分点，达到71.88%；西部地区在西部大开发战略的支撑下，金融资本也大量涌进了西部地区，金融业也获得了一定的发展，2008年西部地区金融业生产总值占全国比重为13.35%，较1999年小幅增加0.79个百分点；由于正处于工业化进程的中期阶段，东北和中部地区金融业发展较为滞后，与1999年相比，东北地区金融业生产总值占全国比重下降2.6个百分点，达到5.38%，中部地区降幅最大，下降7.18个百分点达到10.22%。

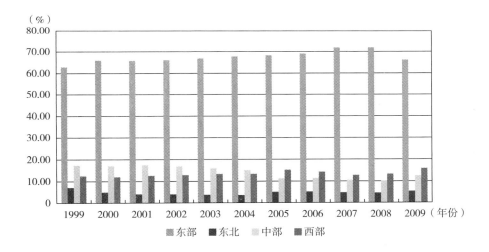

图9-7　1999~2009年我国四大板块金融业生产总值占全国比重变化

资料来源：根据中经网、国研网统计数据库数据计算整理。

2009年，东部地区金融业生产总值占全国比重较2008年骤降5.75个百分点，达到66.13%，这主要是受到2008年美国"次贷危机"的影响，由于东部沿海地区与美国等发达地区的贸易等经济联系较为密切，也更容易受到海外金融市场动荡的影响。与此同时，其他地区的金融业在东部地区受到金融危机影响的情况下，抓住了机遇，其金融业生产总值占全国的比重较2008年都有不同程度的上升：西部地区上升2.53个百分点，达到15.88%；中部地区上升2.39个百分点，达到12.61%；东北地区上升0.83个百分点，达到5.38%。

2010~2014年，金融业的比重分布和服务业整体保持高度相关，东部地区金融业比重由 2010 年的 66.14% 下降到 2014 年的 59.13%，东北地区金融业比重由 2010 年的 5.24% 上升至 2014 年的 6.13%；比重上升幅度比较明显的仍然是中部和西部，5 年内分别上升了 2.05 个百分点和 3.57 个百分点（见图 9 - 8）。金融业整体分布呈扩散态势，中部和西部抓住产业转移和升级的机遇，发展较好。

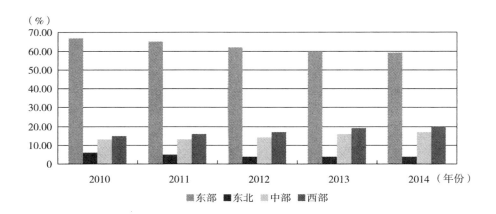

图 9 - 8　2010～2014 年我国四大板块金融业生产总值占全国比重变化

资料来源：根据国家统计局数据库数据计算整理。

　　由以上分析可以得出：金融业作为现代服务业的重要组成部分，与一个地区经济社会发展水平是密切相关的。虽然东部地区受到国际金融危机的影响，其金融业受到了一定的冲击，但是由于经济发展水平较高，并具有人才、区位以及与国际接轨等优势，其在金融业的主导地位短期内甚至未来十年内，中西部和东北地区是无法与其相提并论的。

第三节　服务业重点行业的发展与布局

一、信息技术产业的发展与布局

（一）信息技术产业的分类及其特征

信息技术产业是各个国家参与国际竞争的战略性制高点，"二战"以来发展迅猛，有力地推动了全球产业结构转型和优化升级，给人类生产生活方式带来深刻变革。信息技术产业的发展，现在已经成为衡量一个国家或地区综合实力、国际竞争力和现代化程度的重要标志。加快发展信息技术产业，是实现现代经济体系高质量发展的必然选择，是走有中国特色的新型工业化道路的客观要求。

国内按照信息产业的定义，将信息产业分为狭义信息产业和广义信息产业。其中，狭义信息产业，主要指信息服务业；广义信息产业，主要包括以现代信息技术为基础，从事信息采集、传递、存储、开发和利用，并进行信息产品生产、信息设备和设施制造与建设的产业。

相比于传统产业，信息产业作为经济发展中的朝阳产业，具有显著的乘数效应，成为国家和地区新的经济增长点，推动社会经济快速发展。信息产业有以下四个突出的基本特征：

1. 知识、智力密集型产业

传统产业的核心是对社会进行物质的提供、生产和制造，而信息技术产业的核心是计算机技术和通信技术等，包含大量的高智力投入。特别是信息技术产业中的服务业如文献信息、信息咨询等，不仅是知识高度密集的产业，而且是生产、创造、储存知识的产业群。相对于传统产业，信息技术产业产品中凝结着更多的知识与智力。工农业的基本特征是消耗物质与能源，是资本、劳动密集型产业，产品中知识、智力的含量远低于信息技术产业所提供的产品或服务。

2. 技术更新快、加速性的创新型产业

信息技术以微电子技术和计算机技术为基础，包括信息的采集、处理、储存和传输，是一门软硬件结合、技术含量高、综合性强的科学技术。在工业经济时代，信息以模拟信号的形式传递，而在信息化时代，信息则是以数字形式并通过数字网络以光速传递，无论信息传输的数量还是质量，均获得了非常大的提高。科技知识和科技创新的扩散、转移和利用速度以指数形式加速扩大，提高了科技在全球的流速和流量。现在集成电路的发展是按照摩尔定律进行的，信息技术及其产品更新速度不断加快，产品生命周期不断缩短。价格不变的情况下，集成电路所包含的晶体管数，每经过 18 ~ 24 个月将翻一番，性能也将提升一倍。技术更新更快、集成程度更高、产品价格更低廉、综合功能更强成为信息技术的发展趋势，因此科技创新成为推动信息技术产业发展的核心动力。

3. 高起点、高智力依赖的竞争型产业

信息技术产业具有知识技术密集度高、技术更新速度快、投资效益高等特点，所以信息技术的投资会因为信息技术开发的创新性、时效性、专用性和垄断性获得超额投资回报。超额投资回报吸引实力雄厚的企业和高技能人才参与到信息技术的研发与产业的发展中，在科技含量层面开展更高级的竞争。这些也决定知识和智力是当前信息技术产业发展的关键因素，人力资源是信息技术产业最重要的资本。

4. 研发成本高的高风险型产业

与传统产业相比，信息技术产业的产品研发与创新，需要进行跨学科、跨行业的资源整合与创造，在产品研发与创新的初期阶段需要进行大量的投资。据统计，信息技术产品的研发与创新投资占营业收入的比重明显较大，一般维持在5%水平左右，对于处于行业发展前沿、具有突破性的信息技术产业的研发投资占营业收入的比重甚至达到15%～20%。与超高研发成本相应的是产品研发投资的高风险，这是由研发创新和市场需求的超前性、不确定性和时效性所决定的。

（二）信息技术产业的发展概况

21 世纪以来，我国信息技术产业发展较快，取得了明显的进步，已形成了新的产业格局和集群分布。到现在为止，已经形成的集群依然影响着我国新一代信息技术产业未来发展的布局方向。

随着产业集中度的进一步提升，产业区域聚集效应日益凸显。目前，我国已形成以国家级信息产业基地和新一代信息技术产业园区为主体的区域性产业集群。特别是在长江三角洲、珠江三角洲、环渤海和中西部（重庆、四川、西安、武汉、长沙）四大区域地带，工业增加值、销售收入额、劳动力数量和产品利润占全行业比重均超过80%。"十一五"和"十二五"期间，国家和地方为促进经济发展，继续强化产业集群的建设，增强凝聚力，产业集聚效应及基地的优势地位日益明显，在全球产业布局中的影响力不断增强。

1. 电子信息技术产业

经历了 2008 年金融危机以后，我国信息技术产业增长逐步回升，但2012 年以后增速放缓，如图9-9所示。2009～2016 年，我国信息技术产业规模逐年扩大，但是增速先增后减，整体呈放缓趋势。2012 年，我国信息技术产业销售收入额突破 10 万亿元大关，同比增幅超过 15%。其中，规模以上电子信息制造业实现收入 8.46 万亿元，同比增幅为 13%；软件和信息技术服务业实现收入 2.48 万亿元，同比增幅为 28.5%。至 2015 年，制造业增速和软件业增速下降趋势放缓。2016 年，制造业增速提高，同比增幅为 12.8%。2009～2016 年，电子信息产业增速继续高于同期工业发展水平，表现出了信息技术产业依旧是我国经济增长的重要引擎，在工业经济中的领先和支柱作用进一步凸显。

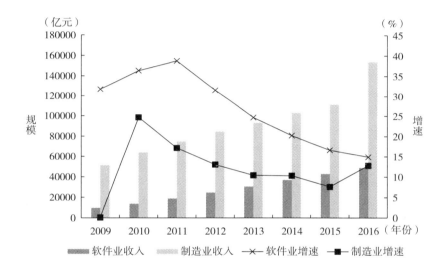

图 9-9　2009～2016 年我国电子信息技术产业收入规模及增速

资料来源：Wind 数据库。

由图 9-9 可知，2009～2016 年软件业增速都高于制造业。因此，我国应该继续大力发展软件和信息服务，促进软件产业持续、健康、高速发展。我国信息技术产业的发展速度明显高于全球信息技术产业的增长速度，说明了我国信息技术产业也是全球经济增长的重要引擎之一。

仅从 2016 年而言，我国电子信息技术产业取得了较为可喜的成就。其中，通信设备行业产品保持较快增长速度。全年生产手机 21 亿部，同比增幅为 13.6%，其中智能手机 15 亿部，同比增幅为 9.9%，占全部手机产量的 74.7%。生产移动通信基站设备 3.41 亿信道，同比增幅为 11.1%。出口交货值同比增幅为 3.4%；计算机行业生产延续萎缩态势。全年生产微型计算机设备 2.90 亿台，下降7.7%。出口交货值同比下降5.4%；家用视听行业产品生产增速同比加快。全年生产彩色电视机1.58亿台，同比增幅为8.9%，其中液晶电视机1.57亿台，增幅为9.2%；智能电视机0.93亿台，增幅为11.1%，占彩色电视机产量的59.0%。出口交货值同比增幅为1.8%；电子元件行业生产产量平稳增长。全年生产电子元件3.74万亿只，同比增幅为9.3%。出口交货值同比增幅为2.6%；电子器件行业生产产量稳中有升。全年生产集成电路1318亿块，同比增长21.2%；半导体分立器件6433亿只，增长11%。光伏电池7681万千瓦，同比增幅为17.8%。出口交货值同比下降0.7%。

2. 通信技术产业

工信部《2016年通信运营统计公报》显示，电信业务总量的增速连续八年高于同期GDP增速（见图9-10）。统计进一步显示，移动互联网是发展迅猛的新一代信息技术产业。2015年至2017年9月，全国移动电话用户数量持续增加，总数增至13.95亿人。其中伴随着4G技术的普及，3G移动电话用户数量经历了先增加后减少的过程，到2017年9月，3G移动电话用户占移动电话总人数的10.16%。4G移动电话用户数量爆发性增长，至2017年9月，总数已经达到9.47亿户，在移动电话用户中的渗透率达到67.89%。如图9-11所示。

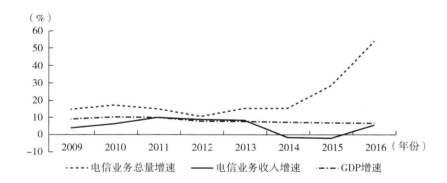

图9-10 2009～2016年电信业务总量增速与电信业务收入增速走势

资料来源：2016年通信运营统计公报。

2016年，全国电话用户净增量为2617万户，用户累计达到15.3亿户，同比增幅为1.7%。其中，移动电话用户净增量为5054万户，用户累计达到13.2

亿户，用户普及率高达 96.2 部/百人，比上年提高 3.7 部/百人。北京、广东、上海、浙江、福建、宁夏、海南、江苏、辽宁和陕西 10 省份的移动电话普及率超过 100 部/百人。

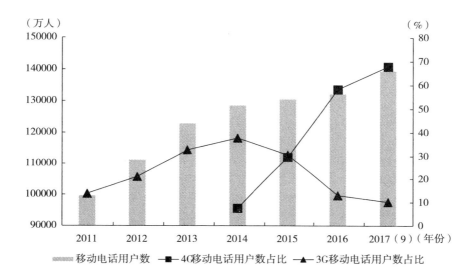

图 9 – 11　2011～2017 年 9 月我国移动电话用户数、4G 移动电话用户数占比、3G 移动电话用户数占比走势

资料来源：2016 年通信运营统计公报。

2016 年，我国移动通信业务实现收入额 8586 亿元，同比增幅为 5.2%，占电信业务收入额的 72.2%，比上年占比提高 1.8%（见图 9 – 12）。其中，话音业务收入额在移动通信业务收入额中占比 30.4%，比上年占比下降 7.9%。固定通信业务实现收入额 3306 亿元，同比增幅为 6.7%，其中固定话音业务收入额在固定通信业务收入额中占比 11.0%，比上年占比下降 0.9%。

（三）信息技术产业

信息技术产业的高知识含量属性决定了其布局依附于高技术人才充裕的地区。在 2015 年分地区信息传输、软件和信息技术服务业收入的地区比较中，北京地区一枝独秀，高达 7536 亿元，极大地带动了首都经济的发展。广东、江苏、浙江、上海紧随其后。可以看出，信息技术产业的布局依旧仅分布于东部沿海地区（见图 9 – 13）。

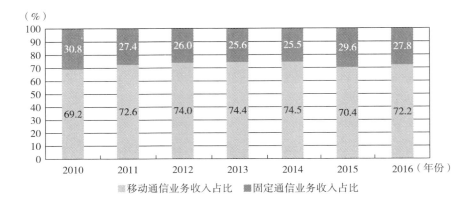

图9-12 2010~2016年移动通信业务收入额与固定通信业务收入额占比分布

资料来源：中国第三产业统计年鉴（2016）。

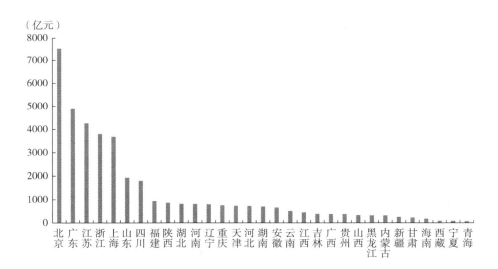

图9-13 2015年分地区信息传输、软件和信息技术服务企业法人营业收入额

资料来源：中国第三产业统计年鉴（2016）。

东部地区、东北地区软件业收入额增速下降，中部地区、西部地区保持稳定增长。东部地区软件业业务完成收入额3.8万亿元，同比增幅为14.9%，增速比2015年下降2.2个百分点，占全国软件业收入额的78.6%；中部地区软件业务完成收入额2303亿元，增幅为20.6%，增速比2015年提高0.5个百分点，占全国软件业收入额的 4.7%；西部地区完成软件业务收入额 5288 亿元，增幅为 17.2%，增速与 2015 年保持持平，占全国软件业收入额的 10.9%；东北地区完成软件业务收入额为 2801 亿元，增长 6.3%，增速低于全国平均水平 8.6 个百分点，占全国软件业收入额的 5.8%（见表 9 – 13）。

表 9 – 13　2016 年软件业分区域增长情况

	东部	中部	西部	东北
完成收入额（亿元）	38119	2303	5288	2801
增速（%）	14.9	20.6	17.2	6.3

资料来源：2016 年通信运营业统计公报。

主要软件业务省份保持平稳发展，部分省市增速突飞猛进。江苏、广东、北京、山东、上海 5 省份软件业务总量居前 5 名，软件业务完成收入额同比增幅分别为 14.4%、15.4%、11.6%、17.9% 和 13.0%。同期，部分中、西部省市增幅较大，如西部的重庆、陕西同比增幅超过 20%，中部的湖北、安徽同比增幅超过 25%。

西部移动宽带用户数增速超过东中部（见表 9 – 14、表 9 – 15）。2016 年，西部移动宽带用户数增速比东部和中部增速分别高 9.8% 和 1.2%。东、中、西部移动宽带电话用户数占比与 2015 年基本不变，分别为 48.9%、25.5%、25.6%。

表 9 – 14　2011 ~ 2016 年东、中、西部地区移动宽带电话用户增长率 单位：%

年份	东部	中部	西部
2011	164.7	194.6	180.7
2012	73.2	89.1	95.6
2013	65.6	78.1	83.4
2014	43.7	45.8	47.2
2015	23.3	15.2	23.4
2016	28.7	37.3	38.5

资料来源：2016 年通信运营业统计公报。

表9-15　2010~2016年东、中、西部地区移动宽带电话用户比重　单位：%

年份	东部	中部	西部
2010	57.7	21.7	20.6
2011	55.7	23.4	20.9
2012	53.0	24.5	22.5
2013	50.9	25.2	23.9
2014	50.4	25.4	24.2
2015	50.6	24.8	24.6
2016	48.9	25.5	25.6

资料来源：2016年通信运营业统计公报。

区域间差距呈进一步缩小态势。2016年，东部地区电信业务实现收入额6671.7亿元，占全国收入额的54.0%，同比下降0.2%，连续7年占比持续下降。中部地区电信业务收入额占比与2015年保持持平，西部地区电信业务收入额占比较2015年提高0.2%，达到23.1%（见表9-16）。

表9-16　2010~2016年东、中、西部地区电信业务收入额占比　单位：%

年份	东部	中部	西部
2010	57.5	20.5	22.0
2011	56.9	22.0	22.2
2012	55.8	22.1	22.1
2013	55.2	22.6	22.2
2014	54.6	22.8	22.6
2015	54.2	22.9	22.9
2016	54.0	22.9	23.1

资料来源：2016年通信运营业统计公报。

二、科技服务业发展与布局

科技服务业是指运用现代科学技术知识、方法，推广、扩散创新科学技术成果，向社会提供智力服务的活动，属于第三产业范畴的分支行业。

（一）科技服务业的分类及其特征

1. 科技服务业的分类

科技服务业分为两部分：一部分是指科技部门的科技服务活动，该类别是经国家标准、规范认定，并按统计形式划分，等同于统计口径中界定的科技服务业；另一部分是指非科技部门的科技服务互动，即除科技部门以外的科技服务活动的总和。科技部门的科技服务活动是建立在法人基础上的，主营业务是科技服务，一般情况下，科技服务收入占全部收入的50%以上。非科技部门的科技服务活动包括行政法人、制造业企业内部形成的科技服务活动。这些科技服务活动不是主营业务，但包含在经营业务中。虽然符合科技服务的含义，但是为避免重复，不列入统计范畴（见图9–14）。

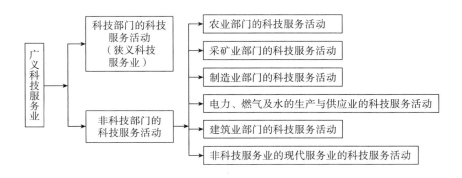

图9–14　广义科技服务业的构成

2. 科技服务业的特征

第一，知识密集性。科技服务业面向顾客和消费者，是一种商业化、开放式服务活动。科技服务业的研发资金投入巨大，该行业的从业者主要是具有较高知识水平的科技劳动人员，尤其是创造创新型人员。知识智力资本和技术资本在行业内具有较高地位。因此，科技服务业具有知识密集性特征。

第二，强大裂变效应。科技服务业是当社会经济、科学技术发展到一定高度所引发的社会分工细化的结果。现有的生产不断向前推进，产生更多的科技服务活动需求，带动科技服务业的发展。当科技服务业发展到某一临界点，会有规律地产生裂变，形成新的行业，比如生物技术、机器人技术、纳米技术等。

第三，专业化特性。科技服务机构的专业化指获得国家专业资格认定，对特定人群提供专业服务。科技服务机构要拥有获得国家从业资格认定的专业人员，能够了解和跟踪全球科技发展前沿热点，掌握科技发展规律，拥有敏锐的市场感知。同时，科技服务机构能够针对不同的服务类型、内容和要求，提供技术含量较高的专业服务。

（二）我国科技服务业发展概况

创新全球化已经成为当今重要的发展趋势，全球产业结构逐步由以"工业经济"为主导向以"服务经济"为主导转变，科技创新成为推动经济发展、社会进步的关键动力。随着科学技术的不断进步和科技创新需求的不断涌现，科技创新服务产业开始朝着精细化方向演进，各种创新要素不断进行重组和衔接，从而产生一批创新服务新模式和新业态，包括风险投资、产业技术联盟、研发外包、创业苗圃、互联共享等大量市场化科技服务机构出现并快速发展。这些新业态的出现一方面主动融入当前创新全球化的历史潮流，另一方面随着科技服务业新业态的形成和壮大，其对全球科技创新发展的推动和提升效应也将日益凸显。这种新经济条件下的科技服务业，是一种为科技创新全产业链提供市场化服务的新兴产业，主要服务于科研活动、技术创新和成果转化，包括研究开发、技术转移、检验检测、创业孵化、知识产权、科技咨询、科技金融、科学普及等专业科技服务和综合科技服务。其中，研发领域呈现明显的专业化、精细化和外包化趋势；创业孵化服务领域向提供高质量创业增值服务转变，专业化、网络化和社会化程度向纵深化发展；知识产权服务领域布局高端知识产权，呈现出集成服务、专业内容、商业运营等特点。

2015 年，我国科学研究与技术服务的法人单位数达到 661022 个，其中研究和试验发展的法人单位数 77575 个，占比 11.74%；专业技术服务业的法人单位数 296416 个，占比 44.84%；科技推广和应用服务业的法人单位数 287031 个，占比 43.42%（见表 9 – 17）。

表 9 – 17　2015 年科技服务业法人单位数

	研究和试验发展	专业技术服务业	科技推广和应用服务业
法人单位数（个）	77575	296416	287031
法人单位数占比（%）	11.74	44.84	43.42

资料来源：中国第三产业统计年鉴（2016）。

2006～2012 年，我国科技服务业收入从 921.06 亿元增长至 2676.43 亿元。中国经济进入新常态后，进入由高速增长向中高速转换的新阶段，增长动力出现转换，经济发展由之前的从要素驱动、投资驱动转向创新驱动，社会对科技服务业的需求不断增加。2013年，在政府相关政策的大力推动下，我国科技服务业获得爆发性增长，2015年我国科技服务业收入高达5627.30亿元。科技创新在国民经济发展中的重要地位不断提升（见图9-15）。

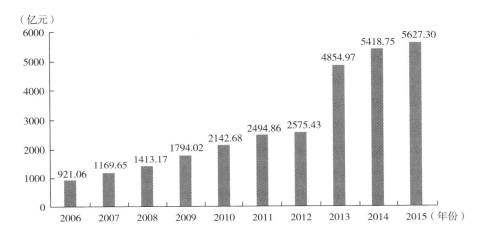

图9-15 2006～2015年我国科技服务业收入走势

资料来源：Wind数据库。

2006～2015年，我国科技服务业年平均增速达到22.27%，对国民经济发展的推动效应越来越显著。我国R&D经费内部支出与国内生产总值之比从2005年的1.31%增长至2015年的2.07%，科技投入不断增加（见图9-16）。

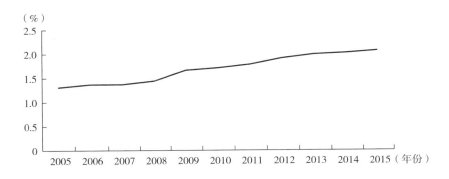

图9-16 2005～2015年R&D经费内部支出与国美生产总值之比

资料来源：中国第三产业统计年鉴（2016）。

从我国"科学研究、技术服务和地质勘查业"行业增加值来看，从 2006 年的 2684.79 亿元，增加到 2015 年的 13479.60 亿元，年均增速达到 22.54%。GDP 占比从 2006 年的 1.2% 增加至 2015 年的 1.96%，稳步增长。

从城镇就业人口方面来看，科技服务业从 2006 年的 235.45 万人增长至 2015 年的 410.58 万人，年均增幅 6.37%，2015 年科技服务业的城镇就业人口占全部城镇就业人口的 1.02%（见图 9 – 17）。

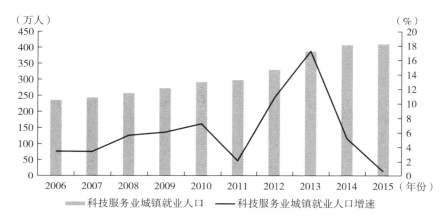

图 9 – 17　2006～2015 年我国科技服务业城镇就业人口及其增速走势

资料来源：Wind 数据库。

如图 9 – 18 所示，从城镇就业平均工资来看，科技服务业从 2006 年的年均 31644 元/人增长到 2015 年的 89410 元/人，但是增速在不断下降。

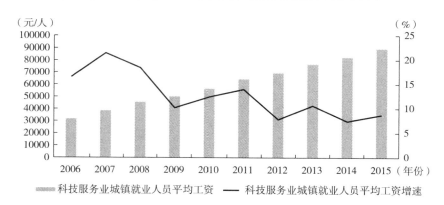

图 9 – 18　2006～2015 年我国科技服务业城镇就业人员年平均工资及其增速走势

资料来源：Wind 数据库。

（三）科技服务业布局

区域间差异显著，科技服务业发展状况与地区科技资源丰富程度呈正相关关系。长三角、珠三角、环渤海等经济发达和科技资源丰富地区是我国科技服务业发展较好的地区。以科技服务业法人数量为例，2012 年北京市拥有科技服务业行业法人 3.8 万人，占全国的 11.7%，而新疆科技服务行业法人数量仅有 0.36 万人，占比仅为全国的 1.1%，不足北京的 1/10。2016 年，我国科技服务业法人单位数 66.10 万个，其中，东部地区占比 60.62%，超过半数。东北地区占比不足 10%，地区差异依旧比较大（见表 9 – 18）。

表 9 – 18　2016 年科技服务业法人单位数

	东部地区	中部地区	西部地区	东北地区
单位数（个）	400684	123939	98541	37858
占比（%）	60.6	18.8	14.9	5.7

资料来源：中国第三产业统计年鉴（2016）。

从科技服务业市场规模来看，北京遥遥领先，处于第一梯队；江苏、广东、浙江、山东等省份科技服务业在当地政府的大力支持下迅猛发展，具有较强的增长势头；新疆、青海、宁夏、贵州、西藏等西部地区基础条件较差，发展仍比较落后（见图 9 – 19）。

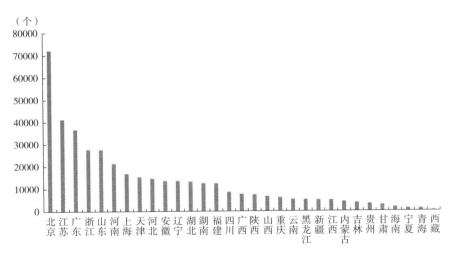

图 9 – 19　2015 年分地区科学研究与技术服务业企业法人单位数

资料来源：中国第三产业统计年鉴（2016）。

从科技服务业年收入来看，北京远远高于其他省份，高达6944亿元。江苏、广东、上海居于第二梯队，年收入分别为2517亿元、2351亿元和2217亿元。年收入突破1000亿元的省份还有山东、天津、浙江、湖北、河南。其中，除湖北、河南两个中部大省外，其他均为沿海省份（见图9－20）。

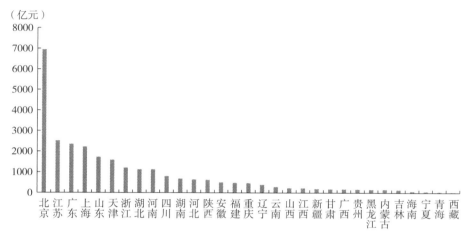

图9－20　2015年分地区科技服务业收入

资料来源：中国第三产业统计年鉴（2016）。

与科技服务业收入不同，2015年科技服务业从业人员数量的分布较为均匀，河南、湖北排名较为靠前，说明两省份的科技服务业效率不高（见图9－21）。

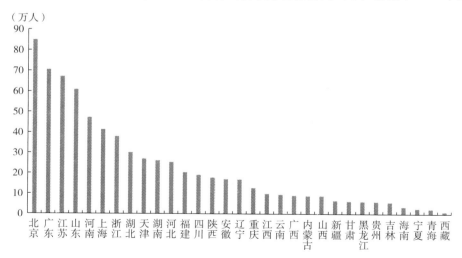

图9－21　2015年分地区科技服务业从业人员

资料来源：中国第三产业统计年鉴（2016）。

三、商务服务业发展与布局

(一) 商务服务业的分类及其特征

商务服务业是随着专业化分工不断深化而出现的生产性服务业。根据国家统计局《国民经济行业分类》(CB/T 4754—2002),商务服务业主要包括企业管理服务、职业中介服务、法律服务、知识产权服务、咨询与调查、市场管理、广告服务、旅行社、会展、包装、保安、办公服务等。

近年来,商务服务业继续保持上升的发展态势,在拉动经济增长中发挥重要作用。随着政策支持力度的不断加大和平台服务水平的不断提高,企业管理服务、咨询与调查和法律服务等优势行业获得快速发展。在知识密集型服务业中,商务服务业的定制化程度最高,同时与客户的互动水平也非常高。商务服务业通常具有以下几方面的特征:

(1) 高知识性。商务服务业的从业人员一般具有专业特长和从业经验,大部分人员接受过高等教育或者相关行业针对性的培训。面对客户所需要解决的问题,他们运用自身积累掌握的专业知识和从业经验,构思制订出合理的解决方案,满足客户特定需求。员工的个人知识技能与从业经验很大程度上决定了商务服务企业的竞争力,其中从业经验主要来源于他们与客户之间的持续知识互动过程。

(2) 高定制化。商务服务业是知识密集型服务业中定制化程度最高的行业之一。商务服务业是高度顾客导向型的服务业,管理咨询、法律咨询、广告、会计咨询等都是针对不同客户具体情况提供有针对性的定制化服务,根据客户个性化、差异化的特定需求,商务服务企业为其提供高度个性化的专业知识设计和知识定制服务,服务过程中涉及大量的专门化创新。

(3) 高互动性。知识密集型服务业的主要特征之一是强互动性。作为定制化程度最高的一类知识密集型服务业,商务服务企业需要根据客户的差异化、特定化需求,为其制订个性化服务方案。在制订方案的服务过程中,企业员工要和客户之间保持较为频繁的沟通交流,从而更精准地找到客户的个人需求,提供个性鲜明、满意度高的服务方案。同时,知识的扩散也伴随全过程。

(4) 高创新性。商务服务主要针对客户特定需求提供方案,这使得商务服务业对创新具有高要求。商务服务业自身在不断吸收新知识、学习新角色,创新商业服务模式，最终以新业态、新思维更加完美地满足客户的特定需求。

（5）高集聚性。从全球城市近代发展趋势看，大城市中心区是以发展服务业为导向，中小城市中心区是以发展制造业为导向。当前全球大城市中心区由"工业化中心"转型为"生产性服务业中心"，传统制造业被生产性服务业所取代，成为大城市的主导产业。生产性服务业具有规模报酬递增的特性，具有较强的集聚特性和外溢效应。

（二）商务服务业的发展概况

2006～2015 年，商务服务业固定资产投资额增长十分迅速，2009 年投资额的同比增长率超过50%，之后同比增长震荡下降，2015 年降为 2007 年以来的最低值 18.6%。2015 年的固定投资总额是 2006 年的 13 倍（见图 9－22）。

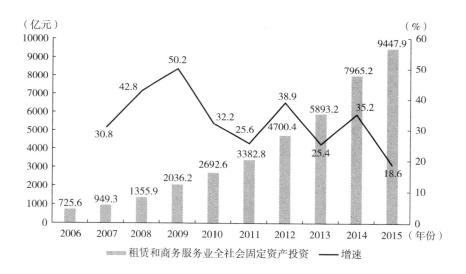

图 9－22　2006～2015 年租赁和商务服务业全社会固定资产投资

资料来源：中国第三产业统计年鉴（2016）。

商务服务业投资额快速增长，其占全社会投资比重也逐年上升，由 2006 年的 0.66% 上升到 2015 年的 1.68%（见图 9－23）。

2006～2015 年，商务服务业的营业收入呈现快速增长的趋势。但从增速来看，2007～2009 年，商务服务业同比增速连续三年下滑，2010 年虽然出现强势增速，但之后继续回落，至 2012 年降至最低点 9.06%。2012～2013 年增速爆发，达到 68.39%。2014 年、2015 年维持在 11% 左右的增速。2006～2015 年年复合增长率达到 20.27%，保持着持续上升的趋势（见图 9 - 24）。

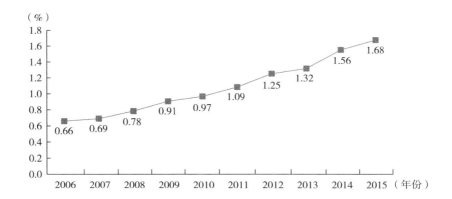

图 9 - 23　2006～2015 年商务服务业投资占全社会投资比重

资料来源：中国第三产业统计年鉴（2016）。

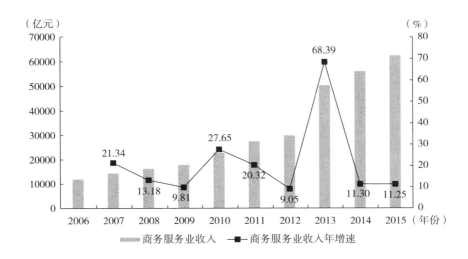

图 9 - 24　2006～2015 年我国商务服务业收入及其年增速走势

资料来源：中国第三产业统计年鉴（2016）。

（三）我国商务服务业发展的特点

第一，数量增长迅速，但规模小，分布比较散。近些年来，我国商务服务业增长迅速，但商务服务业中的小企业占绝大多数，大规模的商业圈和成熟的写字楼是当前商务服务业的主要分布区。除个别企业管理机构外，商务服务企业普遍存在规模较小、注册资金低、引资能力弱、对客户依赖程度大等不利于企业在专业化道路上延伸的特点。当前尚未形成连锁经营、未充分发挥其规模效益。

第二，具有一定的品牌效应，但尚待加强。从数量上看，大部分商务服务企业为国内企业，外资企业占比较少。从市场分布来看，高端市场几乎被外资垄断，获取高额利润，营收占全行业的大部分。国内企业主要针对中低端市场，附加值较低、议价能力低。相比于外资企业，国内商务服务企业起步时间短、缺少专业化服务培训、品牌意识薄弱，特别是缺少商务服务的知识积累、共享与迭代更新等系统性服务体系的积淀。国内企业主要依靠核心小团队甚至是个人的知识能力，而没有形成系统性服务流程，缺乏品牌效应，制约国内商务服务的发展空间，亟待改善加强。

第三，传统服务业为主，科技含量低。当前国内商务服务企业以传统服务业方式为主，领域狭窄、思维落后，品牌单一。在服务过程中信息技术和产品在商务服务领域应用较少，技术含量低。行业内部尚未搭建资源共享平台，形成完整产业链条。企业内尚未完善管理信息系统，无法高效管理客户关系。这样导致国内商务服务企业尚未提供较高的附加值。因此，商务服务业的科技含量和服务水平需要提高。

第四，市场化运作机制初步形成，亟待完善。良好的经济平台和政策环境是商务服务业市场化运作必不可少的支撑。现阶段，我国商务服务企业提供的商务服务科技含量低、知识含量少，行业进入标准尚未规范，导致市场进入门槛较低，不同商务服务企业在同一层面开展竞争，行业业态较为混乱。商务服务业需要制定相关标准、将服务差异化定位，从而形成较为成熟的市场化机制。

近年来，随着商务活动的增多，我国商务服务业发展突飞猛进。十年来，我国商务服务业的增加值始终保持两位数增长。其中，2007年我国商务服务业在进出口增长率排名中位列前十，成为唯一进入前十名的服务业，2008年我国商务服务业增加值的增长速度首次超过服务业平均增长速度以及经济增长速度，成为经济增长的强大动力。从2013年起，商务服务业进入爆发期，至2015年，商务服务业收入高达62405亿元。

（四）商务服务业布局

从总产出来看，2015 年，东部地区的商务服务业产出最高，江苏、北京、上海、广东四省份的产出超过 5000 亿元。中西部地区发展相对较缓慢，与江苏、北京、上海、广东等省份相比有较大的差距（见图 9 – 25）。

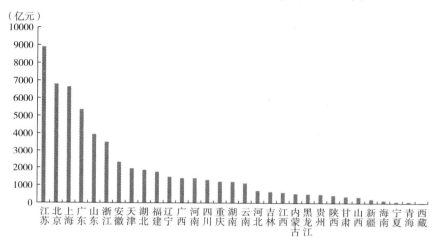

图 9 – 25　2015 年各地区商务服务业总产出

资料来源：中国第三产业统计年鉴（2016）。

从收入来看，2015 年北京、上海、江苏、广东居于第一梯队，江苏、山东居于第二梯队。中西部省份发展较为缓慢，区域差距较大（见图 9 – 26）。

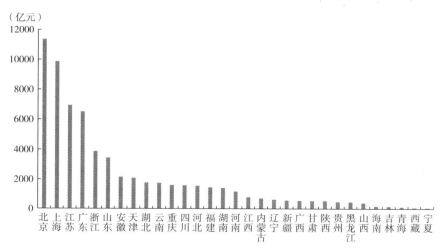

图 9 – 26　2015 年分地区商务服务业收入

资料来源：中国第三产业统计年鉴（2016）。

2015 年，商务服务业法人单位数共 1347050 个，其中东部地区拥有 841110 个，占比 62.44%；中部地区拥有 233495 个，占比 17.33%；西部地区拥有 204640 个，占比 15.19%；东北地区拥有 67805 个，占比 5.03%（见表 9 – 19）。

表 9 – 19 2015 年四大板块商务服务业法人单位数及占比

	东部地区	中部地区	西部地区	东北地区
单位数（个）	841110	233495	204640	67805
占比（%）	62.4	17.3	15.2	5.1

资料来源：中国第三产业统计年鉴（2016）。

分地区来看，如图 9 – 27 所示，北京、广东的商务服务业法人单位数均超过 12 万个，江苏和浙江的商务服务业法人单位数超过 8 万个。中西部地区发展较为落后，与前面四省份差距较大。

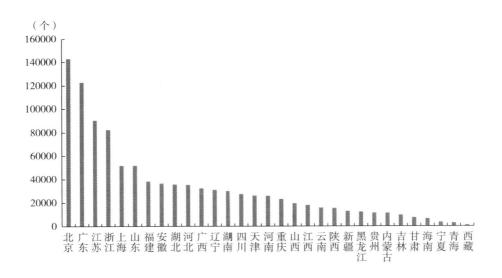

图 9 – 27 2015 年分地区商务服务业企业法人单位个数

资料来源：中国第三产业统计年鉴（2016）。

截至 2015 年底，我国商务服务业共吸纳就业人数 1420 万人，在第三产业吸纳就业人数中占比4.3％。分地区来看，2015年广东、北京商务服务业从业人员超过150万人，处于第一梯队；江苏、上海、浙江商务服务业从业人员超过100万人，居于第二梯队（见图9－28）。

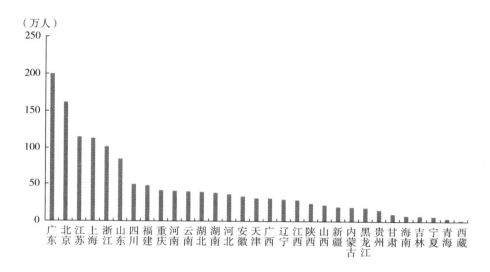

图9－28　2015年分地区商务服务业从业人员

资料来源：中国第三产业统计年鉴（2016）。

近年来，我国商务服务业保持较为良好的发展态势。商务服务业的产业规模和经济效益均保持稳定的增长。相较于第三产业的整体平均水平，商务服务业的各项指标都表现出更为显著的上升势头。但是分地区来看，商务服务业依旧存在发展不平衡的现象。东部发达地区产业规模、投资额等均远远超过中西部地区。中西部地区的商务服务业要加强发展，推动市场化经营，才能缩小差距并赶超。

第十章 交通运输业发展与布局

改革开放近 40 年来，我国取得的历史性经济成就是以各地开展大规模的交通基础设施建设为起点的。交通基础设施条件的变化，直接改善了区域投融资环境，为发挥地方比较优势、吸引外部要素集聚创造了条件，也为提高区域经济运作效率、增强区域竞争力奠定了基础。本章将从公路、铁路、机场、港口、管道等方面介绍中国交通运输业及基础设施的发展及布局情况。

第一节 交通运输业概况[①]

现代化的交通运输方式主要有铁路运输、公路运输、水路运输、航空运输和管道运输。我国交通运输业发展现状如下：

一、中国交通运输客货运量

2018 年，中国完成营业性客运量 179.4 亿人。营业性客运中，铁路客运保持较快增长，完成客运量 33.7 亿人，其中高铁客运量占比超五成。公路客运完成营业性客运量 136.7 亿人，水路客运完成客运量 2.8 亿人，民航客运完成客运量 6.1 亿人。如图 10 − 1 所示。

2018 年，中国完成货运量 515.3 亿吨，其中铁路货运保持较快增长，完成货运量 40.3 亿吨，占全社会比重 7.8%，铁路大宗物资运输优势进一步发挥。公路货运完成货运量 395.7 亿吨，其中高速公路货车流量增长 9.7%。水路货运

---

① 本节数据资料主要来自《中国统计年鉴》（2019），部分来自于网站收集整理。

完成货运量 70.3 亿吨。民航货运完成货运量 739 万吨。快递业务量持续高速增长，完成业务量 507.1 亿件，同比增长 26.6%。如图 10 - 2 所示。

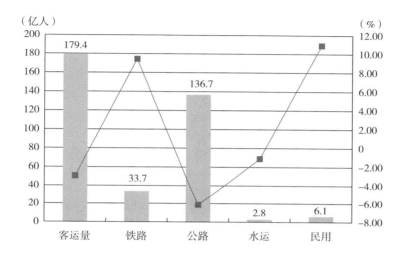

图 10 - 1　2018 年中国交通运输客运量及同比增长走势

资料来源：中国统计年鉴（2019）。

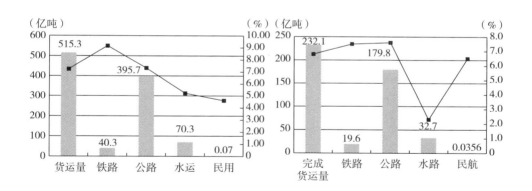

图 10 - 2　2018 年中国交通运输货运量及同比增长走势

资料来源：中国统计年鉴（2019）。

二、交通固定资产投资

2018 年，交通固定资产投资完成 3.22 万亿元，比上年增长 0.7%。公路水

路完成投资 2.3 万亿元，同比增长 0.9%，其中，公路建设完成投资 2.1 万亿
元，同比增长 0.4%，内河建设完成投资 627.9 亿元，同比上升 10.3%，沿海建
设完成投资 563.4 亿元，同比下降 15.8%。交通运输、仓储和邮政业固定资产
投资及完成投资额走势如图 10 - 3、图 10 - 4 所示：

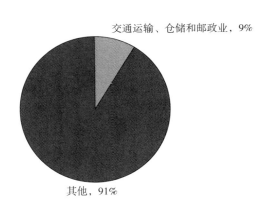

图 10 - 3 运输、仓储和邮政业交通固定资产投资占比

资料来源：智研咨询. 2017 - 2022 年中国交通运输市场评估及投资前景评估报告。

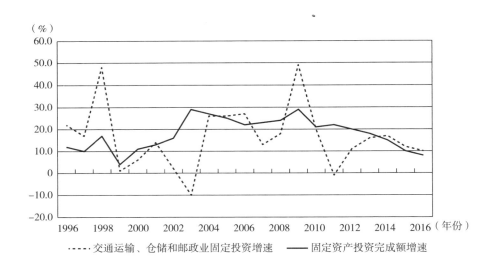

图 10 - 4 交通运输、仓储和邮政业固定资产投资增速

资料来源：智研咨询. 2017 - 2022 年中国交通运输市场评估及投资前景评估报告。

2018 年交通运输、仓储和邮政业累计投资 63572 亿元, 同比增速 3.90%, 低于 2017 年的全年累计增速。其中, 2018 年铁路固定资产投资 8028 亿元, 与 2017 年基本持平, 全年铁路行业累计投资增速 0.2%。2018 年完成公路建设投资 21335 亿元, 比上年增长 0.4%。其中, 高速公路建设完成投资 9972 亿元, 增长 7.7%; 普通国省道建设完成投资 6378 亿元, 下降 12.2%; 农村公路建设完成投资 4986 亿元, 增长 5.4%。全年完成水运建设投资 1191 亿元, 比上年下降 3.8%。其中, 内河建设完成投资 628 亿元, 增长 10.3%; 沿海建设完成投资 563 亿元, 下降 15.8%。2018 年完成公路水路支持系统及其他建设投资 824 亿元, 比上年增长 26.9%。2018 年完成民航固定资产投资 857 亿元, 比上年下降 1.3%。

第二节 公路发展及布局

一、公路发展总体情况

公路运输是我国交通运输的主要方式之一。2017 年末, 全国公路总里程达到 477.35 万千米, 是 1984 年末的 5.2 倍。其中, 高速公路达到 13.65 万千米, 里程规模居世界第一。2017 年, 全国公路旅客周转量为 9765.18 亿人千米, 是 1984 年的 7.3 倍; 公路货物周转量为 66771.52 亿吨千米, 是 1984 年的 126.6 倍。本节主要分析我国高速公路的地理分布。2016 年, 我国新建公路 61439 千米, 较上年增加 1.8%, 改建公路 268421 千米较上年增加 20%。其中, 用于公路建设的投资为 17975.8 亿元, 较上一年提高 8.9%。我国公路里程分布比较均匀, 其中中部地区相对更为密集, 河南省、湖北省和湖南省均在 23 万千米以上。四川省自 2013 年以来便突破 30 万千米, 在 2017 年以 33 万千米的公路里程高居第一。高速公路也主要在中部地区集中, 但广东省高速公路里程在 2017 年达到 8346 千米, 居全国第一。

二、高速公路发展现状

改革开放以来, 我国高速公路的发展一直保持稳定较快速度的增长。2016

年末，全国公路总里程 469.63 万千米，比上年增加 11.90 万千米。公路密度 48.92 千米/百平方千米，增加 1.24 千米/百平方千米。公路养护里程 459.00 万千米，占公路总里程 97.70%。全国高速公路里程 13.10 万千米，占全国公路里程的 2.79%，与 2015 相比增加 0.74 万千米，与 2010 年相比增加了 5.68 万千米，增加了 76.65%；高速公路车道里程 57.95 万千米，与 2015 年相比增加 3.11 万千米，与 2010 年相比增加了 25.06 万千米，增加了 76.34%。国家高速公路 9.92 万千米，与 2015 年相比增加 1.96 万千米。如图 10 - 5 所示。

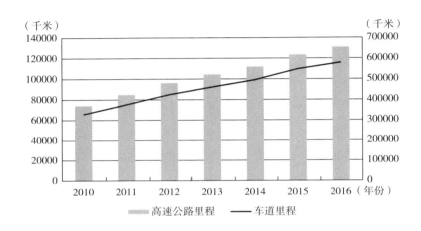

图 10 - 5　2010 ~ 2016 年高速公路里程及高速公路车道里程

资料来源：交通运输部。

可以明显看出，高速公路建设步伐逐年加快，2011 年以来年均新增里程达 1 万千米，而我国从 1988 年第一条高速公路建成通车到 2001 年，全国高速公路总里程只有 2 万千米。到目前为止，全国高速公路里程已经突破 13 万千米，跃居世界首位，高速公路基本覆盖了全国城镇 20 万人口以上的城市。密集的高速公路网，成为推进完善东北物流大通道、南北沿海物流大通道、京沪物流大通道、京港澳（台）物流大通道、二连浩特至北部湾物流大通道、西南出海物流大通道、西北能源外运及出海物流大通道、青银物流大通道、陆桥物流大通道、沿长江物流大通道、沪昆物流大通道 11 条国内物流大通道建设的重要组成部分。

在已经建成的高速公路中，四车道高速公路里程 10.79 万千米，占据全部高速公路里程的82%，是中国高速公路最主要的组成部分，比2015年增加6795千米，增加了6.72%，与2010年相比增加了47688千米，增加了79.26%；六车道高速公路里程为18233千米，占据全部高速公路里程的14%，比2015年增加了461千米，增加了2.60%，比2010年增加了6426千米，增加了54.47%；变化最为明显的是八车道及以上的高速公路，2016年底共有建成八车道及以上的高速公路4845千米，占据全部高速公路里程的4%，比2010年增加2696千米，增长了125.45%。如图10-6所示。

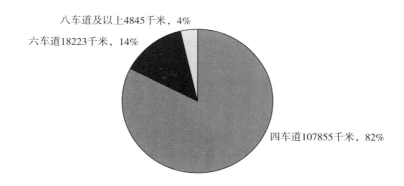

图10-6　2016年底各类型高速公路里程数及比例

资料来源：交通运输部。

三、高速公路布局

相对于其他级别的公路，高速公路的建设在选址、技术支持、人力物力投入等方面有着更高的要求，所以高速公路的分布很大程度上受制于地区的地理环境和经济条件。

从总体上来看，如图10-7所示，东部地区和中西部地区的高速公路里程数基本相同，但是高速公路类型有很大差别，中西部地区的高速公路以四车道高速公路为主，而八车道及以上的高速公路则主要分布在东部地区，东部地区八车道及以上的高速公路里程共有2261千米，占据了全部八车道以上高速公路里程的44.55%。这种高质量的高速公路不仅在地区间分布存在着较大的差异，在地区内部的分布也存在着较大的差异。东北地区八车道及以上的高速公路通车里程共有 748 千米，占全国总里程的 14.74%，但是仅辽宁一个省就有 650 千米的八车道及以上的高速公路通车里程，占东北三省总量的 86.90%；这一情况在中部地区也很突出，中部六省共有八车道及以上的高速公路 1580 千米，占全国总里程的 31.13%，但是其中仅河南省就占据了中部地区份额的 65.00%，共有 1027 千米（见表 10-1）。

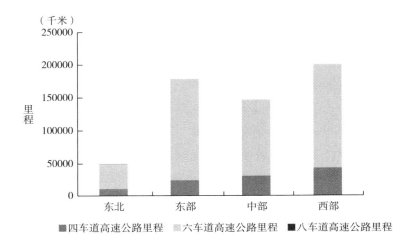

图 10-7 2016 年底四大区域高速公路里程

资料来源：交通运输部。

表 10-1 2016 年底各省高速公路总里程及各类型高速公路里程

单位：千米

地区	高速公路里程	四车道高速公路里程	六车道高速公路里程	八车道及以上高速公路里程
北京	5308	450	4793	65
天津	6795	354	6314	127
河北	31466	4279	26682	505
山西	22842	4379	18460	3
内蒙古	22056	4655	17176	225
辽宁	20053	3208	16195	650
吉林	12967	2953	9916	98

续表

地区	高速公路里程	四车道高速公路里程	六车道高速公路里程	八车道及以上高速公路里程
黑龙江	17398	4350	13048	0
上海	4829	261	4368	200
江苏	23305	2610	20405	290
浙江	19039	3027	15652	360
安徽	19000	4182	14763	55
福建	21911	3783	17883	245
江西	24390	5590	18698	102
山东	24783	4762	19997	24
河南	30921	4909	24985	1027
湖北	25651	5834	19771	46
湖南	24961	5758	19203	0
广东	40033	3567	35931	535
广西	18922	4417	14436	69
海南	3181	795	2386	0
重庆	12133	2386	9747	0
四川	27388	5875	21513	0
贵州	22024	5288	16736	0
云南	18318	3332	14897	89
西藏	151	38	113	0
陕西	23941	3921	19673	347
甘肃	19694	4648	15033	13
青海	11780	2746	9034	0
宁夏	6477	1590	4887	0
新疆	17753	4309	13444	0

资料来源：交通运输部。

从公路密度来看（见图 10－8），上海、天津、北京、江苏、福建、广东、浙江、河南、山东、河北位列全国高速公路密度排行榜前 10 名。而联系高速公路车流量和经济发展，则可以发现：高速公路发展与经济联系紧密，东、中、西部地区高速公路车流量占比与区域经济 GDP 占比大体相当。从对全国高速公路车流构成的分析来看，省域经济特征影响显著。全国高速公路车流构成中平均客车占比 77％，货车占比 23％，但云南、贵州、四川、广东等旅游和人口大省高速公路客车占比超过 80%，而山西、宁夏等资源型省份和天津、河北等海港省份货车占比近 40%。而从前文提到的 11 条物流大通道的角度来看，纵向通道平均货运承载量是横向通道的 1.2 倍。其中，京港澳高速公路物流通道的货运承载量居第 1 位，以其为分界线呈现东高西低趋势，京津冀、长三角、珠三角三大经济圈货运密度最高。相比东中部地区，西部地区货运强度最高，万元GDP 高速公路货运量达 2.5 吨。京港澳高速公路物流大通道、京沪高速公路物流大通道、东北高速公路物流大通道车流总量超过每天 3.5 万辆，这三条物流大通道也是八车道及以上高速公路集中的主要通道，也是最繁忙的物流通道。紧随其后的是京沪物流大通道、青银高速公路物流大通道、南北沿海高速公路物流大通道，货车流量每天超过 1.5 万辆。

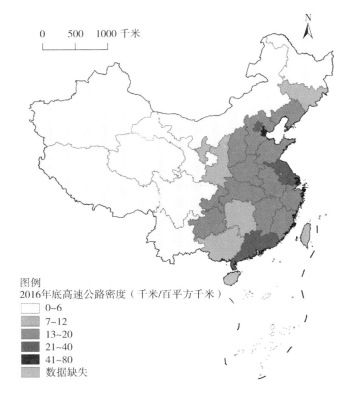

图 10 - 8　2016 年高速公路密度

资料来源：交通统计年鉴（2017）。

第三节 铁路发展及布局

一、铁路运输总体情况

铁路运输是我国陆上交通运输的主要方式之一。2017 年末，全国铁路营业里程达到 12.7 万千米，比上年增长 2.4%，其中，高速铁路营业里程达到 2.5 万千米。全国铁路路网密度 132.2 千米/万平方千米，比上年增加 3.0 千米/万平方千米。其中，复线里程 7.2 万千米，比上年增长 5.4%，复线率 56.5%，比上年提高 1.6 个百分点；电气化里程 8.7 万千米，比上年增长 7.8%，电化率 68.2%，比上年提高 3.4 个百分点。如表 10-2 所示。

表 10-2　2012~2017 年全国铁路营业里程　　　　　单位：万千米

年份	2012	2013	2014	2015	2016	2017
营业里程	9.8	10.3	11.2	12.1	12.4	12.7
复线里程	4.4	4.8	5.7	6.5	6.8	7.2
电气化里程	5.1	5.6	6.5	7.5	8	8.7

资料来源：根据 EPS 数据库数据计算整理。

二、高速铁路发展现状

2016 年，全国铁路旅客发送量完成 28.14 亿人，比上年增加 2.79 亿人，增长 11.0%，与 2010 年相比增长 26.10%，其中，国家铁路 27.73 亿人，比上年增长 11.1%；全国铁路旅客周转量完成 12579.29 亿人千米，比上年增加 618.69 亿人千米，增长 5.2%，其中，国家铁路 12527.88 亿人千米，比上年增长 5.2%（见图 10-9）。全国铁路货运总发送量完成 33.32 亿吨，比上年减少 0.26 亿吨，下降 0.8%。其中，国家铁路 26.52 亿吨，比上年下降 2.3%。全国铁路货运总周转量完成 23792.26 亿吨千米，比上年增加 37.95 亿吨千米，增长 0.2%，见图 10-10。其中，国家铁路 21273.21 亿吨千米，比上年下降 1.5%。集装箱、商品汽车、散货快运量比上年分别增长 40%、53% 和 25%。全国铁路总换算周转量完成 36371.56 亿吨千米, 比上年增加 656.65 亿吨千米, 增长 1.8%。其中, 国家铁路 33801.08 亿吨千米, 比上年增长 0.9%。

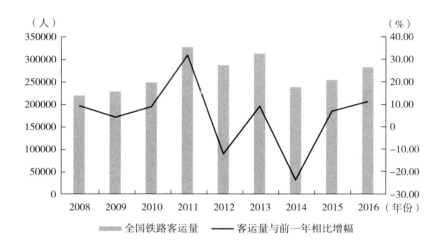

图 10-9 2007~2016 年全国铁路客运量

资料来源: 根据 EPS 数据库数据计算整理。

2016 年, 全国铁路固定资产投资完成 8015 亿元, 投产新线 3281 千米, 其中高速铁路 1903 千米。全国铁路营业里程达到 12.4 万千米, 比上年增长 2.5%。全国铁路路网密度 129.2 千米/万平方千米, 比上年增加 3.2 千米/万平方千米。其中, 复线里程 6.8 万千米, 比上年增长 5.2%, 复线率 54.9%, 比上年提高 1.4 个百分点; 电气化里程 8.0 万千米, 比上年增长 7.4%, 电化率 64.8%, 比上年提高 3.0 个百分点。西部地区铁路营业里程 5.0 万千米, 比上年增加 2230.9 千米, 增长 4.6%。

中国高速铁路网始建于 2004 年, 第一条高铁线路京津城际铁路于 2008 年 8 月通车, 从此, 中国高速铁路的发展进入了快车道。2015 年底以高速铁路为主骨架的快速铁路网就已经基本建成, 总规模达 4 万千米以上, 其中高速铁路通车里程达到 1.9 万千米, 较 2012 年翻了一番, 与其他铁路共同构成的快速客运网可基本覆盖 50 万人以上人口城市。2016 年, 中国高铁运营里程超过 2.2 万千米, 占全球高铁运营里程的 65%。截至 2017 年底, 中国高铁动车组累计发送旅客突破 70 亿人次, 旅客发送量年均增长 35% 以上。

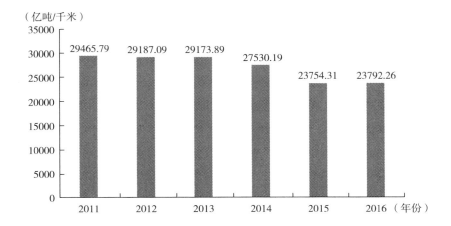

图 10 – 10　2011~2016 年全国铁路货运总周转量

资料来源：根据 EPS 数据库数据计算整理。

目前已经开通的主要线路包括：京津城际高速铁路，全长 120 千米，设计时速 350 千米，北京、天津两大直辖市间的通勤时间由原来的 2 小时左右缩短至 30 分钟左右，形成了良好的同城效应；京沪高速铁路全长 1318 千米，连接京沪两地，贯通我国东部最发达地区，设计时速 350 千米，初期运营时速 300 千米；京广高速铁路途径北京、河北、河南、湖北、湖南、广东，全长 2298 千米，是世界上运营里程最长的高速铁路，设计时速 350 千米，初期运营时速 300 千米；哈大高速铁路连接哈尔滨和大连，全长 921 千米，设计时速 350 千米，运营初期实行冬季、夏季运行图，夏季最高运营速度 300 千米/小时，冬季最高运营速度 200 千米/小时；郑西高速铁路是"四纵四横"中"徐兰客运专线"的中段，全长 523 千米，设计时速 350 千米。

三、中国高速铁路发展布局

虽然中国的铁路网络建设日趋完善，但是铁路交通资源和铁路运力在全国范围内的分布仍然呈现不均匀的态势，东部地区的铁路网密度和铁路运力尤其是高速铁路的通车里程，高速铁路动车组的运行速度都远高于西部地区，同时从全国旅客周转量和货物周转量数据来看，东部地区也承担着较大的运输压力（见图 10 – 11）。

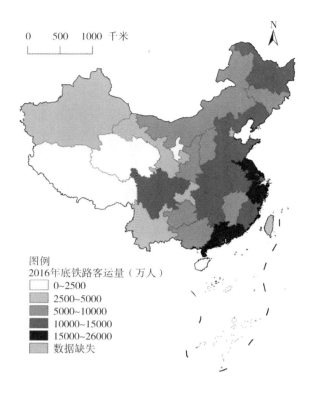

图 10 - 11　2016 年底各省铁路客运量

资料来源：根据 EPS 数据库数据计算整理。

　　中国高速铁路的布局是以"四纵四横"高速铁路线路展开的，"四纵四横"高铁线路作为中国快速铁路网的主骨架，在 2015 年底均已基本建成，在区际运输中发挥着重要作用。"四纵"高铁，已开通运营了京沪高铁、京广高铁、京哈高铁、上海经杭州、宁波、福州到深圳的快速铁路等，并加快建设京沈高铁；"四横"高铁，已开通运营郑州经西安到宝鸡、杭州—长沙—贵阳、南京—合肥—武汉—重庆、胶济客运专线、石太高铁等。加快建设济南到石家庄、徐州到郑州、宝鸡到兰州、贵阳到昆明等高铁。在"四纵四横"的基础上，2016 年国家发展改革委、交通运输部、中国铁路总公司联合发布的《中长期铁路网规划》中，又提出了"八纵八横"的高速铁路网络规划。"八纵"通道包括沿海通道、京沪通道、京港（台）通道、京哈—京港澳通道、呼南通道、京昆通道、包（银）海通道、兰（西）广通道。"八横"通道包括绥满通道、京兰通道、青银通道、陆桥通道、沿江通道、沪昆通道、厦渝通道、广昆通道。

高铁成网运行让区域和城市间的时空距离大大缩短，东北、华北、华中、长三角、珠三角等地区形成 1 小时交通圈，"同城化"效应不断扩大；北京、天津、上海、广州、深圳、哈尔滨、西安等大城市间实现 1000 千米内 5 小时到达，2000 千米内 8 小时到达；特别是在西南山区等原本交通不发达的地区，这种变化尤为明显，2014 年底开通的贵阳至广州高铁，使两地之间的旅行时间由开通前的 21 小时压缩至 4 小时。

第四节 机场、港口和管道发展及布局

一、机场发展与布局

（一）机场发展现状①

如图 10－12 所示，2016 年，我国民航业完成运输总周转量 962.51 亿吨千米，比上年增长 13.01%，比 2010 年增长了 78.74%。国内航线完成运输总周转量 621.93 亿吨千米，比上年增长 11.2%，其中港澳台航线完成 15.43 亿吨千米，比上年下降 4.9%；国际航线完成运输总周转量 340.58 亿吨千米，比上年增长 16.4%。全行业完成旅客周转量 8378.13 亿人千米，比上年增长 15.0%。国内航线完成旅客周转量 6217.75 亿人千米，比上年增长 11.7%，其中港澳台航线完成 144.10 亿人千米，比上年下降 5.1%；国际航线完成旅客周转量 2160.38 亿人千米，比上年增长 25.8%。全行业完成货邮周转量 222.45 亿吨千米，比上年增长 6.9%。国内航线完成货邮周转量 72.11 亿吨千米，比上年增长 7.7%，其中港澳台航线完成 2.75 亿吨千米，比上年下降 3.4%；国际航线完成货邮周转量 150.34 亿吨千米，比上年增长 6.5%。

---

① 本节数据主要来自于《2016 年民航行业发展统计公报》。

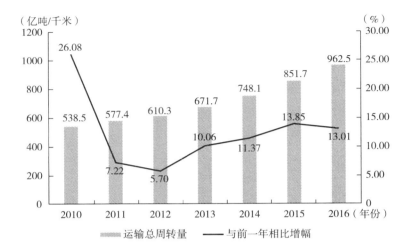

图 10 - 12 2010~2016 年民航运输总周转量

资料来源：交通运输部。

2016 年，全行业完成旅客运输量 48796 万人次，比上年增长 11.9%，比 2010 年增长了 82.09%（见图 10 - 13）。国内航线完成旅客运输量 43634 万人次，比上年增长 10.7%，其中港澳台航线完成 985 万人次，比上年下降 3.4%；国际航线完成旅客运输量 5162 万人次，比上年增长 22.7%。

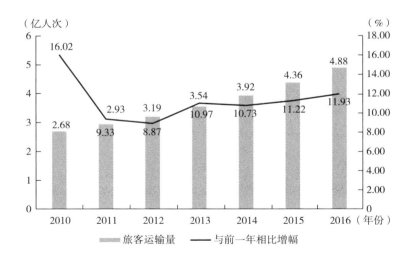

图 10 - 13 2010~2016 年民航旅客运输量

资料来源：交通运输部。

2016 年，全行业完成货邮运输量 668.0 万吨，比上年增长 6.2%，比 2010 年增长了 23.19%（见图 10-14）。国内航线完成货邮运输量 474.8 万吨，比上年增长 7.3%，其中港澳台航线完成 22.0 万吨，比上年下降 0.6%；国际航线完成货邮运输量 193.2 万吨，比上年增长 3.4%。

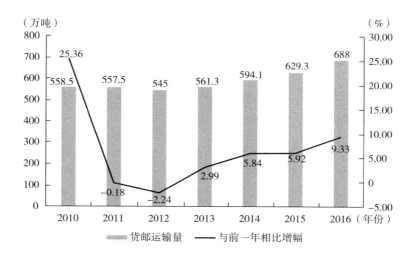

图 10-14　2010～2016 年民航货邮运输量

资料来源：交通运输部。

截至 2016 年底，我国共有颁证运输机场 218 个，比上年底增加 9 个。2016 年新增机场分别为山西临汾机场、湖北十堰机场、福建三明机场、海南琼海机场、青海果洛机场、内蒙古乌兰察布机场、内蒙古扎兰屯机场、海南三沙机场、云南沧源机场。另外，完成了河北秦皇岛机场、新疆且末机场迁建；陕西安康机场停航，江西九江机场注销。

（二）机场布局

2018 年，全国民航运输机场完成起降架次 923.8 万架次，比上年增长 7.9%。完成旅客吞吐量 10.66 亿人次，比上年增长 2.4%。其中，2018 年东部地区完成旅客吞吐量 6.00 亿人次，东北地区完成旅客吞吐量 0.71 亿人次，中部地区完成旅客吞吐量 1.61 亿人次，西部地区完成旅客吞吐量 2.35 亿人次。年旅客吞吐量 100 万人次以上的运输机场 77 个，其中北京、上海和广州三大城市机场旅客吞吐量占全部境内机场旅客吞吐量的 26.2% 。

2018 年，全国民航运输机场完成货邮吞吐量 1510.40 万吨，比上年增长 7.2% 。其中：东部地区完成货邮吞吐量 1131.37 万吨，东北地区完成货邮吞吐量 53.10 万吨，中部地区完成货邮吞吐量 95.45 万吨，西部地区完成货邮吞吐量 230.49 万吨。年货邮吞吐量 1 万吨以上的运输机场 50 个，其中北京、上海和广州三大城市机场货邮吞吐量占全部境内机场货邮吞吐量的 49.6% 。

仅从各省份所拥有的机场数目来看，机场在各地区的空间分布较为均衡，甚至部分中西部地区的机场的数目还远比东部地区要高。但是结合各个机场的航运吞吐能力来看，中西部地区的机场普遍规模较小，因此，如果加总至省级规模的机场起降架次、旅客吞吐能力和货邮吞吐能力，则可以看出东北、东部、中部、西部地区间存在着一定的差异，且东部地区优势较为明显。表 10 - 3 是 2018 年我国主要机场的分布情况和吞吐量。

表 10 - 3　2018 年中国 38 个机场旅客吞吐量

排名	机场	本年累计（万人）	同比增速（%）
1	北京首都	10098.3	5.4
2	上海浦东	7405.4	5.8
3	广州白云	6979.0	6.1
4	成都双流	5287.7	6.2
5	深圳宝安	4934.9	8.2
6	昆明长水	4708.8	5.3
7	西安咸阳	4465.3	6.7
8	上海虹桥	4362.8	4.2
9	重庆江北	4159.6	7.4
10	杭州萧山	3824.2	7.5
11	南京禄口	2858.0	10.7
12	郑州新郑	2733.5	12.5
13	厦门高崎	2655.3	8.4
14	长沙黄花	2526.6	6.3
15	青岛流亭	2453.6	5.7
16	武汉天河	2450.0	5.9
17	海口美兰	2412.4	6.8
18	天津滨海	2359.1	12.3
19	乌鲁木齐地窝堡	2302.8	7.1

续表

排名	机场	本年累计（万人）	同比增速（%）
20	哈尔滨太平	2043.2	8.6
21	贵阳龙洞堡	2009.6	11.0
22	三亚凤凰	2003.9	3.3
23	沈阳桃仙	1902.7	9.7
24	大连周水子	1876.3	7.2
25	济南遥墙	1661.2	16.0
26	南宁吴圩	1509.8	8.5
27	福州长乐	1439.4	15.4
28	兰州中川	1385.8	8.1
29	太原武宿	1358.8	9.6
30	南昌昌北	1352.4	23.7
31	长春龙嘉	1297.0	11.2
32	呼和浩特白塔	1215.9	17.5
33	宁波栎社	1171.8	24.8
34	石家庄正定	1133.3	18.3
35	珠海金湾	1122.1	21.7
36	温州龙湾	1121.9	20.8
37	合肥新桥	1111.1	21.5
38	银川河东	894.5	12.7

资料来源：全国机场信息。

通过表10-3可以看到，大区域内部的机场布局存在差异，各具特点。长三角地区共有机场18个，最为主要的是上海浦东机场、上海虹桥机场、杭州萧山机场、南京禄口机场、无锡硕放机场、温州龙湾机场、宁波栎社机场七座规模较大的机场，承担了长三角地区最为主要的航空客货运输任务。形成以上海浦东机场、上海虹桥机场为核心，以南京禄口机场、杭州萧山机场以及宁波栎社机场为中型枢纽的区域机场体系，而无锡硕放机场在一定程度上弥补了苏锡常地区航空货运能力欠缺的局面。区域内的机场密度适中，等级结构合理，交通一体化程度高，同时，长三角地区自有的、便捷通畅的路面交通网络充分地衔接了区域内部的机场，使得机场资源的配置效率更高。

京津冀地区共有机场八个，拥有旅客吞吐量排名第一的北京首都机场，因此，虽然京津冀地区的机场数量不多，但是客货运规模较大。京津冀地区区域机场体系以北京首都机场、天津滨海机场以及首都第二机场为核心枢纽机场群，石家庄正定机场、秦皇岛山海关机场、唐山三女河机场等国内干线机场为补充节点，由于北京首都机场的特殊性，区域内核心枢纽的地位明显，且各层级机场规模存在的显著的差距，在未来，区域内还规划建设承德、衡水等支线机场，远景预留渤海湾海上机场。进一步拓宽机场建设的网络节点，充分发挥区域交通网络相对发达的优势，与京沪、京广和津秦等铁路客运专线，京津、京唐和京石等城际轨道交通走廊衔接，使区域内的各机场成为区域综合交通体系中的主要交通节点。

与东部地区较为完善的机场布局网络不同，东北地区和中西部的机场布局较为分散、独立，特征趋于多样化，在区域内各城市相对集中或者首位度大的城市群中，往往会形成单中心的机场布局，中心机场规模庞大，承担了区域客货运输的主要任务，同时与区域内的其他机场差别巨大，往往中心机场的客货吞吐量可以超过其他机场的总和，如我国中部地区和东北地区的都市圈。湖南省的长株潭都市圈采用"三市合用"的模式，长沙、株洲和湘潭三市共同使用长沙黄花机场。同样武汉都市圈也是如此，该都市圈的中心城市——武汉市是中部地区的水陆空铁交通枢纽，其周边地区的黄石、鄂州、孝感等八个城市依托区域内的高速公路网和规划中的六条城际线城际轨道交通网，共享天河枢纽机场。辽宁省沈阳桃仙机场和大连周水子机场将辽宁的机场分成了两个集团，辽中南地区以沈阳市的桃仙机场为中心，辽东半岛以大连周水子机场为中心。沈阳桃仙机场方圆150千米半径内分布有抚顺、本溪、辽阳、阜新、盘锦、铁岭和鞍山七个城市，机场腹地人口达2400多万人，并以丹东浪头机场作为补充。

在西部地区，城市和人口的分布不如中部和东北地区密集，交通相对不发达。但是，同样的机场数量较多，分布较为分散，中心机场与其他机场之间的规模与转运、吞吐能力差异较为巨大，便形成了以单中心向外辐射的机场布局模式。中心机场往往处于地理位置较为优越的地区，基本上位于省会城市，通常区域内不会有第二座同规模或规模接近的机场，其枢纽作用十分突出。同时，直线机场数量多、分布广、航空服务所覆盖的区域面积大，这种布局在新疆维吾尔自治区和云南省尤为明显。如云南省以昆明长水机场为绝对枢纽核心，在丽江三义机场、西双版纳嘎洒机场、德宏芒市机场、大理机场、腾冲驼峰机场、迪庆香格里拉机场、普洱思茅机场、临沧机场、保山云端机场、昭通机场、文山普者黑机场 11 个干（支）线机场的辅助下组成机场网络体系，形成了以昆明为中心，连接省内与周边省际支线网络、辐射国内大中城市的干线网络、面向东南亚、南亚国家和地区的国际航线网络。

此外，一些中部省份受到山区、河流地形限制及经济发展的路径依赖，区域内的多个机场作为交通走廊中的重要交通枢纽会呈现沿线布局的态势，服务于特定的经济带，特别是在现在高速铁路的大规模建设中，其本身发展的线状分布会与沿线分布的机场产生市场竞争，因此，线状分布的机场布局主要分布在地处内陆的中部地区，如江西省由北向南的经济走廊沿线已建有九江庐山、南昌昌北、吉安井冈山、赣州黄金等机场；山西省自晋北经晋中到晋南则分布有大同、太原武宿、临汾（筹建）、运城等机场；在西南出海大通道的广西境内段，沿线分布有桂林两江、柳州白莲、南宁吴圩、北海福成四个机场；湖南省的湘南、湘东和湘北地区依次沿南北向的京珠高速公路走廊分布有衡阳、长沙黄花和岳阳等机场，在湘西地区则有常德桃花源、张家界荷花等机场，并在东西向的湘黔铁路线建设怀化芷江、邵东机场（规划）。又如陕西省南北向分布有安康、汉中、西安、延安和榆林等机场，东西向则规划有商洛、宝鸡等机场。

此外，还有零星分布的机场，为了满足特殊的功能要求或者适应地区的发展，如进行空铁联运、海空联运（如深圳机场与香港机场之间）和陆空联运（如成都双流机场和重庆江北机场之间）；如功能不同的设计，上海浦东与虹桥机场分别形成以中枢航线为主的国际航空枢纽与以城市航线为主的国内航空枢纽，安徽合肥骆岗机场和黄山机场以及海口美兰机场和三亚凤凰机场，构成中心机场与旅游机场的对应关系。

二、港口发展与布局

（一）港口发展现状

港口是重要的交通基础设施，是资源配置的枢纽，为国家经济建设和对外贸易的发展提供基础性支撑。作为国民经济和社会发展的重要基础行业，港口业与宏观经济的发展密切相关。中国大陆的主要港口在世界港口中占据重要地位，在世界港口的排名不断靠前，成为世界上港口货运吞吐量和集装箱吞吐量最多、增长速度最快的国家。如表 10 - 4 所示，在 2016 年全球十大货运吞吐量港口排名中，我国占据 7 个席位。

表 10 - 4   2016 年全球十大港口货运吞吐量排名

港口名称	货运吞吐量（亿吨）		增长率（%）
	2015 年	2016 年	
宁波—舟山港	8.89	9.2	3.49
上海港	7.17	7.01	- 2.23
新加坡港	5.7	5.93	4.04
苏州港	5.43	5.74	5.71
天津港	5.45	5.5	0.92
广州港	5.01	5.22	4.19
唐山港	4.97	5.16	3.82
青岛港	4.93	5.01	1.62
黑德兰港	4.47	4.84	8.28
鹿特丹港	4.67	4.61	- 1.28

资料来源：http：//www. xinhuanet. com/local/201708/09/c_ 129675857. html.

从国内看，我国沿海港口吞吐量的总体趋势向上，年均增长率集中在 1% 到 8%，其中增长较快的省份有江苏、山东、广东、海南。受全球经济整体情况的影响，近年来港口吞吐量增长率均有下降的趋势，其中上海、河北、广西均出现了不同程度的负增长。表 10 - 5 为 2014 ~ 2016 年沿海港口吞吐量增长率。

表 10 - 5   2014 ~ 2016 年沿海港口吞吐量增长率   单位：%

地区 ＼ 年份	2014	2015	2016
天津	7.87	0.09	1.86
河北	6.79	- 3.98	4.34
辽宁	5.39	1.16	4.01
上海	- 1.93	- 3.06	- 0.65
江苏	7.68	6.17	2.66
浙江	7.54	1.62	3.89
福建	8.12	2.27	0.98

续表

地区＼年份	2014	2015	2016
山东	8.85	4.37	6.44
广东	5.20	3.22	4.90
广西	8.11	1.45	−0.44
海南	10.32	8.42	6.73

资料来源：国家统计局。

图 10 – 15 为 2012 ~ 2016 年沿海港口吞吐量的绝对数对比图，沿海各省之间受区位、经济发展状况等影响，港口吞吐量差距比较明显，例如港口吞吐量靠前的广东是海南的 9.1 倍。

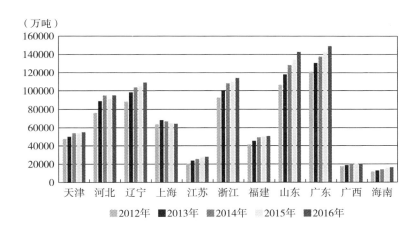

图 10 – 15　2012 ~ 2016 年沿海港口吞吐量

资料来源：国家统计局。

我国内河港口主要集中在京杭运河、长江水系和珠江水系，由于各地地理位置差异较大，港口运力差异较大。2014 ~ 2016 年内河港口吞吐量的增长率如表 10 – 6 所示，部分内河港口如山西、辽宁、吉林等地吞吐量较小，波动较大。江苏、安徽、湖南、广东、重庆、云南等地增长较为稳定。

表 10 - 6　2014~2016 年内河港口吞吐量增长率

地区＼年份	2014	2015	2016
山西	- 33. 33	6. 25	- 5. 88
辽宁	- 63. 04	11. 76	- 21. 05
吉林	- 67. 21	425. 00	- 86. 67
黑龙江	2. 15	2. 11	- 5. 36
上海	- 7. 81	- 20. 30	- 16. 67
江苏	5. 38	2. 82	3. 63
浙江	- 17. 53	- 8. 70	- 5. 47
安徽	10. 65	9. 59	8. 06
福建	- 13. 99	- 1. 33	- 1. 62
江西	18. 03	5. 49	- 4. 90
山东	1. 43	6. 27	- 20. 45
河南	3. 47	5. 74	0. 45
湖北	48. 60	- 15. 43	6. 81
湖南	9. 41	14. 73	9. 04
广东	8. 93	4. 41	6. 36
广西	2. 14	1. 11	6. 11
重庆	7. 23	7. 40	10. 30
四川	11. 76	4. 42	- 0. 91
贵州	3. 05	3. 35	- 7. 82
云南	10. 30	31. 68	13. 49
陕西	- 0. 27	- 20. 05	5. 35

资料来源：国家统计局。

　　图 10 - 16 为 2012~2016 年我国内河港口吞吐量绝对数对比图，各省内河港口吞吐量的差异比沿海港口差异明显，其中 2016 年山西省港口吞吐量约 16 万吨，最多的江苏省达到 213429 万吨。处于长江水系的四川、重庆、湖北、湖南、江西、安徽、江苏 7 省吞吐量排名靠前。我国内河港口运量主要集中在长江水系沿线。

（二）港口布局

　　我国幅员辽阔，东西差异大，在港口布局上东部沿海地区港口业发展较为成熟，内河港口沿长江水系、珠江水系和京杭大运河分布较为集中，其余内河港口分布较少。我国沿海省份中辽宁、山东、浙江、上海、广州等省市港口业发展较为充分，其中浙江高达 54664 万吨，江苏、广西等省市港口吞吐量较小（见图 10 - 17）。内河方面，西部地区港口十分贫乏，货物吞吐量也因此水平较低，大型港口主要沿长江水系分布，且下游运量明显大于上游，这也和长江水域分布相一致（见图 10 – 18）。

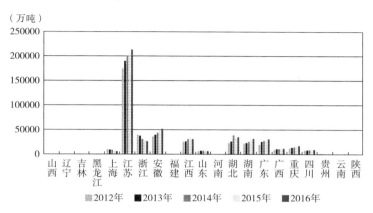

图 10 – 16　2012~2016 年内河港口吞吐量

资料来源：国家统计局。

图 10 – 17　2016 年各省沿海港口吞吐量分布

资料来源：根据 EPS 数据库数据计算整理。

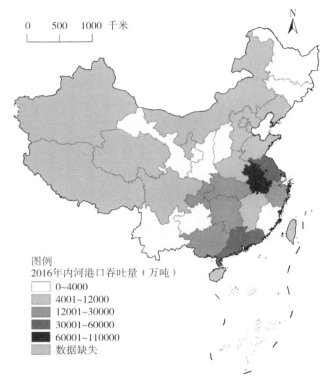

图 10 – 18 2016 年各省内河港口吞吐量分布

资料来源：根据 EPS 数据库数据计算整理。

三、管道发展及布局

（一）管道发展现状

自 20 世纪 60 年代我国第一条输气管道巴渝线建成以来，我国天然气管道有了很大的发展，初步形成以西气东输、陕京线、中卫等输气管道为主骨架的全国性输气网络，随着中俄天然气的最终落实，中国天然气四大进口通道（即东北、西北、西南、海上）的布局也基本形成，这将有助于实现天然气进口的多渠道、多来源、多品种，对于保证我国能源安全意义重大。

进入 21 世纪以来，我国经济持续快速增长，城市化、工业化进程加快，环保要求的提高对能源消费结构的影响，我国天然气的消费量和产量快速增长。国家统计局数据显示，近十年我国各省市天然气管道铺设里程均有大幅度增长。根据统计数据，本书计算得出了 2007 ~ 2016 年我国各省天然气管道长度的 10 年增长率。其中，贵州、云南、福建等地涨幅超过 10 倍，其余各省市除青海省外均超过两倍。

（二）管道布局

受我国各省人口密度差异的影响，东西部地区天然气管道长度差异较大，数据中仅统计了管道长度而未考虑管道直径。海南、甘肃等地由于地理原因，输气管道总里程较小。在西部的重庆、四川等地由于人口集中，经济发展水平较高，管道长度较长。中部的河南、湖北、安徽等地管网较长。西气东输工程的末端——东部地区各省份如山东、江苏、浙江、广东、河北、北京、天津等地的管网长度均处于较高水平，其中山东的输气管道长度高居榜首。东北地区可能由于气候寒冷，管道条件不易匹配，输气管道长度整体不长（见图 10－19）。

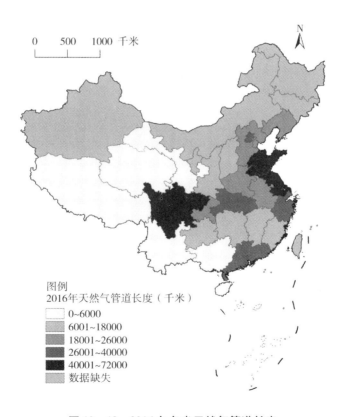

图 10－19　2016 年各省天然气管道长度

资料来源：根据 EPS 数据库数据计算整理。

第十一章　城市发展与城市群布局

城市是我国经济地理空间系统的核心组成部分。改革开放以来，我国城市化取得了巨大的成就，城市化率从 1978 年的 17.92% 增长到 2018 年的 59.58%，年平均提升约 1.04 个百分点。随着城市化与工业化进程的不断加快，城市群和都市圈成为经济发展格局中最具活力和潜力的核心载体，在全国生产力布局中起着战略支撑点、增长极和核心节点的作用，是全国和地区各种生产要素汇聚与扩散的枢纽。与此同时，受到历史、自然地理及我国非均衡发展战略的影响，我国城市化也形成了东、中、西阶梯式的发展格局。特大城市、大城市过度扩张，中小城镇发展不足，造成了城市病与城市吸纳农业人口能力不足并存的现象。在区域经济一体化和新型城市化的背景下，科学合理的城市发展空间格局对优化中国城市格局，促进国土空间可持续利用，形成高效协同的空间开发秩序，提高国土空间运行效率具有十分重要的战略意义。

第一节　我国城市发展与城市化

我国的城市产生很早。二里头城市遗址是夏朝的城市遗存；商代城市的发展更为迅速；汉唐时代的长安城，是当时全世界最大的城市，人口超过 100 万；宋代的开封城更是发达，人口约 150 万。

一、我国城市空间格局演变历程

我国的近现代城市是工业发展的产物，产生于 19 世纪 60 年代。在新中国成立之前的近百年时间里，沿海地区先后形成了上海、天津、广州、青岛等发达的工商业城市。其中，上海作为东方明珠，曾经是远东第一大城。从新中国成立到现在，伴随城市化进程的加快，城市布局也发生了巨大的变化。

（一）中华人民共和国成立的城市空间布局

中华人民共和国成立初期，出于政治、国家安全以及经济均衡发展的考虑，国家把经济发展重心放在了中西部落后地区，以期改变国家生产力布局长期集中在东南沿海的格局。根据当时的国际政治背景以及苏联援建的 156 个项目的布局要求，中国将西部地区确定为城市发展的重点地区，1949～1957 年，西部地区城市数量年均增长 2.13 个，而同期东部地区年均新增城市数量则不足 0.5 个。1964 年，中国在中西部地区开展"三线"建设，直接导致了国家工业布局、城市布局的调整，大批工人从东部沿海地区转移到西部内陆地区，这一时期中国城市化的成果主要集中在西部地区。1954～1980 年，内陆 29 个省级单元中，在城镇人口增长速度最快的 10 个省份中，除北京外，其他全部是中西部省份，内蒙古、新疆、青海、宁夏、黑龙江等边远省份增幅最大，增长最慢的 10 个省份中有 7 个属于东部地区。除北京、辽宁外，所有东部地区的城镇人口在全国所占比重都在下降。在均衡发展战略的影响下，中国西部地区的一批新城市得到了培育，形成了多个中心城市，客观上推动了西部地区的经济发展。但是，由于片面化的发展策略违背了经济发展的一般规律，新建城市普遍存在效率低、功能单一的问题，制约了国民经济的发展。这一时期的城市发展政策反复变动，1958～1960 年的城市政策过于激进，出现了虚假的城市化，三年间全国的城市化率迅速由 16.25% 提高到 19.75%，直接导致 1961 年之后城市化进程的停滞与倒退；1961～1978 中国城市化进程长期停滞，1978 年的城市化率为 17.92%，低于 1960 年的城市化水平。

（二）**1978 年改革开放以来的城市空间布局**

改革开放以来，中国开始实施向沿海倾斜的区域发展战略。这一阶段城市空间格局的演变特点是东部快于中西部，南部快于北部。改革开放后，由于东部沿海地区的地缘优势，形成了包括经济特区、沿海开放港口城市和沿海经济开放区在内的沿海开放地带。中国城市化虽然取得快速发展，城市化水平得到较大提升，但城市化质量不高，"伪城市化""半城市化""候鸟型农民工"等问题表现突出。此外，东部地区由于过度城市化，城市土地开发几乎殆尽，而中西部地区的城市化则相对迟缓，城市空间格局失衡。

1990~2000 年，我国城市空间布局基本稳定，呈现"东密西疏"的地域特征。具体而言，1990 年和 2000 年，人口大于 200 万人的超大城市主要分布在东部地区，分别为 8 个和 10 个，中部地区分布最少，分别为 2 个和 3 个；人口介于 100 万~200 万人的特大城市主要分布于东部地区，分别为 37 个和 70 个，占特大城市总数的 50%；人口介于 50 万~100 万人的大城市近 40% 分布在东部地区，近 30% 分布于中部地区；人口介于 20 万~50 万人的中等城市在东北地区分布最少，其余地区相差不大；人口小于 20 万人的小城市绝大部分分布于西部地区，东部地区分布最少。

1990~2000 年，城市数量和人口增加较为明显的区域主要集中在长三角、珠三角和京津冀三大城市群，以及山东半岛城市群、武汉都市圈和成渝城市群。

（三）进入新时代以来的城市空间布局

21 世纪以来，中国城市发展开始呈现出"东中一体、外围倾斜"的格局。倪鹏飞等（2015）研究认为，中国城市体系正在呈现出"一团五线、开放互联"的新格局。所谓"一团"，是指东中部"五横五纵"的群网状城市体系聚合成"一团"。其中，"五横"为陇海城市发展带、沿江城市发展带、沪昆城市发展带、京呼城市发展带、青太城市发展带；"五纵"为沿海城市发展带、京广城市发展带、京沪城市发展带、京福城市发展带、京九城市发展带。"五线"是东北和西部的群带状城市体系延伸而形成的沿京哈线、沿陇海—兰新线、沿长江下游延伸线、沿沪昆线和沿海城市发展带。"一团五线"相互交织，构成了我国新时期的城市空间格局。

二、我国城市布局的基本特征

城市在区域乃至国家社会经济发展中的重要作用已成普遍共识，特别是经济全球化的背景下，随着各种经济要素、经济活动继续向城市集聚，城市人口不断集聚、面积不断扩展、经济不断扩张、功能不断完善，城市已经成为世界各国发展的强大支柱，是国家综合国力和国际竞争力的重要体现。1949 年，我国城镇人口 5765 万人，农村人口 48402 万人，城市化率为 10.64%，城镇人口仅占全国总人口数量的一成；2017 年，全国城镇常住人口 81347 万人，占总人口的 58.52%。城市化的快速发展导致中国城市空间格局的一系列变化，这主要表现在以下三方面：

第一，城市数量增多，城镇体系初步形成。1978 年中国有城市 193 个，1998 年发展到 668 个，以后相对稳定，2016 年为 657 个，比 1978 年净增 464 个，年均增加 12.21 个，约是 1949～1978 年年均增加量的 4 倍。建制镇数量也以每年平均增加 521 个，由 1978 年的 2173 个，发展到 2016 年的 20883 个，净增 18660 个。随着城市化的不断推进，城镇数量也逐渐增多，城镇日益成为承载人口的重要载体。

第二，城市空间分布区域差异明显。从空间分布来看，我国超大城市、特大城市主要集中在东部地区，大城市呈现出东多西少的特征。仿照国家对城市规模的划分方法，笔者对四大板块不同规模的地级市进行分类统计，结果如表 11－1 所示。2016 年，东部地区共有超大地级市（直辖市）9 座、特大城市 32 座、Ⅰ型大地级市 28 座，Ⅱ型大地级市 16 座；中部地区共有超大地级市 3 座、特大城市 35 座、Ⅰ型大地级市 21 座、Ⅱ型大地级市 21 座；西部地区超大地级市（直辖市）2 座、特大地级市 17 座、Ⅰ型大地级市 28 座、Ⅱ型大地级市 33 座；东北地区有特大地级市 6 座、Ⅰ型大地级市 6 座、Ⅱ型大地级市 21 座。不难发现，四大板块的城市规模大体呈现由东向西梯度递减的规律。此外，东、中、西、东北地区人口分布差异显著，东部地区拥有城镇人口 34913.98 万人，城镇化率为 65.94%；中部地区拥有城镇人口 19370.11 万人，城镇化率为 52.77%；西部地区拥有城镇人口 18779.71 万人，城镇化率为 50.19%；东北地区拥有城镇人口 6728.13 万人，城镇化率为 61.67%，与城市规模的空间分布规律相互印证。

表 11－1　2016 年全国各等级地级市在四大板块内的空间分布

板块名称	地级市总数（座）	超大地级市（座）	特大地级市（座）	大地级市（座）		中等地级市（座）	小城市（座）	
				Ⅰ型大地级市	Ⅱ型大地级市		Ⅰ型小地级市	Ⅱ型小地级市
东部地区	89	9	32	28	16	3	0	0
中部地区	80	3	35	21	21	0	0	0
西部地区	88	2	17	28	33	4	4	0
东北地区	34	0	6	6	21	1	0	0

资料来源：根据 EPS 数据库数据计算整理。

第三，城市基础设施建设加快，城市功能趋于完善。在城市化进程中，城市基础设施和服务设施建设日益受到重视，城市水、电、路、气、信息网络等基础设施条件显著改善，教育、医疗、文化体育、社会保障等公共服务水平明显提高，人均住宅、公园绿地面积大幅增加。2017 年，城市用水普及率达到 98.3%，燃气普及率达到 96.3%，人均道路面积为 16.1 平方米，远高于 2000 年水平，人均公园绿地面积 14.0 平方米（见表 11-2）。城市基础设施和服务设施的日益完善使得城市作为行政、经济、文化中心的功能趋于完善。

表 11-2　城市基础设施情况

指标 ＼ 年份	1990	2000	2010	2012	2017
用水普及率（%）	48.0	63.9	96.7	97.2	98.3
燃气普及率（%）	19.1	44.6	92.0	93.2	96.3
人均道路面积（平方米）	3.1	6.1	13.2	14.4	16.1
人均绿地面积（平方米）	1.8	3.7	11.2	12.3	14.0

资料来源：历年中国城市统计年鉴、历年中国城市建设统计年鉴、国家统计局官网。

三、城市布局存在的问题

第一，城市规模结构不尽合理。随着城市化进程的不断推进，城市规模发生巨大变化，具体表现为大城市、特大城市迅速增多，特大城市、大城市、中小城市和小城镇共生发展，初步形成较为完整的城市等级体系。但是，长久以来我国实行"严格控制大城市规模，合理发展中小城市"的发展方针，使大城市发展不够充分，造成部分特大城市主城区人口压力大，与资源环境综合承载能力间的矛盾加剧；中小城市具有先天的区位劣势，仍然处于城市化的初级发展阶段，产业和人口集聚不足，潜力没有得到充分发挥；小城镇虽然数量多，但规模偏小、服务功能弱，发展动力不足。城市规模结构体系不合理，大中小城市定位不够准确，城镇规模和层级发展不够协调，增加了城市发展的经济社会和生态环境成本。

第二，城市治理水平不高。在城市发展方式上，往往存在重城市建设、轻管理服务的问题。虽然城市硬环境得到优化，但是城市服务管理水平却未能跟上实际需要，使城市病日益突出。相关研究表明，城市化率达到50%后是"城市病"高发时期。目前，特大城市、大城市交通拥堵问题异常严重，食品药品等公共安全事件频繁发生，城市污水和垃圾处理能力不足，大气、水、土壤等环境污染现象数见不鲜，雾霾成为许多城市的噩梦。同时，由于城市人口规模的扩大，特别是要解决2.7亿农民工城镇落户的问题，更是增加了城市管理的难度。在现行城市治理体系下，社会治安面临严峻的形势，加上公共服务供给能力不足，位于城中村和城乡接合部的外来人口聚集区人居环境较差，成为诸多不稳定因素的重要来源。

第三，城市建设"千城一面"。随着越来越多的人口涌入城市，城市建设步伐日益加快，但是无论从城市规划还是城市建设来看都大同小异，城乡建设缺乏特色，包括城市公共设施、公共管理等都缺少创意设计，"千城一面"现象较为严重。一些城市景观结构与所处区域的自然地理特征不协调，部分城市贪大求洋、照搬照抄，脱离实际建设国际大都市，建设性破坏不断蔓延，城市的自然和文化特质被破坏。一些农村地区大拆大建，照搬城市小区模式建设新农村，简单用城市元素与风格取代传统民居和田园风光，导致乡土特色和民俗文化流失。在此背景下，加强城市规划设计势在必行。

四、我国城市化进程的现状

城市空间布局与城市化进程是紧密相连的。我国之所以形成上述城市格局，与城市化进程不断推进关系密切。

（一）城市化进程现状

城市化是现代化的必由之路。推进城市化是解决农业、农村、农民问题的重要途径，是推动区域协调发展的有力支撑，是扩大内需和促进产业升级的重要抓手，对全面建成小康社会、加快推进社会主义现代化具有重大的现实意义。经过长时间的努力，我国城市化取得了显著成就，主要表现如下：

1. 城市化快速发展，农业转移人口规模不断增大

2011年，我国城市化率首次突破50%，城乡结构发生了历史性变化。2018年，我国城镇人口总量达到83137万人，城市化率达到59.58%，高出世界平均水平4.58个百分点，比2010年提高了8.57个百分点，年均提高1.22个百分点。城市化的快速发展，吸纳了大量农村劳动力转移就业。2018年，农民工总

量达到 28836 万人，比 2010 年增长了 4613 万人，是同期城镇人口总量的 34.68%。与此同时，农民工收入呈快速增长态势，2018 年农民工月均收入为 3721 元，比 2010 年提高了 2031 元，年均增长 10.37%，远快于我国同期城镇居民收入增速，城乡居民收入差距不断缩小。

2. 若干城市群初具雏形，城市化空间格局渐趋优化

改革开放以来，中国城市化进程不断加速推进，形成了一系列规模不同、功能各异的城市群。特别是"十五"时期以来，随着城市群被确立为城市化的主体形态，城市群获得了快速发展，已经成为带动我国经济发展和参与国际经济合作与竞争的重要平台。随着京津冀、长三角、珠三角东部三大城市群的发展加快，城市群发展协调机制逐步建立。其中，京津冀协同发展就是具有代表性的范例，在交通一体化、生态环保、产业升级转移等方面均取得实质性突破。与此同时，中西部地区的长江中游、成渝、中原、关中等城市群正在迅速崛起。城市群在聚集人口、产业等经济要素方面发挥着越来越大的作用，已经成为我国经济的重要支柱，是我国城市化战略中不可忽视的重要推力。

3. 改革步伐加快，城市化体制机制障碍被打破

国家颁布新型城镇化规划方案以来，新型城镇化试点工作不断推进。2014 年 9 月，国家发改委确定在东、中、西不同区域共 62 个地区开展首批新型城市化试点，涵盖省、市、县、镇等不同层级。试点工作以中小城市和小城镇为重点，紧紧围绕建立农业转移人口市民化成本分担机制、建立多元化可持续的城市化投融资机制、改革完善农村宅基地制度、推动行政管理模式创新、降低行政管理成本、推进体制机制综合改革创新展开，在实践中形成有效推进新型城镇化的体制机制和政策措施，充分发挥改革试点的先遣队作用。第二批试点将 33 个农村土地制度改革试点区全部纳入新型城镇化综合试点范围，以农民工融入城镇、新生中小城市培育、城市（镇）绿色智能发展、产城融合发展、开发区转型、城市低效用地再开发利用、城市群协同发展机制、新农村建设等试点内容为重点，在多个领域开展体制机制探索。通过新型城镇化试点工作，从中取得了一些有益经验，为其他地区开展新型城镇化建立提供了借鉴。

（二）城市化存在的问题

城市化取得重大成就的同时，也存在着不少问题，具体表现为：农业转移人口市民化进程缓慢，城市规模结构不尽合理，城市化区域差异严重，土地资

源利用低效，城市管理服务水平不高，城市化发展体制束缚较多。

1. 农业转移人口市民化进程缓慢

根据国家统计局监测数据，2018 年全国农民工总数达 2.88 亿人，其中外出农民工 1.73 亿人。农民工已经成为我国诸多行业中产业工人的主体力量，但这些农民工未能在教育、就业、医疗、养老、保障性住房等方面享受城镇居民同等的基本公共服务，不能完全融入城市社会，城镇内部的二元矛盾由此产生。此外，农民工参加养老、工伤、医疗、失业和生育五项基本社会保险的比例较低，农民工基本不能享受廉租房和经济适用房政策，也没有住房公积金制度。同时，许多同民工家庭并不是举家进城，夫妻分离、父子分离的情况随处可见，使得农村地区涌现了许多留守儿童、留守妇女、留守老人，带来许多社会问题，也给城市化蒙上了阴影。城市户籍和社会保障的缺失，使得农民工周而复始地在城市和农村间流动，成为城市边缘人，大大延缓了农业转移人口市民化进程，也使得产业集聚与人口集聚严重不同步，城市化滞后于工业化。

2. 土地资源利用低效

我国土地城市化速度快于人口城市化，建设用地利用粗放、低效。一些城市属于典型的"摊大饼"式扩张，过分追求宽马路、大广场，新城新区、开发区和工业园区占地过大，建成区人口密度偏低，城市土地利用不合理的问题十分突出。1996～2017 年，全国建设用地年均增加 724 万亩，仅城镇建设用地年均增加 357 万亩，占到总数的% 。与此同时，农村也存在着严重的土地浪费现象，2017 年农村人口减少 1.33 亿人，农村居民点用地却增加了 3045 万亩，因此出现了大量的空心村，土地撂荒现象也十分突出。土地资源利用低效，成为制约土地利用方式和经济发展方式转变的主要障碍。一些地方过度依赖土地出让收入和土地抵押融资来推进城镇建设，使得土地粗放利用日益严重，浪费了大量耕地资源，威胁到国家的粮食安全和生态安全，也加大了地方政府的债务风险。

3. 城市化发展体制机制束缚依然较多

为了确保城市化的顺利推进，我国在户籍制度、劳动就业制度、社会保障制度、教育制度等方面进行了系列变革，但阻碍城市化发展的政策壁垒还没有完全打破，体制机制不健全，仍然阻碍着城市化健康发展。主要表现在以下方面：现行城乡分割的户籍管理制度，人为地将全体公民划分为农村户口和城市户口，形成了中国特有的城乡分割的二元经济结构，制约了农业转移人口市民化；城市和农村的土地管理政策不同，农村实行家庭承包经营责任制，土地归集体所有，农民享有使用权和经营权，尽管农村土地自由流转日渐进入人们的视野，但实施进展缓慢，农民的土地权益无法得到有效保障；社会保障制度方面，农村居民的养老、医疗、失业保障体系尚未完全建立，区域之间的社会保障账户尚未统一，农民工的社会保障权益无法得到满足；财税金融、行政管理等其他制度严重固化，城乡利益格局失衡，阻碍了城乡一体化发展，不利于建立新型城乡关系。

第二节　城市群空间布局

一、我国城市群概况

2016 年，我国城市群的城市个数、土地面积、人口、城市密度、人口密度和经济密度如表 11 – 3 所示。

表 11 – 3　2016 年我国城市群基本概况

城市群	城市个数（个）	土地面积（万平方千米）	人口（万人）	城市密度（个/万平方千米）	人口密度（人/平方千米）	经济密度（亿元/平方千米）
京津冀	13	21.70	10111	0.60	465.94	0.35
长三角	26	21.17	13002	1.17	614.17	0.70
珠三角	14	11.02	5098	1.27	462.61	0.66
长江中游	31	31.70	13274	0.93	418.74	0.23
成渝	16	18.50	10176	0.83	550.05	0.25
哈长	11	27.85	4693	0.39	168.51	0.09
海峡西岸	21	27.45	9687	0.77	352.90	0.18
中原	9	5.87	4376	1.53	745.49	0.41
山东半岛	8	7.48	4161	1.07	556.28	0.56
东陇海	8	6.71	4892	1.19	729.06	0.31

续表

城市群	城市个数（个）	土地面积（万平方千米）	人口（万人）	城市密度（个/万平方千米）	人口密度（人/平方千米）	经济密度（亿元/平方千米）
辽中南	9	8.38	2821	1.07	336.63	0.23
关中	6	6.46	2633	0.93	407.59	0，20
北部湾	8	9.34	3402	1.18	364.24	0.14
山西中部	5	7.64	1534	0.65	200.79	0.08
呼包鄂榆	4	13.17	1006	0.23	76.39	0.11
黔中	5	5.17	1426	0.97	275.82	0.13
滇中	4	6.97	1793	0.57	257.25	0.12

注：兰州—西宁城市群、宁夏沿黄城市群、天山北坡城市群、藏中南城市群数据缺失严重，未在表中体现。

资料来源：根据 EPS 数据库相关数据计算整理。

（1）京津冀城市群。"十三五"规划中提出要优化京津冀城市群建设，将京津冀城市群打造为世界级城市群。规划范围包括：北京市，天津市，河北省的石家庄市、保定市、廊坊市、唐山市、张家口市、承德市、秦皇岛市、沧州市、衡水市、邢台市、邯郸市 13 个市，面积为 21.69 万平方千米，是我国的政治中心、科技中心和北方经济中心。2016 年，京津冀人口总数为 10111 万人，GDP 为 7.66 万亿元，分别占全国的 7.31%、10.29%。

（2）长三角城市群。长三角城市群包括上海市、江苏省、浙江省、安徽省的部分地市，由以上海市为核心、联系紧密的多个城市组成，主要分布于国家"两横三纵"城市格局的优化开发和重点开发区域。规划范围包括 26 个市：上海市，江苏省的南京市、无锡市、常州市、苏州市、南通市、盐城市、扬州市、镇江市、泰州市，浙江省的杭州市、宁波市、嘉兴市、湖州市、绍兴市、金华市、舟山市、台州市，安徽省的合肥市、芜湖市、马鞍山市、铜陵市、安庆市、滁州市、池州市、宣城市，面积为 21.17 万平方千米。2016 年，长三角城市群人口总数为 13002 万人，GDP 为 14.87 万亿元，分别占全国的 9.40%、19.98%。

（3）珠三角城市群。珠三角城市群位于广东省，由以广州和深圳为核心、联系紧密的 14 个城市组成，主要分布于国家"两横三纵"优化开发区域。规划范围包括：广东省的广州市、深圳市、珠海市、佛山市、东莞市、中山市、江

门市、肇庆市、惠州市、清远市、云浮市、阳江市、河源市、汕尾市，面积为
11.02 万平方千米。2016 年，珠三角城市群人口总数为 5098 万人，GDP 为 7.30
万亿元，分别占全国的 3.69%、9.81%。

（4）长江中游城市群。长江中游城市群是以武汉城市圈、环长株潭城市群、
环鄱阳湖城市群为主体形成的特大型城市群。长江中游城市群承东启西、连南
接北，是长江经济带的重要组成部分，也是促进中部地区崛起战略进一步落实、
全方位深化改革开放和推进新型城市化的重点区域，在我国区域发展格局中占
有重要地位。规划范围包括：湖北省武汉市、黄石市、鄂州市、黄冈市、孝感
市、咸宁市、仙桃市、潜江市、天门市、襄阳市、宜昌市、荆州市、荆门市，
湖南省长沙市、株洲市、湘潭市、岳阳市、益阳市、常德市、衡阳市、娄底市，
江西省南昌市、九江市、景德镇市、鹰潭市、新余市、宜春市、萍乡市、上饶
市、抚州市、吉安市，面积为 31.7 万平方千米。2016 年，长江中游城市群人口
总数为 13274 万人，GDP 为 7.21 万亿元，分别占全国的 9.60%、9.69%。

（5）成渝城市群。成渝城市群是西部大开发的重要平台，是长江经济带的
战略支撑，也是国家推进新型城市化的重要示范区。规划范围包括 15 个市：重
庆市的渝中区、万州区、黔江区、涪陵区、大渡口区、江北区、沙坪坝区、九
龙坡区、南岸区、北碚区、綦江县、大足县、渝北区、巴南区、长寿区、江津
区、合川区、永川区、南川区、潼南县、铜梁县、荣昌县、璧山县、梁平县、
丰都县、垫江县、忠县、开县、云阳县等 29 个区县，四川省的成都市、自贡
市、泸州市、德阳市、绵阳市（除北川县、平武县）、遂宁市、内江市、乐山
市、南充市、眉山市、宜宾市、广安市、达州市（除万源市）、雅安市（除天全
县、宝兴县）、资阳市，面积为 18.5 万平方千米。2016 年，成渝城市群人口总
数为 10176 万人，GDP 为 4.56 万亿元，分别占全国的 7.36%、6.13%。

（6）哈长城市群。哈长城市群是东北地区城市群的重要组成区域，处于全
国"两横三纵"城市化战略格局京哈京广通道纵轴北端，在推进新型城市化建
设、拓展区域发展新空间中具有重要地位。规划范围包括：黑龙江省哈尔滨市、
大庆市、齐齐哈尔市、绥化市、牡丹江市，吉林省长春市、吉林市、四平市、
辽源市、松原市、延边朝鲜族自治州 11 个市，面积为 27.85 万平方千米。2016
年，哈长城市群人口总数为 4693 万人，GDP 为 2.56 万亿元，分别占全国的
3.39%、3.44%。

（7）海峡西岸城市群。海峡西岸城市群位于福建省、浙江省、江西省、广东省范围内，由以福州、泉州、厦门、温州、汕头为中心。规划范围包括 21 个市：福建省的福州市、厦门市、泉州市、莆田市、漳州市、三明市、南平市、宁德市、龙岩市，浙江省的温州市、丽水市、衢州市，江西省的上饶市、鹰潭市、抚州市、赣州市，广东省的汕头市、潮州市、揭阳市、梅州市、普宁市，面积为 27.45 万平方千米。2016 年，海峡西岸城市群人口总数为 9687 万人，GDP 为 4.87 万亿元，分别占全国的 7.01%、6.54%。

（8）中原城市群。中原城市群位于河南省中部地区，是以郑州为中心的。规划范围包括：河南省的郑州市、洛阳市、开封市、许昌市、新乡市、焦作市、平顶山市、漯河市、济源市 9 个市，面积为 5.87 万平方千米。2016 年，中原城市群人口总数为 4376 万人，GDP 为 2.38 万亿元，分别占全国的 3.16%、3.20%。

（9）山东半岛城市群。山东半岛城市群位于山东省境内，由 8 个城市组成，规划范围包括山东省的济南市、青岛市、烟台市、淄博市、威海市、潍坊市、东营市、日照市，面积为 7.48 万平方千米。这一区域北临京津冀，南接长三角城市群，东与朝鲜半岛、日本隔海相望，2016 年，山东半岛城市群人口总数为 4161 万人，GDP 为 4.15 万亿元，分别占全国的 3.01%、5.58%。

（10）东陇海城市群。东陇海地区城市群是以新亚欧大陆桥为交通轴集聚的城市及城镇密集区域，包括江苏省北部和山东省南部的接壤区域的城市及城镇。规划范围包括 8 个市：江苏省的徐州市、连云港市、宿迁市，山东省的日照市、临沂市、枣庄市，安徽省的宿州市、淮北市，面积为万平方千米。2016 年，东陇海城市群人口总数为 4892 万人，GDP 为 2.07 万亿元，分别占全国的 3.54%、2.78%。

（11）辽中南城市群。辽中南城市位于东北南部区域，位于辽宁省内，以沈阳和大连为中心。规划范围包括 9 个市：辽宁省的沈阳市、大连市、鞍山市、抚顺市、本溪市、丹东市、辽阳市、营口市、盘锦市，面积为 8.38 万平方千米。2016 年，辽中南城市群人口总数为 2821 万人，GDP 为 1.90 万亿元，分别占全国的 2.04%、2.55%。

（12）关中城市群。关中城市群是西部大开发的重要平台和西部高新技术产业发展带，也是我国"三纵两横"格局中的重点开发区域，是以西安市为中心。规划范围包括 6 个市：陕西省的西安市、咸阳市、宝鸡市、渭南市、铜川市、商洛市，面积为 6.46 万平方千米。2016 年，关中平原城市群人口总数为 2633 万人，GDP 为 1.31 万亿元，分别占全国的 1.90% 、1.76% 。

（13）北部湾城市群。北部湾城市群是西部地区面向东盟地区的主要窗口，也是未来我国重点发展的区域，北部湾城市群是以南宁市为中心，位于海南省、广西壮族自治区、广东省境内。规划范围包括 8 个市：广东省的湛江市，海南省的海口市，广西壮族自治区的南宁市、北海市、钦州市、防城港市、玉林市、崇左市，面积为 9.34 万平方千米。2016 年，北部湾城市群人口总数为 3402 万人，GDP 为 1.27 万亿元，分别占全国的 2.46% 、1.71% 。

（14）山西中部城市群。山西中部城市群是"十三五"规划中明确要规划引导的城市群。山西中部城市群位于山西省境内，是以太原市为中心。规划范围包括 5 个市：山西省的太原市、晋中市、吕梁市、阳泉市、忻州市等，国土面积为 7.64 万平方千米。2016 年，山西中部城市群人口总数为 1534 万人，GDP 为 0.64 万亿元，分别占全国的 1.11% 、0.86% 。

（15）呼包鄂榆城市群。呼包鄂榆城市群位于内蒙古自治区、陕西省境内、规划范围包括 4 个市：内蒙古自治区的呼和浩特市、包头市、鄂尔多斯市，陕西省的榆林市，面积为 13.17 万平方千米。2016 年，呼包鄂榆城市群总人口为 1006 万人，GDP 为 1.42 万亿元，分别占全国的 0.73% 、1.91% 。

（16）黔中城市群。黔中城市群位于贵州省境内，以贵阳市为核心。规划范围包括 5 个市：贵州省的贵阳市、遵义市、安顺市、都均市、凯里市，面积为 5.17 万平方千米。2016 年，黔中城市群人口总数为 1426 万人，GDP 为 0.67 万亿元，分别占全国的 1.03% 、0.90% 。

（17）滇中城市群。滇中城市群位于云南省境内，以昆明市为核心。规划范围包括 4 个市：云南省的昆明市、曲靖市、玉溪市、楚雄市，面积为 6.97 万平方千米。2016 年，滇中城市群人口总数为 1793 万人，GDP 为 0.82 万亿元，分别占全国的 1.30% 、1.10% 。

（18）兰州—西宁城市群。兰州—西宁城市群位于甘肃省和青海省境内，以兰州、西宁为核心城市。规划范围包括 21 个市（州）：甘肃省的兰州市、定西市、天水市、平凉市、庆阳市、陇南市、白银市、武威市、金昌市、张掖市、嘉峪关市、酒泉市，青海省的西宁市、海东市、海北州、海西州、玉树州、海南州、果洛州、黄南州，面积为 42.36 万平方千米。

（19）宁夏沿黄城市群。宁夏沿黄城市群位于宁夏回族自治区内，是以银川市为核心。规划范围包括 10 个市（州）：宁夏回族自治区的银川市、石嘴山市、吴忠市、中卫市、平罗、青铜峡、灵武、贺兰、永宁、中宁，面积为 5.56 万平方千米。

（20）天山北坡城市群。天山北坡城市群位于新疆维吾尔自治区内，以乌鲁木齐为核心城市。规划范围包括 11 个市（州）：新疆维吾尔自治区的乌鲁木齐市、昌吉州、米泉市、阜康市、呼图壁县、玛纳斯县、石河子市、沙湾县、乌苏市、奎屯市、克拉玛依市，面积为 5.35 万平方千米。

（21）藏中南城市群。位于喜马拉雅山和冈底斯山—念青唐古拉山之间的藏南谷地，该区域包括西藏自治区中南部以拉萨为中心的部分地区，海拔在 3500～4500 米，可利用土地资源不多，但由于人口较少，人均可利用土地资源相对丰富。

二、我国城市群分布特点

（一）城市群分布密度

从各城市群包含的城市数量来看，长江中游城市群以 4 省区 31 个城市排第一位，长三角城市群和海峡西岸城市群分别以 26 个和 21 个城市位列第二、三位，呼包鄂榆城市群和滇中城市群只包含 4 个城市，成为包含城市最少的城市群。从所覆盖土地面积来看，长江中游城市群以 31.70 万平方千米排第一位，哈长城市群和海峡西岸城市群分别以 27.85 万平方千米和 27.45 万平方千米位列第二、三位，黔中城市群以 5.17 平方千米居于末位，仅相当于长江中游城市群的 16.31%，说明城市数量与土地面积呈现出高度的正相关。从人口数量来看，京津冀城市群、长三角城市群、长江中游城市群、成渝城市群人口总数都超过 1 亿人，而位于西北的天山北坡城市群人口总数不足 1000 万人，甚至不如中东部地区单个城市的人口规模。从城市密度看，天山北坡城市群城市密度最高，每平方千米城市数达 2 个；中原城市群、珠三角城市群、东陇海城市群、北部湾城市群、长三角城市群、山东半岛城市群、辽中南城市群、兰州—西宁城市群和宁夏沿黄城市群城市密度超过 1，即 1 万平方千米超过 1 个城市；黔中城市群、长江中游城市群、关中城市群、成渝城市群、海峡西岸城市群、山西中部城市群、京津冀城市群、滇中城市群、哈长城市群、呼包鄂榆城市群、藏中南城市群的城市密度均小于1，大部分位于西部地区。

城市群的人口密度和经济密度是反映区域发展水平的重要指标，两者各有侧重，但在空间分布上具有相对一致性，一般而言，经济密度高的区域人口密度也较高。从人口密度看，中原城市群、东陇海城市群、长三角城市群人口稠密，位列前第三名，而位于西部的呼包鄂榆城市群、天山北坡城市群、藏中南城市群每平方千米不足百人。就目前我国城市群发展现状看，人口密度大的城市群经济活力往往更加旺盛，而人口稀疏的城市群则大多属于后发地区。经济密度反映了单位土地面积的经济产值情况，长三角城市群、珠三角城市群、山东半岛分别以7022万元/平方千米、6625万元/平方千米和5555万元/平方千米位列第三名，而哈长城市群、山西中部城市群、兰州—西宁城市群、藏中南城市群经济密度不到1000万/平方千米。我国城市群经济发展差距悬殊和人口的空间分布不均匀可见一斑。

（二）城市群的人口与产业分布

产业和人口集聚是城市群发展的主要动力。产业的集聚会引发劳动力的流入，从而实现产业与人口的匹配。如果产业发展与人口集聚不协调，说明产业发展带来的就业并不能实现各地区共享，意味着资源空间配置效率较低。我们用人口与产业分布不一致指数（GPR）来表示人口与产业集聚的偏离程度。GPR等于地区生产总值全国占比与人口全国占比的比值，GPR等于1表示该地区产业发展与人口集聚相匹配，资源配置合理；GPR大于1说明该地区产业发展程度较高，还具备进一步吸纳人口就业的剩余空间；GPR小于1则表明产业集聚程度较不高，无法为劳动力提供充足的就业机会。

由表11-4可知，2000~2017年经济实力雄厚的东部地区产业发展程度更高，指数值大于1；中西部地区产业发展水平相对较低，指数值小于1，符合我国区域经济的基本格局；东北地区在21世纪初指数值大于1，但由于老工业基地的问题日益显现，指数值总体呈下降趋势。

表11-4　2000~2017年四大板块人口与产业分布不一致指数

年份	东部	中部	西部	东北
2000	1.49	0.73	0.61	1.18
2001	1.52	0.68	0.61	1.15

续表

年份	东部	中部	西部	东北
2002	1.53	0.67	0.61	1.13
2003	1.55	0.67	0.61	1.09
2004	1.55	0.68	0.61	1.04
2005	1.53	0.69	0.61	1.03
2006	1.52	0.69	0.62	1.02
2007	1.49	0.70	0.64	1.01
2008	1.46	0.71	0.66	1.03
2009	1.44	0.72	0.67	1.03
2010	1.40	0.74	0.69	1.04
2011	1.37	0.75	0.71	1.06
2012	1.34	0.76	0.73	1.08
2013	1.34	0.76	0.74	1.06
2014	1.34	0.76	0.75	1.04
2015	1.35	0.76	0.74	1.00
2016	1.37	0.77	0.74	0.85
2017	1.38	0.78	0.73	0.82

资料来源：根据 EPS 数据库数据计算整理。

（三）城市群的范围变化

我国城市群一直存在泛化现象：珠三角从原来的广东省内的区域经济一体化延展到大珠三角，再演变为"9+2"泛珠江三角的城市群发展格局；长三角从16个城市逐渐到泛长三角城市群，安徽部分省市也被纳入其中；京津唐也从最初的三个城市扩展到整个京津冀，同时还存在继续扩展至整个环渤海的可能性，山西、内蒙古作为京津冀腹地，也有加入泛渤海湾经济区的趋势。此外，东北地区也在国家振兴东北老工业基地的基础上，促成了"泛东北"，内蒙古自治区正在泛东北地区商业战略合作联盟中发挥着越来越重要的作用。随着城市群的不断扩大，一方面，现代科技发展使得工业信息化、通信网络化、交通高速化更加迅速，生产要素的转移更加便捷；另一方面，原有城市群经过多年发展，出现了土地、资源、劳动力等要素供给紧张的局面，市场空间需要拓展。同时，周边城市也积累了一定的发展基础，两者对接就促成了城市群的"泛化"，这在一定意义上反映了经济一体化的大趋势。2016 年《中华人民共和国国民经济第十三个五年规划纲要》明确规定了我国未来要重点发展的 19 个城市群和 2 个都市圈，城市群覆盖面积非常大，基本上可以辐射全国所有区域。

同城化是在不改变现有行政格局的前提下，相邻城市或区域之间的经济合作不断加强，使得生活往来更加密切。同城化不仅能够提高城市间的物流效率，还能扩大辐射范围，加快相关产业间的合作，对于发展总部经济、集群经济发挥着重要作用。我国城市群内部的同城化序幕已全面拉开，"半小时经济圈""一小时经济圈"层出不穷，北京与天津、广州与佛山、郑州与开封、沈阳与抚顺、烟台与威海、成都与绵阳、北京与石家庄的同城化色彩浓厚。同时，同城化也具有一定的正效应。以沈抚同城化为例，沈抚同城化使 100 多个合作项目相继上马，总投资达 1800 亿元人民币，覆盖了装备制造、新材料、电子信息、生物医药、环保节能、科技研发、文化创意、现代服务业和基础设施建设九大领域。实现同城化需要具备一定的条件，高速公路、铁路、城际轻轨等交通设施的大规模建设是实现同城化的必要条件。

第三节　国家中心城市[①]

国家中心城市位于我国城镇体系的最高等级，也被称为"塔尖城市"。国家中心城市的定位决定了其在国内和国际上的重要角色，在国内主要发挥引领、辐射、集散三大功能；立足国际，国家中心城市在探索和发展外向型经济，促进国际文化交流等方面发挥着重要作用。根据我国国家中心城市的发展规划，部分国家中心城市未来的目标是发展成为世界金融、贸易、文化与管理中心。

目前，北京、天津、上海、广州、重庆、成都、武汉、郑州、西安九个城市共同组成了我国城镇体系的最高层级。党的十九大提出"建立更加有效的区域协调发展新机制"，"以城市群为主体构建大中小城市和小城镇协调发展的城镇格局"。[②]在建设上述城镇格局的过程中，国家中心城市具有关键作用。国家

---

① 本节由孙久文和易淑昶共同撰写。

② 习近平 . 决胜全面建成小康社会夺取新时代中国特色社会主义伟大胜利——在中国共产党第十九次全国代表大会上的报告［J］. 中国经济周刊，2017（42）：68 – 96.

中心城市分布在东、中、西部各有分布，有助于引领和促进我国区域协调发展，缓解我国现阶段的主要矛盾。

一、中心城市与国家中心城市

中心城市在一国经济增长中发挥了重要作用，国家之间综合实力的竞争主要是大城市或者说中心城市之间的竞争。新经济地理学在研究中心城市和外围城市之间分工关系时主要集中于产业集聚基础上形成的"中心—外围"空间结构，而没有研究服务业对其的影响。

在区域经济发展过程中，制造业与服务业共同集聚或协同集聚的特征非常明显。在集聚扩散的动态演进过程中，中心城市主要以服务业集聚为主，外围城市主要以制造业集聚为主，形成典型的"中心—外围"空间结构，进而出现前者主要承担管理和研发功能、后者主要承担制造和加工功能的空间功能分工格局。随着城市的规模扩大和实力增强，区域性中心城市逐渐向国家中心城市演化。尤其是区位条件优越、周边腹地宽广的城市，当这些城市的金融中心和管理中心功能确立之后，通过生产性服务业的向心力作用，城市政治、经济和文化中心职能将逐步巩固，为向国家中心城市演变提供基础。

一般认为，城市综合服务功能的产生是城市经济商品化和社会化的必然要求，也是国家中心城市的一般性特征。国内很多学者围绕城市的综合服务功能展开研究，有学者从理论上分析了城市综合服务功能的基本属性和度量方式，认为城市综合服务功能能够集中反映城市综合竞争力的本质特征[①]，同时也是衡量其是否能够成为国家中心城市的必要条件。

从国家中心城市本身的要求来看，国家中心城市应具有跨区域的服务功能，它们不仅为本地区的城市居民服务，还要代表国家参与国际竞争。在城市内部，应当坚持紧凑的空间发展模式，以充分利用空间集聚的优势；在省域以及全国层面上，则应更加注重中心城市的网络布局，形成合理分布的城市体系[②]。

从国家中心城市建设的现状看，2016 年以来，我国陆续批复了成都、武汉、郑州、西安四市为新的国家中心城市，和之前的北京、天津、上海、广州、重

① 周振华. 城市综合竞争力的本质特征：增强综合服务功能 [J]. 开放导报，2001（4）：8－10.
② 刘修岩，李松林，秦蒙. 城市空间结构与地区经济效率——兼论中国城镇化发展道路的模式选择 [J]. 管理世界，2017（1）：51－64.

庆共同构成我国城镇体系的最高层级,多中心城市格局逐渐形成。

二、国家中心城市与国家经济地理

作为处于城镇体系顶层的国家中心城市,国家中心城市能够在更大范围内发挥辐射、引领和示范作用,促进区域协调发展。

(一)国家中心城市建设的重大作用

国家中心城市的作用主要体现在其功能上:

(1)国家中心城市建设能够引领区域经济社会发展。大都市与周边区域是紧密联系而非相互分割的,周边区域能够在大都市的发展中受益,集聚也能促使大都市和周边区域更加繁荣。[①] 作为全国城镇体系的最高层级,国家中心城市在区域经济社会发展中发挥带动作用,在投资、技术创新、贸易、基础设施建设、信息化等方面都具有十分明显的引领效果。[②] 尤其是国家提出"一带一路"建设、京津冀协同发展、长江经济带建设、粤港澳大湾区建设等新时代区域协调发展战略以来,国家中心城市对区域经济社会发展的带动作用显得尤为重要,发挥国家凝聚力和裂变力,对于推动西部地区的一体化发展也具有"领头羊"效应。同时,在周边区域城市间构建更为发达的基础设施网络,将更好地促进这些区域与国家中心城市的协同增长[③]。

(2)国家中心城市建设影响城镇体系格局。中华人民共和国成立以来,我国城镇体系建设先后经历了限制大城市鼓励小城市、大中小城市协调发展、城市群发展等阶段,城镇体系格局不断优化,发展方式更加科学。国家中心城市建设是在原有城市群基础上发挥首位城市更高的定位功能,通过政策支持,增强其资源整合能力、引领辐射能力,在全国范围内分区域打造多个增长极,真正构建国家城镇体系中的"塔尖城市",推动国家城镇体系优化升级。

(3)国家中心城市建设促进我国外向型经济发展和国际文化交流。随着时代的发展,传统国际大都市由原来的交通枢纽逐渐向信息枢纽、金融服务枢纽

① Savitch H. V., Collins D., Sanders D., et al. Ties that Bind: Central Cities, Suburbs, and the new Metropolitan Region [J]. Economic Development Quarterly, 1993, 7 (4): 341 – 357.

② 田美玲, 方世明. 国家中心城市的内涵与判别 [J]. 热带地理, 2015 (3): 372 – 378.

③ 李煜伟, 倪鹏飞. 外部性、运输网络与城市群经济增长 [J]. 中国社会科学, 2013 (3): 22 – 42, 203 – 204.

转变。居于城镇体系底端的城市不具备对外联系的优势，而位于全国城镇体系顶层的国家中心城市，名片效应十分显著，在推动我国外向型经济发展中发挥了举足轻重的作用。另外，国家文化软实力在国际竞争中的重要性也越来越高，我国当前支持建设的 13 个国家中心城市历史文化底蕴深厚，在对外传播中国优秀文化上具备天然优势，也能够借助其高度的开放性促进跨文化交流。

（二）国家中心城市建设实践

我国确立的第一批国家中心城市有五个，分别是北京、上海、天津、广州、重庆。随后，《成渝城市群发展规划纲要》《促进中部地区崛起"十三五"发展规划纲要》《关中平原城市群发展规划纲要》提出要建设成都、武汉、郑州、西安四个中心城市，国家中心城市增至九个。从地理格局来看，这九个国家中心城市分布在我国的华北、华中、华南、华东、西南、西北地区，对比我国人口分布状况，不难发现国家中心城市的分布较为均衡。随着国家中心城市不断发展，各市均积极调整自身的发展定位与战略部署，对国家中心城市的发展定位和战略部署的归纳如表 11 - 5 所示。

表 11 - 5　国家中心城市发展定位及战略部署

城市	定位	批复建设国家中心城市后的战略部署
北京	全国政治中心、文化中心、国际交往中心、科技创新中心	2010 年制定了建设世界城市的战略部署，并对世界城市的功能构成、设施标准、区域协调发展等内容展开一系列研究
上海	国际经济中心、国际金融中心、国际贸易中心、国际航运中心和国际大都市	到 2020 年，基本建成国际经济、金融、贸易、航运中心和社会主义现代化国际大都市
天津	北方经济中心，国际港口城市，北方国际航运中心，北方国际物流中心	建成全国先进制造研发基地、北方国际航运核心区、金融创新运营示范区、改革开放先行区
广州	国际商贸中心和综合交通枢纽，国家综合性门户城市、国际大都市	实施"枢纽＋"战略，强化国际航运、航空及科技创新三大枢纽的功能。打通发展"大动脉"，完善大交通网络体系和城市信息网络
重庆	国家历史文化名城，长江上游地区经济中心，国家重要的现代制造业基地，西南地区综合交通枢纽	建设成为超大城市、国际大都市，长江上游地区的经济、金融、科创、航运和商贸物流中心

城市	定位	批复建设国家中心城市后的战略部署
成都	国家历史文化名城，国家重要的高新技术产业基地、商贸物流中心和综合交通枢纽	批复为国家中心城市次年制定了《成都市城市总体规划》（2016—2035），战略定位提升为"四川省省会、国家中心城市、国际门户枢纽城市、世界文化名城"
武汉	国家历史文化名城，国家重要的工业基地、科教基地和综合交通枢纽	2018 年《武汉建设国家中心城市实施方案》，将国家中心城市建设划分为 2021 年、2035 年、2049 年三个阶段
郑州	国家历史文化名城，国家重要的综合交通枢纽	2018 年《郑州建设国家中心城市行动纲要（2017 - 2035 年）》，将国家中心城市建设划分为 2020 年、2035 年、2050 年三个阶段
西安	国家重要的科研、教育和工业基地，国家重要的综合交通枢纽	暂无

资料来源：根据政府规划文件整理。

　　上述九个国家中心城市基本上是以建设国际性大都市、交通枢纽、历史文化名城、科创中心等为目标，凸显了我国城镇体系中顶层城市的未来发展方向：不仅要引领带动周边城市发展，缩小区域间经济社会差距，还要在世界城市体系中发挥一定的影响力。各城市还根据自身的基础优势与区位条件，差异化发展高端产业，打造经济增长极。东中西均衡分布格局也有利于增强各区域的综合竞争力，缩小区域差距。

（三）以城市群为依托发挥带动作用

　　各市从金融、交通、科技、文化等方面入手，高标准规划建设国家中心城市。目前，支持建设国家中心城市的批复文件基本上都是依托城市群规划提出的，如《成渝城市群发展规划》《关中平原城市群发展规划》等。此外，在实际发展中，这些城市同样也是其所在城市群的首位城市，例如京津冀城市群的北京和天津、成渝城市群的成都和重庆、长三角城市群的上海、珠三角城市群的广州、中原城市群的郑州、武汉城市圈的武汉、关中平原城市群的西安。

　　城市集群程度越高，对城市经济增长的推动作用越明显。集群对增长作用的渠道主要有两个：第一，解决大城市集聚不经济的问题，优化城市经济结构；第二，促进区域一体化。[①] 城市群建设不仅能够有效推动我国城市经济发展，同

---

　　① 原倩. 城市群是否能够促进城市发展［J］. 世界经济，2016，39（9）：99 - 123.

时也能够优化城市群内部结构。作为城市群内部的首位城市，能够结合国家中心城市的优势，积极利用和整合城市群内部的资源和要素，积极破除城市隔离，加大中心城市建设力度，积极发挥中心城市对城市群中其他城市的辐射作用。

跨区域多中心式的国家中心城市布局能够促进资源要素跨区域转移，在合理利用城市群在疏解大城市集聚不经济方面优势的基础上，将被动的"疏解"化为主动的"转移"以解决北京等特大城市的大城市病问题，积极利用这些特大中心城市的优势缩小区域差距，促进区域协调发展。

三、加快中心城市建设推动区域协调发展

我国的区域发展战略先后经历了均衡发展、非均衡发展和全面区域均衡发展三个阶段，党的十九大报告也明确提出了要实施区域协调发展战略，区域协调发展已经成为我国区域战略以及区域政策制定的基础，也是在新时代解决我国主要矛盾的不二法门。

国家中心城市建设能够从以下三个方面促进区域经济社会发展：

第一，通过降低交易成本促进区域经济社会发展。新经济地理学认为，交易成本是决定中心地集聚力与扩散力强弱的重要度量指标。因此，通过对交易成本的调控，能实现对国家中心城市与周边区域间经济增长关系的有效调节。[①]国家中心城市拥有较大的市场和高效的资源整合能力，通过降低交易成本能够缩短区域市场间的距离，提升市场邻近性，增强不同区域间的货物和资金的流动能力，促进区域经济增长。同时，国家中心城市一般拥有更加合理的市场管理体制，实力雄厚的科研机构拥有充足的创新资源，周边区域在发展中可以借鉴国家中心城市先进的体制机制，通过与中心城市的科研机构合作，降低相关费用，促进区域经济增长。

第二，人口流动能够促进区域经济社会发展。和人体的新陈代谢类似，城市的发展也是组织和分解过程的结果。通过人口流动，城市间劳动分工方式不断集合和分化，推动了区域发展。大城市的经济活力会随着人口流动不断强化，

① Murohy A. B. The May 2004 Enlargement of the European Union: View From Two Years Out [J]. Eurasian Geography and Economics，2006，47（6）：635 – 646.

从而促进区域经济的发展①。在人口流动的同时，资金、信息等生产要素也会流动。在中心城市和周边城市共同发展的过程中，城市之间的分工趋于科学合理化，人口的流动正是因为城市分工而造成的，同时也推动城市间分工能更顺利地进行，从而提高生产效率、降低生产成本、释放经济增长潜力。目前，我国人口流动呈现比较明显的极化特征，人口流动的同时促进了流入地和流出地的经济增长，并且和全部就业人口相比，人口流动创造的就业对区域增长做出了更大的贡献。②

第三，市场开放促进区域经济社会发展。市场开放程度会对区域间要素流动成本产生直接影响，较高的市场一体化水平能够降低转移成本，优化资源配置，缩小区域差距，促进区域经济发展。国家中心城市可以通过产业集聚、降低人力资本异质性等途径促进市场开放和市场一体化建设，推动区域经济发展。近年来，我国交通基础设施建设发展迅速，各国家中心城市均为区域性或全国性的交通枢纽，有很高的通达性，特别是高铁建设大大缩短了各城市之间的时间距离，城市间的联系更为紧密。国家中心城市与周边区域的联系紧密程度也大大提升，人口、资源等要素流通更加顺畅，市场邻近性和市场一体化程度也有所提高。部分中西部城市刚刚获批建设国家中心城市，对区域发展的促进作用还未完全显现。但是，可以充分发挥国家中心城市这一增长极的作用，带动城市群良性发展，特别是中西部地区发展，从而实现区域协调发展。

当前，我国已经批复支持建设的九个国家中心城市在经济发展程度上仍然存在较大差距。表11-6反映了2017年国家中心城市的GDP，可以看出，北京、天津、上海、广州、重庆等城市的经济总量明显大于武汉、西安、郑州等城市。中心城市是其所处城市群的首位城市，代表了其所处区域的经济发展程度。然而，我国东中西经济发展差距仍然较为明显，东部地区仍然拥有绝对优势，西部的重庆市作为中国西部的唯一一个直辖市，由于其重要的地理位置，近年来经济发展迅猛，经济总量也有很大提升。但是，武汉、郑州、西安经济总量较其他国家中心城市仍然较弱，经济发展水平不高。因此，要支持这些城市包括西部的重庆和成都建设国家中心城市，通过政策扶持增强这些城市的经济活力，

① 阳国亮，程皓，欧阳慧.国家中心城市建设能促进区域协同增长吗？[J].财经科学，2018（5）：90-104.
② 薛伟玲.嵌于流动的增长：空间格局、经济增长[J].宏观经济研究，2014（10）：35-40，98.

再依托这些城市的辐射带动能力，促进其周边城市发展。在国家中心城市建设过程中，通过制定相应的政策，降低交易成本，扩大市场开放，发挥对周边区域和整体区域协同发展的促进作用。

表 11 - 6 2017 年国家中心城市 GDP 单位：万元

城市名称	2017 年 GDP	城市名称	2017 年 GDP
北京	28015	天津	18549
上海	30633	广州	21503
武汉	13410	郑州	9130
重庆	19425	成都	13889
西安	7470		

资料来源：国家统计局官网。

国家中心城市建设可以着重从以下几个方面入手，促进区域协调发展：

第一，预防和治理大城市病。集聚经济强调了空间集聚能促进某一个或者几个产业效率的提升，但是忽略了当集聚规模超过最优值时，城市会出现交通拥挤、过度竞争、生产要素价格过高等集聚不经济现象。此外，城市资源环境承载力有限，过度集聚会造成一系列的"大城市病"问题，可通过城市体系多中心化均衡，缓解人口及资源布局的困局。

第二，发展城市群经济。每个国家中心城市都是其所在城市群的引领城市，国家中心城市可以依托城市群建设更好地发挥其辐射、引领作用。中小城市可以利用大城市科研创新、金融服务等高端功能，同时也可以提供大城市所需要的资源和专业化服务。通过合理的产业分工和产业转移，能有效提高城市经济效率，激发城市经济活力。

第三，缩小区域差距。目前，国家支持建设的九个国家中心城市，能够形成多中心多极的带动模式，符合我国经济地理环境现状，有利于缩小东中西、南北、沿海与内陆经济的发展，促进区域协调发展。

第十二章　生态环境与海洋经济地理

　　生态和环境是人类生存发展的外在保障，了解生态环境是了解中国经济地理不可缺少的部分。水是生态循环的基础，我国水资源总量多，但人均量少，空间分布不均，且污染严重，导致部分地区面临缺水问题，以及水的生态调节功能发挥有限。耕地是人类生存的基础，我国耕地面积数量逐年减少，质量也不断下降。森林、湿地对生态调节具有重要的作用，仍存在人均不足、空间分布不均等问题。当人类直接或间接地向环境排放超过其自身自净能力的物质或能量，就会造成环境污染，从而使环境质量下降，对经济发展、人类生存乃至整个生态系统造成不利的影响。我国大气污染、水污染和固体废弃物污染情况严峻，是目前社会重点关注的问题。

　　同样，海洋在当今经济社会中的地位也日益重要。世界海洋经济的发展大致经历了远古代、古代、近代和现代四个阶段。现代海洋经济的发展是人类对海洋资源全面综合利用的开端，经济活动范围不仅局限于单项开发发展，而是全方位的资源开发利用，由此产生的海洋产业部门不断扩大。基于经济合作与发展组织（OECD）的海洋经济数据库值计算，2010年全球海洋经济的价值为1.5万亿美元，接近世界经济总增加值的2.5%。海上石油天然气将占海洋产业总增加值的1/3，其次为海上和沿海旅游、海上设备和港口。OECD预计，从2010年到2030年在"一切照常"的情况下，海洋经济对全球经济增加值的贡献将翻一番，达到3万亿美元，其中将实现显著增长的领域主要包括海水养殖、海上风能、鱼类加工、船舶修造等。①

---

　　①　数据来源于经济合作与发展组织2016年4月发布的《海洋经济2030》。

第一节　生态情况

我国水资源匮乏，人均水资源占有量少且污染严重，水资源的分布与区域经济发展不一致，严重制约了资源开发、区域协调发展、经济布局和生态环境保护等。我国耕地资源总量多，但总量呈逐年下降趋势。人均耕地面积少，空间分布不均匀，且质量不断下降。我国林地面积较大，森林资源丰富，但人均资源量小。东北和西南林区的相当部分森林资源具有水源涵养和防护功能，不宜进行大量开采。我国湿地面积较大，但空间分布不均。

一、水资源

（一）水资源总量多但人均量少

水是生态系统的基础，是一切生命机体的组成物质，也是人类进行生产活动的重要资源。我国水资源总量丰富，2017年，我国水资源总量为28761.2亿立方米，大约占全球水资源的5%。其中，地表水资源量为27746.3亿立方米，地下水资源量为8309.6亿立方米。我国水资源总量虽然大，但由于我国人口众多，人均水资源占有量小。2017年，我国人均水资源2074.5立方米，仅为世界平均水平的1/4左右。如图12-1所示。

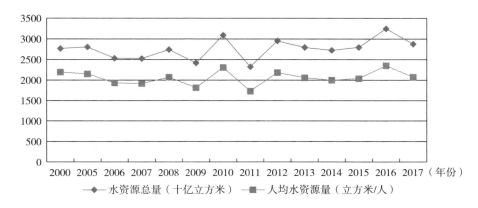

图12-1　2000~2017年我国水资源情况

资料来源：中国统计年鉴（2018）。

（二）水资源空间分布不均

我国水资源空间分布不均衡，导致我国 1/4 的省份面临严重缺水问题。水资源与人口、生产、区域经济发展及生态环境的需求不协调，是影响我国区域经济发展的重要因素之一。从全国的水资源总量分布来看（见图 12 - 2），呈现出明显的南多北少、西多东少的空间格局。水资源总量排名前四位的分别是西藏、四川、广西和云南，这四个省区的水资源总量占全国水资源总量的 41.05%。排名随后的是湖南、广东、江西、湖北、福建、贵州、新疆，除新疆之外，这些省区全部位于南方地区。人均水资源量呈现出相似的空间格局（见图 12 - 3）。根据人均水资源量，笔者将我国各省区划分为五个梯度：第一梯度为富水区，包括西藏、青海、广西、云南、新疆、海南、江西，水资源总量占全国的 45.84%。这一梯度主要由水资源丰富、人口较少且经济不发达的地区组成。第二梯度为轻度缺水区，包括四川、贵州、湖南、福建、重庆、湖北、黑龙江，水资源总量占全国的 31.76%。第三梯度为中度缺水区，包括广东、浙江、吉林、安徽、内蒙古、陕西，水资源总量占全国的 16.06%。第四梯度为重度缺水区，包括甘肃省，水资源总量占全国的 8.3%。第五梯度为极度缺水区，

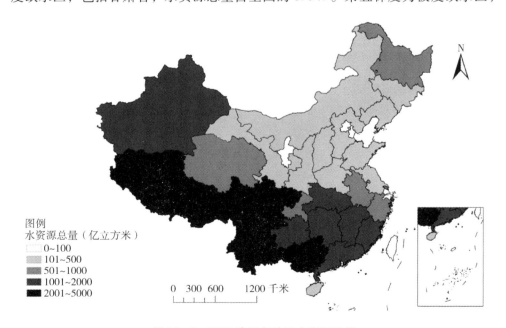

图 12 - 2　2017 我国各地区水资源总量

图例
水资源总量（亿立方米）
　　　0~100
　　　101~500
　　　501~1000
　　　1001~2000
　　　2001~5000

0　300　600　　　1200 千米

资料来源：中国统计年鉴（2018）。

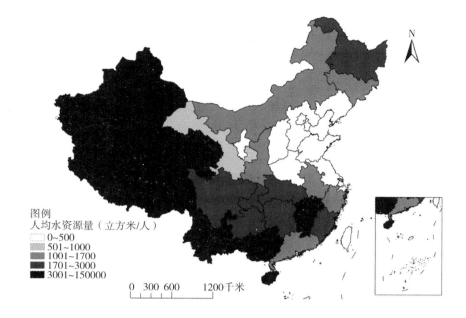

图 12 - 3　2017 年我国各地区人均水资源量

资料来源：中国统计年鉴（2018）。

包括江苏、河南、辽宁、山西、山东、河北省、宁夏、上海、北京、天津，水资源总量占全国的 5.1%。这一梯度的地区主要由水资源紧缺或人口众多且经济发达的地区组成。

二、耕地

耕地是自然土壤经过人类农业生产活动的影响和改造，形成的适宜农作物生长的土壤。耕地是农业生产的最基本的生产资料，是人类赖以生存和发展的基础。在全世界总面积前十的国家中，我国的耕地面积绝对数量不少。2017 年，我国土地使用结构如下：农用地面积 644.8 平方千米，其中耕地 134.9 平方千米，园地 14.2 平方千米，林地 252.8 平方千米，牧草地 219.3 平方千米，其他农用地 23.6 平方千米；建设用地 39.5 平方千米，其中居民点及工矿用地 32.1 平方千米，交通运输用地 3.8 平方千米，水利设施用地 3.6 平方千米（见图 12 - 4）。其中，耕地面积占全国总面积的 14% 左右。由于我国人口众多，因此人均耕地面积少。从图 12 - 5 可以看出，从 2010 年到 2017 年，由于建设用地、生态退耕和农业结构调整等，我国耕地面积不断减少，耕地总量减少的结果就是人均耕地面积的下降。

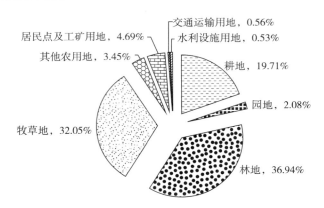

图 12 - 4　2017 年我国土地利用区情况

资料来源：中国统计年鉴（2018）。

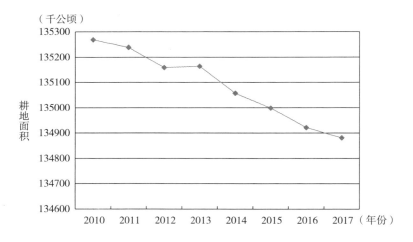

图 12 - 5　2010～2017 我国耕地面积

资料来源：中国统计年鉴（2018）。

我国耕地主要集中在东北和东部地区，排名前三的省区分别是黑龙江、内蒙古和河南（见图 12 - 6）。黑龙江拥有全国最多的耕地，约占全国耕地面积 11.75%。其次是内蒙古，约占全国耕地面积的 6.87%。然后是山东，约占全国耕地面积的 6%。除 4 个直辖市之外，全国耕地面积最少的省区分别是西藏、青海和海南，分别占全国耕地面积的 0.54%、0.44%、0.33%。从大的板块来看，东北地区、东部地区和中部地区的 21 个省区占全国总面积的 29%，但耕地面积占全国耕地面积的 73%。西部 10 个省区占全国总面积的 71%，耕地面积占全国耕地面积的 27%。

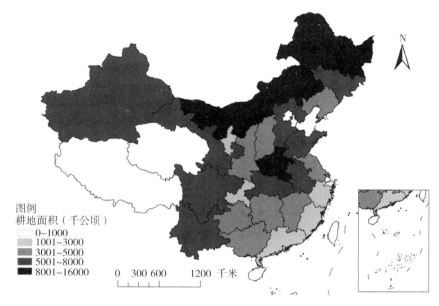

图 12 - 6　2017 我国各省份耕地面积

资料来源：中国统计年鉴（2018）。

在耕地数量不断减少的同时，我国耕地质量也在不断下降。目前我国耕地土壤长期处于亚健康状况，存在退化面积大、污染面积大、有机质含量低、土壤地力低等"两大两低"问题。目前，全国耕地平均质量等级为 5.09 等[①]。其中，评价为一至三等的耕地面积为 5.55 亿亩，占耕地总面积的 27.4%；评价为四至六等的耕地面积为 9.12 亿亩，占耕地总面积的 45.0%；评价为七至十等的耕地面积为 5.59 亿亩，占耕地总面积的 27.6%。

三、林地

目前，我国林业用地面积 312.59 万平方千米，其中森林面积 207.68 平方千

[①] 耕地质量等级评定依据《耕地质量等级》（GB/T 33469—2016），划分为十个等级，一等地耕地质量最好，十等地耕地质量最差。一等至三等、四等至六等、七等至十等分别划分为高等地、中等地、低等地。

米，占林业用地的66.44%。森林面积中人工林69.33平方千米，占森林面积的33.38%。森林覆盖率21.63%，活木林蓄积量1643280.6万立方米，森林蓄积量1513729万立方米。根据联合国粮农组织发布的2015年全球森林资源评估结果，中国森林面积和森林蓄积分别位居世界第5位和第6位，人工林面积居世界首位。我国森林面积虽然较大，但成熟林、原始林有限，森林生态系统整体比较落后，在保护生态环境中的作用较小。尽管近些年来疏林和人工林有所增加，但是生态效应较高的天然林呈逐年下降趋势。

我国的林区主要有东北内蒙古林区、西南高山林区、东南低山丘陵林区、西北高山林区和热带林区五个林区，其中又以前两个林区为主。从林地面积来看，2017年内蒙古和东北三省的林地面积占全国的26.11%，森林面积占全国的27.79%，森林蓄积量占全国的27.5%。西南的云南、四川、西藏的林地面积占全国的21.16%，森林面积占全国的24.51%，森林蓄积量占全国的37.23%。除四个直辖市外，林地面积最少的三个省区分别是江苏、宁夏和海南。

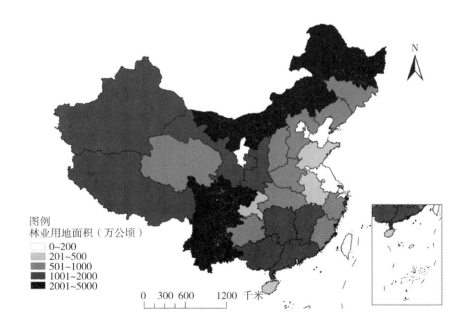

图例
林业用地面积（万公顷）
0~200
201~500
501~1000
1001~2000
2001~5000

0 300 600   1200 千米

图 12－7   2017 我国各省份林业用地面积

资料来源：中国统计年鉴（2018）。

各省区的人工林中，面积最大的前五个省区分别是广西、广东、湖南、四川和云南，占全国人工林面积的36.5%。各省区的森林结构中，人工林占比最大的五个省区分别是上海、江苏、山东、天津和海南，比例分别为100%、96.74%、96.04%、94.62%和72.54%。

从森林覆盖率来看，我国森林覆盖率高的地方集中在南方地区（见图12-8）。福建、江西浙江、广西、海南、广东、云南七个省区的森林覆盖率均超过了50%。森林覆盖率低的地区集中在西部地区。除直辖市外，新疆、青海、甘肃、宁夏、西藏是我国森林覆盖率最低的五个省区。从整体来看，我国各地区的森林覆盖率从南到北、从东到西呈现依次降低的空间格局。

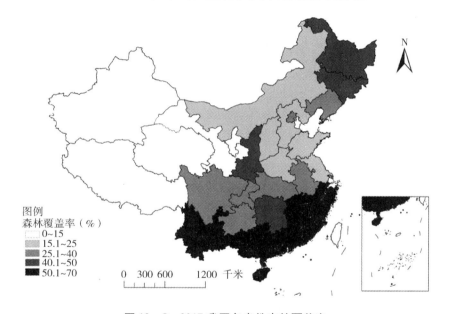

图 12 - 8　2017 我国各省份森林覆盖率

资料来源：中国统计年鉴（2018）。

四、湿地

广阔众多的湿地具有多种生态功能，拥有丰富的自然资源，被人们称为"地球之肾"、物种贮存库、气候调节器，在保护生态环境、保持生物多样性以及发展经济社会中，具有不可替代的重要作用。2017年，全国湿地面积53.6万平方千米，除港澳台之外湿地面积为53.42平方千米。其中，自然湿地46.67平方千米，人工湿地 6.75 万平方千米。自然湿地中，近海与海岸 5.79 万平方千米，河流 10.55 万平方千米，湖泊 8.59 万平方千米，沼泽 21.73 万平方千米（见图 12 - 9）。全国湿地面积占总面积的比重为 5.8%。

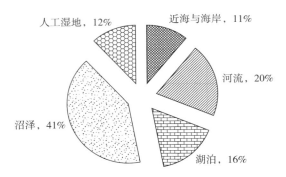

图 12 - 9 2017 年我国湿地类型占比

资料来源：中国统计年鉴（2018）。

从全国的分布来看，湿地面积最大的五个省区分别是青海、西藏、内蒙古、黑龙江和新疆，占全国湿地面积的 55.55%。除直辖市外，湿地面积最小的五个省区分别是山西、宁夏、贵州、陕西和海南，占全国湿地面积的 2.23%（见图 12 - 10）。湿地面积最大的五个省区本身的辖区面积也大，因此难以反映行政区

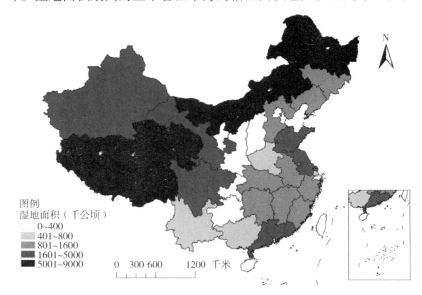

图 12 - 10 2017 我国各省份湿地面积

资料来源：中国统计年鉴（2018）。

内部的土地和湿地结构。从湿地面积占辖区面积的比重来看（见图12－11），湿地面积比重较大的地区集中在东部地区，比重最大的五个省区分别为上海、江苏、天津、黑龙江和青海。其中，上海拥有占本地区湿地面积80%多的近海与海岸。江苏有大量的近海与海岸、河流、湖泊以及人工湿地。天津拥有占本地区湿地面积近1/3的近海与海岸，以及近一半的人工湿地。黑龙江拥有占本地区湿地面积75%的沼泽。青海拥有占本地区湿地面积近70%的沼泽，以及大量的河流和湖泊。湿地面积占辖区面积最小的五个省区分别是山西、贵州、云南、陕西和新疆。

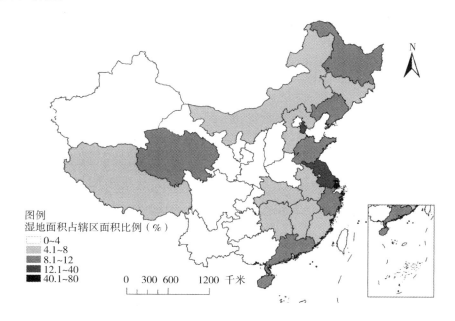

图例
湿地面积占辖区面积比例（%）
　　0~4
　　4.1~8
　　8.1~12
　　12.1~40
　　40.1~80

0　300　600　　1200　千米

图 12－11　2017 我国各省份湿地面积占辖区面积比重

资料来源：中国统计年鉴（2018）。

第二节　环境污染情况

从全国总体情况看，环境污染仍在加剧，环境形势不容乐观。我国大气污染情况严重，全国七成城市空气质量不达标。我国是世界三大酸雨区之一，酸雨出现频率高且比例大。水污染情况严峻，河流、湖泊、地下水、海洋都存在较严重的污染情况。我国工业占比大，导致工业固体废物产生量多；人口众多，导致医疗废物和城市生活垃圾产生量多。

一、大气环境污染

（一）空气质量

城市空气污染物主要有一氧化碳、氮氧化物、臭氧、碳氢化合物、硫氧化物和颗粒物等。一氧化碳（CO）是一种无色、无味、无臭的易燃有毒气体，是含碳燃料不完全燃烧的产物，在高海拔城市或寒冷的环境中，一氧化碳污染问题比较突出。一氧化碳浓度超出一定范围时，会对人们的呼吸、大脑、心脏带来影响，还可能造成听力与视力的损害。

氮氧化物主要是指一氧化氮（NO）和二氧化氮（NO_2）两种，它们大部分来源于矿物燃料的高温燃烧过程。一氧化氮相对无害，但它迅速被空气中的臭氧氧化，转化为二氧化氮。燃烧含氮燃料（如煤）和含氮化学制品也可以直接释放二氧化氮。一般来说，机动车排放的尾气是城市氮氧化物主要来源之一。氮氧化物作为一次污染物，会对人体健康产生一定危害，同时产生臭氧等其他污染物，还会造成土壤的酸化、导致酸雨、造成水体的富营养化等一系列不良后果。

臭氧（O_3）是光化学烟雾的代表性污染物，主要由空气中的氮氧化物和碳氢化合物在强烈阳光照射下，经过一系列复杂的大气化学反应而形成和富集。虽然在高空平流层的臭氧对地球生物具有重要的防辐射保护作用，但城市低空的臭氧却是一种非常有害的污染物，会对人体健康造成伤害，还会导致农作物减产、材料退化等。

硫氧化物主要是指二氧化硫（SO_2）、三氧化硫（SO_3）和硫酸盐。城市中的硫氧化物主要是由人为污染源排放的，如燃烧含硫煤和石油等。二氧化硫对人体健康有重要影响，并进一步与空气中的水反应形成酸雨污染。

颗粒物质主要指分散悬浮在空气中的液态或固态物质，包括气溶胶、烟、尘、雾和炭烟等多种形态，会对生物和人体健康造成危害。可吸入颗粒物（又称PM10）指粒径小于10微米的颗粒物，人体吸入后，会积累在呼吸系统中，引发许多疾病。细颗粒物（又称PM2.5）直径小于等于2.5微米的颗粒物，与较粗的大气颗粒物相比，PM2.5粒径小，面积大，活性强，易附带有毒、有害物质（例如，重金属、微生物等），且在大气中的停留时间长、输送距离远，因而对人体健康和大气环境质量的影响更大。

我国目前使用 AQI（Air Quality Index：空气质量指数）衡量空气质量，其中衡量六种大气污染物：SO_2、NO_2、PM10、PM2.5、O_3 和 CO。

2017 年，全国 338 个地级及以上城市①（以下简称 338 个城市）中，城市环境空气质量达标②的有 99 个，占全部城市数量的 29.3%；城市环境质量超标的有 239 个，占 70.7%，七成城市环境质量不达标，可见城市大气污染情况十分严峻。338 个城市中，平均优良天数③比例为 78%，比 2016 年下降 0.8 个百分点；平均超标天数④比例为 22%。5 个城市优良天数比例为 100%，170 个城市优良天数比例在 80%~100%，137 个城市优良天数比例在 50%~80%，26 个城市优良天数比例低于 50%（见图 12-12）。

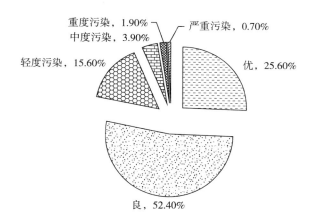

图 12-12　2017 年 338 个城市环境空气质量级别比例

资料来源：中国生态环境状况公报（2017）。

2017 年，74 个新标准第一阶段监测实施城市（包括京津冀、长三角、珠三角等重点区域地级城市及直辖市、省会城市和计划单列市）平均优良天数比例

---

① 地级及以上城市，含直辖市、地级市、地区、自治州和盟。

② 环境空气质量达标：参与评价的六项污染物浓度均达标，即为环境空气质量达标。其中，SO_2、NO_2、PM10 和 PM2.5 按照年均浓度进行达标评价，CO 和 O_3 按照百分位数浓度进行达标评价。

③ 优良天数：空气质量指数（AQI）在 0~100 的天数为优良天数，又称达标天数。

④ 超标天数：空气质量指数（AQI）大于 100 的天数为超标天数。其中，101~150 为轻度污染，151~200 为中度污染，201~300 为重度污染，大于 300 为严重污染。

为 72.7%，比 2016 年下降 1.5 个百分点；平均超标天数比例为 27.3%。按照环境空气质量综合指数①评价（见表 12−1)），环境空气质量相对较差的 10 个城市（从第 74 名到第 65 名）依次是石家庄、邯郸、邢台、保定、唐山、太原、西安、衡水、郑州和济南，空气质量相对较好的 10 个城市（从第 1 名到第 10 名）依次是海口、拉萨、舟山、厦门、福州、惠州、深圳、丽水、贵阳和珠海。

表 12−1　2017 年 74 个城市环境空气质量综合指数及主要污染物

序号	城市	综合指数	最大指数	主要污染物	序号	城市	综合指数	最大指数	污染物主要
1	海口	2.49	0.79	O_3	22	肇庆	4.47	1.17	PM2.5
2	拉萨	3.13	0.8	O_3	23	盐城	4.58	1.23	PM2.5
3	舟山	3.18	0.95	O_3	24	江门	4.6	1.21	O_3
4	厦门	3.37	0.8	NO_2	25	广州	4.61	1.3	NO_2
5	福州	3.42	0.88	O_3	26	上海	4.63	1.13	O_3
6	惠州	3.48	0.89	O_3	27	嘉兴	4.72	1.2	PM2.5
7	深圳	3.49	0.92	O_3	28	绍兴	4.73	1.29	PM2.5
8	丽水	3.54	0.94	PM2.5	29	佛山	4.75	1.14	PM2.5
9	贵阳	3.61	0.91	PM2.5	29	南昌	4.75	1.17	PM2.5
10	珠海	3.64	1	O_3	31	青岛	4.78	1.11	PM10、PM2.5
11	台州	3.65	0.94	PM2.5	32	连云港	4.79	1.29	PM2.5
12	昆明	3.76	0.83	PM10	32	南通	4.79	1.12	O_3
13	南宁	3.95	1	PM2.5	34	湖州	4.8	1.2	PM2.5
14	大连	4.15	1.02	O_3	35	承德	4.86	1.17	PM10
15	中山	4.16	1.13	O_3	36	苏州	4.97	1.2	NO_2、PM2.5
16	张家口	4.18	1.08	O_3	37	长沙	4.98	1.49	PM2.5
17	宁波	4.31	1.06	PM2.5	38	杭州	5.02	1.29	PM2.5
18	衢州	4.37	1.2	PM2.5	39	重庆	5.04	1.29	PM2.5
18	东莞	4.37	1.06	O_3、PM2.5	40	西宁	5.11	1.19	PM10
20	温州	4.4	1.09	PM2.5	41	南京	5.18	1.18	NO_2
21	金华	4.44	1.2	PM2.5					

---

①　环境空气质量综合指数：评价时段内，六项污染物浓度与对应的二级标准值之商的总和即为该城市该时段的环境空气质量综合指数，用于城市环境空气质量的排名。

续表

序号	城市	综合指数	最大指数	主要污染物	序号	城市	综合指数	最大指数	污染物主要
41	淮安	5.18	1.43	PM2.5	59	兰州	6.45	1.59	PM10
43	泰州	5.22	1.46	PM2.5	60	天津	6.53	1.77	PM2.5
43	长春	5.22	1.31	PM2.5	61	乌鲁木齐	6.55	2	PM2.5
45	无锡	5.28	1.26	PM2.5	62	廊坊	6.61	1.71	PM2.5
46	宿迁	5.34	1.57	PM2.5	63	徐州	6.78	1.94	PM2.5
47	常州	5.41	1.37	PM2.5	64	沧州	6.89	1.89	PM2.5
48	武汉	5.46	1.49	PM2.5	65	济南	7.04	1.86	PM2.5
49	镇江	5.63	1.57	PM2.5	66	郑州	7.07	1.89	PM2.5
50	合肥	5.65	1.6	PM2.5	67	衡水	7.29	2.2	PM2.5
51	哈尔滨	5.71	1.66	PM2.5	68	西安	7.72	2.17	PM2.5
52	扬州	5.72	1.54	PM2.5	69	太原	7.79	1.89	PM2.5
53	沈阳	5.78	1.43	PM2.5	70	唐山	7.97	1.89	PM2.5
54	成都	5.85	1.6	PM2.5	71	保定	8.32	2.4	PM2.5
55	秦皇岛	5.86	1.26	PM2.5	72	邢台	8.57	2.29	PM2.5
56	北京	5.87	1.66	PM2.5	73	邯郸	8.64	2.46	PM2.5
57	呼和浩特	5.93	1.36	PM10	74	石家庄	8.72	2.46	PM2.5
58	银川	6.41	1.51	PM10					

资料来源：中国生态环境状况公报（2017）。

（二）废气中主要污染物排放情况

2017年，废气中二氧化硫排放量为875.4万吨，氮氧化物排放量为1258.83万吨，烟（粉）尘排放量为796.26万吨。从图12-13可以看到，2012~2017年三种主要污染物的排放量总体上是下降的，其中烟尘排放量在2013年有所上升，在此之后一直下降。

2017年，废气中二氧化硫排放量最多的五个省份分别是山东、贵州、河北、山西、内蒙古，占全国的35.97%（见图12-14）。2017年，废气中烟（粉）尘排放量最多的五个省份分别是河北、辽宁、山东、内蒙古、新疆，占全国的37.03%（见图12-15）。二氧化硫污染源主要来自含硫燃料（如煤和石油）的燃烧，含硫矿石（特别是含硫较多的有色金属矿石）的冶炼等。可以看到，废气中排放二氧化硫和烟（粉）尘较多的地区集中在北方，包括冬季供暖省区、煤炭大省、以金属冶炼和钢铁等耗能产业为主的省区等。矿产开发会产生大量的烟（粉）尘，同时煤炭的大量消耗会产生二氧化硫和烟（粉）尘，对大气环境造成严重的污染。

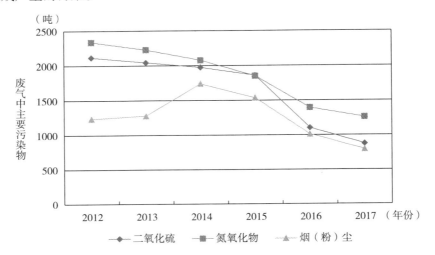

图 12－13　2012～2017 年我国废气中主要污染物排放情况

资料来源：中国统计年鉴（2011～2018）。

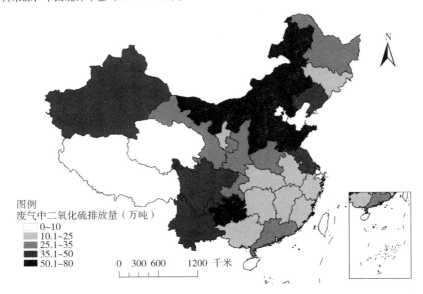

图 12－14　2017 年我各省份废气中二氧化硫排放情况

资料来源：中国统计年鉴（2018）。

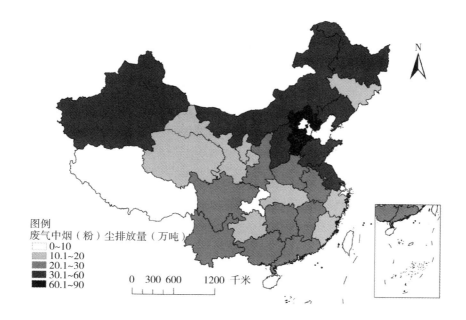

图 12 - 15　2017 年我各省份废气中烟（粉）尘排放情况

资料来源：中国统计年鉴（2018）。

2017 年，废气中氮氧化物排放量最多的五个省份分别是山东、河北、江苏、广东、河南，占全国的 36.66%（见图 12 - 16）。氮氧化物的主要来源包括燃料中含氮化合物在燃烧、生产厂的尾气排放、汽车尾气排放、生物体腐烂等。废气中氮氧化物排放量较多的省区集中在北方地区，包括煤炭大省、以钢铁能耗能产业为主的省区，煤炭等燃料的燃烧以及生产废气的排放产生氮氧化物。同时，经济发达、人口较多的省区中汽车尾气的排放也会产生大量的氮氧化物。

（三）酸雨

当煤和石油燃烧排放出二氧化硫等酸性气体，或汽车排放出氮氧化物，这些酸性气体与大气中的水分在光照或其他条件下反应形成酸雨。煤和石油的燃烧是造成酸雨的主要原因。酸雨会对环境带来广泛的危害，造成巨大的经济损失。危害主要有：腐蚀建筑物和工业设备；破坏露天的文物古迹；损坏植物叶面，导致森林死亡；使湖泊中鱼虾死亡；破坏土壤成分，使农作物减产甚至死亡；饮用酸化的地下水对人体有害。

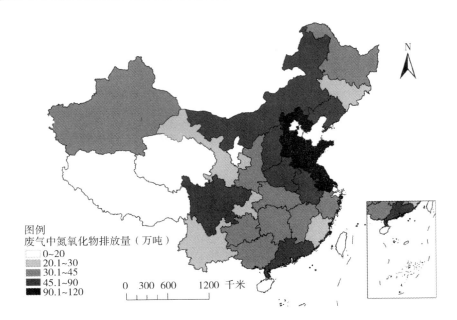

图例
废气中氮氧化物排放量（万吨）
□ 0~20
□ 20.1~30
□ 30.1~45
■ 45.1~90
■ 90.1~120

0 300 600   1200 千米

图 12 - 16 2017 年我各省份废气中氮氧化物排放情况

资料来源：中国统计年鉴（2018）。

中国是世界上三大酸雨区之一。2017 年，我国酸雨区面积约 62 万平方千米，占国土面积的 6.4%，比 2016 年下降 0.8 个百分点；其中，较重酸雨区面积占国土面积的比例为 0.9%。酸雨污染主要分布在长江以南—云贵高原以东地区，主要包括浙江、上海的大部分地区，江西中北部、福建中北部、湖南中东部、广东中部、重庆南部、江苏南部、安徽南部的少部分地区。

2017 年，463 个检测降水的城市（区、县）中，酸雨频率平均为 10.8%，比 2016 年下降 1.9 个百分点（见图 12 - 17）。出现酸雨的城市比例为 36.1%，比 2016 年下降 2.7 个百分点；酸雨频率在 25% 以上的城市比例为 16.8%，比 2016 年下降 3.5 个百分点；酸雨频率在 50% 以上的城市比例为 8.0%，比 2016 年下降 2.1 个百分点；酸雨频率在 75% 以上的城市比例为 2.8%，比 2016 年下降 1.0 个百分点。

全国降水 pH 年均值范围为 4.42（重庆大足县）～8.18（内蒙古巴彦淖尔市）。其中，酸雨（降水 pH 年均值低于 5.6）、较重酸雨（降水 pH 年均值低于 5.0）和重酸雨（降水 pH 年均值低于 4.5）的城市比例分别为 18.8%、6.7% 和 0.4%，分别比 2016 年下降 1.0 个、0.1 个和 0.4 个百分点（见图 12 - 18）。

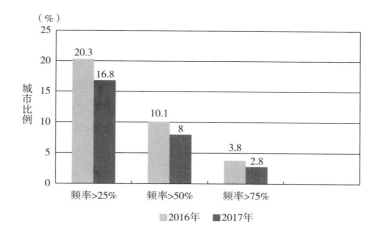

图 12 – 17　2017 年不同酸雨频率的城市比例年际比较

资料来源：中国生态环境状况公报（2017）。

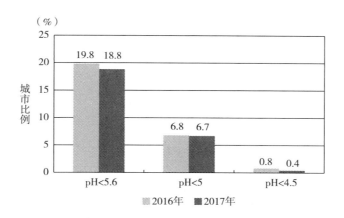

图 12 – 18　2017 年不同降水 pH 年均值的城市比例年际比较

资料来源：中国生态环境状况公报（2017）。

二、水质量环境

（一）地表水

2017 年，全国地表水 1940 个水质断面（点位）中，Ⅰ～Ⅲ类水质断面（点位）1317 个，占 67.9%；Ⅳ、Ⅴ类 462 个，占 23.8%；劣Ⅴ类 161 个，占 8.3%①。与 2016 年相比，Ⅰ～Ⅲ类水质断面（点位）比例上升 0.1 个百分点，劣 V 类下降 0.3 个百分点。

2017 年，长江、黄河、珠江、松花江、淮河、海河、辽河七大流域和浙闽片河流、西北诸河、西南诸河的 1617 个水质断面中，Ⅰ类水质断面 35 个，占 2.2%；Ⅱ类 594 个，占 36.7%；Ⅲ类 532 个，占 32.9%；Ⅳ类 236 个，占 14.6%；V类 84 个，占 5.2%；劣 V 类 136 个，占 8.4%。与 2016 年相比，Ⅰ类水质断面比例上升 0.1 个百分点，Ⅱ类下降 5.1 个百分点，Ⅲ类上升 5.6 个百分点，Ⅳ类上升 1.2 个百分点，V类下降 1.1 个百分点，劣 V 类下降 0.7 个百分点。西北诸河和西南诸河水质为优，浙闽片河流、长江和珠江流域水质为良好，黄河、松花江、淮河和辽河流域为轻度污染，海河流域为中度污染。

长江流域水质良好，510 个水质断面中，各类水质比例见图 12－19。黄河流域轻度污染，主要污染指标为化学需氧量、氨氮和总磷。137 个水质断面中，各类水质比例见图 12－20。珠江流域水质良好，165 个水质断面中，各类水质比例见图 12－21。松花江流域轻度污染，主要污染指标为化学需氧量、高锰酸盐指

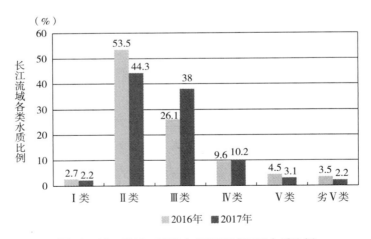

图 12－19　2016～2017 年长江流域不同水质比例

资料来源：中国生态环境状况公报（2017）。

---

① 根据《地表水环境质量标准》（GB 3838—2002）。Ⅰ、Ⅱ类水质可用于饮用水源一级保护区、珍稀水生生物栖息地、鱼虾类产卵场、仔稚幼鱼的索饵场等；Ⅲ类水质可用于饮用水源二级保护区、鱼虾类越冬场、洄游通道、水产养殖区、游泳区；Ⅳ类水质可用于一般工业用水和人体非直接接触的娱乐用水；V类水质可用于农业用水及一般景观用水；劣 V 类水质除调节局部气候外，几乎无使用功能。

数和氨氮。108 个水质断面中，各类水质比例见图 12－22。淮河流域轻度污染，主要污染指标为化学需氧量、总磷和氟化物。180 个水质断面中，各类水质比例见图 12－23。海河流域中度污染，主要污染指标为化学需氧量、五日生化需氧量和总磷。161 个水质断面中，各类水质比例见图 12－24。辽河流域轻度污染，主要污染指标为总磷、化学需氧量和五日生化需氧量。106 个水质断面中，各类水质比例见图 12－25。

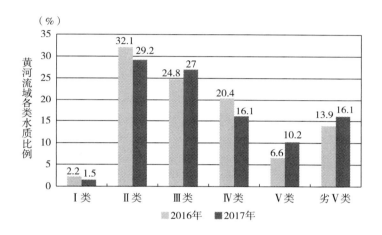

图 12－20　2016～2017 年黄河流域不同水质比例

资料来源：中国生态环境状况公报（2017）。

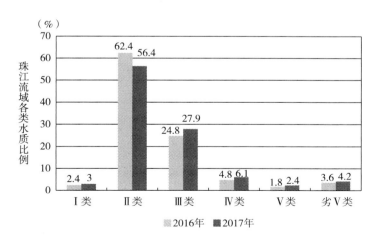

图 12－21　2016～2017 年珠江流域不同水质比例

资料来源：中国生态环境状况公报（2017）。

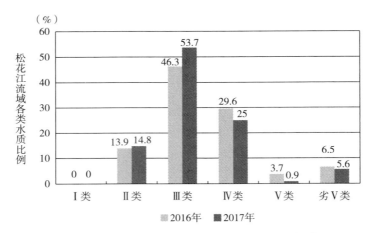

图 12－22　2016～2017 年松花江流域不同水质比例

资料来源：中国生态环境状况公报（2017）。

图 12－23　2016～2017 年淮河流域不同水质比例

资料来源：中国生态环境状况公报（2017）。

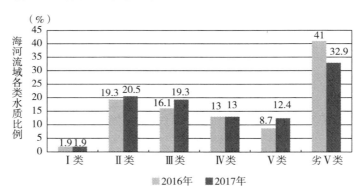

图 12－24　2016～2017 年海河流域不同水质比例

资料来源：中国生态环境状况公报（2017）。

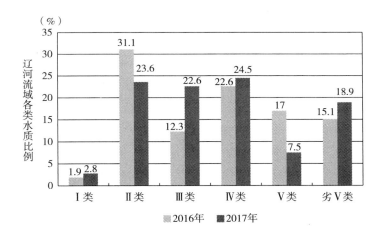

图 12 – 25 2016～2017 年辽河流域不同水质比例

资料来源：中国生态环境状况公报（2017）。

（二）湖泊

2017 年，我国 112 个重要湖泊（水库）中，Ⅰ类水质的湖泊（水库）6 个，占 5.4%；Ⅱ类 27 个，占 24.1%；Ⅲ类 37 个，占 33.0%；Ⅳ类 22 个，占 19.6%；Ⅴ类 8 个，占 7.1%；劣Ⅴ类 12 个，占 10.7%。主要污染指标为总磷、化学需氧量和高锰酸盐指数。109 个监测营养状态的湖泊（水库）中，贫营养的 9 个，中营养的 67 个，轻度富营养的 29 个，中度富营养的 4 个（见表 12 – 2）。

表 12 – 2 2017 年重要湖泊（水库）水质状况

水质类别	三湖	重要湖泊	重要水库
一类、二类	—	红枫湖、高唐湖、邛海、花亭湖、抚仙湖、赛里木湖、班公错、泸沽湖	董铺水库、大伙房水库、山美水库、怀柔水库、白莲河水库、双塔水库、党河水库、解放村水库、大隆水库、龙岩滩水库、里石门水库、鲇鱼山水库、长潭水库、丹江口水库、高州水库、铜山源水库、太平湖、隔河岩水库、龙羊峡水库、千岛湖、松涛水库、漳河水库、湖南镇水库、新丰江水库、大广坝水库

续表

水质类别	三湖	重要湖泊	重要水库
三类	—	焦岗湖、南漪湖、西湖、升金湖、瓦埠湖、菜子湖、东钱湖、骆马湖、百花湖、衡水湖、梁子湖、武昌湖、香山湖、阳宗海、万峰湖、洱海、柘林湖	崂山水库、云蒙湖、红崖山水库、三门峡水库、鹤地水库、鸭子荡水库、尔王庄水库、石门水库、瀛湖、昭平台水库、小浪底水库、磨盘山水库、王瑶水库、白龟山水库、密云水库、南湾水库、富水水库、黄龙滩水库、水丰湖、东江水库
四类	太湖	高邮湖、阳澄湖、龙感湖、白马湖、小兴凯湖、东平湖、黄大湖、斧头湖、南四湖、鄱阳湖、兴凯湖、洞庭湖、洪湖、镜泊湖、博斯腾湖	于桥水库、玉滩水库、松花湖、峡山水库、察尔森水库、鲁班水库
五类	巢湖	杞麓湖、淀山湖、白洋淀、沙湖、洪泽湖、仙女湖	莲花水库
劣五类	滇池	异龙湖、星云湖、呼伦湖、乌梁素海、大通湖	—

注：艾比湖、程海、乌伦古湖和纳木错氟化物天然背景值较高，程海、色林错和羊卓雍错 pH 天然背景值较高。

资料来源：中国生态环境状况公报（2017）。

（三）地下水

地下水是地表水经由含水层的补给源进入地层并储存于其中形成的。地下水是人类生存空间的重要组成部分，为人类提供优质的淡水资源。但是，当非地下水原物质深入地下水后就有可能造成地下水污染，地下水一旦受污染，清除、治理及修复都十分困难，不但经济投入大，技术上有难度，而且时间投入也很长。2017 年，我国水资源总量 28761.2 亿立方米，其中地表水 27746.3 亿立方米，地下水资源量 8309.6 亿立方米，占水资源总量将近 1/3。在我国当前的供水结构中，地下水占据相当大一部分比例。2017 年，我国供水总量为 6043.4 亿立方米，其中地下水 1016.7 亿立方米，占 16.8%。

2017 年，全国 31 个省（区、市）223 个地市级行政区的 5100 个监测点（其中国家级监测点 1000 个），以潜水为主的浅层地下水和承压水为主的中深层地下水为对象，地下水水质监测结果显示：水质为优良级、良好级、较好级、较差级和极差级的监测点分别占 8.8%、23.1%、1.5%、51.8% 和 14.8%。主要超标指标为总硬度、锰、铁、溶解性总固体、"三氮"（亚硝酸盐氮、氨氮和硝酸盐氮）、硫酸盐、氟化物、氯化物等，个别监测点存在砷、六价铬、铅、汞等重（类）金属超标现象。

水利部门流域地下水水质监测井主要分布于松辽平原、黄淮海平原、山西及西北地区盆地和平原、江汉平原重点区域，监测对象以浅层地下水为主，基本涵盖了地下水开发利用程度较大、污染较严重的地区。2145 个测站地下水质量综合评价结果显示：水质优良的测站比例为 0.9%，良好的测站比例为 23.5%，无较好测站，较差的测站比例为 60.9%，极差的测站比例为 14.6%（见表 12 - 3）。主要污染指标除总硬度、溶解性总固体、锰、铁和氟化物可能由于水文地质化学背景值偏高外，"三氮"污染情况较重，部分地区存在一定程度的重金属和有毒有机物污染。

表 12 - 3　2017 年各流域片区地下水水质综合评价结果　　　　单位：%

流域	测站比例		
	良好以上	较差	极差
松花江	11.2	81.4	7.4
辽河	8.8	81	10.2
海河	31.4	52.8	15.7
黄河	26.8	45.7	27.6
淮河	24.4	67.3	8.2
长江	14.3	80	5.7
内陆河	39.1	47.8	13
全国	24.4	60.9	14.6

资料来源：中国生态环境状况公报（2017）。

（四）海洋

海洋污染污染也是水污染中不可忽视的重要部分。2017 年夏季，符合第一类海水[①]水质标准的海域面积占中国管辖海域面积的 96%，未达到第一类海水水

---

① 根据《海水水质标准》，按照海域的不同使用功能和保护目标，海水水质分为四类：第一类适用于海洋渔业水域，海上自然保护区和珍稀濒危海洋生物保护区。第二类适用于水产养殖区，海水浴场，人体直接接触海水的海上运动或娱乐区，以及与人类食用直接有关的工业用水区。第三类适用于一般工业用水区，滨海风景旅游区。第四类适用于海洋港口水域，海洋开发作业区。具体根据多项标准进行区分。

质标准的各类海域面积如表 12 – 4 所示。与 2016 年同期相比，劣于第四类海水水质标准的海域面积减少 3700 平方千米。总体来看，我国海洋环境基本处于良好状态。

表 12 – 4　2017 年未达到第一类海水水质标准的各类海域面积

海区	季节	各类海水水质海域面积（平方千米）			
		第二类	第三类	第四类	劣于第四类
渤海	夏季	8940	3970	2120	3710
	秋季	15710	8300	4780	3690
黄海	夏季	17280	7090	2610	1240
	秋季	20980	10980	9440	3840
东海	夏季	17610	9260	11400	22210
	秋季	23380	10260	11850	34510
南海	夏季	6000	8220	2110	6560
	秋季	11900	8900	4210	5270
全海域	夏季	49830	28540	18240	33720
	秋季	71970	38440	30280	47310

资料来源：中国生态环境状况公报（2017）。

2017 年，全国近岸海域水质基本保持稳定，水质级别为一般，主要污染指标为无机氮和活性磷酸盐。417 个点位中，一类海水比例为 34.5%，比 2016 年上升 2.1 个百分点；二类海水比例为 33.3%，比 2016 年下降 7.7 个百分点；三类海水比例为 10.1%，比 2016 年下降 0.2 个百分点；四类海水比例为 6.5%，比 2016 年上升 3.4 个百分点；劣四类海水比例为 15.6%，比 2016 年上升 2.4 个百分点。

渤海近岸海域水质一般，主要污染指标为无机氮和石油类。各类海水比例见图 12 – 26。黄海近岸海域水质良好，主要污染指标为无机氮。各类海水比例见图 12 – 27。东海近岸海域水质差，主要污染指标为无机氮和活性磷酸盐。各类海水比例见图 12 – 28。南海近岸海域水质一般，主要污染指标为无机氮、pH 和活性磷酸盐。各类海水比例见图 12 – 29。

重要河口海湾九个重要河口海湾中，胶州湾和北部湾水质良好，辽东湾水质一般，渤海湾、黄河口和闽江口水质差，长江口、杭州湾和珠江口水质极差。

与 2016 年相比，胶州湾和闽江口水质好转，黄河口、珠江口和北部湾水质变差，其他河口海湾水质基本保持稳定。

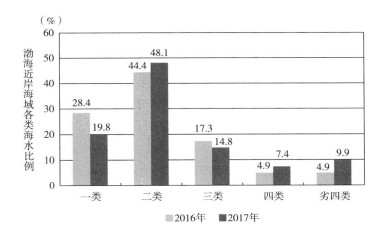

图 12 - 26 2016~2017 年渤海近岸海域各类海水比例

资料来源：中国生态环境状况公报（2017）。

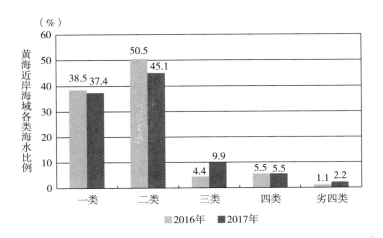

图 12 - 27 2016~2017 年黄海近岸海域各类海水比例

资料来源：中国生态环境状况公报（2017）。

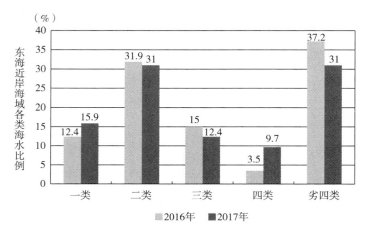

图 12 - 28　2016～2017 年东海近岸海域各类海水比例

资料来源：中国生态环境状况公报（2017）。

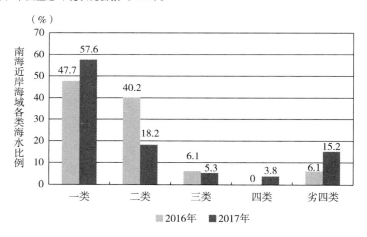

图 12 - 29　2016～2017 年南海近岸海域各类海水比例

资料来源：中国生态环境状况公报（2017）。

监测的 195 个入海河流断面中，无 I 类水质断面；II 类 27 个，占 13.8%；III 类 66 个，占 33.8%；IV 类 48 个，占 24.6%；V 类 13 个，占 6.7%；劣 V 类 41 个，占 21.0%。主要污染指标为化学需氧量、总磷和高锰酸盐指数。

三、固体废弃物状况

固体废物是指人类在生产建设、日常生活中，一些被丢弃的失去原有利用价值或是不具备使用价值的固态、半固态以及置于容器中的液态、气态物品。

固体废物是环境的污染源，除了直接污染外，还经常以水、大气和土壤为媒介污染环境。①污染水体。大量固体废物排放到江河湖海会造成淤积，从而阻塞河道、侵蚀农田、危害水利工程。有毒有害固体废物进入水体，会使一定的水域成为生物死区。固体废物与水（雨水、地表水）接触，废物中的有毒有害成分必然被浸滤出来。从而使水体发生酸性、碱性、富营养化、矿化、悬浮物增加，甚至毒化等变化，危害生物和人体健康。②污染大气。废物的细粒被风吹起，增加了大气中的粉尘含量，加重了大气的尘污染；生产过程中由于除尘效率低，使大量粉尘直接从排气筒排放到大气环境中，污染大气；堆放或焚烧的固体废物中，其有害成分由于挥发及化学反应等，产生有毒气体，污染大气。③污染土壤。固体废物露天堆存，不但占用大量土地，而且其含有的有毒有害成分也会渗入到土壤之中，使土壤碱化、酸化、毒化，破坏土壤中微生物的生存条件，影响动植物生长发育。许多有毒有害成分还会经过动植物进入人的食物链，危害人体健康。④影响环境卫生，广泛传染疾病。垃圾粪便长期弃往郊外，不作无害化处理，简单地作为堆肥使用，可以使土壤碱度提高，使土质受到破坏；还可以使重金属在土壤中富集。被植物吸收进入食物链，还能传播大量的病源体，引起疾病。

按照固体废物产生的原因，可将其分为工业固体废物、危险固体废物、医疗废物和城市生活垃圾四类。

一般工业固体废物，指在工业生产活动中产生的除危险废物之外的固体废物。是在工业生产和加工过程中产生的，排入环境的各种废渣、污泥、粉尘等。工业固体废物如果没有严格按环保标准要求安全处理处置，对土地资源、水资源会造成严重的污染。2017 年，全国一般工业固体废物产生量为 33.16 亿吨。全国各地区一般工业固体废物产生量见图 12 - 30。排在前三位的是山西、河北和内蒙古，后三位的是北京、海南和西藏。

危险固体废物特指有害废物，具有易燃性、腐蚀性、反应性、传染性、毒性、放射性等特性，产生于各种有危险废物产物的生产企业。从危险废物的特性看，它对人体健康和环境保护潜伏着巨大危害：引起或助长死亡率增高；使严重疾病的发病率增高；在管理不当时会给人类健康或环境造成重大急性（即时）或潜在危害等。2017 年，全国危险废物产生量为 6936.89 万吨。全国各地区危险废物产生量见图 12 - 31。排在前三位的是山东、江苏和浙江，后三位的

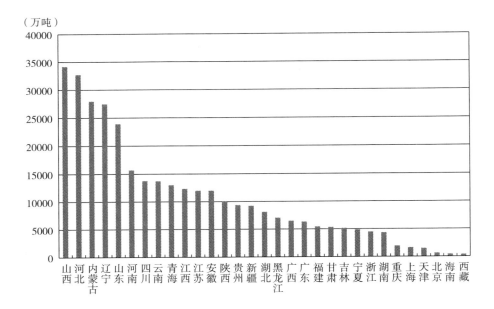

图 12 – 30   2017 年各地区一般工业废弃物产生量

资料来源：中国统计年鉴（2018）。

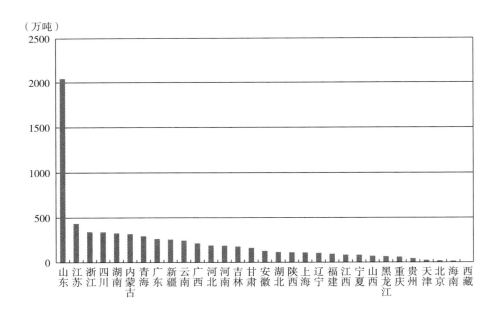

图 12 – 31   2017 年各地区危险废物产生量

资料来源：中国统计年鉴（2018）。

是北京、海南和西藏。

2018 年，全国共有 202 个大、中城市向社会发布了 2017 年固体废物污染环境防治信息。此次发布信息的大、中城市一般工业固体废物产生量为 13.1 亿吨，工业危险废物产生量为 4010.1 万吨，医疗废物产生量为 78.1 万吨，生活垃圾产生量为 20194.4 万吨。其中一般工业固体废物、工业危险废物、医疗废物和城市生活垃圾产生情况如下。

（一）一般工业固体废物

2017 年，202 个大、中城市一般工业固体废物产生量达 13.1 亿吨，综合利用量 7.7 亿吨，处置量 3.1 亿吨，贮存量 7.3 亿吨，倾倒丢弃量 9.0 万吨。一般工业固体废物综合利用量占利用处置总量的 42.5%，处置和贮存分别占比 17.1% 和 40.3%。202 个大、中城市中，一般工业固体废物产生量排名前 10 位的城市见表 12-5。前 10 位城市产生的一般工业固体废物总量为 3.6 亿吨，占全部信息发布城市产生总量的 27.5%。这些城市以煤炭、钢铁等资源消耗型产业的城市为主。

表 12-5　2017 年一般工业固体废物产生量排名前十的城市　　单位：万吨

序号	城市名称	产生量
1	内蒙古自治区鄂尔多斯市	7471.9
2	四川省攀枝花市	5340.1
3	内蒙古自治区包头市	4169.6
4	内蒙古自治区呼伦贝尔市	3550.4
5	云南省昆明市	3021.6
6	陕西省渭南市	2743.1
7	江苏省苏州市	2656.2
8	陕西省榆林市	2459.4
9	山西省太原市	2440.7
10	广西壮族自治区百色市	2403.9
合计		36256.9

资料来源：2018 年全国大、中城市固体废物污染环境防治年报。

（二）危险固体废物

2017 年，202 个大、中城市工业危险废物产生量达 4010.1 万吨，综合利用量 2078.9 万吨，处置量 1740.9 万吨，贮存量 457.3 万吨。工业危险废物综合利用量占利用处置总量的 48.6%，处置、贮存分别占比 40.7% 和 10.7%。202 个大、中城市中，工业危险废物产生量居前 10 位的城市见表 12-6。前 10 名城市产生的工业危险废物总量为 1304.0 万吨，占全部信息发布城市产生总量的 32.5%。

表 12-6   2017 年工业危害固体废物产生量排名前十的城市   单位：万吨

序号	城市名称	产生量
1	山东省烟台市	229.3
2	吉林省吉林市	148.8
3	四川省攀枝花市	138.9
4	新疆维吾尔自治区克拉玛依市	127.9
5	上海市	122.8
6	江苏省苏州市	118.2
7	湖南省岳阳市	114.1
8	山东省临沂市	103
9	浙江省宁波市	102.9
10	内蒙古自治区赤峰市	98.1
合计		1304

资料来源：2018 年全国大、中城市固体废物污染环境防治年报。

（三）医疗废物

医疗废物，是指医疗卫生机构在医疗、预防、保健以及其他相关活动中产生的具有直接或者间接感染性、毒性以及其他危害性的废物。主要有五类：一是感染性废物；二是病理性废物；三是损伤性废物；四是药物性废物；五是化学性废物。

2017 年，202 个大、中城市医疗废物产生量 78.1 万吨，处置量 77.9 万吨，大部分城市的医疗废物都得到了及时妥善处置。202 个大、中城市中，医疗废物产生量居前 10 位的城市见表 12-7。医疗废物产生量最大的是上海市，产生量为 50770.0 吨，其次是北京、杭州、广州和重庆，产生量分别为 36800.0 吨、28300.0 吨、25146.7 吨和 21186.2 吨。前 10 位城市产生的医疗废物总量为 24.8

万吨，占全部信息发布城市产生总量的 31.7%。这些城市以经济发达、人口众多，医疗条件先进。

表 12-7　2017 年医疗废物产生量排名前十的城市　　　单位：吨

序号	城市名称	医疗废物产生量
1	上海市	50770
2	北京市	36800
3	浙江省杭州市	28300
4	广东省广州市	25146.7
5	重庆市	21186.2
6	四川省成都市	20693.8
7	河南省郑州市	20615.9
8	湖北省武汉市	16100
9	山西省太原市	14169
10	广东省深圳市	14111
合计		247892.6

资料来源：2018 年全国大、中城市固体废物污染环境防治年报。

（四）城市生活垃圾

城市生活垃圾指在城市日常生活中或者为城市日常生活提供服务的活动中产生的固体废物。包括：有机类，如瓜果皮、剩菜剩饭；无机类，如废纸、饮料罐、废金属等；有害类，如废电池、荧光灯管、过期药品等。

2017 年，202 个大、中城市生活垃圾产生量 20194.4 万吨，处置量 20084.3 万吨，处置率达 99.5%。202 个大、中城市中，城市生活垃圾产生量居前 10 位的城市见表 12-8。城市生活垃圾产生量最大的是北京市，产生量为 901.8 万吨，其次是上海、广州、深圳和成都，产生量分别为 899.5 万吨、737.7 万吨、604.0 万吨和 541.3 万吨。前 10 位城市产生的城市生活垃圾总量为 5685.8 万吨，占全部信息发布城市产生总量的 28.2%。这些城市经济发达、人口众多，因此生活垃圾也较多。

表 12 – 8　2017 年城市生活垃圾产生量排名前十的城市　　　单位：万吨

序号	城市名称	城市生活垃圾产生量
1	北京市	901.8
2	上海市	899.5
3	广东省广州市	737.7
4	广东省深圳市	604
5	四川省成都市	541.3
6	陕西省西安市	422.5
7	浙江省杭州市	400
8	湖北省武汉市	396.4
9	广东省东莞市	392.6
10	广东省佛山市	390
合计		5685.8

资料来源：2018 年全国大、中城市固体废物污染环境防治年报。

第三节　海洋经济发展概述

在改革开放以后，海洋经济的发展已经步入全新的历史阶段。经过多年的发展，海洋经济已成为我国经济发展的重要组成部分，尤其是以环渤海、长三角和珠三角为核心形成的北部、东部和南部海洋经济区的快速发展。在我国经济发展处于新常态的关键时期，大力发展海洋经济不仅有利于加快经济转型发展，调整产业结构转型，更有利于促进资源节约型和环境友好型社会的建设。

一、海洋经济的战略地位

对于海洋经济的概念，不同的学者对其表述和界定范围都存在一定的差异。早期的观点将其界定为以海洋资源核心，经济活动范围局限在海洋，没有考虑与海洋资源相关联的产业链。后来有学者将此概念的内涵和外延进一步深化，主要依据经济活动与海洋的相关程度将其划分为狭义海洋经济、广义海洋经济和泛义海洋经济。由于国内对海洋经济概念没有统一的表述，2003 年 5 月，国务院发布《全国海洋经济发展规划纲要》（国发〔2013〕13 号文），将海洋经济定义为开发利用海洋的各类海洋产业及相关经济活动的总和。该表述对海洋经济的内涵界定基本完整，基本代表了目前国内对海洋经济研究的主流观点。

从海洋经济基本概念的变化中可以看出，海洋经济具备以下几个典型特征：①依赖海洋资源，海洋经济的产生核心在于海洋资源，传统的海洋产业是高度依赖于海洋资源的丰裕程度，如海洋渔业、海洋交通运输业、海洋旅游业以及海洋盐业等。充裕的海洋资源禀赋是传统海洋产业存在和发展的重要基础。②政策导向型，由于海洋经济高度依赖于海洋资源，而海洋资源的所有权归属于国家，因此，海洋经济的发展都会受到国家相关政策影响。在实际发展中，通过海洋资源所有权和使用权的有效分离可以提高资源的使用效率，在资源使用的过程中都会受到相关监管部门的有效监管。③高投入、高风险，海洋产业的发展需要大量的资金和高精尖的技术作为重要支撑，如海洋船舶业、海洋油气业、海洋生物医药业以及海洋电力产业等，这些产业的发展都离不开雄厚的资金和技术的支持。这种技术密集型和资本密集型的产业发展都需要前期的高额投入，但与此同时也面临着难以控制的风险，一方面是资金和技术的投入不能获得正常的收益，甚至出现巨额亏损；另一方面是来自于不可抗力的风险，诸如地震、海啸等异常自然灾害事件的发生，会导致前期投入无法回收收益。

大力支持海洋经济发展，提高其发展的质量和效益，对于提高我国经济综合竞争力，加快转变经济发展方式，全面建设小康社会具有重大的战略意义。随着国际产业分工和转移加快，科技创新孕育新的突破，新技术的推广和应用促进了海洋经济结构转型升级，海洋资源的发掘利用率显著提升，由海洋资源衍生的产业链不断延伸，未来将会成为国民经济中不可或缺的重要组成部分。此外，发展海洋经济有助于缓解我国发展面临的资源瓶颈制约，随着人类经济活动范围的不断扩张以及能源资源竞争的不断加剧，海洋产业未来将成为各国经济竞争的重要环节。大力发展海洋经济有利于增加一国经济的抗风险能力，提高国家的国际竞争力和世界影响力。

二、海洋经济发展规划

我国是海洋大国，管辖海域广阔，海洋资源可开发利用的潜力很大。我国濒临西北太平洋，由北向南依次濒临渤海、黄海、东海和南海，大陆岸线长 1.8 万千米，面积大于 500 平方米的岛屿超过 6500 个，内水和领海主权海域面积 38 万平方千米。据统计，我国管辖的海域面积约 300 万平方千米，这些海域的海洋资源种类繁多。此外，我国在太平洋国际海底区域获得了具有专属勘探权和优先开发权的 7.5 万平方千米多金属结核矿区和 1 万平方千米多金属硫化物矿区，在南北极建立了长城、中山、昆仑、黄河科学考察站。这些丰富的自然资源为我国海洋经济的发展奠定了坚实的基础。

近些年，在我国海洋经济的发展中海洋经济规划指导和政策调节不断加强。其中 2003 年 5 月，国务院出台了《全国海洋经济发展规划纲要》，指出 "我国海洋经济正处于成长期，应保持较高的发展速度，增加海洋经济总量，提高增长质量，提升海洋经济在国民经济中的地位。海洋经济结构和产业布局得到优化，海洋科学技术的贡献率显著加大，海洋支柱产业、新兴产业快速发展，海洋产业国际竞争能力进一步加强，海洋生态环境质量明显改善"。

2011 年国家 "十二五" 规划提出 "推进海洋经济发展" 战略，明确要求坚持陆海统筹，制定和实施海洋发展战略，提高海洋开发、控制、综合管理能力。2012 年，国务院批准《全国海洋功能区划（2011—2020 年)》，将海洋功能区分为农渔业区、港口航运区、工业与城镇用海区、矿产与能源区、休闲娱乐区、海洋保护区、特殊利用区以及保留区等。2012 年 9 月，国务院印发《全国海洋经济发展 "十二五" 规划》，指出在 "十二五" 期间要进一步提升海洋经济总体实力，加强海洋科技创新能力，优化海洋产业结构。[①] 2013 年 4 月，国家海洋局发布《国家海洋事业发展 "十二五" 规划》，要稳步提升海洋综合管理能力，增强海洋可持续发展能力，优化海洋公共服务能力，强化海洋巡航执法能力，提升海洋科技创新能力等。2015 年 8 月，国务院发布了《全国海洋主体功能区规划》，海洋主体功能区按开发内容可分为产业与城镇建设、农渔业生产、生态环境服务三种功能。依据主体功能，将海洋空间划分为以下四类区域：优化开发区、重点开发区、限制开发区和禁止开发区。坚持点上开发、面上保护，形成 "一带九区多点" 海洋开发格局、"一带一链多点" 海洋生态安全格局、以传统渔场和海水养殖区等为主体的海洋水产品保障格局、储近用远的海洋油气资源开发格局。

2016 年 9 月，财政部、国家海洋局联合印发《关于 "十三五" 期间中央财政支持开展海洋经济创新发展示范工作的通知》，通知要求沿海各省（区、市）

---

① 资料来源于 2012 年 9 月国务院印发的《全国海洋经济发展 "十二五" 规划》。

择优推荐 1～2 个沿海城市作为备选示范城市。最终确定天津滨海新区、南通、舟山、福州、厦门、青岛、烟台、湛江八个城市为首批海洋经济创新发展示范城市，将可以获得中央财政战略性新兴产业发展专项资金支持，同时，财政部、国家海洋局将从产业链协同创新、产业孵化集聚创新等方面完善支持政策，推动海洋科技成果转化。在首批的八个示范城市中都肩负着各自的主要任务，具体如表 12－9 所示。这些示范地区能够推动产业链、创新链和资金链的有效融合，促进海洋产业集聚发展。

表 12－9　海洋示范城市任务

示范区	主要任务
天津滨海新区	将探索科技引领、市场主导、环境优化的产业聚集创新发展模式，初步建成深海油气开发配套装备和海水淡化关键材料等中高端产业链
青岛	将努力构建先进的海洋产业体系，基本形成园区支撑、产业链优化聚集发展的新格局
烟台	将探索形成海洋经济创新发展的有效模式，建成区域特色明显，发展势头强劲的海洋经济创新发展体系
南通	将推动沿海、沿江跨领域、跨区域协同创新，促进海洋高端装备产业和海洋生物产业向中高端迈进，并向绿色化转型
舟山	将通过统筹协调推进，集成要素资源，形成一批创新型龙头企业和中小微企业，重点产业向中高端迈进，促进海洋经济转型升级和舟山群岛新区建设
福州	将加强产业国际合作，促进海洋战略性新兴产业特色发展，提升海洋生物和海洋高端装备产业地位
厦门	将创新金融支持方式，密切产学研合作，形成一批中高端产业链和具有市场竞争力的创新型中小微企业
湛江	将创新海洋科技成果转化交易模式，形成科技创新驱动海洋经济发展新模式，建立较完善的区域创新体系，基本建成高端化、高质化的海洋生物和海洋高端装备产业体系

未来随着《海洋领域"十三五"科技创新规划》《全国科技兴海规划(2016～2020 年)》《全国海水利用"十三五"规划》以及《海洋可再生能源发展"十三五"规划》等多项规划陆续出台，我国海洋经济将迎来重要的战略机遇期，面对新的机遇和挑战，我国应加快落实政策规划中的各项措施，推动海洋经济的可持续发展。

三、海洋经济整体发展现状

现代海洋产业及海洋相关产业主要包括海洋渔业、海洋船舶工业、海洋油气业、海洋盐业和盐化工业、海洋工程装备制造业、海洋药物和生物制品业、海洋可再生能源业、海水利用业、海洋交通运输业、海洋旅游业、海洋文化产业、涉海金融服务业、海洋公共服务业等。①

"十二五"以来，我国海洋经济总体平稳增长，取得了巨大成就。在世界经济持续低迷和国内经济增速放缓的大环境下，我国海洋经济继续保持总体平稳的增长势头，2011～2014年，全国海洋生产总值分别为45580亿元、50173亿元、54949亿元和59936亿元，年均增速8.4%；海洋生产总值占国内生产总值的比重始终保持在9.3%以上。据初步核算，2015年全国海洋生产总值64669亿元，比上年增长7.0%，海洋生产总值占国内生产总值的9.6%。其中，海洋产业增加值38991亿元，海洋相关产业增加值25678亿元。海洋第一产业增加值3292亿元，第二产业增加值27492亿元，第三产业增加值33885亿元，海洋第一、第二、第三产业增加值占海洋生产总值的比重分别为5.1%、42.5%和52.4%。据测算，2015年全国涉海就业人员3589万人。②

2015年，我国海洋产业总体保持稳步增长。其中，主要海洋产业增加值26791亿元，比上年增长8.0%；海洋科研教育管理服务业增加值12199亿元，比上年增长8.7%。主要海洋产业发展情况如下：传统海洋产业基本保持稳定增长。其中，海洋渔业保持平稳发展态势，海水养殖和远洋渔业产量稳步增长。全年实现增加值4352亿元，比上年增长2.8%。海洋油气产量保持增长，其中海洋原油产量5416万吨，比上年增长17.4%，海洋天然气产量136亿立方米，比上年增长3.9%。受国际原油价格持续走低影响，全年实现增加值939亿元，比上年下降2.0%。海洋矿业快速增长，全年实现增加值67亿元，比上年增长15.6%。海洋盐业平稳发展，全年实现增加值69亿元，比上年增长3.1%。

现代海洋产业基本保持高速增长。其中海洋化工业较快增长，全年实现增加值985亿元，比上年增长14.8%。海洋生物医药业持续快速增长，全年实现

---

① 资料来源于2013年1月国务院印发的《全国海洋经济发展"十二五"规划》。
② 资料来源于2016年3月国家海洋局发布的《2015年中国海洋经济公报》。

增加值302亿元，比上年增长16.3%。海洋电力业发展平稳，海上风电场建设稳步推进。全年实现增加值116亿元，比上年增长9.1%。海水利用业保持平稳的增长态势，发展环境持续向好，全年实现增加值14亿元，比上年增长7.8%。海洋船舶工业加速淘汰落后产能，转型升级成效明显，但仍面临较为严峻的形势，全年实现增加值1441亿元，比上年增长3.4%。海洋工程建筑业快速发展，重大海洋工程稳步推进，全年实现增加值2092亿元，比上年增长15.4%。海洋交通运输业发展总体放缓，航运市场持续低迷。全年实现增加值5541亿元，比上年增长5.6%。滨海旅游继续保持较快增长，邮轮游艇等新兴海洋旅游业态蓬勃发展，全年实现增加值10874亿元，比上年增长11.4%。[①]

从重点区域的发展情况看，环渤海地区依旧是海洋经济发展的核心区域。2015年，环渤海地区海洋生产总值23437亿元，占全国海洋生产总值的比重为36.2%，比上年回落了0.5个百分点；长江三角洲地区海洋生产总值18439亿元，占全国海洋生产总值的比重为28.5%，与去年基本持平；珠江三角洲地区海洋生产总值13796亿元，占全国海洋生产总值的比重为21.3%，比上年回落了0.5个百分点。[②]

第四节　我国各区域海洋经济发展

2016年国务院发布的"十三五"规划纲要在推动区域协调发展中提出，要壮大海洋经济，深入推进山东、浙江、广东、福建、天津等全国海洋经济发展试点区建设，支持海南利用南海资源优势发展特色海洋经济，建设青岛蓝谷等海洋经济发展示范区。[③] 这意味着在"十三五"期间，我国将会以试点区为重点核心，以点带面，大力推进海洋经济的发展，建设海洋强国。

一、山东半岛蓝色经济区

2011年1月，国务院批复《山东半岛蓝色经济区发展规划》，这是"十二

---

①② 资料来源于2016年3月国家海洋局发布的《2015年中国海洋经济公报》。
③ 资料来源于2016年国务院发布的《国民经济和社会发展第十三个五年规划纲要（全文）》。

五"以来第一个获批的国家发展战略，也是我国第一个以海洋经济为主题的区域发展战略。该规划的批复实施，是我国区域发展逐步从陆域经济延伸到海洋经济的重大战略举措，标志着全国海洋经济发展试点工作进入实施阶段；同时，也意味着山东半岛蓝色经济区建设正式上升为国家战略，成为国家层面海洋发展战略和区域协调发展战略的重要组成部分。

山东半岛蓝色经济区的规划主体区范围包括山东全部海域和青岛、东营、烟台、潍坊、威海、日照六市及滨州市的无棣、沾化两个沿海县所属陆域，海域面积 15.95 万平方千米，陆域面积 6.4 万平方千米。根据发展规划，未来要将山东半岛蓝色经济区建设成具有较强国际竞争力的现代海洋产业集聚区、具有世界先进水平的海洋科技教育核心区、国家海洋经济改革开放先行区以及全国重要的海洋生态文明示范区。

根据山东半岛蓝色经济区的战略定位、资源环境承载能力、现有基础和发展潜力，提升胶东半岛高端海洋产业集聚区核心地位，壮大黄河三角洲高效生态海洋产业集聚区和鲁南临港产业集聚区两个增长极；优化海岸与海洋开发保护格局，构筑海岸、近海和远海三条开发保护带；优化沿海城镇布局，培育青岛—潍坊—日照、烟台—威海、东营—滨州三个城镇组团，形成"一核、两极、三带、三组团"的总体开发框架。山东半岛蓝色经济区包括主体区和核心区，其中主体区为沿海 36 个县市区的陆域及毗邻海域，核心区为 9 个集中集约用海区，分别是：丁字湾海上新城、潍坊海上新城、海州湾重化工业集聚区、前岛机械制造业集聚区、龙口湾海洋装备制造业集聚区、滨州海洋化工业集聚区、董家口海洋高新科技产业集聚区、莱州海洋新能源产业集聚区、东营石油产业集聚区。每个集中集约用海区都是一个海洋或临海具体特色产业集聚区。①

山东半岛蓝色经济区规划实施以来，海洋经济得到长足发展，现代海洋产业体系基本建立，呈现出战略效应集中释放、综合实力快速提升和发展格局不断优化的良好态势。2012 年，蓝色经济区实现地区生产总值 2.36 万亿元，同比增长 10.7%，高于全省平均增幅 0.9 个百分点，占全省生产总值的比重达到 47.3%。2013 年，山东半岛蓝色经济区实现生产总值 25728.8 亿元，对全省经济增长的贡献率为 46.4%；黄河三角洲高效生态经济区、西部经济隆起带发展

---

① 资料来源于 2011 年发布的《山东半岛蓝色经济区发展规划》。

加快，分别实现生产总值 7985. 2 亿元、16173. 2 亿元，增速均超过全省 1. 3 个百分点。2014 年，山东省海洋生产总值占全省生产总值的 17. 6%，总量和增速均位居全国前列。2015 年，蓝色经济区实现生产总值 29447. 3 亿元，增长 8. 0%；完成固定资产投资 23362. 5 亿元，增长 14%；实现公共财政预算收入 2656 亿元，增长 11. 5%；规模以上工业增加值增长 7. 8%。[①]

加快建设山东半岛蓝色经济区意义重大，它不仅有利于提高海洋资源的开发利用水平，加快推进海洋国土开发，提高海洋维权和国际海域开发的后勤服务能力，保障我国黄海、渤海运输通道安全，维护和争取国家海洋战略权益；而且有利于加快培育战略性海洋新兴产业，构筑现代海洋产业体系，促进经济发展方式转变；有利于推动海陆统筹协调，提升海洋经济辐射带动能力，进一步密切环渤海与长三角地区的联动融合，不断优化我国东部沿海地区总体开发格局。

二、浙江海洋经济发展示范区

2011 年 2 月 25 日国务院正式批复《浙江海洋经济发展示范区规划》，2011 年 6 月 30 日国务院又批复同意设立浙江舟山群岛新区（国函〔2011〕77 号），浙江海洋经济发展示范区建设上升为国家战略。建设浙江海洋经济发展示范区，对于推动浙江加快转变经济发展方式、促进全国区域协调发展、维护国家海洋权益具有重要意义。

规划区包括浙江全部海域和杭州、宁波、温州、嘉兴、绍兴、舟山、台州等市的市区及沿海县（市）的陆域（含舟山群岛、台州列岛、洞头列岛等岛群），海域面积 26 万平方千米，陆域面积 3. 5 万平方千米，其中海岛的陆域总面积约 0. 2 万平方千米。根据《浙江海洋经济发展示范区规划》，未来要将浙江海洋经济发展示范区建设成我国重要的大宗商品国际物流中心、我国海洋海岛开发开放改革示范区、我国现代海洋产业发展示范区、我国海陆协调发展示范区以及我国海洋生态文明和清洁能源示范区。

根据浙江海洋经济发展示范区的战略定位，要坚持以海引陆、以陆促海、海陆联动、协调发展，注重发挥不同区域的比较优势，优化形成重要海域基本

---

① 资料来源于各年度山东省国民经济和社会发展统计公报。

功能区，推进构建"一核两翼三圈九区多岛"的海洋经济总体发展格局。具体来看，包括以宁波—舟山港海域、海岛及其依托城市为核心区，围绕增强辐射带动和产业引领作用，继续推进宁波—舟山港口一体化；以环杭州湾产业带及其近岸海域为北翼，以温州、台州沿海产业带及其近岸海域为南翼，尽快提升两翼的发展水平；加强杭州、宁波、温州三大沿海都市圈海洋基础研究、科技研发、成果转化和人才培养，加快发展海洋高技术产业和现代服务业；在整合提升现有沿海和海岛产业园区基础上，坚持产业培育与城市新区建设并重，重点建设杭州、宁波、嘉兴、绍兴、舟山、台州、温州等九大产业集聚区。①

　　浙江海洋经济发展示范区建设工作有序推进，已取得了重要的阶段性成效。2012 年，浙江省实现海洋生产总值占地区生产总值的比重达 14% 以上，占全国海洋生产总值的 10% 左右。2013 年，浙江全省实现海洋生产总值（指增加值）5508 亿元，比上一年增长了 11.1%，海洋经济实力明显增强。舟山群岛新区建设顺利起步，港航强省建设正加速推进，海洋优势产业稳步发展，一大批重大涉海工程项目已建成落地，开放平台建设也在不断推进。2014 年，浙江省海洋经济增加值约完成 6000 亿元，占 GDP 的比重上升到 15%，海洋经济对浙江省经济发展的辐射拉动能力不断增强。2015 年，全省海洋生产总值近 6200 亿元，"十二五"期间年均增长 10.3%，高于同期全省地区生产总值平均增幅。2016 年，浙江省海洋生产总值 6700 亿元，比上年增长 8.4%；全省沿海港口货物吞吐量 11.4 亿吨，增长 3.7%；集装箱吞吐量 2362 万标箱，增长 4.7%，其中宁波舟山港货物吞吐量 9.2 亿吨，增长 3.5%，连续 8 年蝉联全球第一。未来浙江省将着力完善海洋港口发展平台，打造全球一流枢纽港，加快推进浙江海洋经济发展示范区、舟山群岛新区、舟山江海联运服务中心、义甬舟开放大通道等建设，确保早日实现海洋强省、国际强港的目标。

三、广东海洋经济综合开发试验区

　　2011 年 7 月，国务院正式批准实施《广东海洋经济综合试验区发展规划》。这是我国第三个主打海洋经济的区域规划，广东省海岸线长海域面积广，优质港口众多，同时紧邻港澳和东南亚，有着优越的区域开发优势。此次批复体现

---

　　① 资料主要来源于 2011 年国务院发布的《浙江海洋经济发展示范区规划》。

了广东发展方式由陆地走向海洋的转变。推进广东海洋经济综合试验区建设，是保持广东国民经济平稳较快发展的重要战略部署，有利于优化海洋产业结构，促进经济发展方式转变，提升海洋经济总体实力和综合竞争力，不断提高对全国海洋经济发展的引领作用。

规划主体区涵盖了广东省全部海域和广州、深圳、珠海、汕头、惠州、汕尾、东莞、中山、江门、阳江、湛江、茂名、潮州、揭阳14个市，海域面积41.9万平方千米，陆域面积8.4万平方千米。除了囊括粤东、粤西两大增长极外，广东海洋经济综合试验区还将珠江三角洲地区的佛山、肇庆及环珠三角地区的粤北等相邻地区作为联动区。依托广东在海洋经济发展中的先行优势，未来要将广东海洋经济综合实验区建设成为提升我国海洋经济国际竞争力的核心区、促进海洋科技创新和成果高效转化的集聚区、加强海洋生态文明建设的示范区以及推进海洋综合管理的先行区。①

根据广东海洋经济综合试验区的战略定位、现有产业基础和发展潜力、资源环境承载能力，将着力建设珠江三角洲海洋经济优化发展区和粤东、粤西海洋经济重点发展区三大海洋经济主体区域，积极构建粤港澳、粤闽、粤桂琼三大海洋经济合作圈，科学统筹海岸带（含海岛地区）、近海海域、深海海域三大海洋保护开发带，推进形成"三区、三圈、三带"的海洋综合发展新格局。珠江三角洲海洋经济优化发展区包括广州、深圳、珠海、江门、东莞、中山、惠州七市海域及陆域，是广东海洋经济发展基础最好、发展水平最高的区域。粤东海洋经济重点发展区包括广东东部沿海的汕头、汕尾、潮州和揭阳四市海域及陆域，是广东海洋经济发展的一个重要引擎。粤西海洋经济重点发展区包括广东西部沿海的湛江、茂名和阳江三市海域及陆域，是广东海洋经济发展的一个重要增长极。

广东省海洋经济连续20年领跑全国。2014年，广东实现海洋生产总值1.35万亿元，比2010年增长0.52万亿元，增幅超过60%，海洋生产总值年均增长率达10.7%，占全国海洋生产总值的比重达22.5%。2015年，广东省海洋地区生产总值达1.52万亿元，同比增长10.5%，约占全省GDP的20.9%。广东海洋经济结构在"十二五"期间也进一步优化，海洋经济一、二、三产业比例由

---

① 资料主要来源于2011年国务院发布的《广东海洋经济综合试验区发展规划》。

2010 年的 2.4:47.3:50.3 调整为 2014 年的 1.6:46.9:51.5，2015 年海洋经济第一、二、三产业比例是 1.6:43.5:55。未来，广东省将高标准建设广东自贸试验区，着力构建"一带一路"战略枢纽和经贸合作中心，形成粤港澳台经济深度合作新局面，全面深化泛珠三角区域合作，以扩大开放带动创新、推动改革、促进发展。

四、福建海峡蓝色经济试验区

2012 年 11 月，《福建海峡蓝色经济试验区发展规划》获得国务院批准，这是国务院批准的中国第四个海洋经济发展试点省份的海洋发展规划。建设福建海峡蓝色经济试验区，对于推动海峡西岸经济区又好又快发展、优化我国沿海地区总体开发开放格局、促进两岸交流合作具有重要意义。

规划主体区范围包括福建省管辖海域和福州、厦门、漳州、泉州、莆田、宁德六个沿海设区市及平潭综合实验区陆域，海域面积 13.6 万平方千米、陆域面积 5.47 万平方千米。根据《福建海峡蓝色经济试验区发展规划》，未来要将福建海峡蓝色经济试验区建设成为深化两岸海洋经济合作的核心区、全国海洋科技研发与成果转化重要基地、具有国际竞争力的现代海洋产业集聚区、全国海湾海岛综合开发示范区、推进海洋生态文明建设先行区以及创新海洋综合管理试验区。

立足福建在海洋经济发展中的综合优势，坚持陆海统筹、合理布局，有序推进海岸、海岛、近海、远海开发，突出海峡、海湾、海岛特色，着力构建"一带、双核、六湾、多岛"的海洋开发新格局。以沿海城市群和港口群为主要依托，形成以若干高端临海产业基地和海洋经济密集区为主体、布局合理、具有区域特色和竞争力的海峡蓝色产业带。把福州都市圈、厦漳泉都市圈建设成为提升海洋经济竞争力的两大核心区。依托环三都澳、闽江口、湄洲湾、泉州湾、厦门湾、东山湾六大重要海湾，坚持优势集聚、合理布局和差异化发展，建设形成具有较强竞争力的海洋经济密集区。按照"科学规划、保护优先、合理开发、永续利用"的原则，重点推进建制乡（镇）级以上海岛保护开发，探索生态、低碳的海岛开发模式；结合海岛各自特点，发展特色产业。①

---

① 资料主要来源于 2012 年国务院发布的《福建海峡蓝色经济试验区发展规划》。

2016 年,《福建省"十三五"海洋经济发展专项规划》出台,海洋经济正在稳步发展。2015 年,福建省海洋生产总值达到 6880 亿元。"十二五"期间,全省海洋生产总值年均增长 13.3%,高于全省 GDP 平均增速。海洋产业结构持续优化,海洋渔业、海洋交通运输业、滨海旅游业、海洋建筑业、海洋船舶修造业五大传统产业进一步壮大,占福建省海洋经济主要产业总量的 70% 以上,海洋生物医药、海洋工程装备、邮轮游艇等海洋新兴产业加快发展,初步形成环三都澳、闽江口、湄洲湾、泉州湾、厦门湾、东山湾六大海洋经济密集区。2016 年,福建预计实现海洋生产总值 7500 亿元,同比增 9%,渔业经济总产值 2660 亿元,同比增 8% 左右。① 作为中国渔港经济区建设唯一试点省份,福建在 2016 年制定了《全省渔港经济区布局总体规划》,先期培育霞浦三沙、连江黄岐、石狮祥芝等八个渔港经济区。福建还在实施渔业转型升级计划,加速推进设施渔业,实施远洋渔业工程包建设,扶持水产品加工企业。未来,福建省将持续优化海洋经济空间布局,进一步增强海洋科技创新支撑,不断提高海洋生态保护水平,加强海洋综合管理能力,建立健全涉海基础设施与公共服务体系,全面建设海洋经济强省。

五、天津海洋经济科学发展示范区

经国务院批准,国家发展改革委于 2013 年 9 月 2 日印发《天津海洋经济科学发展示范区规划》(发改地区〔2013〕1715 号),2013 年 9 月 11 日批复同意《天津海洋经济发展试点工作方案》(发改地区〔2013〕1766 号)。建设天津海洋经济科学发展示范区有利于深化天津滨海新区开发开放战略,优化沿海地区总体开发格局。高水平建设示范区,有利于加快推进北方国际航运中心和国际物流中心建设,进一步提升天津滨海新区开发开放水平和天津总体经济实力,更好地服务、带动京津冀地区和环渤海经济带的协调互动、一体发展,深化拓展与东北亚地区的战略合作,进一步优化我国沿海地区总体开发格局。

规划范围为天津市行政管辖区域,陆域面积约 11947 平方千米,海域面积约 2146 平方千米。立足天津海洋经济发展的综合优势,服务国家整体发展战略

---

① 资料主要来源于 2016 年福建省人民政府办公厅政府印发的《福建省"十三五"海洋经济发展专项规划》。

需要，天津海洋经济科学发展示范区将要建设成为海洋高新技术产业集聚区、海洋生态环境综合保护试验区和海洋经济改革开放先导区。按照以陆促海、以海带陆、优势集聚、合理分工的原则，将着力强化天津滨海新区核心地位，积极构建沿海蓝色产业发展带和海洋综合配套服务产业带，重点打造六大海洋产业集聚区域，包括南港工业基地、临港经济集聚区域、天津港主体区域、塘沽海洋高新技术产业基地、滨海旅游区域以及中心渔港，推进形成"一核、两带、六区"的海洋经济总体发展格局。

在经济新常态背景下，天津市海洋经济总体保持平稳运行，海洋产业结构进一步优化。2014年天津市海洋经济生产总值5027亿元，比上年增长11.23%。天津海洋生产总值占全国海洋生产总值的8.39%，占全市生产总值的31.97%。2015年，全市海洋经济生产总值实现5500亿元，占全市经济总量的33%。2012～2015年海洋经济生产总值年均增长11.8%。单位海岸线产出规模超过35亿元，居全国沿海省（市、区）前列。示范区将重点建设项目锁定在培育海洋工程装备制造、海水淡化等海洋战略性新兴产业上，2015年，海洋战略性新兴产业实现增加值630亿元，占全市海洋生产总值的11.5%。"十三五"期间，天津将围绕建成海洋强市总目标，以科技自主创新为动力，以战略性新兴产业为重点，优化经济结构、转变发展方式，提高发展质量和效益，不断开拓海洋经济科学发展示范区建设的新局面。

第十三章　经济区与经济区划

经济区是组织国民经济活动的重要地域单元。中国幅员辽阔，地区差异大，加之改革开放以来地区经济格局发生了重大变化，经济区划问题一直是中国经济地理的重点问题。

第一节　经济区及经济区划的概念

一、经济区

对于经济区的认识是一个不断发展的过程。过去一般都认为经济区是具有全国意义专业化的地域生产统一体或者是以大中城市为中心、具有全国意义的专业化地域生产综合体（刘再兴等，1984）。但是，这种定义是从区域经济的组织角度来考虑的，实际上只关注了具有较高组织水平的地域生产综合体，也就是综合经济区，而没有包含其他类型的经济区。现在，更多学者认为，"经济区是指以劳动地域分工为基础客观形成的不同层次、各具特色的经济地域"（张敦富，1999）。这种观点既强调了经济区作为经济活动空间的特性，也指出了经济区形成的原因和多样性。因而，比较好地体现了经济区的本质。

根据学术界对经济区的研究，本书认为，经济区是在地球表层一定空间范围内，由一组经济活动相互关联、组合而形成的经济地域单元，是一种区域经济的空间组织实体。

经济区的产生来自于区域经济活动的内在需要。其一，在区域经济的空间组织中，经济活动的开展必须把空间上分散的相关资源、要素、市场组织在一起，形成一个完整的经济过程。任何经济活动都要占据一定的活动空间，多种经济活动出于经济、技术联系的需要相互关联，形成经济系统或体系。经济系统必须把相关经济活动在空间上连接起来，因而将占据更大的活动空间。无论是某个经济部门还是经济系统，都必须以一定的空间作为发展的依托。其二，从区域经济空间组织效益角度看，经济活动在空间上发生的联系或扩展要受到来自空间距离成本和交易费用、自然障碍、经济或社会障碍等的约束。所以，无论经济部门还是经济系统，都只能占据有限的空间作为主要的活动范围。由此可见，区域经济活动必须占据相应的空间，而且只能占据有限的空间。在这个有限的空间内，相关的经济活动相互依赖，表现出明显的同质性或群体性，与外部有着比较明确的组织边界和空间边界，从而构成相对独立的经济地域单元，于是就产生了经济区。

二、经济区划

经济区划是在认识客观存在的经济区的基础上，根据特定时期国民经济发展的目标和任务，对全国区域进行分区划片，以阐明各经济区经济发展的条件、特点和问题，指出经济区在国民经济体系中的地位和发展方向，最终为中央政府对区域经济进行宏观调控、地方政府制定区域发展规划、企业进行区域分析活动提供科学依据。

经济区划的原则和依据视研究对象的不同、经济区划目的的不同而不同。从总体上看，以下几个方面是必须要考虑的：①经济区内自然和经济社会条件的相似性和区际差异性，这是划分经济区的一般原则。②充分发挥地区优势与国民经济综合发展相结合，即地区生产专业化与综合发展相结合，建立合理的产业结构。③地区经济中心与经济腹地相结合。综合经济区应该是以中心城市为核心，以区域交通通信网络为脉络，上下级城市密切联系，城市与乡村相互结合的区域整体。④经济区的界限尽可能与行政区界限一致。⑤同级综合经济区之间在地理范围上不宜重叠或交叉，各同级经济区地域范围的总和覆盖上一级经济区的国土总和，全国性的综合经济区应覆盖全部国土。

三、经济区划方案

新中国成立之后，特别是改革开放以来，关于经济区划的讨论很多。

（一）21 世纪之前的区划方案

（1）按行政区划系统来组织国民经济生产。这是我国一直沿用的一种区域经济安排形式。这种形式虽然有利于调动各级政府的积极性，但是由于行政区是人为划分的，按照行政区组织经济活动容易人为割裂区际经济联系，不利于在全国范围内实现合理的劳动地域分工。

（2）按沿海与内地两大块来安排区域分布格局。这是在 20 世纪 50 年代，特别是"一五"计划时期，沿海和内地的区内一致性与区际差异性比较明显，按这种划分来安排地区布局起到过一定的作用。但随着国民经济的发展，这种划分由于过于粗略而很少被采用。

（3）按六大协作区来安排地区布局，组织国民经济发展。1958 年最早提出的是七大经济协作区，1962 年把华中区和华南区并为中南区，成为六大经济协作区，即东北区、华北区、华东区、中南区、西南区和西北区。最初六大经济协作区的划分，本意是想作为综合经济区划，但后来没有真正起到综合经济区的作用。至今人们仍然习惯沿用六大经济区的提法。

（4）三大地带的划分。改革开放以后，随着梯度开发理论的引入和发展，我国以陈栋生为代表的区域经济学者提出了东、中、西三大经济地带的划分，并被作为我国政府组织国民经济活动的重要依据。三大地带主要是指：东部地区（含辽、冀、京、津、鲁、苏、沪、浙、闽、粤、桂、琼）、中部地区（含黑、吉、蒙、晋、豫、鄂、湘、赣、皖）和西部地区（含陕、甘、青、宁、新、川、渝、云、贵、藏）。在地带的划分中，关于桂、琼、陕、川的划分有些争议，但地带划分本身是基本上被接受的。这种划分能从总体上反映出我国的区域经济发展水平的梯度差异，反映我国宏观布局的总趋势和大致轮廓，但如果作为综合经济区划显然太粗略。2000 年，我国实施西部大开发战略，将广西、内蒙古两个民族自治区划入国家大开发意义上的西部地区。

（二）学术界提出的几个区划方案

改革开放以来，关于经济区划的研究在不断深入，提出了很多有代表性的综合经济区划方案，主要有以下几种。

（1）十大经济区的划分。中国人民大学杨树珍教授研究并提出了十大经济区划分的设想。该经济区划方案把全国分为三个层次的经济区系统，即大经济区、省级经济区和省内经济区。大经济区即一级综合经济区共十个，它们是：

东北区（辽、吉、黑），华北区（京、津、冀、晋、鲁），华东区（沪、苏、浙、皖、赣、闽、台），华中区（豫、鄂、湘），华南区（粤、桂、琼、港、澳），西南区（川、滇、黔），西北区（陕、甘、青、宁），内蒙古区（蒙），新疆区（新）和西藏区（藏）。

（2）六大综合经济区的划分。中国人民大学刘再兴教授在考虑诸多因素的基础上将中国划分为六大经济区，即：东北区（辽、吉、黑及东蒙三盟一市）；黄河中下游经济区或称华北区（京、津、冀、鲁、内蒙古中西部、晋、豫，其中前四省市称为环渤海亚区或黄河下游区，后三省区称为黄河中游亚区）；长江中下游区（沪、苏、浙、皖、赣、鄂、湘，其中前三省市称为长江三角洲亚区，后四省称为长江中游亚区）；东南沿海区（闽、粤、桂、琼及港澳）；西南区（川、云、贵、藏，其中又分为川滇黔亚区和西藏亚区）；西北区（陕、甘、青、宁、新，其中又分为陕甘青宁亚区和新疆亚区）。

中国科学院地理所胡序威研究员也提出六大综合经济区划分方案。他的方案中也充分考虑地区经济联系。根据各地区经济联系的不同，每一个经济区都有两个层次的成员，其区划方案及各大区的成员如下：东北区（辽、吉、黑）；华北区（京、津、冀、晋、鲁、蒙、豫）；西北区（陕、甘、宁、青、新）；东中区（苏、浙、沪、皖、赣、鄂、湘）；西南区（川、滇、黔、藏）；华南区（粤、闽、桂、琼）。

此外，北京大学杨吾杨教授、中国人民大学郭振淮教授、北京师范大学邬翊光教授、中国科学院陆大道研究员、南京大学顾朝林教授也都提出了自己的研究方案。

（3）邹家华提出的我国七大经济区的区划方案，把我国划分为长江三角洲及沿江地区、环渤海地区、东南沿海地区、西南和华南部分省区、东北地区、中部五省区及西北地区。该方案是根据国民经济形势及发展的需要而提出的，它高度体现了新时期我国区域经济发展的基本格局，时代气息浓厚。方案提出后，很快作为政府研究地区问题的重要依据，并被写入第八届全国人民代表大会第四次会议批准的《中华人民共和国国民经济和社会发展"九五"计划和2010年远景目标纲要》之中。

第二节 四大板块的划分

进入 21 世纪以来，国家高度重视对中西部、东北地区发展，先后实施了西部大开发战略、东北振兴战略、中部崛起战略，这些战略与东部率先发展战略一起构建了我国区域发展的总体战略。四大板块的区域划分成为经济地理分析的重要抓手。

一、西部地区

西部地区包括陕西、四川、云南、贵州、广西、甘肃、青海、宁夏、西藏、新疆、内蒙古、重庆 12 个省、自治区和直辖市。土地面积 681 万平方千米，占全国总面积的 71%；人口约 3.5 亿，占全国总人口的 28%。西部地区疆域辽阔，大部分省市是我国经济欠发达、需要加强开发的地区。同时，西部地区与蒙古国、俄罗斯、塔吉克斯坦、哈萨克斯坦、吉尔吉斯斯坦、巴基斯坦、阿富汗、不丹、尼泊尔、印度、缅甸、老挝、越南接壤，陆地边境线长达 1.8 万千米，约占全国陆地边境线的 91%；与东南亚许多国家隔海相望，有大陆海岸线 1595 千米，约占全国海岸线的 1/11。

四川简称川或蜀，省会成都，四川是中国西部综合交通枢纽、西部经济发展高地，经济总量连续多年位居西部第一。四川共辖 1 个副省级市、17 个地级市、3 个自治州，其中包括 54 个市辖区、17 个县级市、108 个县、4 个自治县。截至 2017 年底，全省总人口达 8302 万人。

陕西简称陕或秦，又称三秦，为中国西北一省级行政单位，省会西安，位于中国内陆的腹地，属于黄河中游和长江上游，面积约 20.56 万平方千米，下辖 10 个地级市及 1 个农业示范区。

云南简称滇或云，位于中国西南边陲，省会昆明，是人类重要的发祥地之一，生活在距今 170 万年前的元谋猿人就发现于此，是迄今为止发现的我国和亚洲的最早人类。战国时期，这里是滇族部落的生息之地。云南，即"彩云之南"，另一说法是因位于"云岭之南"而得名。全省总面积约 39.40 万平方千米，在全国各省级行政区中面积排名第八。

贵州简称黔或贵，位于中国西南的东南部，东毗湖南、南邻广西、西连云南、北接四川和重庆，资源富集，发展潜力巨大。全省东西长约595千米，南北相距约509千米，面积约17.62万平方千米，共辖6个地级市、3个自治州、52个县、11个自治县、9个县级市、15个市辖区、1个特区。

广西简称桂，1958年正式建立自治区，1965年更名为广西壮族自治区，简称桂，首府南宁市。

西藏自治区简称藏，位于中华人民共和国西南边陲、青藏高原的西南部。它北临新疆维吾尔自治区，东北连接青海，东连四川，东南与云南相连；南边和西部与缅甸、印度、不丹和克什米尔等国家和地区接壤，形成了中国与上述国家和地区边境线的全部或一部分，全长近4000千米。

内蒙古简称蒙，首府为呼和浩特。位于中国北部边疆，西北紧邻蒙古国和俄罗斯，面积118.30万平方千米。以蒙古族和汉族为主，还有朝鲜、回、满、达斡尔、鄂温克、鄂伦春等民族。全区分设9个地级市，3个盟；其下又辖11个县级市、17个县、49个旗、3个自治旗。

新疆简称新，位于亚欧大陆中部，地处中国西北边陲，总面积163.16万平方千米，占中国陆地总面积的1/6，周边与俄罗斯、哈萨克斯坦、吉尔吉斯斯坦、塔吉克斯坦、巴基斯坦、蒙古国、印度、阿富汗等八个国家接壤；陆地边境线长达5600多千米，占中国陆地边境线的1/4，是中国面积最大、陆地边境线最长、毗邻国家最多的省区。

青海简称青，是我国青藏高原上的重要省份之一，因境内有全国最大的内陆咸水湖——青海湖——而得省名。青海位于我国西北地区，面积72.23万平方千米，东西长1200多千米，南北宽800多千米，辖6州、1地、1市、51个县级行政单位，有汉、藏、回、土、撒拉、维吾尔、蒙古、哈萨克等民族。青海是长江、黄河、澜沧江的发源地，被誉为"江河源头""中华水塔"。

甘肃简称甘或陇，地处黄河上游。东接陕西，南控巴蜀、青海，西倚新疆，北扼内蒙古、宁夏，因甘州（今张掖）与肃州（今酒泉）而得名，又因省境大部分在陇山（六盘山）以西，唐代曾在此设置陇右道，故简称甘或陇。辖12个地级市和2个自治州，省会兰州。古属雍州，是丝绸之路的锁匙之地和黄金路段，与内蒙古接壤，像一块瑰丽的宝玉，镶嵌在中国中部的黄土高原、青藏高原和内蒙古高原上，东西蜿蜒1600多千米，纵横42.59万平方千米。

宁夏简称宁,是我国五大自治区之一。宁夏回族自治区首府银川,处在中国西部的黄河上游地区。南北相距约 456 千米,东西相距约 250 千米,总面积 6.64 万平方千米。宁夏东邻陕西,西部、北部接内蒙古自治区,南部与甘肃相连。自古以来就是内接中原,西通西域,北连大漠,各民族南来北往频繁的地区。

重庆简称巴或渝,别称巴渝、山城、渝都、雾都、桥都,是我国四大中央直辖市之一,是国家中心城市、国际航运中心和国际大都市。重庆同时还是国家历史文化名城、世界温泉之都、长江经济带西部中心、长江上游地区经济、金融和创新中心以及政治、航运、文化、科技、教育、通信中心。

二、东北地区

东北地区经济起步较早,为新中国的发展壮大做出过历史性的贡献,有力地支援了全国的经济建设。东北地区省份较少,包括辽宁、吉林和黑龙江,在振兴东北老工业基地战略中将内蒙古的部分地区也划入了东北老工业基地的范围。

黑龙江简称黑,位于中国最东北部,中国国土的北端与东端均位于黑龙江省境,下辖 12 个省辖市,1 个地区,20 个县级市,42 个县,1 个自治县,65 个市辖区,省会哈尔滨。黑龙江东部和北部以乌苏里江、黑龙江为界河与俄罗斯为邻,与俄罗斯的水陆边界长约 3045 千米;西接内蒙古自治区,南连吉林,面积为 47.30 万平方千米。黑龙江西部属松嫩平原,东北部为三江平原,北部、东南部为山地,海拔多在 50~200 米。黑龙江是中国重工业基地,以机械、石油、煤炭、木材和食品工业为主。

吉林简称吉,辖 8 个地级市、1 个自治州,省会长春,前省会吉林市。处于日本、俄罗斯、朝鲜、韩国、蒙古国与中国东北部组成的东北亚几何中心地带。北接黑龙江,南接辽宁,西邻内蒙古自治区,东与俄罗斯接壤,东南部以图们江、鸭绿江为界,与朝鲜隔江相望。东西长 650 千米,南北宽 300 千米。东南部高,西北部低,中西部是广阔的平原。吉林市是中国唯一省市同名城市。

辽宁简称辽,辖 14 个地级市,省会沈阳,南临黄海、渤海,东与朝鲜一江之隔,与日本、韩国隔海相望。辽宁是东北地区唯一的既沿海又沿边的省份,也是东北辽吉黑、内蒙古东部地区对外开放的门户。

2000年后，我国提出振兴东北老工业基地的战略，位于内蒙古东部的呼伦贝尔市、兴安盟、通辽市和赤峰市、锡林郭勒盟五盟市被正式纳入到振兴东北老工业基地总体规划。蒙东地区属于东北经济区，行政区划上归属内蒙古自治区，简称"蒙东"，辖锡林郭勒盟、兴安盟、呼伦贝尔市、赤峰市、通辽市五盟市，位于东北地区西部。蒙东五盟市下辖51个旗县市区，总面积66.49万平方千米，占东北地区总土地面积的45.20%。蒙东地处内蒙古的东北部，东南与黑龙江、吉林、辽宁和河北毗邻，北与俄罗斯、蒙古国接壤。蒙东地区属寒温带和中温带大陆性季风气候和半干旱季风气候，春季干旱多风，夏季短促温热，秋季霜冻早，冬季寒冷漫长。

三、中部地区

中国中部地区，东接沿海，西接内陆，按自北向南、自东向西排序包括山西、河南、安徽、湖北、江西、湖南六个相邻省份，国土面积约102.8万平方千米。截至2017年底，中部地区总人口约3.69亿人，生产总值约17.65万亿元，人均生产总值47828.16元。中部地区历史厚重，资源丰富，交通便利，经济发达，工农业基础雄厚，现代服务业发展迅速，是中国经济发展的第二梯队，依靠全国约10.70%的土地承载全国约26.55%的人口，创造全国约21.50%的生产总值，是我国的人口大区、交通枢纽、经济腹地和重要市场，在中国地域分工中扮演着重要角色。

山西简称晋，因春秋时期大部分地区为晋国占有而得名。战国初期，韩、赵、魏三家分晋，因而又称"三晋"。山西位于太行山之西，黄河以东，长城以南。全省纵长约682千米，东西宽约385千米，总面积15.67万平方千米。山西因居太行山之西而得名，自古被称为"表里山河"。山西现辖太原、大同、朔州、忻州、阳泉、晋中、吕梁、临汾、长治、晋城、运城11个地级市，11个县级市，23个市辖区，81个县。

河南简称豫，古称中原、中州、豫州。因历史上大部分位于黄河以南，故名河南。河南位于中国中东部、黄河中下游。河南共下辖17个地级市、1个省直管市、52个市辖区、20个县级市、85个县，省会郑州市。河南是中华民族与华夏文明的发源地，历史上先后有20多个朝代建都或迁都河南，从夏朝至宋朝，河南一直是中国政治、经济、文化和交通中心。河南是中国重要的经济大省，2017 年国内生产总值稳居中国第 5 位、中西部首位。郑州商品交易所是中国首家、中西部唯一一家期货交易所。

安徽简称皖，位于华东腹地，是我国东部襟江近海的内陆省份，跨长江、淮河中下游，东连江苏、浙江，西接湖北、河南，南邻江西，北靠山东。全省东西宽约 450 千米，南北长约 570 千米，总面积 14.01 万平方千米。安徽共辖合肥、芜湖、蚌埠、淮南等 16 个地级市，6 个县级市，43 个市辖区，56 个县。安徽资源条件优越，土地资源、生物资源、水资源和矿产资源等自然资源丰富。安徽是典型的农业大省，全省耕地 8800 万亩、林地 5600 万亩、养殖水面 870 万亩。

湖北简称鄂，湖北在中国中部、长江中游，北接河南，东连安徽，东南和南邻江西、湖南，西靠重庆市，西北与陕西为邻。东西长约 740 千米，南北宽约 470 千米，面积 18.59 万平方千米，居全国第 14 位。湖北下辖 12 个地级市、1 个自治州、3 个省直管市、1 个省直管林区（神农架）、39 个市辖区、25 个县级市、36 个县、2 个自治县。湖北以在洞庭湖之北而得名。湖北是全国交通航运枢纽，是国家中部崛起的战略支点。武汉是我国重要的科研教育基地、高等教育最发达的城市之一，作为我国重要的科教城市，武汉高等院校众多，在校大学生和研究生约 120 万人。

江西简称赣，位于中国东南部，长江中下游南岸。属江南地带，东临浙江、福建，南嵌广东，西靠湖南，北毗湖北、安徽而共接长江，是中国毗邻省市最多的省份，是长江三角洲、珠江三角洲和海西经济区等发达地区的共同腹地。江西总面积 16.69 万平方千米，由 11 个地级市组成，省会南昌市。截至 2008 年 7 月，已知的 150 多种矿产中，在江西境内已发现各类固体矿产资源 140 多种，其中探明工业储量的 89 种；矿产地 700 余处，其中大型矿床 80 余处，中型矿床 100 余处。在探明的 89 种矿产储量中，居全国前五位的有 33 种。其中，居第一位的有铜、钨、钽、铯、铊、钪、金、银、铀、钍、伴生硫、溶剂白云岩等，居第二位的有稀土、硒、碲、铷、锂等，居第三位的有磷钇矿、铋、铍、岩盐、蛇纹岩等，居第四位的有钼、铌、萤石等，居第五位的有锡、锆、玻璃用白云岩等。

湖南简称湘，因湘江贯穿南北而得名。湖南位于长江中游江南地区，由于大部分地处洞庭湖之南而名为湖南。湖南东临江西，西接渝贵，南毗两广，北连湖北。湖南物产富饶，素有"湖广熟，天下足"之誉，是著名的鱼米之乡。东西宽 667 千米，南北长 774 千米。土地总面积 21.18 万平方千米，在全国各省市区中居第 10 位。湖南下辖 14 个地州市、122 个县（市、区），省会长沙市。湖南省矿藏丰富，素以"有色金属之乡"和"非金属之乡"著称。已探明储量的 80 多种矿藏中，锑的储量居世界首位，钨、铋、铷、锰、钒、铅、锌以及非金属雄黄、萤石、海泡石、独居石、金刚石等居全国前列。

四、东部地区

东部地区是我国经济发展的重点地区。2017 年，东部地区十省市年末常住人口共为 53363.35 万人，GDP 为 447835.47 亿元，人均 GDP 为 83921.92 元，其人口占全国总人口比约为 38.39%，GDP 占全国的比重约为 54.56%，东部地区以不到半数的人口生产了全国一半以上的 GDP。但是，我们也应该注意到东部地区目前存在的问题，例如东部地区内部经济发展不均衡、生态环保、人口拥挤、公共服务不均衡、资源压力大、东部与中西部发展不协调等国土开发问题，这些问题的存在制约着东部地区和全国经济发展，构成了东部地区未来发展的瓶颈。

东部地区包括河北省、北京市、天津市、山东省、江苏省、上海市、浙江省、福建省、广东省、海南省、台湾省、香港特别行政区、澳门特别行政区。东部地区是中国社会经济最发达的区域，北京、天津、上海、南京、广州、深圳等中国大陆的大都会都位于中国东部。中国发展程度最高的城市群京津冀城市群、长三角城市群和珠三角城市群均位于我国东部地区。

京津冀城市群包括北京市、天津市以及河北省的保定、唐山、廊坊、石家庄、秦皇岛、张家口、承德、沧州、邯郸、邢台、衡水 11 个地级市。京津冀地区古为幽燕、燕赵，历元明清三朝八百余年本为一家，元属中书省，明为北直隶，清为直隶省。民国初北京为京兆，天津属直隶省。民国定都南京后，北京改为北平，与天津同属河北省。京津冀地缘相接、人缘相亲，地域一体、文化一脉，历史渊源深厚、交往半径相宜，完全能够相互融合、协同发展。京津冀位于东北亚中国地区环渤海心脏地带，是中国北方经济规模最大、最具活力的地区，越来越引起中国乃至整个世界的瞩目。2017 年，京津冀三地地区生产总值合计 8.06 万亿元，占全国的 9.82%。

长江三角洲城市群位于长江入海之前的冲积平原，包括上海，江苏省的南京、无锡、常州、苏州、南通、盐城、扬州、镇江、泰州，浙江省的杭州、宁波、嘉兴、湖州、绍兴、金华、舟山、台州，安徽省的合肥、芜湖、马鞍山、铜陵、安庆、滁州、池州、宣城等26市，国土面积21.17万平方千米。长三角城市群是"一带一路"与长江经济带的重要交汇地带，在中国国家现代化建设大局和全方位开放格局中具有举足轻重的战略地位。

　　珠江三角洲城市群位于中国广东省中南部、珠江入海口处，包括广州、深圳、佛山、东莞、惠州、中山、珠海、江门、肇庆，大珠三角还包括香港、澳门特别行政区及深汕特别合作区。珠江三角洲是有全球影响力的先进制造业基地和现代服务业基地，我国参与经济全球化的主体区域，全国科技创新与技术研发基地，全国经济发展的重要引擎，南方对外开放的门户，辐射带动华南、华中和西南发展的龙头，是我国人口集聚最多、创新能力最强、综合实力最强的三大城市群之一，有"南海明珠"之称。

第三节　经济类型区与部门经济区

一、经济类型区

　　经济类型区是指内部经济活动特征相似的经济区。经济类型区的特点是区内经济活动在某个或某些方面相似程度高，而与区外表现出明显的差异性。

　　根据经济发展水平，一般可以把区域分为发达区、中等发达区和欠发达区（或称为不发达区、落后区）。我国所划分的东部、中部、西部三大经济地带，就是典型的经济类型区。如果用人均收入作为反映经济发展水平的指标，可以把区域分为高收入区、上中等收入区、下中等收入区和低收入区。

　　依据经济发展所存在的问题，可以划分为贫困区、萧条区、过密、过疏区等。这些区域所存在的经济发展问题是不同的：贫困区、过疏区的主要问题是经济发展不充分或经济发展尚未进入启动阶段，因而导致居民生活贫困；萧条区的主要问题是经济经过高速发展之后，由成熟而进入衰退阶段，经济增长乏力，过密区多数是处于成熟阶段的区域，经济上保持繁荣，但是，由于结构臃肿而积累了许多限制经济进一步发展的因素，经济增长面临下滑的危机。

在划分经济类型区时，确定经济区边界的方法因涉及的经济问题而不同。一般的区划过程是：第一，根据经济问题的特征选取相应的指标或建立指标体系；第二，确定分类的标准，作为划区的依据；第三，依据所选取的指标或指标体系，收集相关的数据资料和文字资料，并进行实地调研；第四，对资料进行处理、分析，按照不同地区在这些指标或指标体系上的得分进行归类，把特征相似且空间上相连的地区划分为同一经济类型区。

按照经济水平划分经济类型区，通常使用人均 GDP 或人均 GNP 指标，或者使用反映经济发展水平的指标体系，评价区域的经济发展水平，并根据评价结果进行分类划区。例如，参照世界银行的做法，使用相对人均 GDP 划分的经济类型区是：低收入区人均 GDP 不足全国平均水平的 75%；下中等收入区人均 GDP 是全国平均水平的 75%~100%；上中等收入区人均 GDP 是全国平均水平的 100%~150%；高收入区人均 GDP 是全国平均水平的 150% 以上。

二、主体功能区

经济类型区最有影响的是主体功能区。主体功能区即各地区所具有的、代表该地区的核心功能。由于各个地区的核心（主体）功能不同，有必要开展分工协作，实现共同富裕、共同发展。核心（主体）功能是由自身资源环境条件、社会经济基础所决定的，也是更高层级的区域所赋予的。

改革开放以来，随着我国经济持续快速的增长以及工业化、城镇化步伐的加快，国土空间发生了巨大变化。隐藏在这种巨变之后的问题也逐渐显现，各种矛盾日益尖锐，如自然资源开发强度过大、耕地减少过快、环境污染严重、生态系统自我修复功能脆弱等。在这种大背景下，国土空间的布局调整势在必行，主体功能区规划也就应运而生。其实，早在 2002 年，原国家发展计划委员会在《关于规划体制改革若干问题的意见》中就提出了关于主体功能区的构想。2006 年 3 月《"十一五"规划纲要》提出："根据资源环境承载能力、现有开发密度和发展潜力，统筹考虑未来我国人口分布、经济布局、国土利用和城镇化格局，将国土空间划分为优化开发、重点开发、限制开发和禁止开发四类主体功能区，按照主体功能定位调整完善区域政策和绩效评价，规范空间开发秩序，形成合理的空间开发结构。"

2011 年 6 月 8 日，我国首个全国性国土空间开发规划——《全国主体功能区规划》正式出台。该规划中提到推进形成人口、经济和资源环境相协调的国土空间开发格局：一是尊重自然规律。目前工业化和城市化快速推进的现实，不可避免地与自然规律发生冲突和矛盾。主体功能区规划提出的尊重自然规律谋发展，就是要我们把自己与大自然放在平等的位置上，尊重、敬畏和保护自然。二是高效利用有限的国土资源。我们的国土空间要满足人口繁衍以及经济、社会、生态等多方面发展对空间资源的需求，任务繁重。因此，节约每一寸土地，是主体功能区规划的重要理念。三是遵循国土开发规律。所谓国土开发规律，就是按部就班、循序渐进、开发与保护并重，在国土开发面前，不能跨越式发展。

2012 年，党的十八大报告明确提出优化国土空间开发格局，就是要加快实施主体功能区战略，推动各地区严格按照主体功能定位发展，构建科学合理的城市化格局、农业发展格局、生态安全格局。至此，主体功能区规划正式升格为主体功能区战略。主体功能区战略的核心是优化国土开发空间格局，主要是针对我国资源环境问题突出、经济结构战略性调整、空间差距较大等问题提出的战略性思路。

主体功能区从规划上升至战略是十分必要的。我国国土面积庞大，自然生态环境的区域差异显著，区位条件和发展基础也存在较大差异。特别是改革开放以来，我国经济快速发展，整体实力显著提升，但是在偏重追求 GDP 和城镇化率的同时，我国面临着国土无序开发、区域发展差距逐渐拉大等问题，长期以来形成的高消耗、高排放和低产出的低效率经济发展模式使得资源环境遭到严重破坏。这些是制约我国健康可持续发展的主要问题。因此，在政策和市场机制多变的社会背景下，一个具有指导性、约束性、科学性、长期稳定性和法律效力的国土空间开发的战略性规划显得尤为重要。

主体功能区战略与区域发展总体战略是相辅相成的。作为加快促进区域发展、逐步缩小地区差距的重要措施，区域发展总体战略和主体功能区战略构成了驱动我国区域发展的"双核"。主体功能区战略是常态的、限制性的战略，实施的重点是保护国土；区域发展总体战略是动态的、开发性的战略，实施的重点是国土开发。主体功能区战略解决的是"能够开发"与"不能开发"的问题，是在国土空间上画出建设的"红线"；区域发展总体战略解决的是"开发什么"

和"如何开发"的问题，阐述的是具体的开发内容。所以，区域发展总体战略和主体功能区战略都是强调节约空间、集约发展、区分功能、分类开发等，两者在理念上是先进的。

把主体功能区从规划和战略进一步上升成为制度，是党的十八届三中全会提出的新理念。主体功能区战略规划对我国的城镇化战略、农业发展战略、生态安全的发展格局提供基本支撑，成为我国国土开发布局的上层指导方案是十分必要的。但是，如何落实主体功能区战略规划，又是在实践中碰到的较为困难的现实问题。因此，只有把主体功能区战略规划上升到制度层面，才能从根本上保证落到实处。2017 年党的十九大报告指出要完善主体功能区配套政策，建立以国家公园为主体的自然保护地体系，有力推动了主体功能区政策体系的形成。

21 世纪以来，我国在国土空间管制方面做了很多工作，逐步形成了西部大开发、东北振兴、中部崛起和东部率先发展的区域发展总体战略。在政府部门中，国家发改委、国土等部门相继制定了不同类型和层次的空间布局规划。虽然在经济发展过程中起到了较大作用，但也相继出现了一些新问题。从宏观的角度来看，主要包括以下问题：第一，国土开发布局规划中缺少纲领性的战略规划，区域发展规划具有一定的盲目性和雷同性；第二，规划政策的连续性问题尤为突出；第三，在规划体系方面，区域规划、土地利用规划、国土规划、城镇体系规划、城市规划等缺少协调机制，不同类型、不同层级的规划在定位、发展方向和空间管制范围等方面存在冲突。由于主体功能区具有战略性、科学性、法律约束力，能使各类规划更加稳定有效。因此，用主体功能区来统领各类规划，解决上述问题十分必要。而主体功能区能够统领这些规划的前提条件，就是将主体功能区上升到制度层面，成为制度层面的长期战略规划。

三、部门经济区

部门经济区是指由某个经济部门的相关组织在一定地理空间范围内集聚所形成的经济区。部门经济区的特点是区内的经济活动的生产经营具有一致性，相互之间往往存在生产和经营方面的联系。而且，部门经济区的资源基础和发展条件基本相同，内部面临的发展问题也大体相似。常见的部门经济区主要是依据不同的经济部门来划分，主要有工业区、农业区、商业贸易区、旅游区等。

根据内部的行业构成，部门经济区还可做进一步的划分。例如，工业区还可以进一步分为原材料工业区、加工工业区；加工工业区又可分为机械工业区、电子工业区等。农业区可以分出种植业区、林业区、畜牧业区、水产业区等；种植业区可以进一步分成小麦种植区、玉米种植区、大豆种植区等。

部门经济区还可以按其内部行业的数量多寡分为综合性部门经济区和单一部门经济区。综合性部门经济区是由一个部门的多个行业组成，单一部门经济区只有一个行业。例如，农业区就可以分为综合农业区、部门农业区。此外，部门经济区可以进行层次划分，如农业区可以分出农业地带、农业区、农业基地等层次，农业地带还可以进一步分为农业地带、农业亚地带、农业小地带。

（一）农业区划

农业区划是按农业地域分异规律，科学地划分农业区，是研究农业地理布局的一种重要科学分类方法。农业区划在农业资源调查的基础上，根据各地不同的自然条件与社会经济条件、农业资源和农业生产特点，按照区内相似性与区间差异性和保持行政区界完整性的原则，把全国或一定地域范围划分为若干不同类型和等级的农业区域，并分析研究各农业区的农业生产条件、特点、布局现状和存在的问题，指明各农业区的生产发展方向及其建设途径。农业区划既是对农业空间分布的一种科学分类方法，又是实现农业合理布局和制定农业发展规划的科学手段和依据，是科学地指导农业生产、实现农业现代化的基础性工作。《中国综合农业区划》根据综合区划的分区原则与方法，将全国划分为10个一级农业区和38个二级农业区。一级农业区概括性地揭示了中国农业生产最基本的地域差异，既反映中国自然条件大的地带性特征，也反映通过长期历史发展过程所形成的农业生产的基本地域特点；二级区着重反映农业生产发展方向和建设途径的相对一致性，重点关注区内农业生产的条件、特点和问题。

其中，十个一级区是：①东北区；②内蒙古长城沿线区；③黄淮海区；④黄土高原区；⑤长江中下游区；⑥西南区；⑦华南区；⑧甘新区；⑨青藏区；⑩海洋水产区。其中，①至④农业区位于秦岭、淮河以北，是中国各种旱粮作物的主产区；⑤至⑦位于秦岭、淮河以南，是中国水稻以及亚热带、热带经济作物主产区。这七个区属中国东部地区，是中国人口、耕地、农、林、牧、渔业分布集中地区；⑧至⑨区属于中国西部地广人稀、以放牧畜牧业为主的地区。

（二）能源区划

能源经济区划根据能源资源丰度、产销联系与结构特点的地域差异将全国进行划分。它以各地区的能源资源评价与能源开发、供求现状分析为基础，结合能源的生产、运输与消费，全面考虑，分区划片。在科学评价资源的基础上，建设具有区际意义的能源基地；对各能源基地的合理供应范围进行划分，以便在它们与各主要能源消费地间找出经济效益最佳的产销联系；对各能源基地的产运销售地区进行空间组合，以形成具有相当规模的综合开发产销区；参照未来交通网的发展情况，大区工业体系的形成趋势，并适当考虑行政区界线，对区划界线作相应调整。

能源区划必须考虑下列要求①：①能源工业的布局必须建立在能源生产、运输、消费综合平衡的基础上。能耗大的企业应尽量接近能源基地，缺能地区则不应安排耗能大的企业；②尽量避免煤、电对流；③综合利用能源资源，把能源工业基地建设成综合性的工业基地，发展区内工业，以减少能源运输；④在能源短缺地区有计划地发展核电，以克服能源资源分布不平衡的难题。

第四节　新型经济区

在各国的经济发展中，出于对外开放的需要，国家有计划地规划和建设了不同类型的对外开放区和贸易区。同时，为了发展新兴产业、吸引外来投资，各区域也规划和建设了许多新产业区。从经济发展的角度分析，它们也是一种经济区，但是，在功能及内部组织和管理方面，都与上述类型的经济区有所区别，故暂将其称为新型经济区。这类经济区主要有以下几种形式：

一、经济特区

经济特区是我国所特有的一种经济区域。所谓经济特区是"在中国境内划定的地域范围内，依托内地的经济与技术力量，通过实行特殊优惠政策，引进外资、先进技术、发挥四个窗口（技术窗口、知识窗口、管理窗口和对外政策窗口）与两个扇面（对内与对外）辐射的枢纽作用的特别经济区"（谷源洋等，1993：68）。1980 年，我国设立了深圳、珠海、汕头、厦门四个经济特区。1988

---

① 何盛明 . 财经大辞典［M］. 北京：中国财政经济出版社，1990.

年又设立了海南经济特区。

我国的经济特区既吸收了国际上自由贸易区、出口加工区等对外开放区的经验，但又有所区别，是一个以工业为主、工贸结合、各业并举的综合性和外向型的经济特区。建设经济特区的目的主要有：利用区位优势和优惠政策，吸引利用外资，引进先进技术，发展对外贸易；开展国际经济技术合作，收集国际经济技术信息，培养外经贸人才；引进、学习国外先进的管理模式；发展劳动密集型加工业，积极发展高新技术产业；扩大对外出口；建设成产业结构合理、科学技术先进、生活文明富裕的发达地区。我国经济特区还有一个重要功能，就是作为我国进行经济体制改革、对外开放的试验地，在全国率先改革和开放，积累经验，然后逐步向内地推进。

我国正式设立的国家级经济特区有：深圳（面积327.5平方千米）、珠海（121平方千米）、厦门（131平方千米）、汕头（52.6平方千米）、海南岛（33920平方千米）。实际上现在各个省市都设立了各类开发区，实行特殊的经济政策，在某种意义上也是经济特区，只不过没有正式的国家级名义而已。

二、高新技术产业开发区

高新技术产业开发区就是高新技术产业集中分布的地区。它是依托所在城市的大学和科研机构，采取优惠政策，利用国内外的高新技术成果和人才，实现高新技术成果的产业化，发展高新技术产业的地区。在国外，高新技术产业开发区有着不同的称谓，常见的有硅谷、硅岛、硅山、科学城、技术城、科学园、技术园、技术开发中心、高新技术创新孵化器、科学生产综合体、高技术园、电子村等。事实上，这些名称都是自由命名的，而不是严格的科学分类。就其实质而言，都是高新技术的研究中心、高新技术产品的开发与生产中心、高新技术产业人才的会聚地、高新技术产业发展基地。因此，在我国都概称为高新技术产业开发区。高新技术产业开发区一般都分布在城市的边缘或附近，它的地域范围相对于城市而言都比较小，是高新技术产业发展所依托的基本空间单元。1988年8月，中国国家高新技术产业化发展计划——火炬计划开始实施，掀起了一股设立高新区的浪潮。经过30多年的发展，2018年我国已批准设立了112个国家级高新技术产业开发区（见表13-1）。

表 13 – 1 全国 112 个高新技术开发区的分布

省份	数量	名称（省略"高新技术产业开发区"）
北京	1	中关村科技园
上海	2	上海张江、上海紫竹
天津	1	天津滨海
黑龙江	7	哈尔滨、齐齐哈尔、大庆、牡丹江、佳木斯、伊春、七台河
吉林	6	长春、吉林、延吉、长春净月、通化医药、白城
辽宁	9	沈阳、大连、鞍山、营口、辽阳、本溪、阜新、锦州、丹东
河北	6	石家庄、保定国家、唐山、燕郊、承德、张家口
内蒙古	6	包头稀土、呼和浩特金山、鄂尔多斯（高新技术产业园区）、海拉尔、赤峰、集宁
河南	7	郑州、洛阳、安阳、南阳、新乡、平顶山、焦作
山东	12	威海火炬（高技术产业开发区）、济南、青岛、淄博、潍坊、济宁、烟台、临沂、泰安、枣庄、莱芜、德州
山西	3	太原国家、长治、大同
陕西	9	西安、杨凌农业（高新技术产业示范区）、宝鸡、渭南、榆林、咸阳（高新技术产业园区）、安康、汉中、铜川
江苏	18	南京国家、徐州国家、苏州国家、常州国家、泰州医药、昆山、无锡国家、武进、江阴、南通、镇江、盐城、连云港、扬州国家、常熟、淮安国家、宿迁国家、徐州
安徽	6	合肥、蚌埠、芜湖、马鞍山慈湖、铜陵狮子山、淮南
湖北	12	武汉东湖（高新技术开发区）、襄阳、宜昌国家、孝感、荆门、随州（高新技术产业园区）、仙桃、咸宁（高新技术产业园区）、黄冈、荆州、黄石大冶湖、潜江
湖南	8	长沙、株洲、湘潭国家、益阳、衡阳国家、郴州、常德、怀化
江西	9	南昌、新余、景德镇、鹰潭国家、抚州、吉安（高新技术产业园区）、赣州、宜春丰城、九江共青城（高新技术产业园区）
浙江	8	杭州、宁波、绍兴、温州、衢州、萧山临江、湖州（高新技术产业园区）、嘉兴秀洲
福建	7	福州、厦门火炬（高新技术产业开发区）、泉州、漳州、莆田国家、龙岩、三明
广东	14	中山火炬（高新技术产业开发区）、广州、深圳、佛山、惠州仲恺、珠海、东莞松山湖、肇庆、江门国家、河源市（高新技术开发区）、清远、汕头、湛江、茂名
广西	4	桂林、南宁、柳州、北海（高新技术产业开发）
云南	3	昆明、玉溪国家、楚雄
四川	8	成都、自贡国家、绵阳、乐山、泸州、内江（高新技术产业园区）、德阳、攀枝花国家
贵州	2	贵阳
重庆	4	重庆、璧山、荣昌、永川
甘肃	3	兰州、白银、酒泉

续表

省份	数量	名称（省略"高新技术产业开发区"）
海南	1	海口
青海	1	西宁国家
宁夏	2	银川、石嘴山
新疆	3	乌鲁木齐、昌吉、石河子
全国	182	

资料来源：根据公开资料整理。

一般情况下，高新技术产业开发区由三大部分构成：一是各种高新技术企业、大学和科研机构，它们是高新技术的发明者和转化者、高新技术产品的生产者及贸易商。二是开发区的开发、管理机构，负责开发区的基础设施建设，管理开发区的行政事务。这些开发、管理机构在不同的国家的具体设置不同，有的是由政府委派或专门设立的行政机构，有的是开发区的开发公司，有的则是二者兼有。不过，在部分靠市场力量率先发展起来的开发区里没有行政性管理机构，开发区的管理机构可能是大学（如斯坦福科学园的创办者和管理者就是斯坦福大学）。三是金融、保险、税务、通信、教育培训、咨询和企业管理等组成的社会服务与保障体系，为开发区内高新技术产业发展提供完善的社会化服务。这三部分结合在一起形成了高新技术产业特有的发展环境和运行机制。

三、经济技术开发区

经济技术开发区是我国在经济特区建设经验的基础上，在开放城市划出一块较小的区域，集中力量进行基础设施建设，发展现代服务体系，创造符合国际水准的投资环境，运用优惠政策来吸引利用外资，形成以高新技术产业为主的现代工业结构，开展对外经济贸易，带动所在城市经济发展的经济区。截至2018年11月，全国经国务院批准的经济技术开发区已经达到219个（见表13-2）。

表13-2 全国219个经济技术开发区的分布

地区	个数	名称（省略"经济技术开发区"）
北京	1	北京
天津	6	天津、西青、武清、天津子牙、北辰、东丽

地区	个数	名称（省略"经济技术开发区"）
河北	6	秦皇岛、廊坊、沧州临港、石家庄、唐山曹妃甸、邯郸
山西	4	太原、大同、晋中、晋城
内蒙古	3	呼和浩特、巴彦淖尔、呼伦贝尔
辽宁	9	大连、营口、沈阳、大连长兴岛、锦州、盘锦辽滨沿海、沈阳辉山、铁岭、旅顺
吉林	5	长春、吉林、四平红嘴、长春汽车、松原
黑龙江	8	哈尔滨、宾西、海林、哈尔滨利民、大庆、绥化、牡丹江、双鸭山
上海	6	闵行、虹桥、上海漕河泾新兴技术开发区、上海金桥出口加工区、上海化学工业、松江
江苏	26	南通、连云港、昆山、苏州工业园区、南京、扬州、徐州、镇江、吴江、江宁、常熟、淮安、盐城、锡山、太仓港、张家港、海安、靖江、吴中、宿迁、海门、如皋、宜兴、浒墅关、沭阳、相城
浙江	21	宁波、温州、宁波大榭开发区、杭州、萧山、嘉兴、湖州、绍兴袍江、金华、长兴、宁波石化、嘉善、衢州、义乌、杭州余杭、绍兴柯桥、富阳、平湖、杭州湾上虞、宁波杭州湾、丽水
安徽	12	芜湖、合肥、马鞍山、安庆、铜陵、滁州、池州、六安、淮南、宁国、桐城、宣城
福建	10	福州、厦门海沧台商投资区、福清融侨、东山、漳州招商局、泉州、漳州台商投资区、泉州台商投资区、龙岩、东侨
江西	10	南昌、九江、赣州、井冈山、上饶、萍乡、南昌小蓝、宜春、龙南、瑞金
山东	15	青岛、烟台、威海、东营、日照、潍坊滨海、邹平、临沂、招远、德州、明水、胶州、聊城、滨州、威海临港
河南	9	郑州、漯河、鹤壁、开封、许昌、洛阳、新乡、红旗渠、濮阳
湖北	7	武汉、黄石、襄阳、武汉临空港、荆州、鄂州葛店、十堰发区
湖南	8	长沙、岳阳、常德、宁乡、湘潭、浏阳、娄底发区、望城发区
广东	6	湛江、广州、广州南沙、惠州大亚湾、增城、珠海
广西	4	南宁、钦州港、中国—马来西亚钦州产业园区、广西—东盟
海南	1	海南洋浦经济开发区
重庆	3	重庆、万州、长寿
四川	8	成都、广安、德阳、遂宁、绵阳、广元、宜宾临港、内江
贵州	2	贵阳、遵义
云南	5	昆明、曲靖、蒙自、嵩明杨林、大理
西藏	1	拉萨
陕西	5	西安、陕西航空、陕西航天、汉中、榆林

续表

地区	个数	名称（省略"经济技术开发区"）
甘肃	5	兰州、金昌、天水、酒泉、张掖
青海	2	西宁、格尔木昆仑
宁夏	2	银川、石嘴山
新疆	9	乌鲁木齐、石河子、库尔勒、奎屯、阿拉尔、五家渠、准东、甘泉堡、库车
合计	219	

资料来源：根据公开资料整理。

经济技术开发区与经济特区存在着比较明显的区别。就管理体制而言，经济技术开发区是所在城市管辖下的实行特殊政策的开发区域；经济特区则是相对独立的行政区域。在产业结构上，经济技术开发区以发展先进工业和研发为主，经济服务体系主要依托所在城市，发展运输、仓储、外贸、金融及生活服务等行业；经济特区则以工业为主，属于工贸结合的外向型综合经济区。在优惠政策方面，经济技术开发区的优惠范围及幅度均比经济特区小。比如，经济特区可以在管理权限内对进口的多数生活消费品和市场物资免征或减征关税，而经济技术开发区对这些物品均要征收关税。经济特区对所有的外资企业只征收 15% 的企业所得税，而经济技术开发区则只对生产和科技型企业实行同样的优惠（国务院特区办，1993）。

四、出口加工区

出口加工区是指在对外交通便捷的地方（如港口、机场附近），划出特定区域，通过建设基础设施和标准厂房等，结合优惠政策，吸引外国投资，发展以制造、加工或装配出口商品为主的出口加工业经济区。世界上第一个出口加工区于 1959 年在爱尔兰香农机场附近建立。1966 年，我国台湾建立了高雄出口加工区，这是亚洲的第一个出口加工区。2018 年，我国大陆地区的出口加工区已达到 46 个（见表 13－3）。

出口加工区主要是吸引外商直接投资，允许生产用的设备、原材料、中间产品自由进出，区内企业对进口的原料、半成品进行加工或装配，然后出口到国际市场。出口加工区的发展，不仅吸引了外资，扩大了出口，增加了就业机会，而且还通过与所在地区的经济联系，带动了相关产业的发展。

表 13 - 3　全国 46 个出口加工区的分布

省	关区	名称
江苏	南京	江苏连云港出口加工区、江苏镇江出口加工区、江苏常州出口加工区江苏吴中出口加工区、江苏吴江出口加工区、江苏扬州出口加工区、江苏常熟出口加工区、江苏武进出口加工区、江苏泰州出口加工区
上海	上海	上海松江出口加工区、上海金桥出口加工区、上海青浦出口加工区上海漕河泾出口加工区、上海闵行出口加工区、上海嘉定出口加工区
山东	青岛	山东威海出口加工区、山东青岛出口加工区、山东青岛西海岸出口加工区
广东	深圳、黄埔	广东深圳出口加工区、广东广州出口加工区
福建	厦门、福州	福建泉州出口加工区、福建福州出口加工区
浙江	杭州、宁波	浙江杭州出口加工区、浙江嘉兴出口加工区浙江宁波出口加工区、浙江慈溪出口加工区
辽宁	大连	辽宁大连出口加工区
江西	南昌	江西九江出口加工区、江西南昌出口加工区、江西赣州出口加工区、江西井冈山出口加工区
陕西	西安	陕西西安出口加工区
河北	石家庄	河北秦皇岛出口加工区、河北廊坊出口加工区
四川	成都	四川绵阳出口加工区
湖北	武汉	湖北武汉出口加工区
吉林	长春	吉林珲春出口加工区
天津	天津	天津出口加工区
安徽	合肥	安徽芜湖出口加工区、安徽合肥出口加工区
内蒙古	呼和浩特	内蒙古呼和浩特出口加工区
河南	郑州	河南郑州出口加工区
广西	南宁	广西北海出口加工区
新疆	乌鲁木齐	新疆乌鲁木齐加工区
云南	昆明	云南昆明出口加工区
湖南	长沙	湖南郴州出口加工区

资料来源：根据公开资料整理。

五、保税区

保税区是在一个国家对外贸易便利的口岸城市划出一定区域，开展国际贸易和保税业务的经济区。在保税区内，允许外商投资经营国际贸易，发展保税仓储、加工出口等业务。目前，我国已经设立了上海浦东新区外高桥、天津港、深圳沙头、深圳福田、大连、广州、张家港、海口、厦门象屿、福州、宁波、青岛、汕头、深圳盐田港、珠海15个保税区。这些保税区成为我国与世界经济融合的重要连接点。

六、自由港与自由贸易区

自由港是指一国划定的，位于海关管辖之外，外国船只和人员可以自由进出，全部或大多数外国商品可以豁免关税的港口。在自由港，实行贸易自由政策，没有贸易管制；实行金融自由，外汇自由兑换，资金自由进退和经营；实行投资自由，对投资没有行业及经营方式方面的限制；实行运输自由，运输工具可以自由进出。自由港主要发展直接贸易和转口贸易，商品免税进港后，经过储存、分类包装、简单加工，再免税出口。

自由贸易区是以贸易为主，工业和商业同时发展的多功能经济自由区。在自由贸易区内，贸易活动自由，通过吸引外资发展出口加工业，同时外商还可以从事商业、金融、旅游、文化教育等服务业。与自由港相比，自由贸易区的自由度要低一些，例如，自由港只对很少的商品征收关税或实行不同程度的贸易管制，但自由贸易区对所有的进口生活消费品都实行征税和贸易管制。2013年以来，我国先后共设立了12个自由贸易区（见表13-4）。

表13-4　全国12个自贸区的分布

自贸区	建立时间	所属区块	所属区域战略
上海	2013年9月	东部地区	长江经济带、海上丝绸之路
广东	2015年4月	东部地区	粤港澳大湾区、海上丝绸之路
天津	2015年4月	东部地区	环渤海经济带
福建	2015年4月	东部地区	海上丝绸之路
辽宁	2017年3月	东北地区	振兴东北老工业基地、丝绸之路经济带
浙江	2017年3月	东部地区	长江经济带、海上丝绸之路
河南	2017年3月	中部地区	中部崛起
湖北	2017年3月	中部地区	长江经济带
重庆	2017年3月	西部地区	长江经济带、丝绸之路经济带
四川	2017年3月	西部地区	长江经济带
陕西	2017年3月	西部地区	丝绸之路经济带
海南	2018年4月	东部地区	海上丝绸之路

资料来源：根据公开资料整理。

七、边境经济合作区

边境经济合作区是我国在实施沿边开放战略中，在内陆边境开放城市或地区设立的发展边境贸易和加工出口的经济区。边境经济合作区的发展与所对应的国家或地区的经济发展水平，以及双边的经济互补性有很大关系。在发展初期，边境经济合作区主要是以生活类商品交易、原材料交换等为主，出口加工为辅。1992 年以来，我国共设立了 14 个边境经济合作区（见表 13－5）。这些边境经济合作区在规模和水平上虽然不如经济特区和经济技术开发区，但是对于发展我国与周边国家的对外贸易，促进边境地区、少数民族地区的发展发挥了重要作用。

表 13－5　全国 14 个边境经济合作区的分布

地区	个数	名称
内蒙古	2	满洲里边境经济合作区、二连浩特边境经济合作区
辽宁	2	丹东边境经济合作区、沈阳辉山经济技术开发区
吉林	1	中国图们江区域（珲春）国际合作示范区
黑龙江	2	黑河边境经济合作区、绥芬河边境经济合作区
广西	2	凭祥边境经济合作区、东兴边境经济合作区
云南	4	畹町边境经济合作区、河口边境经济合作区、瑞丽边境经济合作区、临沧边境经济合作区
新疆	4	伊宁边境经济合作区、博乐边境经济合作区、塔城边境经济合作区、吉木乃边境经济合作区

资料来源：根据公开资料整理。

第十四章 新时代中国经济地理重塑

2020 年之后，随着科教兴国战略、人才强国战略、创新驱动发展战略、乡村振兴战略、区域协调发展战略、可持续发展战略、军民融合发展战略的实施，中国经济将在全新的时代背景下快速发展，同时中国经济地理格局将会发生巨大的变化。

第一节 "十三五"以来我国的经济地理态势

2016 年为中国"十三五"时期的开局之年，也是供给侧结构性改革的元年。2017～2018 年，我国宏观经济在触底企稳的基础上出现反弹，宏观景气、微观绩效、结构调整以及新动能培育均有所改善，从四大板块来看，东部、中部、西部、东北的经济增速保持稳定，各项指标未出现大幅波动。

一、区域经济增长开始回暖

2016 年，我国四大板块的地区生产总值增长基本平稳，东部、中部地区分别达到 41.02 万亿元和 16.06 万亿元，分别增长了 8.56% 和 7.92%；西部地区达到 15.68 万亿元，增速为 6.76%（其中西北地区达到 6.01 万亿元，增速为3.58%；西南地区达到 9.67 万亿元，增速为 8.83%）；东北地区达到 5.78 万亿元，增速为 -10.51%。整体趋势表明，东部、中部、西部（主要是西南）三地区较为平稳，京津冀和长江经济带发展基础较好，东北地区经济出现大面积下滑，东部地区正处在动能转换的关键时期，经济增速比较稳定；中部、西部地区处于承接产业转移的时期，经济增速较快；东北地区尚未从萧条的泥潭中恢复，经济增速呈负数。2017 年，我国四大板块的地区生产总值稳步增长，东部、中部地区分别达到 44.52 万亿元和 19.94 万亿元，分别增长 6.85% 和 9.95%；西部地区达到 17.10 万亿元，增速为 7.31%（其中西北地区达到 6.27 万亿元，增速为 2.66%；西南地区达到 10.83 万亿元，增速为 10，20%）；东北地区达到5.54 万亿元，增速为 4.12%。整体趋势表明，东部、中部、西部（主要是西南）三地区较为平稳，中部地区和西南地区增长势头良好，说明京津冀和长江经济带发展水平较高。东北地区经济回暖，增速由负转正，但仍低于全国平均水平（6.9%），西北地区增长较为艰难，仅比 2016 年多了 0.08 个百分点，丝绸之路经济带对区域经济发展的带动作用尚未见效（见图 14-1）。

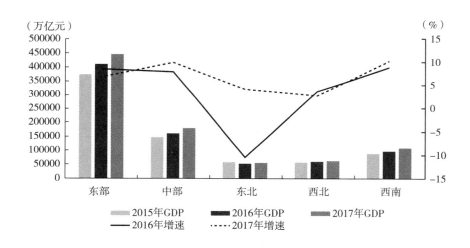

图 14-1 2015～2017 年我国五大板块地区生产总值及其增速

资料来源：中国统计年鉴（2016～2018）。

按省区来看，我国区域经济发展的省区分化呈收缩趋势。全国各省区中，2017 年地方生产总值排名前十的省份分别是广东、江苏、山东、浙江、河南、四川、湖北、河北、福建和安徽，其中广东省增长了 10367.18 万亿元，与新疆的地方生产总值持平。胡焕庸线以西的四川成为西部经济第一大省，中部的河南和湖北是长江中游和中原城市群的经济支柱。东部广东、江苏、山东依旧保持前三的水平，上海突破 3 万亿，充分体现了我国沿海城市群的国际竞争力。

具体到增速，中、西部地区省区的经济扩张趋势十分明显，2017 年贵州、西藏增速突破两位数，云南、重庆紧随其后，西南地区的长江上游城市群（成渝城市群）、黔中城市群、滇中城市群开始发力。中部江西、安徽、湖南的经济增速都在8%以上，湖北和河南增速为7.8%，因此中部地区整体发展最为协调。东北地区三省区经济增速均低于全国平均水平（6.9%），东部地区普遍增速放缓，增长最快的是福建（8.1%）。值得注意的是，2017年地区生产总值"挤水分"过程中，山西、天津、辽宁受影响较大，天津增速下跌至3.6%，远低于全国平均水平。

综上所述，我国自进入"十三五"以来，区域经济整体平稳，东北经济回暖，中部崛起明显，西部经济扩张速度快，东部平稳增长，区域经济板块间的差距趋于缩小。

二、城市群经济发展迅速，中心城市扩张明显

2017年，我国城市经济万亿俱乐部实现两位数突破，无锡、长沙地区生产总值超过万亿元，至此我国万亿城市共有14个。

自2006年开始，上海、北京、广州、深圳、天津、苏州、重庆、武汉、成都、杭州的地区生产总值先后突破万亿元，构成我国城市体系中主要的增长极。2016年南京和青岛加入，2017年无锡和长沙加入，这些城市主要分布在京津冀、长三角、珠三角、长江中游、长江上游（成渝）五大城市群之中（见图14－2）。

具体而言，2017年京沪穗深地区生产总值分别达到28000.4、30133.86、21503.15和22438.39亿元，占全国GDP的12.7%，深圳超越广州成为中国经济第三城。按城市群来看，三大城市群中京津冀的北京、天津，长三角的上海、苏州、杭州、南京、无锡，珠三角的深圳、广州共同跻身我国城市经济总量万亿俱乐部，分别占全国GDP的5.6%、9.9%和5.3%，这一结果充分证明我国的国家竞争力已经区域化，并表现在城市群的影响力上。

值得关注的是，长三角地区的上海、苏州、杭州、南京、无锡的GDP已经破万亿元，上海更是突破3万亿大关，其经济规模与福建、安徽相近。未来，长三角的宁波、南通，珠三角的佛山、东莞有机会突破万亿，成为两大城市群的重要引擎。我国城市经济呈现出如下特点：东南沿海城市群发展势头迅速，西部内陆以国家中心城市发展为主，城市群成为我国经济发展的空间载体。

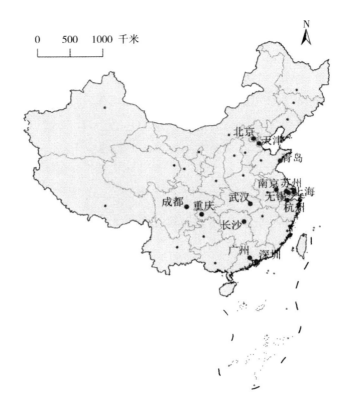

图 14 - 2   2017 年我国城市万亿俱乐部分布图

资料来源：根据公开资料自制。

三、地区投资增速稳中有升

2016 年，我国实现固定资产投资达 606465.66 亿元，较上年增长 5.9%，增速为 2000 年来的新低，其中东部地区固定资产投资额为 249665 亿元，比上年增长了 9.1%；中部地区固定资产投资额为 156762 亿元，增长了 12.0%；西部地区固定资产投资额为 154054 亿元，增长了 12.2%；东北地区固定资产投资额为 30642 亿元，下降了 23.5%。2017 年，我国实现固定资产投资 641238 亿元，较上年上涨 7.0%，其中东部地区固定资产投资额为 265837 亿元，比上年增长了 8.3%；中部地区固定资产投资额为 163400 亿元，增长了 6.9%；西部地区固定资产投资额为 166571 亿元，增长了 8.5%；东北地区固定资产投资额为 30655

亿元,增长了 2.8%。可见我国投资开始逐渐回暖,在东北地区表现得尤为明显,在中部、西部地区投资增速出现收窄的同时,国家投资的重心主要倾向于东北。同时,由于企业的投资意愿增强,实际融资成本回落,地方政府债务风险被控制在可控范围内①,地方政府负债余额下降至 15.32 万亿元(见图 14 – 3)。

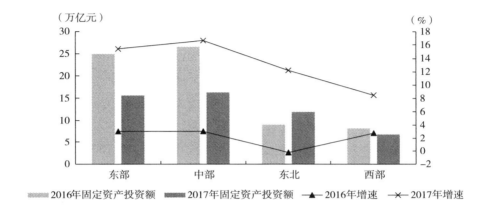

图 14 – 3　2016 ~ 2017 年我国四大板块固定资产投资及其增速

资料来源:中国统计年鉴(2017,2018)。

2016 ~ 2017 年,我国东部地区经济发达省份进一步实现产业转型升级,北京、上海、天津、广东、江苏、浙江的第三产业比重分别超过 80%、70% 和 50%,进入后工业化时代,福建、山东、河北等省的第二产业比重仍在 50% 以上,处于工业化后期,海南作为自贸区较早实现了全域旅游,投资增长较为平稳。中部、西部地区政策倾斜力度大,尤其是西南地区的省会城市(重庆、成都、昆明、南宁等)均已进入轨道交通时代,拉动投资增长;西北地区稍显滞后,仅有西安拥有城市地铁,但西安—乌鲁木齐的高铁也已全线贯通,投资扩张速度快。东北地区的固定资产投资出现缓慢回升,打破"投资不过山海关"的诅咒,说明东北地区正在进行传统产业的转型,但未来相当长的一段时期内,固定资产投资增速仍将在低位徘徊。

---

①　截至 2016 年末,我国地方政府债务余额为 15.32 万亿元,控制在年度地方政府债务限额 17.19 万亿元以内。

四、社会消费基本稳定，地方财力有所保持

2016 年，全国社会消费品零售总额为 366262 亿元，较上年增长 10.2%，消费对社会经济增长的贡献率达到 58.8%；2017 年，全国社会消费品零售总额 332316 亿元，较上年增长 10.4%，增速回落 0.3 个百分点。消费已经超过资本形成、货物服务净出口成为经济增长的第一驱动力，我国宏观经济由投资和外贸拉动转为内需拉动。

从四大板块来看，2016 年东部地区消费品零售额规模最大，其总额为 171143.36 亿元，增速为 8.1%；中部地区消费品零售总额为 69882.4 亿元，增速最快，达 9.5%；西部地区发展潜力巨大，消费品零售总额已达到 61320.51 亿元，增速仅次于中部地区，为 9.1%；东北地区刚从产业转型中复苏过来，消费品零售总额达到 29112.92 亿元，增速为 5.4%。2017 年，中、西部均有较好的发展势头，消费品零售总额增速均超过 9%，东部地区增长稳定在 7.9%，东北地区增速再次下滑，跌至 4%。就当前情况来看，我国的消费重心仍然位于东部沿海地区，但中西部的发展势头较快，内陆市场的开拓升级将进一步重塑我国经济地理格局（见图 14 - 4）。

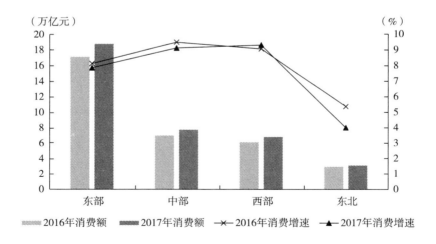

图 14 - 4　2016 ~ 2017 年我国四大板块全社会消费品零售总额及其增速

资料来源：中国统计年鉴（2017，2018）。

从地方财力来看，2017 年广东、江苏、上海、山东、浙江、北京、四川、河南、湖北、河北 10 省区位列地方财政收入前十，其中广东地方财政收入超过 1 万亿元，东部地区优越的区位条件为地方提供了良好的发展基础。从四大板块来看，东部地区财政收入整体规模最大（2017 年财政收入 52147.18 亿元），中部地区财政收入增速最快（2017 年财政收入增长 4.76%），西部和东北地区出现较为明显的回暖趋势，增速分别从 2016 年的 - 1.67% 和 0% 上升至 2017 年的 1.41% 和 3.36%。

五、外贸进出口仍然保持东部领衔的态势

2016 年，我国经济在供给侧结构性改革中取得阶段性发展，宏观经济在触底之后出现反弹，2017 年外贸净出口额的增速较 2016 年总体上升了 10 个百分点。就四大板块而言，2017 年东部地区外贸进出口总额为 229035 亿元，增长率为 11.3%；中部地区外贸进出口总额为 18614.9 亿元，增长率为 16.1%；西部地区外贸进出口总额为 20950.2 亿元，增长率为 21.1%；东北地区外贸进出口总额为 9272.25 亿元，增长率为 13.2%。这说明，"一带一路"倡议大大提升了西部地区对外开放水平，西部地区的外贸进出口呈现快速扩张趋势。这与 2015 年全面下降的情况正好相反，说明我国外贸形势有所好转。

与 2016 年对比，2017 年东北地区的增速上涨了 24.7 个百分点，经济外向度逐步提升，这与东部地区与东北地区的对口帮扶也有一定关系。其次是中部地区，增速上涨 17.7 个百分点，保证了中部的外贸发展地位。东、西部地区基本稳定，增长在 16 个百分点左右，维持了我国外贸的基本面（见图 14 - 5）。

综上所述，2016 年以来，我国经济总体向好，其中东北地区的外贸、中部地区的投资、西部地区的消费纷纷成为内地经济增长的新动力，东部各项指标基本稳定，经济结构转型平稳。在未来一段时期内，我国区域经济仍然呈现出"内陆快、沿海稳、全面协调发展"的局面，在新时代区域经济协调发展战略的指引下，我国区域经济发展将逐步支撑起宏观经济基本面。

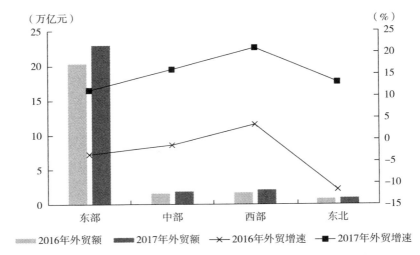

图 14 - 5　2016 ~ 2017 年我国四大板块外贸进出口总额及其增速

资料来源：中国统计年鉴（2017，2018）。

第二节　我国经济地理的新模式与新格局

我国经济地理格局的重塑继续沿着区域协调发展的思路，区域经济呈现出如下特征：第一，区域发展的相对差距进一步缩小，南北差距正在扩大；第二，区域协调发展的总领性作用开始逐步发挥；第三，区域经济动能转换推动区域经济转型升级；第四，区域经济制度改革创新与全面对外开放相结合。

一、空间布局的模式

经过 40 多年的发展，我国的资源分布不均衡、经济发展差距明显的基本国情虽然没有变化，但空间结构已经发生了变化，在不同时期采用了不同的产业布局模式，是由地区生产要素的种类和数量、产业发展状况和人口分布情况等客观条件所决定的。

（一）增长极模式

改革开放初期，由于当时中国经济落后，只有少数地区具有发展的有利条件，因此当时各区域选择的大多是增长极的布局模式，通过加快城镇建设、加速人口积聚，解决经济发展与资源瓶颈之间的矛盾。重点发展增长极，通常就是选择发展条件较好、产业综合优势比较突出、区位条件明显、投资环境较为优越、发展潜力巨大，并望在短期内迅速崛起的点状区域，如城市、资源富集区、工业区、经济特区等。在对某一区域进行开发时，有计划地将物质技术基础和经济实力较强、生产要素较为集中的中心城市等经济活动相对集中的地区建设成为经济发展的增长极，并通过增长极自身的迅速成长及产生的乘数效应，辐射周边地区，最终带动整个区域经济的全面均衡协调发展。

（二）点轴模式

点轴模式是增长极模式的延伸。从区域经济发展的空间过程看，产业特别是工业，一般都先集中于少数增长极上。随着经济的进一步发展，工业点逐渐增多，点与点之间为适应经济要素联系的需要，特别是随着交通等基础设施的建成，沿交通线布局产业成为可能，从而形成经济轴线。经济轴线的发达程度主要是由它在区域经济中的影响力决定的。城市内部的发展轴线、区域内部的短距轴线，都可以成为产业聚集的主要空间区域。不能把经济带看作经济轴线，经济带的发展模式也不是点轴模式。我国生产力布局应当把握各地区在经济发展过程中所承担的功能的差异性。

（三）网络布局模式

网络布局模式中的"网络"是指一定区域内增长极与增长极之间的经济联系，以及经济轴线与轴线之间按照一定的经济技术规律经纬交织而发展成的点、线、面统一体，主要包括商品、资金、技术、信息、劳动力等生产要素的流动网及交通网、通信网等。这一模式主要适用于经济比较发达的地区。例如，长三角地区是最先形成网络布局模式的区域之一。长三角发展的初期，首先形成的是上海这一经济中心，其次形成了苏州、无锡、南京、杭州、宁波等增长极；改革开放之后迅速形成了苏锡常和杭嘉湖两个发展轴线，生产力的聚集十分明显；进入21世纪，在长江以北形成了扬州—泰州轴线，在杭州湾形成了杭州—绍兴—宁波轴线，各条轴线的相互融合与渗透，特别是跨江和跨海大桥的修建，长三角逐渐实现了区域空间的网络化，一个网络型的区域空间就此形成。

（四）经济带布局模式

中国区域空间布局模式的最新发展特点，是经济带的形成与发展。区域经济的发展是一个动态过程，处于不同发展阶段的不同类型区域发展的基础和条件不同，区域空间布局的模式就不可能完全一致。经济带的布局模式是在一个比较大的空间范围内，由区域的经济结构、产业结构、技术结构等交汇而成的基本特征。目前，形成国家战略的三大经济带——环渤海经济带（京津冀为核心）、长江经济带和新丝绸之路经济带，都是在一个开放的区域空间中，是由相对发达的区域与相对不发达的区域结合构成的。经济带的形成在一定程度上可以优化相对落后区域的生产力布局，促使区域要素配置的优化，进而推动产业布局模式的高级化。从这个意义上讲，未来我国形成更多的经济带是一种必然趋势。笔者估计，东南沿海经济带、珠江—西江经济带、东北中部经济带、长城沿线经济带、黄河经济带等，都将在未来逐步形成。一个由若干经济带串联而成的中国区域空间格局，将会最终显现。

二、经济地理空间格局的变化特征

区域发展不平衡一直是我国的基本国情。当前，我国经济进入到新常态，在保持中高速经济增长的同时，当前空间格局下的地区分化态势也日趋明显。

（一）区域发展相对差距出现反弹，南北差距也在扩大

自 1949 年以来我国历经"工业西渐"、60 年代的"三线建设"、改革开放后的沿海倾斜战略以及 21 世纪后的区域协调发展战略等多个历史时期，实现了由基于地区向空间中性的区域政策的转变。这种以"人的繁荣"为目标的战略对实现大尺度上的人均收入均衡具有显著效应。"十二五"期间，我国东部、中部、西部、东北四大板块的人均 GDP 增速基本维持在 8% ~ 10% 的合理范围内，其中西部地区的人均 GDP 增速达到 10.2%。"十三五"以来，我国动能转换与老工业基地转型迫在眉睫，因此东北地区的增速并不乐观，呈现负增长（ -4.79% ）。2017 年，东北地区经济增速恢复到 5.8%，与其他板块差距进一步缩小。未来我国板块间差距将逐步缩小（见图 14 - 6）。

按秦岭—淮河分界，我国南北方经济差距在逐步扩大。一方面，2017 年北方①占据全国 65% 的国土，拥有 41.9% 的人口，却只占全国 GDP 的 30.1%，相

---

① 北方包括黑龙江、吉林、辽宁、北京、天津、河北、山东、河南、山西、陕西、内蒙古、甘肃、宁夏、青海、新疆 15 个省区，南方则包括江苏、安徽、浙江、上海、湖北、湖南、江西、福建、云南、贵州、四川、重庆、广西、广东、香港、澳门、海南、台湾 18 个省区，其中港澳台地区由于数据缺失，暂时不在计算范围内。

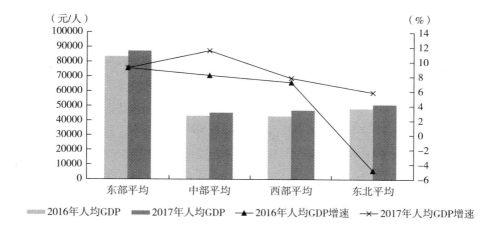

图14-6　2016、2017年我国四大板块人均GDP及其增速

资料来源：中国统计年鉴（2017，2018）。

反南方占据全国35%的国土，拥有58.1%的人口，却占到全国GDP的69.9%。换言之，胡焕庸线是我国东西和南北差异的综合体现。另一方面，北方人均GDP为5.04万元，而南方人均GDP为5.98万元，二者之比为1.18。此外，2017年全国各省区GDP增速排行榜前十位中南方省区占了9个，包括贵州、西藏、云南、重庆、江西、安徽、福建、四川、湖南。增速最慢的后十位中，北方省区占了8个，包括天津、甘肃、内蒙古、辽宁、吉林、黑龙江、北京、河北。

因此，我国经济的东西差距较之前有明显缩小，但近期出现反弹；南北差距正在扩大，且经济重心南移的趋势明显。这充分说明我国三大支撑带在协调东中西过程中发挥了良好的纽带作用，但是三大支撑带之间的协调关系被忽略了，这给区域协调发展带来新的难题。

（二）区域协调发展上升为国家战略

党的十九大报告第五部分"贯彻新发展理念、建设现代化经济体系"将区域协调发展战略提升为总领性战略，与供给侧结构性改革、建设创新型国家、乡村振兴、完善社会主义市场经济体制、推动形成全面开放新格局共同组成现代化经济体系的组成部分。其实施的关键点在于：其一，加大力度支持革命老区、民族地区、边疆地区、贫困地区加快发展，强化举措推进西部大开发形成新格局，深化改革加快东北等老工业基地振兴，发挥优势推动中部地区崛起，创新引领率先实现东部地区优化发展，建立更加有效的区域协调发展新机制。其二，以城市群为主体构建大中小城市和小城镇协调发展的城镇格局，加快农业转移人口市民化。其三，以疏解北京非首都功能为"牛鼻子"推动京津冀协同发展，高起点规划、高标准建设雄安新区。其四，以共抓大保护、不搞大开发为导向推动长江经济带发展。其五，支持资源型地区经济转型发展。其六，加快边疆发展，确保边疆巩固、边境安全。其七，坚持陆海统筹，加快建设海洋强国。

2018 年 3 月 5 日，李克强总理在政府工作报告中也指出，要扎实推进区域协调发展战略。完善区域发展政策，推进基本公共服务均等化，逐步缩小城乡区域发展差距，把各地比较优势和潜力充分发挥出来。

为塑造区域发展新格局，要加强对革命老区、民族地区、边疆地区、贫困地区改革发展的支持；以疏解北京非首都功能为重点推进京津冀协同发展，高起点规划、高标准建设雄安新区；以生态优先、绿色发展为引领推进长江经济带发展；出台实施《粤港澳大湾区发展规划纲要》，全面推进内地同香港、澳门互利合作；制定《关于新时代推进西部大开发形成新格局的指导意见》，落实东北等老工业基地振兴举措，继续推动中部地区崛起，支持东部地区率先发展；加强对资源型地区经济转型发展的支持；壮大海洋经济，坚决维护国家海洋权益。我国的区域经济发展将按照创新、协调、绿色、开放、共享的思路逐步深入，从而实现我国经济社会的深刻变革。然而，我国区域经济的制度体系尚不健全，集中体现为生态文明制度体系尚不健全、主体功能区制度有待完善、当前财税制度亟须创新、区域合作和共治制度尚待完善、跨区域社会保障制度急需打通等，这些问题共同构成未来我国区域经济制度改革发展方向。

京津冀协同发展战略提出以前，空气污染始终困扰着华北地区。但随着京津冀协同发展战略的提出，空气质量有了很大改观。2013 ～ 2017 年，京津冀 PM2.5 下降了 39.6%。2017 年，京津冀区域 13 个城市 3 月平均优良天数比例为 66.3%，同比提高 14.6 个百分点；PM2.5 浓度为 63 微克/立方米，同比下降 16%；PM10 浓度为 110 微克/立方米，同比下降 25.2%。因此，京津冀在环境污染治理方面收效显著，很大程度上可归结为"人的努力"，也就是京津冀开始逐步意识到环境共治共享的重要性。然而，京津冀的户籍限制带来的三地社保差距阻碍了协同发展的实现，北京非首都城市功能的疏解目前尚停留在被动疏解的阶段。

香港自回归以来，与内地的经济贸易联系更为紧密，香港与内地货物贸易总额由1997年的1142亿美元上升到2016年的4973亿美元，服务贸易总额由1997年的52亿美元上升到2016年的401亿美元。作为高度外向型经济体，香港遭受金融危机冲击的概率更高，甚至容易引发亚洲区域性金融危机。因此，国家多次援助香港，帮助稳定其经济局势。未来，香港应向境外人民币离岸中心的方向发展，依靠我国强大的实体经济来实现香港的繁荣。粤港"前店后厂"的模式衰落之后，2014年12月，香港与内地签署《关于内地在广东与香港基本实现服务贸易自由化的协议》基本实现粤港服务贸易自由化。2017年3月5日召开的十二届全国人大五次会议上，国务院总理李克强在政府工作报告中提出，要推动内地与港澳深化合作，研究制定粤港澳大湾区城市群发展规划，发挥港澳独特优势，提升在国家经济发展和对外开放中的地位与功能，粤港澳大湾区建设正式写入政府工作报告。因此，传统的贸易分工模式不再适应珠三角的发展，通过湾区建设来推动区域的对外开放，促进区域合作治理制度的创新很有必要。

当然，随着我国区域经济发展的新特征逐步显现，需要更加完备的制度需求支持。为此，要构建和完善现有区域经济制度，改革和创新区域协调发展模式和思路，全面提升我国的对外开放水平。

（三）区域经济动能转换推进区域经济转型升级

金融危机以来，在外需不断减少、四万亿投资刺激等综合作用下，中国产业出现全面过剩的现象；这种背景下，通过产业转移获取产业利润的渠道被打破，产业转移速度和幅度不断放缓。这对尚处于工业化初期和中期的中西部地区而言，不利于借助产业转移带来的工业化机遇，在工业化进程中充满挑战。同时，随着信息化和数字化的快速发展，全球步入人工智能时代。随着各个产业的智能化，机器替代人工的速度不断加快。机器的进入极大地抵消了土地和人工成本上升带来的压力，导致中西部地区土地、人工的成本优势不再明显，产业转移速度放缓。依靠低成本吸引产业转移的传统模式，使得区域经济协调发展受到很大挑战。因此，产业转移的受阻延缓了工业化进程，不利于城镇化和农业规模化经营，导致居民收入水平受到不良影响。收入增长受到影响又会转而影响工业化进程与区域经济协调发展。

在产能过剩、人工智能的双重压力下，区域经济协调发展的动力必须依靠创新驱动。在科技创新方面，五年来的创新驱动发展成果丰硕：全社会研发投入年均增长 11%，规模跃居世界第二位；科技进步贡献率由 52.2% 提高到 57.5%；载人航天、深海探测、量子通信、大飞机等重大创新成果不断涌现；高铁网络、电子商务、移动支付、共享经济等引领世界潮流；"互联网＋"广泛融入各行各业；大众创业、万众创新蓬勃发展，日均新设企业由 5000 多户增加到 16000 多户。快速崛起的新动能，正在重塑经济增长格局、深刻改变生产生活方式，成为中国创新发展的新标志。

在区域创新方面，我们应坚持创新引领发展，着力激发社会创造力，提升整体创新能力和效率。实施创新驱动发展战略，优化创新生态，形成多主体协同、全方位推进的创新格局。扩大科研机构和高校科研自主权，改进科研项目和经费管理，深化科技成果权益管理改革。推进全面创新改革试验，支持北京、上海建设科技创新中心，新设 14 个国家自主创新示范区，带动形成一批区域创新高地。以企业为主体加强技术创新体系建设，涌现一批具有国际竞争力的创新型企业和新型研发机构。深入开展大众创业、万众创新，实施普惠性支持政策，完善孵化体系。着力推进我国城市群建设从经济发达型向创新引领型转型，以区域之力来全面提升我国的综合竞争力。

三、长江经济带经济实力的空间变化

（一）经济总量和增长速度的空间变化

1978 年以来，长江经济带发展成就令人瞩目，在全国的经济地位较高，地区生产总值基本在全国的 40%～48%，总体呈上升趋势。其中，GDP 总量 1978 年为 1516.70 亿元，到 2017 年达到了 37.38 万亿元，是 1978 年的 246.46 倍。从长江经济带 GDP 总量占全国 GDP 总量的比重变化看，呈先波动下降后上升态势。如图 14-7 所示，1978 年为 43.87%，最高值发生在 1979 年，为 44.95%，之后波动下降，在 2008 年下降到 39.86%。2008 年以来，长江经济带经济总量占全国比重又呈稳步上升态势，到 2017 年上升到 43.70%。其与全国经济发展综合实力的对比的转折点发生在 1982 年、1990 年和 2008 年。这三个时间与我国的改革开放、长江经济带被确定为国家经济发展的主要轴线和沿海发展战略进而形成"江海一体"战略，以及金融危机等事件一致或稍有滞后。

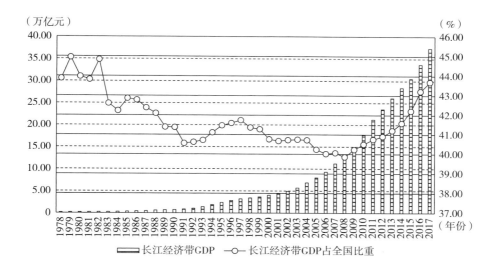

图 14 - 7　长江经济带 GDP 及其比重

资料来源：根据 EPS 数据库相关数据计算，全国 GDP 为除港澳台之外的 31 个省、市、自治区地区生产总值的合计数。

从长江经济带 GDP 增速来看，从 1978～2017 年，年均增长速度为 15.167%，略低于全国 15.179% 的年均增速，两者的同比增长率几近相同。除 1983 年全国 15%，长江经济带同比增长 10%，从而两者同比增长率相差 5 个百分点以外，其余年份两者同比增长率之差的绝对值均在 2.5 个百分点以内。

需要注意的是，曲线的最低点在 2008 年，这一年国际金融危机爆发。这表明长江经济带比全国其他地区更深地融入到了国际经济体系中来，也提示我们，在当下中美贸易摩擦当中，长江经济带受到的影响也会最大，准备好应对措施是当务之急。

长江流域东西横亘千里，根据其地理位置和经济发展水平，可将长江经济带划分为东、中、西三大地区：上海、浙江、江苏为东部地区；安徽、江西、湖北、湖南为中部地区；重庆、四川、贵州和云南为西部地区。长江经济带东、中、西的 GDP 总量比重如图 14 - 8 所示。

从 GDP 总量占比上看，1978 年长江经济带东、中、西部 GDP 占比分别为 42.58%、32.90% 和 24.53%，到 2017 年东部 GDP 占比上升为 44.89%，中、西部所占比重则分别下降为 31.96% 和 23.15%。总体而言，东部地区的 GDP 占

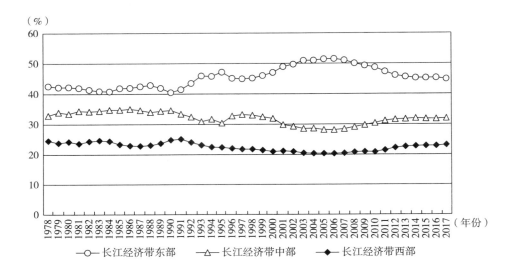

图 14 - 8　长江经济带东中西部 GDP 占长江经济带 GDP 总量的比重

资料来源：根据中国经济与社会发展统计数据库相关数据计算整理。

比提高了，而中部和西部下降了，且东部地区 GDP 占比始终最大。从发展过程来看，东部地区的 GDP 比重先表现为停滞，1990 年后缓慢上升，到 2006 年达到最高点 51.54%，同期中西部地区的 GDP 占比降至最低的 28.15% 和 20.31%。

速度变化决定了比重的升降。从发展速度方面看，长江经济带东、中、西部的增长速度虽存在差异，但变化趋势表现出明显的相似性。1979 年，长江经济带东、中、西部 GDP 的同比增速分别为 15.01%、19.84% 和 12.60%，2017 年则分别为 9.81%、11.51% 和 12.06%。从阶段性差异上看，1991~2003 年，除 1996 和 1997 两年外，东部地区 GDP 增速基本上高于中、西部地区；1987~1991 年和 2011~2017 年两个时段，长江经济带西部地区经济增速快于中部地区。受国家区域协调政策的影响，2007~2014 年，长江经济带中、西部地区 GDP 增速超过了东部地区。这种增长格局与国家的西部大开发战略和中部崛起战略的实施效果直接相关，特别是国家在长江经济带的中部和西部地区设立了一批承接产业转移示范区，大规模承接东部长三角地区的产业转移，成效显著。

（二）发展水平的地带性差异

1978~2017 年，长江经济带东、中、西部人均 GDP 都呈增加趋势，尤其是

2004 年之后，人均 GDP 突飞猛进（见图 14－9）。

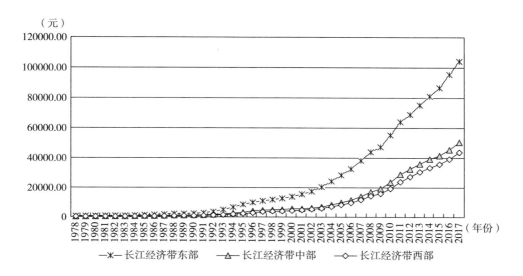

（元）

图 14－9　长江经济带东、中、西部人均 GDP
资料来源：根据中国经济与社会发展统计数据库相关数据计算整理。

　　与全国水平相比，1978 年长江经济带人均 GDP 仅为 346 元，比全国平均值低 39 元。2010 年起长江经济带人均 GDP 超过全国平均水平，至 2013 年达到 44958 元，超出全国平均水平 1106 元；到 2017 年，长江经济带人均 GDP 为 62823 元，超过全国平均水平 3163 元。这个时期，长江经济带人均 GDP 与全国的差值由负变为正，且差值在不断扩大，充分体现出长江经济带人民生活水平不断提升的良好态势。

　　但是，长江经济带发展水平的地带性差异十分明显：长江经济带东部地区人均 GDP 在 1978 年就比全国水平高 219 元，至 2017 年已经高于全国平均水平达到 44535 元。而长江经济带中部和西部地区人均 GDP 低于全国人均水平的差距呈逐年扩大的态势：分别从 1978 年的 102 元和 145 元扩大到 2017 年的 9129 元和 15853 元（见图 4－10）。

　　对比长江经济带东、中、西部，其人均 GDP 的绝对差距变化，1978～1992 年，东部与中部、东部与西部、中部与西部的人均 GDP 的绝对差值都较小，且变化平缓，1978 年分别为 320.85 元、364.17 元和 43.32 元；而到 2017 年分别达到 53664.35 元、60388.22 元和 6723.87 元，变化十分剧烈。

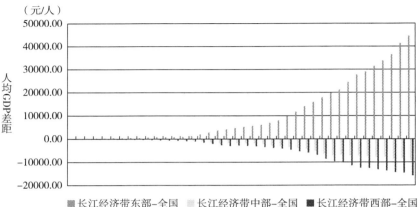

图 14-10　长江经济带各部和全国人均 GDP 差距

资料来源：根据 EPS 数据库、《中国统计年鉴》、《2017 年国民经济和社会发展统计公报》相关数据
计算整理。

从长江经济带 11 个省、市方面来看，各省、市 GDP 和人均 GDP 的标准差
逐年增大，根据标准差的增速，基本可以划分为 1978～1990 年、1991～2001
年、2002～2017 年三个阶段。第一阶段标准差增速较慢，各地区经济水平较低，
GDP 总量除江苏省外其余省市均在千亿级别以下；第二阶段标准差增大，各省
市发展离散程度增强，在这一阶段各省市 GDP 均在千亿以上、万亿元以下；第
三阶段，标准差快速扩大，各省市经济实力离散程度加强。在这一阶段，2015
年，贵州省 GDP 超过万亿元之后，长江经济带各省份 GDP 均达到万亿元级别。

这种发展水平的巨大差异，是我们制定长江经济带发展战略规划所必须要
充分重视的，是制定战略规划的现实基础。这种发展差距也提示我们：《长江经
济带发展战略规划纲要》是总体的战略安排，但还需要有分区域的发展规划来
做具体的支撑和行动的指导，只有这样才能真正体现习近平中国特色社会主义
理论对长江经济带发展的战略导引作用。

（三）长江经济带的城市体系演化

长江经济带是我国城市经济最发达的区域。到 2017 年底，全国有 14 个城市

的地区产值超过 1 万亿元，有 9 个在长江经济带①，占 64%。长江经济带的城市发展是中国城市经济的代表。

1. 城市体系及变化

城市是区域经济发展中的重要主体，是地区经济发展在经济实力、经济结构、发展活力等的重要体现。根据增长极理论，城市经济作为增长极，是带动地区经济增长的动力：其基本过程是地区经济增长极形成之后，通过集聚作用促进经济要素向增长的极点集中，促使增长极变大，在增长极发展到一定程度后，通过涓滴效应辐射周围地区的发展。

在我国经济地理版图中，不同等级的城市有不同的聚集和扩散效应，对于地区经济影响也不同。根据中经网数据库的数据，长江经济带 108 个地级市和上海市、重庆市共计 110 个城市的市辖区 GDP 占比达到长江经济带 GDP 的 50% 以上（见图 14-11）。这些市辖区 GDP 的时空演变分析可以反映长江经济带的基本面貌和城市体系的时空变化情况。

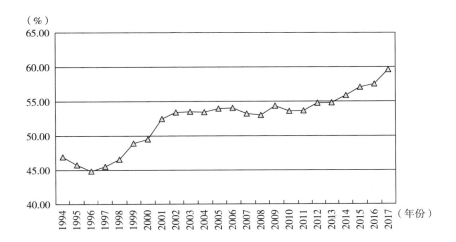

图 14-11　长江经济带 110 个市辖区 GDP 占长江经济带 GDP 的比重

资料来源：根据中经网相关数据计算整理。

---

① 九个城市是上海、杭州、苏州、南京、无锡、武汉、长沙、重庆、成都。其他五个城市是北京、天津、青岛、广州、深圳。

总体上看，长江经济带城市聚集效应较大，市辖区经济的比重基本呈增长态势，而且 2013 年以来集聚速度变快。一定程度上可以说，长江经济带城乡发展的不平衡程度进一步加深。

　　根据各市 2017 年市辖区的 GDP 情况，将这 110 个城市分为四个等级[①]：市辖区 GDP 在 1 万亿元以上的上海、重庆、南京、成都、杭州和武汉为一级带动城市，市辖区 GDP 在 3000 亿元到 1 万亿元之间的苏州市、长沙市、宁波市、常州市、无锡市、合肥市、昆明市、南昌市、徐州市为二级城市，市辖区 GDP 在 1000 亿元到 3000 亿元之间的贵阳市、淮安市、温州市、盐城市、襄阳市、泰州市、扬州市、镇江市、芜湖市、宜昌市、常德市、南通市、台州市、连云港市、岳阳市、株洲市、湘潭市、遵义市、绵阳市、湖州市、十堰市、嘉兴市、舟山市、宿迁市、马鞍山市为三级城市，其余为四级城市。东部江苏省的所有城市都进入该城市体系的前三级，西部地区城市主要分布在三、四级。长江经济带各城市之间的经济实力差距较大，2017 年，6 个一级城市市辖区 GDP 占到所统计市辖区 GDP 的 40.03%，而 69 个四级城市市辖区 GDP 之和仅占 15.90%（见图 14－12）。

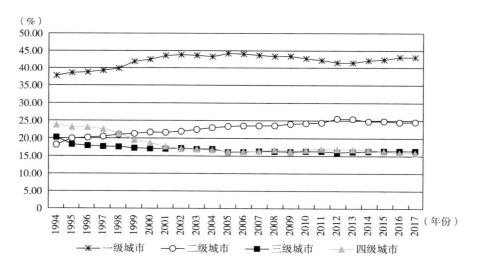

图 14－12　长江经济带不同等级城市市辖区 GDP 占比

资料来源：根据中经网相关数据计算。

---

　　① 对行政区划有变动的城市，本书根据 GDP 增长率做了平滑处理。

从不同等级城市市辖区 GDP 所占比重的变化情况看，一级城市在所有城市中的比重在 2005 年达到峰值后缓慢下降，但 2013 年以来又呈现上升态势。二级城市在长江经济带中的经济实力在 2012 年以前稳步提升，但到 2013 年以来又有微弱的下降态势。三、四级城市辖区的 GDP 比重在 2002 年以前是下降的，之后处于较稳定的状态。

在一级城市中又以上海市占比为最高，呈一枝独秀状态（见图 14 - 13）。2001 年，上海市辖区 GDP 比重达到最高点，为 21.17%，之后呈下降态势，2017 年下降到 13.99%。而重庆市辖区 GDP 自 2008 年起在所统计城市中占比逐年增大，且自 2009 年起就成为第二名，2017 年更是达到 8.49%，在长江经济带中的地位越来越重要。其他四个一级城市的市辖区 GDP 占比在经历了较小的波动之后，基本上收敛于长江经济带的 5%。

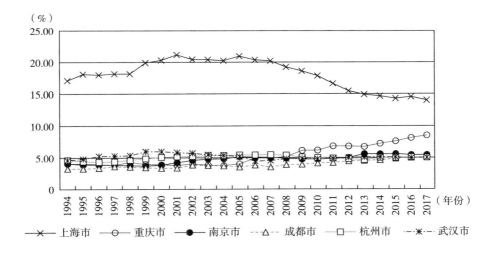

图 14 - 13　长江经济带一级城市市辖区 GDP 占比

资料来源：根据中经网数据计算整理。

从单个城市看，市辖区 GDP 最大值（上海市）和最小值呈波动下降态势，1995 年最高，为 731.05 倍，在 2017 年达到最低值，为 261.48 倍，长江经济带单个城市经济实力极值之间的绝对差距在缩小。一般讲，城市规模与城市对周边区域发展的带动能力成正比。长江经济带东部地区（长三角）经济发展的水平高，在城市经济上主要有三个特点：一是上海、杭州、南京等城市的经济带动能力强，科技等要素对周边地区的辐射大；二是城市周边的县域经济十分发达，昆山、江阴、张家港、常熟等都是全国排名前几位的县域；三是网络化的城市体系已经基本形成，从上海到苏州到南京形成了一个城市连绵区，从上海到杭州到宁波形成一个城市连绵区，在那里城市的边界已经模糊，一个比肩美国新英格兰地区城市群和日本太平洋沿岸地区城市带的长三角城市群已经出现。

2. 城市化发展与城镇建设

整体上看，长江经济带城市化率迅速提高，2017 年达到 58.59%，超过全国 58.52% 的平均水平（见图 14-14）。长江经济带东部地区的城市化率较高，且各省、市城市化率均超过 65%，其中以上海最高，2017 年为 87.6%。西部地区城市化率最低，2017 年刚刚超过 50%，其中重庆的城市化率 2017 年达到了 64.08%，四川在 2017 年刚刚突破 50%，为 50.79%。

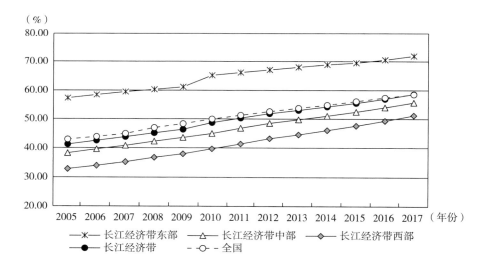

图 14-14 长江经济带东、中、西部城市化率

资料来源：中国统计年鉴（2006~2018）。

长江经济带城市化程度有较大差异，而根据这些差异，应该有不同的城乡协调发展策略。由于长江经济带东部地区的城市化程度已经较高，应该向着城乡一体化方向发展；而中部和西部地区在城市化方面有较大的提升空间，从空间战略上看，中部地区的发展有一定的基础，应当按照武汉—长沙、长沙—南昌、南昌—合肥、合肥—武汉建设若干条发展轴带，巩固点轴发展模式；西部地区面积广大，经济发展和城市发展程度都比较低，围绕重庆、成都、昆明、贵阳建设大的增长极，同时规划建设若干区域性增长极点，形成增长极带动区域发展的模式。

因此，长江经济带发展过程中，对于不同地区的城市化建设需要有不同的思路和方向，但是各地区的城市化建设都必须遵循"共抓大保护，不搞大开发"的基本原则，实现在环境优先的基础上的发展，真正把长江经济带建设成为"黄金经济带"。

四、京津冀协同发展的发力方向

根据当前京津冀协同发展的推进情况，除了北京的非首都功能疏解，还有以下几项重点任务：

（一）加快产业升级的任务

产业升级的目标是通过技术、管理模式等多维度创新，推动科技核心区的发展与壮大，再依靠技术扩散与辐射带动作用，促进整个京津冀地区的产业结构的高度化，即高新科技产业的蓬勃发展。当前全国的京津冀地区的高新科技产业中，制造业占主要部分（75%左右），包括精密仪器与医疗设备制造、航空航天器制造以及电子制造业等，其余还有信息化学品、核工业和医药行业。

随着全球以智能制造为代表的工业4.0浪潮的到来，加之我国以创新作为第一动力以构建现代化经济体系的发展任务，京津冀的产业升级是协同发展过程中需要继续完成的重点任务。京津冀的产业升级需要做好以下四点：

第一，京津冀产业升级要始终坚持以实体经济为核心。产业升级就是要把生产要素、资源的重心更多地投入到实体经济上，通过不断创新和产品升级大力发展实体经济。实体经济的发展对区域经济的发展影响至关重要。以天津为例，2017年天津的经济增速在全国排最后几位，主要原因还是实体经济出现了问题。天津市经济增长的主要动力来自于滨海新区，但2017年滨海新区经济增长乏力，投资低迷。2017年，天津滨海新区固定资产投资增速为0.5%（不含农户），其中中央项目投资483.4亿元，同比增长26.1%，地方项目投资10791.29亿元，同比下降0.5%。三次产业中，第一产业投资262.22亿元，同比增长7.5%；第二产业投资3475.80亿元，同比增长5.5%；第三产业投资

7536.67 亿元，同比下降 1.9%①。

第二，完善产业规划，推动产业转移。京津冀产业升级应以产业发展规划为引领，从而带动区域产业不断优化。通过研究产业发展的一般规律，制定适合该区域发展阶段的产业发展规划，以规划为引领，以完善与延伸产业链、打造产业集群为切入点，主动谋划、促进产业的优化升级。推动产业转移，发展产业园区是河北承接产业转移的主要途径。由于产业转移一般指第二产业的转移，当前的问题是，北京早已经成为服务型的经济，能够向河北转移的制造业已经很少；天津制造业发达，但天津与河北制造业结构高度雷同，有研究表明现阶段天津与河北的经济联系略有下降。因此，如何推动产业转移，是京津冀协同发展中需要进一步破解的难题。

第三，以核心项目来支撑产业升级。京津冀产业升级应当对核心项目的建设予以高度重视。集中优势资源，创造条件，争取关键产业领域的重大项目；同时，发挥大项目的带动作用，对该产业在本地的发展路径做出预判，明确发展目标、发展思路、重点发展领域和产业促进政策，分析行业的价值链构成，尽快完善配套环境，使京津冀产业升级尽快走上良性循环的发展轨道。

第四，统筹生态经济发展与制造业升级。京津冀地区在加快制造业发展与升级的同时，应当充分发挥综合优势，加快推进经济增长方式转变，大力发展生态型制造业。其本质是，坚持经营集约型、资源节约型、环境友好型的发展方向，降低资源消耗，构建循环链条，加快再生资源转化，努力探索一条资源利用最优化、环境污染最小化、经济效益最大化的生态经济发展之路。

（二）推进公共服务一体化的任务

京津冀协同发展的第二个重要任务，是进一步推进京津冀区域公共服务一体化。这是实现协同发展进程中最复杂、任务量最大、最需要持久努力的任务。

第一，京津冀公共服务一体化现状。当前，京津冀地区公共服务一体化包括劳动就业、公共教育、医疗卫生、社会保险、公共文化体育五个方面（见表 14-1）。这些方面基本实现了公共服务的均等化和共建共享，从而保证了区域内劳动力无障碍流动。

---

① 天津市滨海新区统计局，2017 年我市固定资产投资主要情况 ［EB/OL］．http：//www.bh.gov.cn/tjj/contents/177/177081.html，2018-02-26/2018-06-07.

表 14 - 1　京津冀地区公共服务一体化领域

领域	包含内容
劳动就业	就业服务和管理、职业技能培训、劳动关系协调、劳动权益保护和创业服务
公共教育	普惠性学前教育、九年义务教育、高中教育、职业教育和高等教育
医疗卫生	公共卫生服务、医疗服务、药品供应和安全保障
社会保险	基本养老保险、基本医疗保险、工伤、失业和生育保险
公共文化体育	公益性文化、广播影视、新闻出版、群众体育

资料来源：根据公开资料整理。

通过对上述领域的公共服务进行"标准化"，充分发挥公共服务的兜底功能，实现了由"政府导向"向"公民导向"的服务意识的转变。同时，这也为后期户籍档案管理、环境保护、社区服务等更深层次的一体化奠定了基础。

第二，京津冀公共服务面临的主要问题。当前，京津冀公共服务一体化推进遭遇到的瓶颈主要有：标准不统一、行政区划壁垒、财力带来的水平差异以及缺乏健全的机制。京津冀公共服务标准不统一体现在医疗服务上，比如：医疗保险能够报销的药品种类在北京、天津和河北呈现递减的形态，这无形中加重了贫困农民的看病成本，更造成北京市各大医院"一号难求"。行政区划壁垒在社会保障方面非常明显，养老保险的跨区域结算尚未对接，跨区域养老始终难以实现。三地的养老保险仍实行多轨制，审批的手续烦琐，地方政府错位分割治理很难得出统一收效。

河北省的地方财力与北京、天津相比仍然捉襟见肘，财政自给率不足 50%，依旧依靠中央转移支付来提供公共服务。比如，2015 年京津冀三地城镇居民最低生活保障服务标准的差距是 1.58∶1.57∶1，农民最低保障标准的差距是 3.4∶2.6∶1，新型农村养老保险的差距是 6.7∶3.5∶1，城镇职工养老保险待遇差距为 1.64∶1.12∶1。公共服务一体化涉及地方财政体制的改革，过于"一刀切""一把抓"的策略并不适合地区发展水平差距较大的京津冀地区，应该对基本公共服务做类别和层次的区分，通过法制化途径将其规范化、长效化。

第三，京津冀公共服务一体化的发展方向。首先，在劳动就业方面，加快跨城乡和区域的差别性就业政策改革，健全劳动者平等就业制度；整合建立覆盖全区域的就业和人才信息共享平台；建设京津冀职业技能开发培训基地；建立覆盖城乡、区域互认的职业技能评价公共服务体系；实施统一完善的创业激

中国经济地理概论

励政策。其次，在公共教育方面，加强区域合作，保障公共教育投入；优化京津冀公共教育资源的配置，建立合理的教育资源配置机制，探索高等教育一体化途径；提高教育信息化水平。再次，在医疗卫生方面，优化地区间的医疗卫生资源配置；积极共同培养和引进医学专业人才；建立京津冀统一药品供应和安全保障体系。最后，在社会保险方面，加强对贫困落后地区社会保险事业的支持；逐步推进社会保险制度城乡衔接；完善社会保险信息网络系统；提高社会保险覆盖面，完善社会保险跨省区的转移续接机制。

（三）建设世界级城市群的任务

根据区域经济学的地域演进规律，全球化和区域化是相辅相成的两大趋势，意味着在城市—区域—国家尺度上将出现全球尺度，国内地域分工将纳入到国际产业链之中，区域的治理也从行政区经济向区域经济转变（见图 14 – 15）。

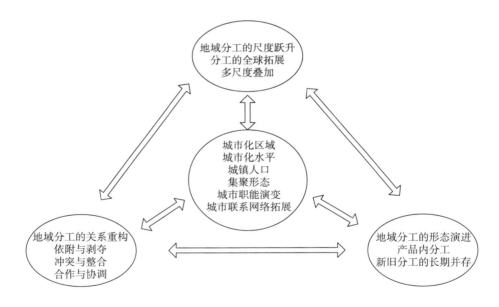

图 14 – 15　地域分工演进及其对城市区域的作用

京津冀建设世界级城市群是协同发展的最终目标和根本性任务。2017 年，我国京津冀城市群中的北京、天津，长三角城市群中的上海、苏州、杭州、南京、无锡，珠三角城市群中的深圳、广州共同跻身我国城市经济总量万亿俱乐部；2017 年京津冀城市群 GDP 占全国比重为 9.98% ，与长三角（19.94%）和珠三角（9.15%）的差距进一步缩小。京津冀在城市群规模和特大城市培育方面都具有良好的基础。就城市体系而言，京津冀城市群除北京、天津两个超大城市（经济总量超过 10000 亿元，人口超过 1000 万人）之外，唐山、石家庄为二级特大城市（经济总量超过 5000 亿元，人口超过 500 万人），邯郸、邢台、保定、廊坊则成为三级大城市（经济总量超过 2000 亿元，人口超过 200 万人）。这一水平与长三角的沪苏—杭宁锡—甬通合常、珠三角的穗深—佛莞—惠中茂湛珠的结构基本相当。

京津冀城市群建设的主要任务有：一是依托大国经济，推进全球经济管控中心建设；二是依托首都优势，推进中国全球文化中心建设；三是依托科技教育资源优势，推进全球科技创新中心建设；四是深化结构调整，提升北京经济的综合服务能力，强化世界级城市群的核心功能，提升北京市的城市运行效率。

京津冀城市群的建设不仅关乎首都经济圈的繁荣，还形成对北方经济强有力的支撑，避免经济重心的南移，以平衡南北发展态势。具体的任务包括：

第一，建设城市网络，促进中国北方国际贸易中心的形成。从贸易方式来看，国际贸易中产业间贸易开始让位于产业内贸易，行业的细化带来的产品内分工不断加深，单向的贸易模式成为过去时。从地域分工关系来看，单一的要素依附导向转变为合作协调导向，贸易活动的网络化让区域不再是独立存在的个体。因此，京津冀协同发展在这一背景下也进一步丰富了概念内涵，除了城市化的质量提升之外，还包括集聚形态的更新、城市职能的演变和城市联系网络的拓展。

第二，立足北京发展现状，打造现代新型首都圈。当前，北京城市单中心模式在同类城市中略显落后，"大城市病"在城市无序蔓延中积重难返，职住不平衡、产城不融合矛盾极其突出。通州副中心的提出可谓是一剂良药，但由于缺乏对城市微观空间的重组，依旧无法避免其步上老城区的后路。因此，要注重"微中心"的建设，包括特色小镇、花园型总部、卫星城、产城融合型园区等，旨在构建首都区域内空间组织体系，带动更广泛的腹地来承接北京非首都城市功能疏解和产业转移。

（四）加快生态环境治理制度设计的任务

2017 年，京津冀区域 13 个城市 3 月平均优良天数比例为 66.3%，同比提高 14.6 个百分点。这应该归功于河北省对工业生产的限制，才换来了京津冀的蓝天，但京津冀对于生态补偿的机制设计有待进一步推进。在"十一五"期间，北京与河北张家口地区就水资源的有偿使用，形成过"稻改旱"的补偿协议，应该成为今后生态环境补偿的典范。张贵和齐晓梦（2016）① 采用成本分析法和基于能源生态足迹的生态服务价值法，测算出了京津应对河北在流域和大气的补偿金额。然而，这种科学核算、公平补偿、市场化运作的补偿机制在京津冀之间尚未建立。

下一步应该加强全社会各界对环境共享共治的意识，坚持"谁收益、谁补偿、生态共建、资源共享"的根本原则，具体来看，首先是中央对华北北部生态地区的补偿。中央财政的转移支付，补偿地方一级的生态损失。其次是地区之间的生态补偿。由于行政区域的限制，地区对地区的直接转移支付比较困难，合作共赢的补偿是可供选择的模式之一。最后企业、社会团体对生态涵养地区的投入和支持。动员全社会为生态地区提供资金支持是更可行的模式，具体方法应当进行更加深入的探讨。

（五）进一步加快雄安新区建设的任务

雄安新区的规划纲要已经于 2018 年 4 月公布。规划蓝图充分体现了雄安新区的国际水平和中国特色，是中央关于雄安新区"千年大计"的具体体现。笔者认为还有以下任务需要进一步明确：

第一，雄安新区如何形成与京津鼎立的第三极。作为京津冀世界级城市群的核心区，京津雄的发展十分关键。《国务院关于河北雄安新区总体规划（2018 - 2035 年）的批复》强调，雄安新区要坚持以资源环境承载能力为刚性约束条件，科学确定雄安新区开发边界、人口规模、用地规模、开发强度。要坚持生态优先、绿色发展，雄安新区蓝绿空间占比稳定在 70%，远景开发强度控制在 30%。要合理控制用地规模，启动区面积约 30 平方千米，起步区面积约 100 平方千米，中期发展区面积约 200 平方千米，这样计算，雄安新区可容纳 500 多万人。现在保定人口数为 1042.5 万人，石家庄的人口数为 1078.46 万人，所以，雄安新区的人口规模问题需要做进一步的研究。

第二，雄安新区的产业安排与规划问题。目前，雄安新区作为创新驱动发

---

① 张贵，齐晓梦. 京津冀协同发展中的生态补偿核算与机制设计 [J]. 河北大学学报（哲学社会科学版），2016（1）：56 - 65.

展引领区,规划的初始产业优势是来自于北京的疏解。在高校、研究院所、医疗机构、金融机构等首都疏解资源进入雄安之后,如何进行空间安排和产业规划,亟须统筹安排。按照区域经济学的解释,主导产业一般不易太多,500万人的城市3~4个主导产业就可以撑起城市产业的骨架,其他产业则是辅助和基础产业。从更深一个层次来思考雄安新区的产业体系,在北京非首都功能疏解完成之后,自身科技资源的培育和相应支持的资源的获取,就成为一个需要解决的长远性问题。这些问题在雄安新区的发展初期都需要考虑。

第三,雄安新区赢得发展的持久动力问题。产业只有实现可持续发展,才能集聚人才。人才的流动源于产业的发展,人才的扎根同城市公共服务和管理水平密切相关。近年来有很多科技企业在北京研发,在华东地区甚至深圳进行产业转化,原因就在于这些城市的公共服务供给质量高、城市管理水平良好。除了科教文卫等基本公共服务外,社区管理、文化活动、城市历史等非经济因素都是吸引他们留在城市中的重要因素。因此,只有从规划阶段就对雄安新区的城市发展质量把关,才能真正打造一个高质量的人才集聚中心。

五、粤港澳大湾区空间格局优化

(一)粤港澳大湾区基本情况

粤港澳大湾区作为城市群尺度上的产业和人口集聚区,是实现经济由快速增长向高质量发展转变的典型区域。改革开放以来,广东省作为我国改革开放的先行试验区,在经济高速发展的引领下,率先形成了珠三角城市群,如今的经济规模和经济水平已经相当于西班牙等中等发达国家,经济、人口、土地规模均能够与世界三大湾区比肩。粤港澳大湾区的空间范围是港澳与珠三角九市,面积5.6万平方千米,2017年粤港澳大湾区人口达6956.93万,GDP约占全国经济总量的12.17%。目前,粤港澳大湾区已有香港、深圳、广州三个超级大城市,东莞、佛山的人口也超过500万,其他的惠州、中山、珠海、肇庆、江门和澳门,都是经济实力突出的中等规模都市。从湾区发展的政策基础看,"一带一路"建设、珠三角经济区规划、APEC和泛珠三角经济区战略等,都对其繁荣发展发挥着起到了极强的促进作用。

中央领导层十分重视粤港澳大湾区的建设。在党的十九大报告中,习近平总书记强调确保"一国两制"方针不动摇。其中,香港、澳门与内地合作的重要平台就是粤港澳大湾区。国务院总理李克强指出要研究制定粤港澳大湾区城市群发展规划，进一步推动内地与港澳合作。粤港澳大湾区建设与雄安新区建设相呼应，共同成为新时代我国南北两大区域经济发展战略，成为开创我国改革开放新局面的主要战略抓手。

珠三角城市群是我国最早对外开放的区域，内部的深圳、珠海和汕头是我国最早设立的经济特区。在改革开放后，珠三角基于专业分工块状经济，形成了一系列专业镇；在深圳与香港间形成了"前店后厂"的经济关系，从而奠定了深圳的制造业基础；深圳与广州形成双中心格局逐步形成，推动珠江口东岸经济的崛起。21 世纪之后，核心城市产业不断升级，广深的金融、信息、高新技术行业全面崛起，与此同时，珠三角核心区开始向外延伸到肇庆、清远、云浮、阳江，珠三角范围进一步扩大，空间上形成广佛肇、珠中江、深莞惠三大都市圈。金融危机之后，香港、澳门遭受冲击，港深互利合作替代前店后厂。"十三五"以来，我国经济触底反弹，但供给侧结构性改革压力依旧，区域经济的内在动力有待进一步增强。粤港澳大湾区建设正是以我国沿海城市群为带动，引领全国层面的产业结构升级，提高抵御经济风险的能力（见表 14-2）。

表 14-2　珠三角区域发展与演化历程

时间段	空间结构	内容	对外开放阶段	规划文本	主导产业
1949～1978 年	单中心：广州	珠三角地区	未开放	国民经济五年计划	种植农业、传统商贸业
1979～1999 年	双中心：广州—深圳	珠三角经济区、经济特区	先行阶段	《中华人民共和国广东省经济特区条例》《珠三角城镇体系规划》《珠三角经济区城市群规划》	基于专业镇分工的传统制造业、商贸业
2000～2008 年	多中心、多组团：珠三角城市群	泛珠三角区域、东中西都市区	全面阶段	《珠三角城镇群协调发展规划纲要（2004-2020）》《珠三角改革发展规划纲要（2008-2020）》	高新技术企业、金融服务业、信息物流行业
2009～2016 年	多中心网络化、双边跨界：大珠三角与粤港合作	大珠三角区域	深化阶段	《珠三角全域规划》《环珠江口湾区宜居区域建设重点行动计划》《中国（广东）自贸试验区发展总体方案》《关于深化泛珠三角区域合作的指导意见》	先进制造业、商贸物流、金融服务业

续表

时间段	空间结构	内容	对外开放阶段	规划文本	主导产业
2017年至今	一体化分工区域：环粤港澳湾区	粤港澳大湾区	融合阶段	《政府工作报告》《粤港澳大湾区发展规划》	科技创新产业、新兴制造业、休闲旅游业

资料来源：根据公开资料整理。

（二）粤港澳大湾区空间优化的逻辑顺序

通过分析粤港澳大湾区作为城市群所具备的集聚基础及其重构的重点任务，将大大优化重构的路径。

第一，从企业的共生集聚开始推动粤港澳大湾区的微观重构。提高人力资本与企业、制度、信息的空间匹配度，消除企业迁移带来的运输成本，优化核心—边缘—外围格局。粤港澳大湾区目前已形成单方经济一体化的格局，尤其是在产业发展方面并不存在阶段性差距。但边缘、外围地区产业创新、市场搜索、分工定价等能力尚待提高，这是微观层面需要解决的问题。

第二，从全球地方化视角出发推动区域重构。以"全球—地方"为基础，既推动区域参与全球分工，又引导经济活动在各地进一步细化。珠三角城市群已经拥有完整的生产体系和流通体系，但是贸易体系的缺失阻碍其参与国际分工；同时，不同层面的异质性也深刻影响着经济贸易布局，充分发挥地区优势和发展路径依赖依旧是需要考虑的重要因素。

第三，从经济网络联系向政治治理空间重构转变，构建跨国区域化，重构全球治理体系，形成国家巨型区域。贸易体系的重建漫长而艰难，但这意味着治理体系的重构。粤港澳大湾区定位为世界湾区第四极，必然会扩大原有空间规模，打破原有空间秩序，改变之前空间格局。我国改革开放已愈不惑之年，珠三角作为我国经济社会改革的排头兵，未来在国家乃至全球治理体系中至关重要。

（三）粤港澳大湾区空间优化的内容

与世界三大湾区一样，粤港澳大湾区拥有悠久的对外贸易传统。较国内京津冀和长三角地区，其优势在于完整的产业链体系。目前，这两者在产业空间上还没有完全匹配，粤港澳大湾区尺度重构本质上包括产业发展模式、贸易体系、经济版图三方面。

第一，以大都市圈为基础构建产业集聚带、城市体系和人口流动圈三者匹配的次湾区，给每个次湾区配置一个多样化城市和若干专业化城市。具体而言，可以深圳、香港为核心，发展现代服务业、金融业、创新科技为主导的港深莞惠都市圈；以澳门、珠海为核心，发展旅游业、绿色经济、现代制造业为主导的澳珠中江都市圈；以广州、佛山为核心，发展现代制造业与工商服务为主导的广佛肇都市圈。

第二，以港口群、机场群和会展群为基础，利用"一国两制、三个关税区、四个核心城市"的优势，完善全球贸易体系中粤港澳大湾区的流通平台，形成贸易体系中价值链的层次分布。具体而言，可以构建广东自贸区的三个片区与三个关税区的合作贸易平台，打通两种制度的贸易渠道，即广州南沙新区片区（广州南沙自贸区）与本地关税区、深圳前海蛇口片区（深圳蛇口自贸区）与香港关税区、珠海横琴新区片区（珠海横琴自贸区）与澳门关税区三个贸易合作区。

第三，以湾区经济为新经济形态，理顺粤港澳大湾区的空间秩序，拓展我国区域经济版图。粤港澳大湾区并非旨在打破"一带一路"、长江经济带和京津冀协同发展的格局，因此它不只是为了提升我国区域经济第三极的综合竞争力，更是为了构建世界湾区第四极。传统"前店后厂"的模式分离了制造业和服务业，珠三角城市群始终存在独立内循环的问题。双向市场的打开有助于提升产业空间配置效率，实现人力资本的全域流动，形成具有全球影响力的金融—贸易—制造—旅游湾区。

粤港澳大湾区作为产业集聚区、都市连绵带和沿海港口群，是我国参与全球产业分工的重要手段。通过自下而上的尺度重构，粤港澳大湾区的资源—人口—产业格局将大大优化，并形成国家宏观尺度下的巨形区域。

第十五章　未来展望：协调发展的
经济地理新空间

建设现代化经济体系是我国实现现代化的主要途径，区域协调发展战略是建设现代化经济体系的重要一环，是未来指导区域经济和社会发展的基本战略之一，是解决新时代人民日益增长的美好生活需要和不平衡不充分的发展之间的矛盾的关键途径。展望中国经济地理的未来演化，实现区域协调发展是最基本的方向。

第一节　新时代的区域协调发展

区域协调发展的概念是在国民经济"九五"计划中正式提出的概念。当时的背景是：经过近20年的改革开放，我国经济社会发展取得长足的进步，经济增长开始进入持续的起飞阶段。但随着城乡收入差距拉大，中西部地区与东部沿海地区的发展差距不断扩大，区域发展的不协调越来越引起中央的高度重视，区域协调发展战略作为指导地区经济和社会发展的战略导向而提出，具有深远的意义。

一、区域协调发展的理论内涵

党的十九大报告将区域协调发展战略首次上升为统领性的战略，正是为了解决新时代社会主要矛盾中的不平衡不充分的发展问题。习近平总书记在党的十九大报告中对区域协调发展战略的阐述是："加大力度支持革命老区、民族地区、边疆地区、贫困地区加快发展，强化举措推进西部大开发形成新格局，深化改革加快东北等老工业基地振兴，发挥优势推动中部地区崛起，创新引领率先实现东部地区优化发展，建立更加有效的区域协调发展新机制。以城市群为主体构建大中小城市和小城镇协调发展的城镇格局，加快农业转移人口市民化。以疏解北京非首都功能为'牛鼻子'推动京津冀协同发展，高起点规划、高标准建设雄安新区。以共抓大保护、不搞大开发为导向推动长江经济带发展。支持资源型地区经济转型发展。加快边疆发展，确保边疆巩固、边境安全。坚持陆海统筹，加快建设海洋强国。"

区域协调发展战略是区域经济学的最新发展，有着坚实的理论基础和明确的理论标准。"协调"的含义是"配合适当、步调一致"。所谓协调发展，就是促进有关发展各系统的均衡、协调，充分发挥各要素的优势和潜力，使每个发展要素均满足其他发展要素的要求，发挥整体功能，实现经济社会持续、均衡、健康发展。

从理论上讲，协调发展反映的是人们对市场经济规律的认识，是把经济规律和自然规律结合起来认识客观世界的实践总结。在全面建设小康社会的进程中，坚持协调发展，就是要自觉地纠正一些地区和领域出现的重经济增长、轻社会进步，重效率、轻公平，重物质成果、轻人本价值，重眼前利益、轻长远福祉，重局部、轻全局的倾向，避免造成经济社会的发展失衡。为实现经济社会可持续发展的战略目标，不是单纯追求 GDP 的增长，而是在经济发展的基础上提升全体人民的福利。

从区域发展的宏观目标出发，区域协调发展的理论标准是：第一，缩小并最终消除区域发展差距。现阶段促进区域协调发展的一项首要任务，就是要遏制地区间人均生产总值扩大的趋势，并努力使之保持在一个适度的范围内，在实现平衡发展的过程中逐步缩小。

第二，实现区域间公共服务的适度均衡。包括义务教育、公共卫生、基本医疗、社会保障、劳动就业、扶贫开发、防灾减灾、公共安全、公共文化等基本公共服务，不应因地区的不同、人群的不同而有明显的差异。

第三，实现地区间发展机会的均等。包括资源开发、企业进入、基础设施、城市建设、乡村振兴等方面的机会均等，使各地区的比较优势都能够得到合理、有效的发挥，有效消除区域间的利益冲突，促进区域间的优势互补、互利互惠。

第四，实现人口、资源与环境的可持续发展。习近平主席关于"绿水青山就是金山银山"的理论，从根本上讲清楚了人口、资源与环境和谐发展的质的规定性，只有让人与自然关系处于和谐状态，才能真正做到区域协调发展。

二、区域协调发展的经济学特征

区域协调发展作为区域经济的一种形态，在经济学上具有功能性、动态性和综合性等基本特征。

（一）区域协调发展的功能性

区域协调发展的功能性主要是通过区域定位来体现。也就是说，我们把国民经济看作是一个完整的区域系统，根据区域协调发展的要求，各区域的发展必须有一个明确的区域定位，规定该区域在区域系统中扮演的角色。区域定位展示出一个区域的功能特点，找出区域的产业优势和区域的资源优势，形成主导产业，确立带动意识和政策配套。

（二）区域协调发展的动态性

在显示的区域发展中，有的地区水平高些，有的地区水平低些；有些地区发展快些，有些地区发展慢些，并且在不断的变化当中，区域经济的动态性特征是明显存在的。区域协调发展理论为我们提供的是如何正确处理公平与效率的问题：把生产要素投在发达地区，效率高些，地区间的差距拉大；投到落后地区，可缩小差距，但又可能会影响效率。所以，如果一项区域发展政策能够实现区域的帕累托改进，这项政策就是可行的，新时代的区域经济应当更加强调公平发展。区域的平衡与不平衡的发展不是自然而然的，都有其社会和政策背景。区域协调发展正是对区域发展导向的调整和干预，旨在树立整体和协调的区域之间的发展关系。

（三）区域协调发展的综合性

区域协调发展是区域发展和区域协调的统一，也是区域发展综合性的一种体现。如何解决区域发展与区域协调统一的问题？区域的发展不能仅仅对统计意义上的"整体"做贡献，还要真正惠及由各个区域组成的有机整体。真正的发展是目标与手段、个体与整体的统一，它不会破坏区域关系而应该对区域关系的协调做出贡献。"发展是硬道理"并不是说发展之后才能找到解决问题的办法，而是说发展本身就是促进协调的力量。

三、区域协调发展的地理学特征

如果我们从经济地理学来诠释区域协调发展，它的空间性、尺度性和多样性的特征明显。

（一）区域协调发展的空间性

从区域经济的理论出发，区域经济是特定区域的经济活动和经济关系的总和。如果我们把全国的国民经济看作一个整体，那么区域经济就是整体的一个部分①，是国民经济整体不断分解为它的局部的结果。对于国家的经济来说，整体系统涵盖了部门体系，也涵盖了区域体系。区域是它一个实体，是一个子系统。区域体系是由无数个区域实体组成的，而且每一个实体都有其自身的特点和运行规律。我们把国家宏观经济管理职能下面的、按照地域范围划分的经济实体及其运行，都看作区域经济的运行。

地表空间首先是地理学提出来的，经济地理的地域空间，按照德国地理学家李特尔的观点，无非是在自然空间上加上人类活动的影响。这种自然现象结合人文现象形成的经济地理空间分布，决定了其区域性的特点。由于不同区域存在不同的自然现象和人类活动，而且存在这些现象和活动的空间聚集的状态。区域性的特点表现在一种要素在一个地区呈现出的变化规律在另一个地区可能完全不能适用。因此，研究经济地理的地域空间变化规律，研究区域内部的构成结构是十分必要的。区域协调发展的空间性特征表明，不能抛开区域与国家的关系而孤立考虑区域的发展，也不能用每一个区域经济增长的叠加来计算国民经济整体的增长。正确处理区域与国家的关系和区域之间的关系，是促进协调发展的重要原则。

（二）区域协调发展的尺度性

经济地理学研究的区域，根据研究范围一般分为三个尺度：①国家尺度，着重探讨全球区域以及国家质检范围内的区域分异规律，揭示全球经济地理构成的总体特征；②地区尺度，主要研究和分析国家范围或大区域范围的经济地理总体特征和地域分异规律；③城市尺度，重点研究城市地区的地域特征和分异规律，探讨城市在国民经济中的作用。区域协调发展的尺度性特征，主要表

---

① 赫特纳. 地理学 ［M］. 北京：商务印书馆，1982：308.

现在不同尺度的经济区域，发展的途径与特点是有区别的，因而在此基础上形成的发展规划，也必须有区域范围的影响的反映。例如，板块范围的区域发展规划与开发区范围的发展规划，应该有本质上的不同，城市发展规划也不能等同于区域发展战略。

（三）区域协调发展的多样性

从经济地理的角度来衡量的区域协调发展的多样性，主要还是源于地球表面的复杂性以及每一个地理区域的要素的复杂性，这些复杂性决定了区域协调发展研究方法的多样性。经济地理研究的对象是地域空间，关于地球表面的地域空间的属性和特征，随着航空遥感技术的飞速发展，气象卫星、地球资源卫星、航天技术的成果广泛，以及人工智能的作用的提升，经济地理学研究区域问题的地理数据的精度和深度都大大提升。多样性带来的是研究问题的复杂性，利用复杂性研究技术，可以促进区域的协调发展。

第二节　协调发展的核心内容与实施重点

以区域协调发展战略来引领四大板块之间、经济带之间、城乡之间、类型区之间的发展关系，结合发展战略上的路径选择把区域协调发展落到实处，是区域协调发展战略的核心内容。

一、区域协调发展战略的核心内容

（一）区域经济发展战略的提升与完善

近年来，我国制定了大量的区域规划和发展战略，从大的地域性发展战略到国家级的各类区域的规划，对我国的区域发展起到了重大的成效。特别是当前，这些规划都到了规划成效的显示时期，对这些规划的总结、提升与完善，是区域协调发展的核心内容之一。

区域发展总体战略是以"四大板块"的协调为基础的，中心是以地理位置并考虑行政区所形成的"政策覆盖区"的协调发展，强调的是对区域板块的政策指导和发展定位，所以没有过多考虑区域板块之间的经济联系。因此，在全面高效指导我国地区经济的协调发展中，迫切需要加强板块之间的联系。2014

年中央经济工作会议指出：要完善区域政策，促进各地区协调发展、协同发展、共同发展。要重点实施"一带一路"、京津冀协同发展战略、长江经济带战略。经济带战略，恰恰就是从加强区域经济联系的角度进行的政策设计。所以，区域协调发展战略是在继承区域发展总体战略基础上的完善与具化，是新时代中国地区经济和社会发展的统领性战略。

从板块和类型区协调向全面协调转变，是区域协调发展战略的根本出发点。"十一五""十二五"期间采取四大板块划分，尽管从地域上实现了全覆盖，但由于具体政策需要不断细化才能更有针对性，所以导致区域发展政策落实情况不及预期。正是认识到这一问题，为了提高政策的精准性，全方位、多层次的协调发展是重点内容。

（二）完善促进区域协调发展的体制机制

中国区域经济经过多年的发展，每个区域都获得了长足的进步，但区域之间的关系始终存在不协调的状况。如何实现区域经济的一体化发展，是新时期区域发展的重要任务。

首先是协同发展机制。当前协同发展的主要区域是京津冀地区。京津冀地区是国家最重要的畿辅地区，但京津冀地区一体化发展远未形成。2014年2月26日，习近平总书记在北京主持召开座谈会，听取京津冀协同发展工作汇报，强调实现京津冀协同发展，是面向未来打造新的首都经济圈、推进区域发展体制机制创新的需要。推动区域协同发展的关键是形成协同发展的机制，包括城市、交通、生态、产业等各个方面，都需要有区域协同的发展机制。

其次是区域经济一体化机制。当前区域经济一体化最成熟的是粤港澳大湾区。区域经济的一体化是包括商品贸易、基础设施、要素流动和政策设计等多个方面的一体化，要有统一的领导，编制一体化的发展规划，制定相关的发展政策，用来推动资本、技术、产权、人才、劳动力等生产要素的自由流动和优化配置。

最后是区域合作机制的完善。"长三角地区"的区域合作是全国的典范。在建立地区党政主要领导定期会晤机制的基础上，进一步探索建立有组织、可操作的专项议事制度，积极推动各类经贸活动的开展。加强政策的统一性和协调性，消除市场壁垒，规范市场秩序，形成良好的政策环境和发展条件。

（三）构建精准性的政策体系和可操作的政策平台

构建精准性的区域政策体系。国家发改委等有关部门近 10 年来出台了数十个发展规划和区域发展的"指导意见"，取得了显著的效果。然而，随着区域经济发展态势的变化，也显现出政策范围过宽、各类政策不连贯、政策功能不明确的问题。例如，开发区政策、国家级新区政策、综合配套改革试验区政策与主体功能区政策之间的联系就比较少，有些地方甚至存在一定的矛盾。所以，建立统一规范、层次明晰、功能精准的区域政策体系，是从全局性和区域性出发推进区域协调发展的重要途径。发挥区域政策在宏观调控政策体系中的积极作用，可以加强区域政策与财政、货币、产业、投资等政策的协调配合，突出宏观调控政策的空间属性，提高区域政策的精准性和有效性。

优化区域创新与发展平台。我国当前经济增长动力正在发生转换，实施区域协调发展战略需要培育区域经济新动能，需要改革区域创新的体制机制，而这些动能的转化落实在空间上，就是要进一步完善各类发展平台。这些平台包括国家级新区、综合配套改革试验区、承接产业转移示范区等具有先行先试的政策优势的区域性平台。一是激发活力，以体制机制改革促进经济活力的迸发，以科技创新促进生产能力的提升；二是拓展空间范围，让这些功能平台更多向中西部地区、革命老区、边疆地区、贫困地区延伸，使这些政策资源匮乏的区域获得加快发展的政策资源；三是自身优化，当前看这些功能平台的发展参差不齐，对区域发展起到的作用也差别很大。自身优化的核心是调动发展能力，提升产业层次，拓展产业规模。

加强区域规划的权威性和操作性。区域规划是充分发挥地域优势、谋划区域未来发展的纲领性文件。多年来，我国的区域规划已经成为了区域发展、产业选择和项目安排的依据。然而，并不是所有的区域规划都能够得到有效的实施。原因就在于有些规划不具有权威性和可操作性。从我国目前的情况来看，区域发展最需要加强规划的是跨行政区的区域发展，而恰恰是这类"合作区"的规划最难实施，难点就在于行政区的利益难于协调。做好区域规划与相关规划的衔接配合，真正实现"多规合一"，做到"一张蓝图绘到底"，不因地方政府换届而造成政策多变，保持政策连贯性。

（四）保障国家和区域生态安全

推进生态文明建设是新时期区域发展的重要组成部分，是区域可持续发展的重要保障。习近平总书记十分重视生态文明建设，多次指出建设生态文明关系人民福祉，关乎民族未来。把生态文明提高到民族生存的高度来认识，是从来没有过的，也体现了习近平总书记在区域发展上的高瞻远瞩。

由于我国国土面积广大，生态环境多种多样，同时历史遗留的环境问题较为严重，建设生态文明的任务十分繁重。对于如何推进生态文明建设，习近平总书记从着力树立生态观念、完善生态制度、维护生态安全、优化生态环境，形成节约资源和保护环境的空间格局、产业结构、生产方式、生活方式等方面提出了基本的思路。他指出，必须树立尊重自然、顺应自然、保护自然的生态文明理念，坚持节约资源和保护环境的基本国策，坚持节约优先、保护优先、自然恢复为主的方针。

经济发展同生态环境保护的关系历来是十分复杂和难以处理的关系。习近平总书记强调，牢固树立保护生态环境就是保护生产力、改善生态环境就是发展生产力的理念，更加自觉地推动绿色发展、循环发展、低碳发展，决不以牺牲环境为代价去换取一时的经济增长。这种理念突出地反映了我国对区域发展的新思路，这种思路是可持续发展的最高理念。

二、区域协调发展战略的实施重点

新时期区域协调发展战略的实施，包括六大战略：

（一）特殊区域发展战略

党的十九大报告中首先提到特殊区域的发展：加大力度支持革命老区、民族地区、边疆地区、贫困地区加快发展。特殊区域一般都是问题区域，这些区域存在的问题有：基础设施缺乏和基本公共服务不完善，是掣肘地区经济发展的瓶颈；产业基础薄弱，缺乏特色，大多数地区以农业生产或畜牧养殖为主，发展的能力很低；特殊区域大多远离市场，资源丰富但开发程度不高，很难吸引企业入驻。对于上述特殊区域的发展战略，应采用对口援助。给予特殊的政策支持，对于本身发展能力弱的区域，增加人力物力的支援。

（二）四大板块战略

四大板块战略，核心是在国土全覆盖的情况下解决如何实现区域经济的协调发展问题。在经济发展步入新时代的背景下，由于过去惯用的四大板块仅是以地理位置并考虑行政区划对我国区域进行的划分，一定程度上割裂了区域之间的经济联系。行政区划并不等于经济区划，板块之间、省际之间的中间地带如何实现全覆盖是下一步的研究重点。

（三）经济带发展战略

经济带发展战略，解决如何加强区域协同、创新和经济联系的问题。目前形成国家战略的三大经济带：环渤海经济带（京津冀为核心）、长江经济带和丝绸之路经济带，均是在一个开放的区域空间中，由相对发达的区域与相对不发达的区域结合构成的。经济带的形成在一定程度上可以优化相对落后区域的生产力布局，促使区域要素配置发生积极变化，进而推动相邻地区经济的协同发展。

与局域性发展战略相比，"三大战略"涉及地域空间范围更广、合作内容更全。从地域上看，"三大战略"均是跨省级行政区乃至连接国内外的空间安排；从内容上看，每个战略均强调基础设施互联互通、重点领域率先突破和体制机制改革创新，通过改革创新打破地区封锁和利益樊篱。"三大战略"的深入实施，促使我国区域经济版图从主要依靠长三角、珠三角和京津冀三大引擎带动的传统格局，向区域联动、轴带引领、多极支撑的新格局转变，这必将对促进区域协调发展注入新的动力。

（四）城市化战略

城市化战略是解决区域发展的带动与承载问题。城市化是现代化的必由之路，是保持经济持续健康发展的强大引擎，是加快产业结构转型升级的重要抓手，是推动区域协调发展的有力支撑，是解决"三农"问题的重要途径和促进社会全面进步的必然要求。

空间格局上，城市群、中小城市和小城镇将是新型城镇化的主要载体，中小城镇是接纳农村转移人口的主要承载区域。产业发展上，城市化需要产业支撑，通过城市群集聚要素，提高服务业比重，吸纳新市民就业。当前，城市群的作用愈来愈强。以城市群引领区域经济发展的趋势未来还会继续加强。与此同时，大城市特别是超大城市的功能正在进一步疏解。此外，城市发展正从粗放到精致的转化。对于城市群的带动力与承载力的评估将是下一步研究的重点。

（五）问题区域战略

问题区域战略，解决资源枯竭地区和衰退地区问题。"问题区域"不同于"后发区域"，它是曾经辉煌和发达、后来落伍的区域。当前我国的问题区域主要集中在资源枯竭地区和东北等老工业基地地区。我们把这些区域概括为"单一结构"区域。"单一结构"地区当前面临的是产业选择和如何发展的问题。只有把握好产业选择和发展的次序,探索建立资源开发补偿机制、衰退产业援助机制、新兴产业扶持机制,单一结构区域才能在产业转型中步入合理路径。

(六) 陆海统筹战略

陆海统筹战略是解决建设海洋强国与海洋国土开发问题。陆海统筹最初是在"十二五"规划中明确提出的,将发展海洋经济、建设海洋强国放在战略的高度。党的十九大报告从战略高度对海洋事业发展做出了重要部署,明确指出要"坚持陆海统筹,加快建设海洋强国"。在当前的国际局势下,继续推动陆海统筹战略,必须统筹海洋维权与周边稳定、统筹近海资源开发与远洋空间拓展、统筹海洋产业结构优化与产业布局调整、统筹海洋经济总量与质量提升、统筹海洋资源与生态环境保护、统筹海洋开发强度与利用时序,并以此作为制定国家海洋战略和制定海洋经济政策的基本依据。

第三节 协调发展的未来目标

一、实现协调发展的基本原则

中国区域空间格局演化的过程证明了一个核心观点:不平衡的经济增长与和谐发展可以并行不悖、相辅相成。实现经济地理协调发展目标的原则是:

(一) 发挥区域优势

我国是一个 960 万平方千米国土的大国,各区域的区位条件、资源条件和发达程度差异很大。东部沿海地区区位条件好,离国际市场近,市场机制建立较早也较为完善,在承接国际产业转移的过程中,实现了高速发展。而中西部地区的区位条件不利,市场发育程度相对较低,商品流通不够顺畅,土地、技术、资本等要素市场地区分割严重,发展速度在一段时间内落到东部沿海地区之后,是不可避免的。

发挥区域优势是区域协调发展的客观基础。改革开放以来,我国在区域发展过程中,准确把握全国各地区的不同的经济发展和市场发达程度,在市场发展较好、经济较发达地区调整生产力布局，更多地以发挥市场经济行为主体的作用，协调主体利益为原则；而在市场机制欠发达、经济欠发达地区调整生产力布局，则是在发挥市场配置资源主体的作用的同时，更加注重发挥政府的作用，用区域规划引领区域发展。

（二）追求空间平等

实现空间平等有两种思路——"空间中性"与"基于地区"。"空间中性"是假设空间均衡的存在和生产要素的完全流动，区域发展总体战略是"空间中性"的政策体现。"空间中性"要求经济与人口在一定空间趋于均衡，各地区获得大致相同的发展机遇。"基于地区"的政策则具有明显的针对性，直接针对某一个地区给予相应的发展政策，比如国家级新区、承接产业转移示范区、综合配套改革示范区等，都属于此类政策区域。

是否实现空间平等的衡量标准，是地区发展差距是否缩小。从区域差距的变化情况看，2013 年沿海地区人均 GDP 为 6 万元，而内陆地区仅为 4 万元。从 1997 年到 2013 年的 16 年间，绝对差距从不到 5000 元扩大到 25000 元以上。实现空间平等的目标还任重道远。

（三）加快形成新的发展格局

当今世界正经历百年未有之大变局，随着国际环境日趋复杂，不稳定性、不确定性明显增强，在此背景下，构建以国内大循环为主体、国内国际双循环相互促进的新发展格局具有非常重要的战略意义。未来要充分依靠和发展我国完整的工业体系、超大规模内需市场以及充满韧性的区域经济网络，打通生产、分配、流通、消费各个环节，构建新型的区域经济格局，从而实现经济的国内大循环。此外，随着国际贸易和生产要素的国际流动，我国经济与国际经济的关系日益加深，区域经济发展受国际经济的影响日趋明显。因此，积极参与国际经济循环，加快形成国内国际双循环相互促进的新发展格局也是优化区域空间格局的重要方向。

总之，改革开放以来，中国区域空间发展是不平衡的，地区之间的发展差距仍在拉大，但并没有影响中国的区域经济发展。就是说，沿海经济发展水平提高的同时，内地的经济发展水平也在提高，差距在于提高的速度不一样。此外，应健全财政、货币、产业、区域等经济政策协调机制；建立权责清晰、财力协调、区域均衡的中央和地方财政关系；优化区域开放布局，加大西部开放力度；我国现行标准下农村贫困人口实现脱贫，贫困县全部摘帽，解决区域性整体贫困；以粤港澳大湾区建设、粤港澳合作、泛珠三角区域合作等为重点，全面推进内地同香港、澳门互利合作。我国区域协调发展在这些方面也有较大的发展空间。

二、实施新战略，构建国土新空间

"一带一路"、京津冀协同发展、长江经济带是新时期我国构建全方面开放格局、区域协调发展的重要战略性决策。国家高度重视新"三大战略"布局，在《"十三五"规划纲要》中提出"以区域发展总体战略为基础，以'一带一路'建设、京津冀协同发展、长江经济带发展为引领，形成沿海沿江沿线经济带为主的纵向横向经济轴带，塑造要素有序自由流动、主体功能约束有效、基本公共服务均等、资源环境可承载的区域协调发展新格局"。

（一）加快推进"一带一路"

"一带一路"是我国全方位对外开放合作的总方针。2013 年 9 月和 10 月习近平主席先后提出了建设"新丝绸之路经济带"和"21 世纪海上丝绸之路"的战略构想，这一构想已经引起了国内和相关国家、地区乃至全世界的高度关注和强烈共鸣。"一带一路"倡议不仅顺应了我国对外开放区域结构转型的需要，也顺应了国际经贸合作与经贸机制转型的需要。"一带一路"倡议一经提出，就受到高度重视，2015 年发改委联合多部委发布了《推动共建丝绸之路经济带和 21 世纪海上丝绸之路的愿景与行动》，提出了与欧亚各国合作的构架和方法，不仅包括宏观构想，也包括具体交通基础设施方面的合作和构想。其中，金融融资方面率先打开了区域合作的新局面。《愿景与行动》提出构建亚洲基础设施投资银行、金砖国家开发银行率先获得实现。2015 年 12 月，亚投行正式成立，首批 22 个意向创始成员国代表签署了《筹建亚洲基础设施投资银行备忘录》，随后七个国家签署了文件。

"十三五"时期是"一带一路"建设推进期。在这期间将重点建设包括铁路、公路、港口、航空、能源、通信方面的基础设施，推进建设统一的"一带一路"基础设施互联互通协调推进机制，促进国际通关、换装多式联运的有机衔接，加强跨境能源合作，建立了安全便利的国际物流、能源、信息的大通道。其次还会加强经贸方面的合作。稳步推进跨境经济合作区建设，支持企业组团式投资，集群式发展、园区式运营，加快自贸区建设，推进与沿线国家的自贸区谈判，加快自贸区建设，鼓励跨境电子商务的发展，加快跨境电子商务和国际物流体系的建设。

此外，积极开展国家间的人才交流合作，增强人员互访，扩大留学生规模，加强专业领域方面的合作，重点拓展旅游、医疗、科技、社会保障方面的务实合作，增加与沿线国家的立法机构、民主党派、社会组织间的友好往来。重点推进城市交流合作和智库交流，支持开展面向基层民众的教育医疗、扶贫开发等公益慈善活动，提升民众间的相互了解与交流。

（二）以经济带建设引领区域发展

随着"一带一路"倡议、长江经济带战略、京津冀协同发展战略的相继提出，经济带成为近年来我国区域经济开发过程中出现的一个具有战略高度的新名词。经济带是指在某一特定空间范围内，依托于某交通网络干线或特定的地理空间区域并以之为发展轴形成的带状经济合作区。经济带以几个发达城市为核心，把发展轴上的几个城市群串联起来，联合周围的不同层次的其他城市和城镇，形成区域城市间和产业间的人流、物流、资金流、信息流、技术流等联系，在此基础上形成地域分工和产业合作，发挥集聚和辐射效应，是一个互惠、互利、共赢的区域合作体，实现区域共同发展。随着经济的发展与社会的进步，这种具有经济支撑地位的经济带在世界范围内的发展经验中，突出地表现为围绕优势产业集群，通过精细的专业分工和发达的横向协作，将经济带中的不同等级规模的城市较好地联系成一个相互依存、富有生命力的有机整体，从而发挥其经济集聚、辐射、扩散的经济功能。

经济带各区域之间的联系主要表现在两个方面：一是功能上的联系，各区域在功能上具有互补、协调的关系；二是空间上的联系关系，各区域有不同的空间位置，这种位置关系决定了经济带各部分的相互作用和空间组织形式。经济带的内部联系效应主要表现为聚散效应、相邻效应、转移效应和增长效应。我国三大支撑带中，长江经济带的集聚与扩散效应、产业转移效应最为明显，京津冀的邻近效益十分显著，"一带一路"的增长效应占了很大比重。三者共同覆盖了我国全部的国土空间，是我国新时代空间协调的主要抓手。

但经济带也同经济区一样，需要构建利益的获得和分配机制，以理顺区域经济关系。"一带一路"沿线的角色分工、京津冀协同发展的被动化以及长江经济带的产业同构问题是这三者发展的主要瓶颈。针对这一问题，以中央政府牵头的京津冀协同发展相继出台了多部文件，比如《京津冀协同发展规划纲要》《加强京津冀产业转移承接重点平台建设的意见》等，对京津冀的产业、人口、生态环境等多个问题做了制度安排。长江经济带则侧重于长江流域的环境共治，以保证中国长期稳定发展的生态安全，并审议出台了《关于进一步加强长江航道治理工作的指导意见》。

三、面对新形势，解决南北差距

近年来，作为我国经济地理空间格局变化的一个引人注目的变化，就是南北经济发展差距在不断扩大。

（一）南北发展差距的表现

根据传统意义上我国南北地域划分，秦岭—淮河一线为界，南方包括上海、江苏、浙江、安徽、江西、湖南、湖北、福建、广东、广西、海南、云南、贵州、重庆、四川、西藏，共16个省市区（不含港澳台）。北方包括北京、天津、河北、山西、内蒙古、辽宁、吉林、黑龙江、山东、河南、陕西、甘肃、宁夏、青海、新疆，共15个省市区。

2017年，南方GDP实现52.5万亿元，占全国总量的61%；北方29.55万亿元，占比39%。而且，2017年产值增速前10位的省区市当中，南方9个，分别是贵州、西藏、云南、重庆、江西、安徽、福建、四川、湖南；北方1个陕西。从产值总量前10位的省区市（按位次）：广东、江苏、山东、浙江、河南、四川、湖北、河北、湖南、福建，南方7个，北方3个。南方经济第一强省与北方经济第一强省的差距不断扩大，广东与山东的GDP差距，由2008年的5860亿元扩大到2017年的1.72万亿元。超过万亿元的城市多数分布在南方，经济发展的极化动力差距很大。

（二）南北发展差距扩大的原因

南北发展差距的扩大是一个长期的过程。如图15-1所示，2001年南方与北方之比为58:42，到2017年扩大到61:39，扩大了3个百分点。对于我国这样一个80多万亿元总产值的巨大经济体，3个百分点的变化是十分巨大的。那么，南北差距扩大的原因主要有哪些？

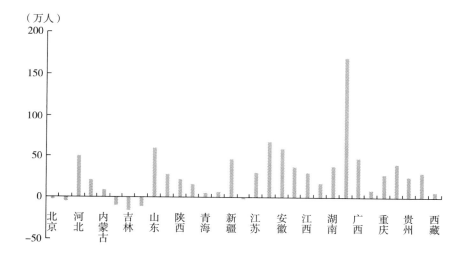

图 15 - 1　2016 ~ 2017 年部分省份常住人口变动情况

资料来源：Wind 数据库．中国银行国际金融研究所。

第一，经济地理原因。我国工业分布由于受到资源和区位等因素的影响，南轻北重的地域特征明显，即北方以重工业为主，南方轻工业相对比较发达。交通差异则因为南方气候湿润，降水丰富，地表河网密布，内河航运十分发达，北方平原和高原广布，陆路交通成为北方大地的主要交通形式。近代以来，东南沿海地区的教育比较发达，北方内陆地区则比较落后。这些原因是南北差距扩大的根本原因。

第二，产业结构转型升级的速度差异。南方地区以制造业为主的产业结构，经济外向度相对较高，从进入 21 世纪开始，产业结构升级就逐步向人工智能、互联网、智能制造等领域发展，而西南地区积极调整发展策略，先进制造业的发展加快。北方地区以资源能源和重工业为主的产业结构，产能过剩问题较为严重，近年来经济发展压力很大。特别是大宗资源型产品价格持续走低，以及环保任务加重，对北方经济冲击很大。

第三，科技创新的程度差异。我国北方地区研发经费投入低，除了北京作为全国的科技中心之外，一些边境省份研发经费占地区生产总值的比重低于 1%。南方的高新技术企业的数量是北方的 2.18 倍，有效专利数量是北方的 2.51 倍。特别是在深圳等地区，已经形成了世界级的创新中心城市。

第四，人口流动造成的差距。2017 年南方除上海人口略有减少外，其他省份均保持了常住人口的净流入，而北方的辽宁、吉林、黑龙江等省份都有较大的人口净流出。

第五，对外开放进程造成的差距。改革开放初期，国家首先在东南沿海设立了深圳、珠海、汕头、厦门四个经济特区，而后在 1988 年设立了海南经济特区，20 世纪 90 年代启动了浦东开发，党的十八大之后率先在上海设立自由贸易区。随着粤港澳大湾区建设的推进，南方地区对外开放进程将进一步加快。

（三）协调南北方区域发展

南方和北方经济发展差距的扩大，向我国区域协调发展战略的实施提出了新的更高的要求。在协调东中西区域发展的同时，协调南北方的任务也在不断加重。未来，一是要加快经济体制改革，促进生产要素流动，优化资源配置。二是推动互联网、大数据、人工智能等现代科技与传统产业的深度融合，突破装备制造、电子信息、医药化工、航空航天、新能源、新材料等领域关键技术，加快北方地区经济结构的调整。三是坚持扩大对外开放，推进京津冀协同发展、长江经济带建设和粤港澳大湾区建设等国家层面区域发展战略的进程。

四、构建新形态，巩固国土新极点

中国幅员广阔，由于历史和现实诸多方面的原因，各地区之间存在着发展条件和水平的巨大差异，资源禀赋和经济重心偏离太大。因此，空间布局是调控区域经济发展的一个重要内容，建设新的国土开发的形态，可以形成新的增长核心。

（一）雄安新区

2017 年 4 月 1 日，中共中央、国务院联合印发通知，设立河北雄安新区。它标志着我国改革开放进入新阶段。2014 年，我国经济进入新常态，改革开放进入全面深化阶段，具体表现为：我国经济正经历由高速增长向中高速增长的转变过程，传统的低成本和外贸优势已难以支撑我国的经济发展。因此，转变经济发展方式迫在眉睫，其核心在于经济驱动力的转变：由要素驱动转换为创新驱动。因此，雄安新区是我国应对经济新常态的一种手段。在改革开放全面深化时期，采用创新驱动型国家级新区来拉动区域经济发展。

同时，雄安新区的设立是与京津冀协同发展一脉相承的重大战略，具有明显的承接非首都功能疏解的功能指向性。2014年2月26日，习近平主席在座谈会上提出了京津冀协同发展的战略构想。两年来，京津冀协同发展的工作推进遭遇瓶颈。一方面，北京非首都功能未得到根本性疏解。在疏解非首都功能的工作中，人口向北京集聚的趋势仍难以控制和逆转，行政性限购措施之后往往伴随着房价的恶性反弹，之后又会出现更加严格的限购措施。高房价背后的需求依旧无法满足，人口疏解失败，产业转移推力不足。另一方面，京津冀协同发展实质工作推进缓慢，缺乏强有力的政策抓手来引导协同发展，仍停留在理念上。河北与京津发展水平差异较大，传统产业转移理论无法直接运用，区域合作的推进难以为继。北京的减负和河北的发展都没有实现，解决问题的关键在于打造一个能够承接北京非首都功能的平台。

另外，河北省是沿海省区中唯一一个大量存在集中连片特困地区的省区，即燕山—太行山区。2005年，亚洲开发银行的一份报告提出"环首都贫困带"概念，特指河北省的涞水、赤城、涞源、阜平等27县，这些县与北京的延庆、房山、怀柔等区县山水相连，在空间上形成环抱北京之势。这与同为直辖市的上海形成天壤之别（上海周围的区县都是全国百强县）。比较珠三角、长三角、京津冀三大城市群的空间布局和经济社会联系会明显发现：前两者城市群体系较为完整，呈现金字塔形；而京津冀的二级城市缺失，小城市居多，无法形成与京津势力相平衡的中心城市。京津极化效应不断叠加，急需"反磁力中心"来维持平衡。

雄安新区具有"新"和"特"两大特征。从功能上而言，"雄安新区"与京津冀协同发展是一脉相承的，是北京非首都功能的承接地，甚至是部分非核心首都功能的承接地。政治中心和国际交往中心是北京的核心首都职能，而文化中心和科技创新中心职能是北京的非核心首都职能。作为复合型首都，北京还兼具经济发达城市、信息交流中心、科技教育中心等角色，其城市负担比单一型首都（华盛顿）要重。因此，雄安新区将承接这部分非核心首都功能，甚至是部分行政职能。

从行政地位上，雄安新区虽是国家级新区，但与特区平级，且不单纯是经济特区，是综合特区。综合特区表现在除了产业、经济等方面的试验性改革，还涉及城市功能的分配和行政权力的改革，改变了我国自中央集权制以来首都独大独揽的行政格局。同时，又区别于历史上的"陪都"，并非应对战时而临时设立的行政副都。这样非但不会分化北京的内政外交职能，反而会巩固北京首都地位，优化首都治理水平。因此，它的确不同于一般的国家级新区和特区。

从区位和发展潜力上，"雄安新区"以保定市下辖三县为主要建设范围，没有完全遵循行政等级原则，布局在非重点城市、非流域经济区域，而更多的是看重京津腹地潜力和陆路交通资源，其发展起点与当年的深圳、上海浦东相比更低，但发展目标却高于二者，中央政府给予其的巨大政策红利将会在近 10 年内不断释放。

从产业定位上，习近平主席明确提出了七大重点任务：建设绿色智慧新城，建成国际一流、绿色、现代、智慧城市；打造优美生态环境，构建蓝绿交织、清新明亮、水城共融的生态城市；发展高端高新产业，积极吸纳和集聚创新要素资源，培育新动能；提供优质公共服务，建设优质公共设施，创建城市管理新样板；构建快捷高效交通网，打造绿色交通体系；推进体制机制改革，发挥市场在资源配置中的决定性作用和更好发挥政府作用，激发市场活力；扩大全方位对外开放，打造扩大开放新高地和对外合作新平台。从中可以总结出以下产业关键词：绿色、智慧、高端、创新、城市、市场、开放，其核心是创新，因此被誉为"中国的硅谷"。

2018 年 4 月 20 日，中共中央国务院下发《关于对〈河北雄安新区规划纲要〉的批复》。其规划方案体现出雄安新区"高"和"度"。首先，雄安新区建设分为两个阶段：第一阶段是到 2035 年，基本建成绿色低碳、信息智能、宜居宜业、具有较强竞争力和影响力、人与自然和谐共生的高水平社会主义现代化城市；第二阶段是到 21 世纪中叶，全面建成高质量高水平的社会主义现代化城市，成为京津冀世界级城市群的重要一极，其先进的规划理念和国家级政策优势将吸引更高层次的要素流入。其次，雄安新区的开发遵循一个循序渐进的过程，不再过分依赖造城运动。按《河北雄安新区规划纲要》，合理控制人口密度，新区规划建设区按 1 万人/平方千米控制，《关于对〈河北雄安新区规划纲要〉的批复》"要合理控制用地规模，启动区面积 20 至 30 平方千米"，起步区面积约 100 平方千米，中期发展区面积约 200 平方千米。绿色和谐的城市规划理念正是当前应对大城市病的一剂良药。

（二）粤港澳大湾区

《粤港澳大湾区发展规划纲要》于 2019 年初正式发布。推动内地与港澳深化合作，研究制定粤港澳大湾区发展规划，发挥港澳独特优势，提升在国家经济发展和对外开放中的地位与功能十分重要。我国的改革自1978年党的十一届三中全会以来，先后经历了1.0时期（探索发展）、2.0时期（开放扩大）、3.0时代（体制开放）和4.0时代（全面升级）。当前我国改革开放正处在4.0时代，其时代特征是，宏观经济新常态、市场的决定性作用、国际合作方式新转变以及综合国力的全面提升。粤港澳大湾区的设立，是我国改革开放全面升级的重要标志。

纵观世界著名湾区，可以给"湾区"下这样一个定义：以若干港口、岛屿或者半岛群为地理载体，呈现出交通贸易流量大、经济和人才密度高、城市群体系完整等特征，以协调合作为理念的一种新型区域系统。湾区经济是海洋经济、服务经济和开放经济的一种新的空间组合形式，除了集聚经济之外，湾区经济还应具备速度经济、智慧经济和总部经济等新经济形态。世界四大湾区分别是旧金山湾区、纽约湾区、东京湾区和粤港澳湾区，主要包括六大功能区——国际都会区、科技创新区、港口贸易区、对外开放区、教育先行区和生态宜居区。

粤港澳大湾区是在珠三角城市群的基础上构思出来的，凭借珠江水系"三江汇合、八口入海"的独特地理优势，囊括珠三角最核心的9市（广州、深圳、珠海、佛山、惠州、东莞、中山、江门、肇庆）、2区（香港、澳门）。它与珠三角城市群规划的主要区别在于：在区域范围上，只包括了11个核心城市，形成了良好的城市经济网络，空间通达性强。空间形态上，随着港珠澳大桥的建成，珠江入海口的东西两岸将可以直接联系，珠江口西岸的开发前景广阔，网络化发展成为大势所趋。在经济形态上，借鉴前三大湾区的经验，以科技创新、商贸金融、港口运输等产业为主，形成湾区内的不同地域分工。文化制度上，广州、深圳、香港、澳门作为我国国际化大都市，具有文化和制度的多样性和交融性，比如：加快广州多元的亚非拉文化（广州被誉为第三世界首都）与香港、澳门浓厚的西方法律制度的交流，实现包容性发展。在科教研究上，深圳大学城大力吸引全国重点高校分校的进驻，为科技产业储备人才；广州、深圳等地高校加强与香港高校合作，实现跨区办校和智库共建。在生态环境上，粤港澳湾区更加注重对海洋资源环境的保护，发挥湾区滨海优势，打造世界级的滨海城市天际线。

粤港澳大湾区在功能定位、发展模式和管理体制上都较之前的珠三角城市群具有较大提升。从功能定位上，粤港澳大湾区是在珠三角城市群和广东自贸区基础上建立的跨区域经济合作区，同时还是贯彻"一国两制"下的"高度自治"方针的一种治理制度创新区。它是国家制度完善过程中，区域治理和发展创新的新平台，一方面能激发香港、澳门参与合作的积极性，强化湾区合力效应，另一方面能进一步打开广东发展瓶颈，发挥广东自贸区的先行优势。2017年，广东的改革开放已近"不惑之年"，广东经济发展成就卓越，但区域差距过大也成为其最大困扰。有人将粤港澳大湾区比作中国扩大对外开放的试验田，其实是有些道理的。在广东改革开放的过程中，实际上广州和深圳已经发展成为区域性金融中心和世界级科技创新中心，东莞、佛山、惠州等地则构成了世界制造业基地，所以广东的改革开放是成功的。但面临宏观经济新常态和省内区域差距过大，其发展步伐减慢，粤港澳大湾区将会是一个合作式发展的契机。

从发展模式上，粤港澳大湾区则是以自贸区形式来发展的区域合作系统，需要整合城市群、港口群、机场群等各种公共社会资源，打通人才、资金、信息等资源要素交流通道，实现相互之间的分工协作。在此之前，不论是广义珠三角还是泛珠三角经济合作区（9＋2），都体现了珠三角在区域合作方面的不懈努力，粤港澳大湾区规划将会明确合作的规则、内容、范围、方式等，呈现出一套完整的公平化、市场化、效率化的区域可持续发展范式。

从管理体制上，粤港澳大湾区在中央牵头下签订合作协议，并没有特殊的行政地位，也没有为香港、澳门设计更新的社会制度，所以根本制度层面的创新并不涉及。它是在原珠三角城市群规划和泛珠三角经济合作区框架下继续推进的，缩小了范围，明确了定位，其管理体制应严格依照市场机制下的区域性法律法规，"大市场小政府"将会成为趋势。香港、澳门与广东的融合将会从政府的合作转变成市场的融合。

（三）自由贸易区

2013年8月，国务院近日正式批准设立中国（上海）自由贸易试验区（至2017年共设立了11个自由贸易区）。2017年10月18日，习近平在党的十九大上说，赋予自由贸易试验区更大改革自主权，探索建设自由贸易港。2018年政府工作报告指出，全面复制推广自贸试验区经验，探索建设自由贸易港，打造改革开放新高地。2018年4月13日，习近平在庆祝海南建省办经济特区30周年大会上宣布设立海南自由贸易试验区。

自由港，是指在国境内依托特定海港或内陆空港、铁路港，划出一定空间区域作为关境以外，外国货物进出入该区域可享受免税待遇政策，还可在区域内进行货物的分拣、包装、分拨、简单加工，以及货物存放、仓储保税展示交易等活动。国际上对自由港的建设有三种模式：其一，港区模式，即在港口边划定区域来进出口贸易、仓储和加工，其功能比较单一，但是政策优惠力度大且比较容易实施；其二，港城模式，即以港口城市为依托，建设国际或者区域性商品流通、货币结算、科技创新中心，其功能更全但实施难度较大；其三，港产模式，即将港区建设与产业开放相结合，以物理隔离来发展特色产业区。上海作为我国经济、金融、航运、贸易中心，本身具有良好的海港条件和经济基础，对外开放程度较高，城市的融合发展趋势明显，因此更适合发展港城模式。其辐射长三角，引领长江经济带发展的作用不可小觑。

海南自由贸易试验区是对我国经济对外开放的又一次制度创新。根据规划，海南将在城乡融合发展、人才、财税金融、收入分配、国有企业等方面加快机制体制改革；设立国际能源、航运、大宗商品、产权、股权、碳排放权等交易场所；积极发展新一代信息技术产业和数字经济，推动互联网、物联网、大数据、卫星导航、人工智能等同实体经济深度融合。相关专家将其建设过程分为两步：第一步，先建全域全岛的自由贸易试验区；第二步，要构建中国特色的自由贸易港。未来，海南的发展目标是中国全面深化改革开放试验区、国家生态文明试验区、国际旅游消费中心、国家重大战略服务保障区。

（四）沿边开放口岸

我国有 2 万千米的边境线，有 300 多万平方千米的海洋国土。重塑中国经济地理离不开这两个方面的内容。

沿边开放与重点口岸建设在区域经济发展中发挥着重要作用。2014 年，我国批准的国家级口岸 72 个。其中，铁路口岸 11 个，包括广西凭祥、云南河口、新疆霍尔果斯、内蒙古二连浩特等；公路口岸 61 个，包括广西东兴、云南天保、西藏樟木、新疆红其拉甫等。自 1992 年至今，经国务院批准的边境经济合作区共计 16 个，跨境经济合作区有 1 个，即中哈霍尔果斯国际边境合作中心。2014 年，16 个边境经济合作区实现地区工业总产值 873.94 亿元，进出口贸易额 944 亿元，实际利用外资 27.73 亿元。目前已建设的跨境经济合作区中哈霍尔果斯国际边境合作中心于 2012 年 4 月封关运营，2014 年入出中心人员 147 万人（次），入出车辆 38.3 万辆（次），入出货物 275.45 万吨，进出口贸易额 5.05 亿美元。沿边开放和重点口岸建设从区域发展的全局考虑也有着重要意义，一方面保障"一带一路"倡议的有效实施，也加快与周边国家之间的贸易与往来；另一方面也促进了边境地区的快速发展，带动了兴边富民行动的开展。

一直以来，国家高度重视边境地区的开发与发展。2010 年 6 月《中共中央国务院关于深入实施西部大开发战略的若干意见》（中发〔2010〕11 号）提出积极建设广西东兴、云南瑞丽、内蒙古满洲里等重点开发开放试验区；2013 年 12 月国务院出台《关于加快沿边地区开发开放的若干意见》（国发〔2013〕50 号），对试验区建设进行了全面部署，提出研究设立广西凭祥、云南勐腊（磨憨）、内蒙古二连浩特、黑龙江绥芬河（东宁）、吉林延吉（长白）、辽宁丹东重点开发开放试验区。2016 年国务院印发《关于支持沿边重点地区开发开放若干政策措施的意见》（以下简称《意见》），从推进兴边富民行动、改革体制机制等八个方面提出了 31 条政策措施支持沿边地区开发开放。《意见》进一步指出，重点开发开放试验区、沿边国家级口岸、边境城市等沿边重点地区是我国深化与周边国家和地区合作的重要平台，是沿边地区经济社会发展的重要支撑，正在成为实施"一带一路"建设的先手棋和排头兵。

参考文献

［1］ Murphy A. B. The May 2004 Enlargement of the European Union：View from Two Years out［J］. Eurasian Geography & Economics，2006，47（6）：635 － 646.

［2］ 安虎森，郑文光. 亚欧"世界岛"和重塑国内外经济地理［J］. 甘肃社会科学，2015（6）162 － 165.

［3］ 白恩来，赵玉林. 战略性新兴产业发展的政策支持机制研究［J］. 科学学研究，2018（3）：425 － 434.

［4］ 白永秀，王颂吉. 丝绸之路经济带的纵深背景与地缘战略［J］. 改革，2014（3）：64 － 73.

［5］ 包银山. 供给侧改革对我国互联网产业发展的影响［J］. 财经理论研究，2016（6）：55 － 61.

［6］ 中国科学院中国自然地理编辑委员会. 中国自然地理·海洋地理［M］. 北京：科学出版社，1979：224.

［7］ 中国科学院中国自然地理编辑委员会. 中国自然地理·气候［M］. 北京：科学出版社，1984：161.

［8］ 中国科学院中国自然地理编辑委员会. 中国自然地理·总论［M］. 北京：科学出版社，1985：413.

［9］ 中国科学院中国自然地理编辑委员会. 中国自然地理地貌［M］. 北京：科学出版社，1980：438.

［10］ 陈斌开，林毅夫. 重工业优先发展战略、城市化和城乡工资差距［J］. 南开经济研究，2010（1）：3 － 18.

［11］ 陈斌开，林毅夫. 发展战略、城市化与中国城乡收入差距［J］. 中国社会科学，2013（4）：81 － 102.

［12］陈东琪，等．共和国经济 60 年［M］.北京：人民出版社，2009：445.

［13］陈建军，陈国亮，黄洁．新经济地理学视角下的生产性服务业集聚及其影响因素研究：来自中国 222 个城市的经验证据［J］.管理世界，2009（4）：83－95.

［14］陈伟达，景生军．基于偏离—份额空间结构模型的长三角现代服务业协调布局研究［J］.东南大学学报（哲学社会科学版），2012（1）：31－36.

［15］成金华，张欢．中国资源环境问题的区域差异和生态文明指标体系研究［M］.北京：科学出版社，2018：258.

［16］程大中，黄雯．中国服务业的区位分布与地区专业化［J］.财贸经济，2005（7）：73－81.

［17］邓晰隆，郝晓薇，叶子荣．基于规模扩张与交易成本冲突的经济区划理论分析框架［J］.经济问题探索，2015（3）：69－74.

［18］邓晰隆，叶子荣．基于成本考量的经济区划逻辑探讨［J］.经济问题探索，2013（8）：79－84.

［19］邓小平．邓小平文选（第 2 卷）［M］.北京：人民出版社，1983：446.

［20］狄乾斌，刘欣欣，曹可．中国海洋经济发展的时空差异及其动态变化研究［J］.地理科学，2013（12）：1413－1420.

［21］狄乾斌，刘欣欣，王萌．我国海洋产业结构变动对海洋经济增长贡献的时空差异研究［J］.经济地理，2014（10）：98－103.

［22］丁金学，金凤君，王成金，等．中国交通枢纽空间布局的评价、优化与模拟［J］.地理学报，2011（4）：504－514.

［23］丁嵩，孙斌栋．区域政策重塑了经济地理吗？——空间中性与空间干预的视角［J］.经济社会体制比较，2015（6）：56－67.

［24］董铠军．战略性新兴产业培育——从“范式价值链”角度［J］.科技管理研究，2019（2）：129－139.

［25］董艳梅，朱英明．高铁建设能否重塑中国的经济空间布局——基于就业、工资和经济增长的区域异质性视角［J］.中国工业经济，2016（10）：92－108.

［26］樊杰．主体功能区战略与优化国土空间开发格局［J］.中国科学院院刊，2013（2）：193－206.

［27］樊杰．中国主体功能区划方案［J］.地理学报，2015（2）：186－201.

［28］樊杰，王亚飞．40年来中国经济地理格局变化及新时代区域协调发展［J］.经济地理，2019（1）：1－7.

［29］方创琳．中国城市群研究取得的重要进展与未来发展方向［J］.地理学报，2014（8）：1130－1144.

［30］方创琳等．中国城镇产业布局与决策支持系统［M］.北京：科学出版社，2011：580.

［31］冯德连，韩宁．长江经济带高新技术产业出口的空间特征与影响因素研究［J］.上海经济研究，2018（11）：51－62.

［32］冯海发，李溦．我国农业为工业化提供资金积累的数量研究［J］.经济研究，1993（9）：60－64.

［33］冯长春，曾赞荣，崔娜娜．2000年以来中国区域经济差异的时空演变［J］.地理研究，2015（2）：234－246.

［34］傅瑜，隋广军，赵子乐．单寡头竞争性垄断：新型市场结构理论构建：基于互联网平台企业的考察［J］.中国工业经济，2014（1）：140－152.

［35］高传胜，李善同．中国生产者服务：内容、发展与结构——基于中国1987－2002年投入产出表的分析［J］.现代经济探讨，2007（8）：68－72.

［36］高传胜，李善同．中国服务业：短处、突破方向与政策着力点——基于中、美、日、德四国投入产出数据的比较分析［J］.中国软科学杂志，2008（2）：16－23.

［37］高传胜，刘志彪．生产者服务与长三角制造业集聚和发展——理论、实证与潜力分析［J］.上海经济研究，2005（8）：35－42.

［38］高觉民，李晓慧．生产性服务业与制造业的互动机理：理论与实证［J］.中国工业经济，2011（6）：151－160.

［39］高新民，安筱鹏．现代服务业特征趋势和策略［M］.杭州：浙江大学出版社，2010：305.

［40］顾乃华．生产性服务业发展趋势及其内在机制：基于典型国家数据的实证分析［J］.财经论丛，2008（2）：15－21.

［41］郭源园，李莉．基于区域经济差异视角的重庆市经济区划研究［J］.人文地理，2018（1）：76－84.

［42］国际复兴开发银行，世界银行．重塑世界经济地理：2009年世界发展报告概述［J］．城市与区域规划研究，2009（3）：135－168．

［43］何菊香，赖世茜，廖小伟．互联网产业发展影响因素的实证分析［J］．管理评论，2015（1）：138－147．

［44］何盛明．财经大辞典（上）［M］．北京：中国财政经济出版社，1990：2316．

［45］胡鞍钢．重塑中国经济地理和世界经济地理［J］．政治经济学评论，2015（4）：10－15．

［46］胡鞍钢，周绍杰，鲁钰锋，等．重塑中国经济地理：从1.0版到4.0版［J］．经济地理，2015（12）：1－10．

［47］胡霞．集聚效应对中国城市服务业发展差异影响的实证研究［J］．财贸研究，2007（1）：44－50．

［48］胡欣．中国经济地理——经济体成因与地缘架构［M］．上海：立信会计出版社，2010：673．

［49］黄少安，孙圣民，宫明波．中国土地产权制度对农业经济增长的影响——对1949—1978年中国大陆农业生产效率的实证分析［J］．中国社会科学，2005（3）：38－47，205－206．

［50］黄咏梅．中国旅游资源概论［M］．重庆：重庆大学出版社，2009：262．

［51］戢晓峰，梁斐雯，陈方．云南旅游交通网络空间布局与优化对策［J］．经济地理，2012（11）：52－57．

［52］冀县卿，钱忠好．中国农业增长的源泉：基于农地产权结构视角的分析［J］．管理世界，2010（11）：68－75．

［53］江波，李江帆．政府规模、劳动—资源密集型产业与生产服务业发展滞后：机理与实证研究［J］．中国工业经济，2013（1）：64－76．

［54］江静，刘志彪，于明超．生产者服务业发展与制造业效率提升：基于地区和行业面板数据的经验分析［J］．世界经济，2007（8）：52－62．

［55］江小涓．服务业增长：真实含义、多重影响和发展趋势［J］．经济研究，2011（4）：4－14．

［56］江小涓，李辉．服务业与中国经济：相关性和加快增长的潜力［J］．经济研究，2004（1）：4－15．

［57］靳晓明．中国新能源发展报告［M］．武汉：华中科技大学出版社，2011：284.

［58］荆林波，李蕊．中国服务业的发展水平、结构变化与增长趋势及国际比较［J］．产业经济研究，2008（1）：1－7.

［59］李博，杨智，苏飞，等．基于集对分析的中国海洋经济系统脆弱性研究［J］．地理科学，2016（1）：47－54.

［60］李谷成，范丽霞，冯中朝．资本积累、制度变迁与农业增长：对1978～2011年中国农业增长与资本存量的实证估计［J］．管理世界，2014（5）：67－79.

［61］李广东，方创琳．中国区域经济增长差异研究进展与展望［J］．地理科学进展，2013（7）：1102－1112.

［62］李虹，陈丽姿．区域服务贸易与生态环境协调度测度［J］．统计与决策，2019（5）：101－104.

［63］李华香，李善同．中国城市服务业空间分布的特征及演变趋势分析［J］．管理评论，2014（8）：22－30.

［64］李金华．中国战略性新兴产业论［M］．北京：中国社会科学出版社，2017：420.

［65］李军，胡云锋，任旺兵，等．国家主体功能区空间型监测评价指标体系［J］．地理研究，2013（1）：123－132.

［66］李君华．产业集聚与布局理论——以中国制造业为例［M］．北京：经济科学出版社，2010：242.

［67］李炘．农业剩余与工业化资本积累［M］．昆明：云南人民出版社，1993：349.

［68］李牧南，王雯殊．中国高技术产业区域创新效率的动态演变趋势［J］．科技管理研究，2019（1）：1－11.

［69］李善同，高传胜，等．中国生产者服务业发展与制造业升级［M］．上海：上海三联书店，2008：392.

［70］李善同，华而诚．21世纪初的中国服务业［M］．北京：经济科学出版社，2002：463.

［71］李善同，李华香．城市服务行业分布格局特征及演变趋势研究［J］．产

业经济研究，2014（5）：1 – 10.

［72］李天昀．2015 年中国互联网产业发展报告［J］.现代传播（中国传媒大学学报），2016（8）：8 – 18.

［73］李文彦．我国矿产资源与地理位置的地区差异——工业布局若干条件的经济地理分析［J］.地理研究，1982（1）：19 – 30.

［74］李霞，车欣怡．区域中心城市生产性服务业发展的思考：以成都市为例［J］.中共成都市委党校学报，2015（3）：79 – 83.

［75］李勇坚，夏杰长等．制度变革与服务业成长［M］.北京：中国经济出版社，2009：234.

［76］李煜伟，倪鹏飞．外部性、运输网络与城市群经济增长［J］.中国社会科学，2013（3）：22 – 42.

［77］李中．改革开放 40 年我国高新技术产业发展实践与反思［J］.经济体制改革，2019（1）：103 – 109.

［78］梁仁彩．工业区与工业布局研究［M］.北京：经济科学出版社，2010：395.

［79］梁任敏，蒙昱竹，李振东．经济地理重塑与区域经济一体化动力机制［J］.广西社会科学，2017（1）：74 – 82.

［80］林锦耀，黎夏．基于空间自相关的东莞市主体功能区划分［J］.地理研究，2014（2）：349 – 357.

［81］林念修.2017 年战略性新兴产业发展展望［M］.北京：中国计划出版社，2017：374.

［82］林毅夫，蔡昉，李周．中国的奇迹——发展战略与经济改革（增订版）［M］.上海：格致出版社，上海人民出版社，2016：219.

［83］刘本盛．中国经济区划问题研究［J］.中国软科学，2009（2）：81 – 90.

［84］刘兵权，王耀中．分工、现代生产性服务业与高端制造业发展［J］.山西财经大学学报，2010（11）：35 – 41.

［85］刘纪远，刘文超，匡文慧，等．基于主体功能区规划的中国城乡建设用地扩张时空特征遥感分析［J］.地理学报，2016（3）：355 – 369.

［86］刘江，杜鹰．中国农业生产力布局研究［M］.北京：中国经济出版社，

2011：379.

［87］刘若霞．中国新能源产业空间布局优化研究［M］.北京：新华出版社，2017：176.

［88］刘修岩，李松林，秦蒙．城市空间结构与地区经济效率——兼论中国城镇化发展道路的模式选择［J］.管理世界，2017（1）：51-64.

［89］刘奕，贾元华，税常峰．基于引力模型的城际交通网络布局规划方法研究［J］.人文地理杂志，2011（6）：127-132.

［90］刘元春，李楠，张咪．中国制造全球布局［M］.南京：江苏人民出版社，2017：264.

［91］刘志彪．发展现代生产者服务业与调整优化制造业结构［J］.南京大学学报（哲学·人文科学·社会科学），2006（5）：36-44.

［92］刘志高，王琛，李二玲，等．中国经济地理研究进展［J］.地理学报，2014（10）：1449-1458.

［93］柳钦火，吴俊君，李丽，等．"一带一路"区域可持续发展生态环境遥感监测［J］.遥感学报，2018（4）：686-708.

［94］陆大道，刘卫东．论我国区域发展与区域政策的地学基础［J］.地理科学，2000（6）：487-493.

［95］陆大道，等．中国工业布局的理论与实践［M］.北京：科学出版社，1990：243.

［96］陆军，宋吉涛，梁宇生，等．基于二维时空地图的中国高铁经济区格局模拟［J］.地理学报，2013（2）：147-158.

［97］罗良文，赵凡．工业布局优化与长江经济带高质量发展：基于区域间产业转移视角［J］.改革，2019（2）：27-36.

［98］吕韬，姚士谋，曹有挥，等．中国城市群区域城际轨道交通布局模式［J］.地理科学进展，2010（2）：249-256.

［99］马仁锋，李加林，赵建吉，等．中国海洋产业的结构与布局研究展望［J］.地理研究，2013（5）：902-914.

［100］马晓河．中国制造2025——重塑竞争新优势［M］.北京：人民出版社，2017：205.

［101］南晓莉，韩秋．战略性新兴产业政策不确定性对研发投资的影响

［J］.科学学研究，2019（2）：254－266.

［102］彭飞，韩增林，杨俊，等.基于BP神经网络的中国沿海地区海洋经济系统脆弱性时空分异研究［J］.资源科学，2015（12）：2441－2450.

［103］彭苏萍，张博，王佟.我国煤炭资源"井"字形分布特征与可持续发展战略［J］.中国工程科学，2015（9）：29－35.

［104］蒲淳.对农业的再认识［J］.管理世界，1999（6）：171－178.

［105］卿青平，王瑛.省域生态环境质量动态评价及差异研究［J］.中国环境科学，2019（2）：750－756.

［106］屈文建，唐晶，陈旦芝.高新技术产业政策特征及演进趋势研究［J］.科技进步与对策，2019（3）：61－69.

［107］权宏伟，吴祖峰.轨道交通沿线交通衔接及优化布局研究［J］.规划师，2014（11）：63－70.

［108］任美锷等.中国自然地理纲要［M］.北京：商务印书馆，1979：439.

［109］彤新春.建国以来我国铁路建设的区域布局和空间演进特点分析［J］.中国经济史研究，2010（3）：134－143.

［110］申玉铭，邱灵，任旺兵，等.中国服务业空间差异的影响因素与空间分异特征［J］.地理研究，2007（6）：1255－1264.

［111］盛来运，郑鑫，周平，等.我国经济发展南北差距扩大的原因分析［J］.管理世界，2018（9）：16－24.

［112］孙才志，李欣.基于核密度估计的中国海洋经济发展动态演变［J］.经济地理，2015（1）：96－103.

［113］孙敬之.中国经济地理概论［M］.北京：商务印书馆，1983：609.

［114］孙久文.重塑中国经济地理的方向与途径研究［J］.南京社会科学，2016（6）：18－24.

［115］孙久文.重塑中国经济地理的主要途径［J］.学术界，2016（8）：246－247.

［116］孙久文.中国区域经济发展的空间特征与演变趋势［J］.中国工业经济，2017（11）：26－31.

［117］孙久文.论新时代区域协调发展战略的发展与创新［J］.国家行政学院学报，2018（4）：109－114.

［118］孙久文．从高速度的经济增长到高质量、平衡的区域发展［J］.区域经济评论，2018（1）：1－4.

［119］孙久文.2017中国区域经济发展报告——新时代区域协调发展的理论与实践［M］.北京：中国人民大学出版社，2018.

［120］孙久文，付晓东，郑长德．经济新常态下的中国经济地理［M］.北京：经济科学出版社，2015：437.

［121］孙久文，焦张义．中国城市空间格局的演变［J］.城市问题，2012（7）：2－6.

［122］孙久文，李恒森．我国区域经济演进轨迹及其总体趋势［J］.改革，2017（7）：18－29.

［123］孙久文，闫昊生．我国区域经济和国土开发空间的现状与趋势——基于主成分分析和空间统计的分析［J］.学习与实践，2017（3）：5－13.

［124］孙久文．中国区域经济发展报告——从不平衡到相对均衡的中国区域经济［M］.北京：中国人民大学出版社，2013：188.

［125］孙康，季建文，刘峻峰．中国沿海地区高新技术产业发展评价［J］.资源开发与市场，2017（12）：1504－1509.

［126］汤长安，张丽家，殷强．中国战略性新兴产业空间格局演变与优化［J］.经济地理，2018（5）：101－107.

［127］唐常春，刘华丹．长江流域主体功能区建设的政府绩效考核体系建构［J］.经济地理，2015（11）：36－44.

［128］田美玲，方世明．国家中心城市的内涵与判别［J］.热带地理，2015（3）：372－378.

［129］童昕，罗朝璇，胡兆量．钢铁工业技术转型与区位变迁［J］.经济地理，2019（2）：146－151.

［130］涂红星，陈静．环境规制对工业技术创新的影响——基于中国水泥制造业的实证研究［J］.湖北理工学院学报（人文社会科学版），2019（1）：44－53.

［131］汪德华，张再金，白重恩．政府规模、法治水平与服务业发展［J］.经济研究，2007（6）：51－64.

［132］王传胜，朱珊珊，樊杰，等．主体功能区规划监管与评估的指标及

其数据需求[J].地理科学进展，2012（12）：1678－1684.

　　[133] 王东，王昭慧．互联网产业链和产业生态系统研究[J].现代管理科学，2005（6）：39－41.

　　[134] 王强著．中国人口分布与土地压力[M].北京：中国农业科学技术出版社，2008：165.

　　[135] 王双．我国海洋经济的区域特征分析及其发展对策[J].经济地理，2012（6）：80－84.

　　[136] 王欣，邹统钎．高速铁路网对我国区域旅游产业发展与布局的影响[J].经济地理，2010（7）：1189－1194.

　　[137] 王元地，史晓辉．我国新能源技术创新能力空间分布格局研究[J].科技进步与对策，2014（6）：69－72.

　　[138] 王泽宇，崔正丹，孙才志，等．中国海洋经济转型成效时空格局演变研究[J].地理研究，2015（12）：2295－2308.

　　[139] 王铮，孙翊．中国主体功能区协调发展与产业结构演化[J].地理科学，2013（6）：641－648.

　　[140] 魏后凯．改革开放30年中国区域经济的变迁：从不平衡发展到相对均衡发展[J].经济学动态，2008（5）：9－16.

　　[141] 魏后凯．中国城镇化进程中两极化倾向与规模格局重构[J].中国工业经济，2014（3）：18－30.

　　[142] 吴福象，段巍．国际产能合作与重塑中国经济地理[J].中国社会科学，2017（2）：44－64.

　　[143] 吴琪，陈从喜．我国矿产资源开发与区域经济发展的关系研究[J].中国矿业，2015（10）：47－51.

　　[144] 吴三忙，李善同．中国各地区生产性服务业发展的比较研究[J].资源与产业，2012（6）：135－142.

　　[145] 吴尚昆，张玉韩．中国能源资源基地分布与管理政策研究[J].中国工程科学，2019（1）：81－87.

　　[146] 吴学花．中国制造业区域集聚研究[M].北京：经济科学出版社，2010：182.

　　[147] 吴艳，陈跃刚．我国大都市知识服务业空间布局研究[M].上海：上

海财经大学出版社，2016：142.

［148］伍业锋．中国海洋经济区域竞争力测度指标体系研究［J］．统计研究，
2014（11）：29－34.

［149］习近平．决胜全面建成小康社会　夺取新时代中国特色社会主义伟
大胜利——在中国共产党第十九次全国代表大会上的报告［J］．党建，2017
（11）：15－34.

［150］夏登文，岳奇，徐伟．海洋矿产与能源功能区研究［M］．北京：海洋
出版社，2013：135.

［151］向蓉美．互联网产业对国民经济影响的投入产出分析［J］．统计与决
策，2008（11）：75－77.

［152］谢花林，王伟，姚冠荣，等．中国主要经济区城市工业用地效率的
时空差异和收敛性分析［J］．地理学报，2015（8）：1327－1338.

［153］谢天，侯鹰，陈卫平，等．城市化对土壤生态环境的影响研究进展
［J］．生态学报，2019（4）：1154－1164.

［154］徐莉萍，孙文明．主体功能区生态预算系统合作机理研究［J］．中国
工业经济，2013（7）：18－30.

［155］薛伟玲．嵌于流动的增长：空间格局、经济增长［J］．宏观经济研究，
2014（10）：35－40.

［156］阳国亮，程皓，欧阳慧．国家中心城市建设能促进区域协同增长吗
［J］．财经科学，2018（5）：90－104.

［157］杨洪涛，李富兵．中国能源资源开发利用布局与国土资源节约集约
的耦合关系分析［J］．中国矿业，2016（11）：52－54.

［158］杨开忠，姜玲．中国经济区划转型与前沿课题［J］．中国行政管理，
2010（5）：79－82.

［159］叶连松．新型工业化与制造业发展［M］．北京：中国经济出版社，
2009：434.

［160］叶兴庆．农业剩余与经济发展［J］．经济研究，1992（1）：35－40.

［161］阴琨，王业耀．水生态环境质量评价体系研究［J］．中国环境监测，
2018（1）：1－8.

［162］尹虹潘．开放环境下的中国经济地理重塑："第一自然"的再发现与

"第二自然"的再创造[J]. 中国工业经济，2012（5）：18－30.

［163］游珍，封志明，杨艳昭. 中国城市规模及其城市化水平的过去、现状及未来［C］. 上海，2015.

［164］余游. 中国经济地理格局的重塑及对云南经济发展的影响[J]. 中共云南省委党校学报，2012（3）：106－108.

［165］喻玲，殷洁. 论经济区划与区域规划的法制化[J]. 经济地理，2010（5）：728－731.

［166］原倩. 城市群是否能够促进城市发展[J]. 世界经济，2016（9）：99－123.

［167］原嫄，孙铁山，李国平. 近五十年来全球经济地理格局的演化特征与趋势[J]. 世界地理研究，2014（3）：12－21.

［168］张国俊，黄婉玲，周春山，等. 城市群视角下中国人口分布演变特征[J]. 地理学报，2018（8）：1513－1525.

［169］张红宇. 农业结构调整与国民经济发展[J]. 管理世界，2000（5）：153－162.

［170］张可云. 区域经济政策[M]. 北京：商务印书馆，2005：442.

［171］张培刚. 农业与工业化[M]. 武汉：武汉大学出版社，2013：295.

［172］张艳芳，杨丹辉，张福良. 矿产资源产业未来布局研究[M]. 北京：经济管理出版社，2016：151.

［173］张耀光，王国力，刘锴，等. 中国区域海洋经济差异特征及海洋经济类型区划分[J]. 经济地理，2015（9）：87－95.

［174］张子珍. 中国经济区域划分演变及评价[J]. 山西财经大学学报（高等教育版），2010（2）：89－92.

［175］章元，许庆，邬璟璟. 一个农业人口大国的工业化之路：中国降低农村贫困的经验[J]. 经济研究，2012（11）：76－87.

［176］赵光辉. "一带一路"背景下我国交通物流通道布局战略研究[J]. 当代经济管理，2016（8）：55－64.

［177］甄峰，顾朝林，朱传耿. 西方生产性服务业研究述评[J]. 南京大学学报（哲学·人文科学·社会科学），2001（3）：31－38.

［178］中国科学院地理研究所经济地理研究所. 中国农业生产布局[M]. 北

京：农业出版社，1983：344.

［179］中国石油和化学工业联合会．2018 年石油和化学工业经济运行报告［J］.中国石油和化工，2019（2）：70-75.

［180］中华人民共和国民政部．中华人民共和国行政区划简册 2018［M］.北京：中国地图出版社，2018：312.

［181］钟少颖，陈锐，魏后凯．中国新型城镇化空间布局研究［J］.城市发展研究，2013（12）：18-23.

［182］钟韵，闫小培，林彰平．高等级中心城市生产性服务输出空间特征：基于广州商务服务企业行为的探讨［J］.地理研究，2010（12）：2166-2178.

［183］周海波，胡汉辉，谢呈阳．交通基础设施、产业布局与地区收入——基于中国省级面板数据的空间计量分析［J］.经济问题探索，2017（2）：1-11.

［184］周能福．黄河中上游能源化工区重点产业发展战略环境评价研究［M］.北京：中国环境科学出版社，2013：212.

［185］周振华．城市综合竞争力的本质特征：增强综合服务功能［J］.开放导报，2001（4）：8-10.

［186］朱清．矿产资源开发布局及其制度优化［J］.中国国土资源经济，2016（1）：46-50.

后 记

　　《中国经济地理概论》经过两年多的撰写与修订，终于可以与读者见面了。本书是大型系列丛书《中国经济地理》丛书的总论。这套丛书的目的是为了给读者全面呈现中国整体以及各省区的经济地理和产业布局的状况，使读者对复杂而又丰富的中国经济地理有一个整体的了解，加深读者对中国经济活动空间分布的认识。作为丛书的总论，本书对中国当前自然资源和经济地理的决定因素、三次产业的发展和分布情况、农村和城市的发展与布局、经济区划和区域战略等重大问题进行了总体的论述。希冀可以为读者构建起一个完整而全面的框架，既可以为一般读者了解中国各地区的情况提供信息，也可以为从事经济工作和规划工作的读者提供参考资料。

　　本书由孙久文教授负责框架设计，由孙久文和闫昊生执笔撰写。本书初稿的撰写过程中收集整理了大量的资料、文献和数据，许多老师和同学做了大量的工作，他们包括胡安俊、李华香、年猛、李爱民、姚鹏、原倩、石林、张超磊、李恒森、夏添、张静、卢怡贤、苏玺鉴、易淑昶和张倩。在修订过程中，宋准、蒋治、张泽邦和李承璋对全书的数据进行了整理与更新，顾梦琛绘制了全书中的地图。全书定稿之后，孙久文和闫昊生又分别对书稿进行了两次大幅度的修改与审定，最后杀青。

　　本书付梓之际，特别感谢《中国经济地理》丛书编辑委员会的专家们，在若干次丛书编写会议上，编辑委员会的专家们给本书提供了很好的启发，丰富了本书的内容，修订了本书的地图，也为本书与丛书其他卷的协调给出了建设性的意见，在此表示由衷的感谢。

　　特别感谢经济管理出版社对本书出版的全方位支持。杨世伟总编辑兼社长在丛书的立项、编辑、申报国家图书出版基金到最后的出版，都给予了大力的

支持，是本丛书能够顺利进行的有力保障；张世贤原社长对丛书的前期组织和
立项给予了大力的支持；申桂萍主任直接负责本丛书的全部具体工作，同时也
是本书的责编，她的辛勤劳动是本丛书特别是本书顺利出版的坚强保证。在此，
对三位领导表示由衷的感谢。同时也对经济管理出版社参与本丛书工作的编辑
和工作人员，一并表示感谢。

在本书写作过程中，我们始终秉承突出时代精神和中国特色的宗旨，结合
中国区域空间的变化，展示中国经济地理的全息面貌。本书包括了许多当代中
国经济地理的热点问题、重大战略和发展方向的内容。随着岁月流逝，这些内
容可能会体现出历史传承，也为后人提供了反观当前中国经济地理的理性思考
和历史资料。最后，书中引用的学者观点和有关数据，我们都一一进行了注释，
对于由于作者的疏漏而未加注释的，敬请见谅。另外，书中难免有纰漏、缺陷
和不妥之处，敬请广大读者批评指正。

孙久文　闫昊生

2019 年 5 月 31 日